André Georgi

DIE LETZTE TERRORISTIN

Thriller

Suhrkamp

Erste Auflage 2018
suhrkamp taschenbuch 4780
Originalausgabe

Umschlagabbildung: FinePic®, München
Umschlag: zero-media.net
Druck und Bindung: CPI – Ebner & Spiegel, Ulm
Printed in Germany
ISBN 978-3-518-46780-0

DIE LETZTE TERRORISTIN

Für Dietrich Kluge

I

Staubflusen auf dem Boden, die Vorhänge vergilbt, das Licht ein Halbschatten, rot besprenkelt von den Marktschreiereien der Bordelle dort draußen. Gereon steht auf, wieder, zum dritten Mal in den letzten fünfzehn Minuten. Unruhig tigert er durch die Wohnung, keine Stunde am Stück hat er geschlafen, insgesamt vielleicht fünf, mehr war nicht drin.

Dabei war er gestern Abend schon um neun hier angekommen, überreizt und übermüdet. Er hatte sich auf die Isomatte in der Ecke gelegt, den Schlafsack ausgepackt, über sich gezogen und – endlich in Sicherheit – versucht zu schlafen. Aber die ganze Nacht hindurch war er überdreht gewesen, manisch umhergetrieben wie schon die ganzen Tage, eigentlich die ganze Woche vorher. Ins Bad, Wasser trinken, zurück, hinlegen, sich der Angst überlassen, ist schon okay so, ist schließlich auch eine harte Nummer, die du hier durchziehst. Dann doch gegen die Angst kämpfen, jetzt reiß dich zusammen! Dann kurz in den Schlaf getrieben, aufgeschreckt, nur darauf warten, dass es endlich Morgen würde und er diesen Anruf hinter sich bringen könnte. Er würde Kawert Bescheid sagen, ihm eine Adresse für ein Treffen geben, die Pizzeria in Darmstadt. Kawert würde jemanden schicken und ihn hier rausholen, keine Ahnung wie, aber Kawert hatte ihm versprochen, dass es den Exit geben würde, wenn er ihn brauchte. Und Gereon braucht ihn jetzt. Sieben Jahre V-Mann und jetzt – endlich – kann er liefern, was Kawert will: Die RAF plant ein Attentat. Gereon kennt: den Ort (Königstein bei Frankfurt), die Zeit (heute, im Laufe des bevorstehenden Morgens), das Opfer (Dr. Ernst Wegner).

Das ist seine Eintrittskarte in ein neues Leben. Gereons

Zukunft wird heute beginnen, und sie soll – muss! – besser sein als die letzten vierunddreißig Jahre.

Gereon geht zum Fenster und zieht die nikotinvergilbten Vorhänge auseinander. Vorsichtig. Nicht allzu weit, damit er von draußen nicht gesehen werden kann. Eine Straße in der Frankfurter Innenstadt, weit hinten protzt Mainhattan mit den Emblemen der Banken. Davor, am Ende der Straße, steht die Telefonzelle. Gereon weiß nicht, warum Kawert die Wohnung nicht mit Telefon ausgestattet hat. Ein Riesenfehler. Wahrscheinlich hatte er befürchtet, dass man die Anrufe zurückverfolgen könnte, oder weiß der Geier. Not funny. Jetzt muss Gereon da raus, zur Telefonzelle, sein erster und letzter Gang heute, dann zurück in die Wohnung, diesen Saustall, und warten, warten, warten. Wenn Kawert schnell ist, denkt Gereon, bin ich heute Mittag hier weg, spätestens am Nachmittag. Nicht eine Nacht mehr werde ich hier pennen, kannste vergessen.

Gereon schaut auf die Uhr. 7 Uhr 25.

Er wirft noch einen Blick auf die Fassade gegenüber. Die Fenster sind zum größten Teil noch dunkel, ein Bürohochhaus. Unten, im Erdgeschoss: Döner, Pommes, Burger. Daneben grölt jetzt schon die Werbung für den kleinen Mittagsfick zum Nachtisch: Fünfundzwanzig DeutschMark für PolnischSchlampe, Alter, vergiss den Gummi, hier ist gefühlsecht.

Gereon zieht den Vorhang zu. Geht zu seiner Tasche, nervös und hibbelig, schnappt sich seine Pistole, steckt sie sich hinten in den Hosenbund. Checkt die Kohle in der Tasche – drei Groschen für den Anruf, alles da. Er will zur Wohnungstür gehen, aber er ist so fickrig und zappelig, dass sogar ihm – Mr. Maniac himself – klar ist, dass er sofort auffallen wird. Es sind nur dreihundert Meter zu dieser scheiß Telefonzelle, aber ich werde das nicht fertigbringen, wenn ich nicht ruhiger bin. Wann habe ich etwas gegessen? Ich muss was essen. Irgendwas.

Der Kühlschrank ist ausgeschaltet. Auf dem Tisch steht die Raviolidose, die er gestern Abend geöffnet hat. Drei Löffel kalte Ravioli, das hat gereicht. Gereon, der Mann mit der Junkie-Figur, braucht nichts. Aber jetzt essen. Gereon schnappt sich den Löffel und schaufelt den Rest in sich hinein. Ein Glas Wasser. Wieder an Kawert denken. Kawert. Kawert. Kawert. Die drei Groschen noch da? Okay ...

Und dann raus hier. Auf der Straße schaut er misstrauisch und übervorsichtig auf die Passanten. Zwei ältere Männer. Eine Frau mit einem Kinderwagen. Zwei Schulkinder. Drüben, am Eingang des Bordells, noch halb im Warmen, steht eine Prostituierte im Feierabendjogginganzug und kifft dem Moment entgegen, in dem der Zuhälter sie hier vertreiben wird. Überbleibsel einer beschissenen Nacht, Ende Nachtschicht, lieber Tag, ich komme.

Gereon flattert los zur Telefonzelle am Ende der Straße. Und immer wieder umschauen. Rechts kotzt das Sasha einen Kunden aus, links ziehen sich Schulkinder Kirschkaugummis für die Pause aus dem Automaten. Weitere hundert Meter. Gereon tastet nach seiner Pistole, immer noch zittrig, trotz der Ravioli, fahrige Sinneseindrücke, eine angstzerrissene Welt um ihn herum. Er kramt die drei Groschen aus der Hosentasche, die er gestern Nacht extra hineingesteckt hat.

In der Telefonzelle steht ein Schulkind – ein Junge mit Zahnspange, neue Jeans – und telefoniert und lacht und quatscht und quatscht. Gereon klopft gegen die Scheibe. Die Levi's 501 mit Zahnspange, der kleine Wichser, wendet sich von Gereon ab. Der Penner hat sie wohl nicht alle! Gereon reißt die Tür auf, zerrt das Bürschlein aus der Telefonzelle und wirft den Hörer auf die Gabel. Der Junge, zehn oder elf Lenze Lebenserfahrung auf dem noch wachsenden Buckel, will etwas sagen, denn er spürt genau, wie verwundbar Gereon ist, ein Typ, den man nicht ernst nimmt – dürr, Sackgesicht, instabil, wie auf Drogen. Doch Gereon dreht sich um, verpasst dem Jungen eine Ohrfeige und brüllt ihn an, er solle abhauen. Der Junge trollt sich, Gereon schließt die Tür der Telefonzelle. Wirft das Geld ein, ein Groschen, zwei Groschen, drei Groschen. Und wählt die Nummer, die einzige Nummer, die er auswendig kann, seine Lebensversicherung, Exit in ein Leben, den Kawert ihm versprochen und den er sich jetzt verdient hat.

Der Himmel ist immer noch schwarz, durchschossen mit frühmorgendlichem Purpurrot und siegesgewiss stichelndem Gelb in Bodennähe – der Abspann eines Jahrhunderts, das immer noch an Deutschland herumkaut. Ein paar verspätete Schneeflöckchen rieseln über das Land. Es ist Ende März, und da draußen riecht es immer noch nach Kohlenrauch, denkt Hess, lässt das Fenster des Wagens hochfahren und wundert sich, denn niemand in diesem Viertel heizt mehr mit Kohle, schon lange nicht mehr. Wahrscheinlich Ostwind, der drückt diese Drecksluft manchmal über den Main und stinkt den Villen hier drüben ein bisschen soziale Realität in die mango-vanille- oder zitronengrasbedufteten Marmorklos hinein.

Hess schnappt sich seine Zigaretten und steigt aus. Er hat keinen Bock, wieder eins auf's Maul zu kriegen, weil er den Wagen nachher nach Nikotin müffelnd übergibt. Die letzte Nachtschicht, zwei Stunden noch, dann drei Tage frei, dann wieder früh raus, Schichtwechsel, Briefing im BKA, dann sechzehn Jahre so weiter. Es ist der 28. März 1991, der sich hier verkatert in den Tag mault, morgens, 7 Uhr 27, Königstein bei Frankfurt, kurz vor Ostern. Seit anderthalb Jahren feiert das Land rotkäppchenberauscht seine Wiederauferstehung: Ein brauner heißer Krieg, ein roter Kalter Krieg und jetzt – jetzt! – blättert die Zeit ein weiteres Kapitel auf und stanzt eine güldene Freudendämmerung ins Neue Testament der Historiker: Geschichte ward gemacht. Und sie ward gut gemacht.

Aus dem Wagen hinter ihm steigt der Fahrer aus und kommt frierend zu Hess. Blick auf die Uhr, zehn Minuten noch, ungefähr, dann geht's los, hast du eine für mich? Hess bietet ihm eine Zigarette an. Sie rauchen, quatschen dusseliges Zeugs und amüsieren sich über den Fahrer, der den Wagen vor ihnen – den dritten Wagen der Kolonne, Wegners Begleitschutz – poliert. Putzzeug, Lappen, immer hat er alles schön dabei.

7 Uhr 38. Die Zigaretten sind geraucht, die Themen erschöpfen sich, und für überfrorenen Raureif im Morgenrot fehlt Hess jetzt der Sinn. Vor einer Minute schon hätte Wegner auf dem Rücksitz seines Wagens Platz nehmen und die Akte für die heutige Vorstandssitzung studieren sollen. Erst am vorletzten Wochenende hatte Kawert Hess und die anderen Personenschützer zu sich nach Wiesbaden bestellt und ihnen die neue, nochmals gewachsene Gefahr für Wegner und acht weitere höchstgefährdete Bewohner der Bundesrepublik Deutschland erläutert. Das V-Leute-Programm des BKA hatte Ergebnisse produziert, Gerüchte eines bevorstehenden Anschlags der RAF hatten Kawert von verschiedenen Enden der Republik aus erreicht. Er hatte sämtlichen Personenschützern eingebläut, sich unbedingt an die vereinbarten Abläufe zu halten.

Hess wird allmählich unruhig, denn die Grünphasenschaltung im Frankfurter Zentrum ist für einen Korridor von nur fünfzehn Minuten freigehalten, innerhalb derer Hess von seinem Wagen aus die Ampeln umschalten kann – denn das BKA hat das Frankfurter Bankenviertel als eine der höchstwahrscheinlichen, weil symbolträchtigen Anschlagszonen ausgemacht. Fünfzehn Minuten, innerhalb derer die Ampelschaltung beeinflussbar ist, mehr Entgegenkommen der Stadt war nicht möglich, denn der Bürgermeister musste dem Eindruck entgegenwirken, dass ein Bankenfürst wie Wegner den Verkehr nach seinem Belieben lahmlegen könnte. Die Zeit drängt also, von Wegner aber ist nichts zu sehen.

350 m² Glück. Achtzehn Zimmer, darunter vier Bäder, sogar die Gästetoilette in Spiegelmarmor aus Carrara. Die Köchin stammt aus Siena, das Kindermädchen aus Paris. Der Rauchersalon – kirschholzgetäfelt, schwarze Chesterfieldsessel aus Oxford – müffelt dezent nach 250-Euro-Havannas, gerollt von kubanischen Arbeiterinnen im Zustand höchster sozialistischer Zufriedenheit. Draußen tüpfeln Biedermeierwolken die letzten Schneeflöckchen, Weißröckchen des Jahres über den lächelnd erwachenden Taunus, sanft stirbt der Winter seinen wohlverdienten Tod unter dem leicht überfrierenden Raureif.

Das Leben in der Gründerzeit-Villa von Herrn Doktor Ernst Wegner könnte an diesem Morgen eine großbürgerliche Idylle sein. Leider aber sieht die Lage etwas anders, nämlich scheiße aus: Doktor Ernst Wegners Sohn – drei Jahre alt, eine Kaiserschnittgeburt und kaiserlich-bestimmend, doch eigentlich der Lichtblick der Familie – quengelt. Er hat schlecht geschlafen, hat Schnupfen, eine Nasen-Nebenhöhlen-Vereiterung, seit sechs Wochen schon. Statt den Vater zu erfreuen, quält er ihn und die Mutter seit Wochen mit gelblich-eiterndem Rotz.

Frau Doktor Wegner – westfälisch-ökologischer Herkunft, brillante Dissertation in Jura, allerdings schon ein paar Jahre her, die Frisur von Udo Walz kopiert, der Typ Frau, den man noch in zwanzig Jahren für die Schwester ihrer Tochter halten wird und der im Wirtschaftsteil und in den Klatschspalten eine gleichermaßen gute Figur macht, eine Traumfrau für Herrn Doktor Wegner – versagt sich, ständig das Pariser Kindermädchen um Hilfe zu rufen, denn es ist einfach wichtig, dass Kinder in diesem Alter einen festen Rhythmus haben, und vor allem eine Bezugsperson, die nicht ständig wechselt. Und außerdem ist Frau Doktor Wegner eine gute Mutter, gerade und erst recht in Krankheitszeiten.

Heute Morgen aber geht Frau Doktor Wegner der perfekt birnenförmige Arsch in Aubade auf Grundeis. Denn seit ihr Mann auf der Kill-List der RAF im Ranking auf Platz eins steht, spuckt die Nase der Kaiserschnittgeburt nur noch gelb vereiterten Rotz aus. Der Junge schläft nicht, die Mutter schläft nicht, die Schwester schläft nicht, die Noten sacken ab, das Leben an der Spitze des real existierenden Kapitalismus hat an Qualität verloren, der Taunus trübt sich ein, der Ton ihres Mannes wird immer zynischer und lakonischer, und in gefassten Momenten verbreitet er mit etwas gewollten Witzeleien Zuversicht in der Krise.

Alles so, wie er, Doktor Ernst Wegner, Mann an der Spitze der Bank mit dem höchsten und potentesten Turm Frankfurts, es in Krisenzeiten eben gewohnt ist. In ihm aber sieht es leer aus, er wird von Angst und Zweifeln geschüttelt, weiß nicht mehr, ob er seiner Frau und seinen Kindern zumuten kann, was er ihnen zumutet. Weiß nicht, was werden soll, wenn die RAF ihn wirklich erwischt. Doch er hat entschieden, dass er sich dieser Bande nicht beugen, sondern seiner Mission folgen wird.

Und Doktor Ernst Wegner lässt die Witzeleien, küsst seinen Thronfolger mit der Rotznase auf die Stirn, umarmt seine Frau, nimmt die Schultasche seiner Tochter, die er an der Schule absetzen soll, und folgt Hess, der in der Tür steht und drängelt, nach draußen.

7 Uhr 41, Wiesbaden, Thaerstraße 11, vierter Stock, Raum B 4.253. 12 m^2 im Hauptgebäude des BKA: Das Büro hat sie wieder. Wasser in die Maschine, Filter, Kaffee, einschalten.

Marion Burckhardt hat Kopfschmerzen nach diesem unseligen Abend gestern. Ein endloses Gebabbel ihres dreiviertel-dementen Vaters am Telefon, seine Ratschläge ihr Leben betreffend. Ja, sie ist geschieden, ja, sie ist zum zweiten Mal geschieden, ja, sie ist achtunddreißig, ja, sie glaubt auch, dass sie kein gutes Händchen für Männer hat, nö, sie vermisst eigentlich nichts, im Bundeskriminalamt herrscht nicht grad Männermangel, und man trifft sich ganz gerne mal zum Feierabendstößchen in wechselnden Konstellationen, alles gut so. Seine penetranten Fragen, ihre provokanten Antworten, die im Nebel der Demenz nach dem letzten Rest des Verstandes ihres Vaters stocherten und auf Widerstand hofften. Vergeblich.

Neben dem Telefonat hatte sie den Fernseher laufen lassen, war in Gedanken durch den letzten Tag und ihr Gespräch mit Kawert geflattert und – böse Panne – darüber eingeschlafen. Kein Wunder bei ihren derzeitigen Dreizehn-Stunden-Arbeitstagen, von denen ein besonders schönes Exemplar vor genau fünf Minuten begonnen hat. Um sechs Uhr wurde sie vom Gong aus dem Fernseher geweckt – »Guten Morgen, hier ist die Frühausgabe der *Tagesschau*« –, den langgezogenen vorwurfsvollen Signalton aus dem Telefonhörer neben sich. Fernseher aus, Telefonhörer auflegen, raus aus den Klamotten, Dusche, Bäcker – »Nein, ein Brötchen reicht, danke!« –, lächeln, dann Singleleben mit einer Margarine und zwei Marmeladen und den Abend gestern verdrängen und los.

Hinter dem Seiteneingang des BKA im Tränkweg sah sie Kawerts Wagen auf demselben Parkplatz stehen wie gestern Abend. Wahrscheinlich hat ihr Chef wieder in seinem Büro übernachtet und statt eines geselligen Fernsehabends mit Papa einen Lektüreabend mit einem Konvolut RAF-Pamphlete verbracht, die ein V-Mann vor zehn Tagen in einem Depot in Siegen entdeckt hatte.

7 Uhr 42. Marion Burckhardt setzt sich an ihren Schreibtisch, hinter ihr gurgelt die Kaffeemaschine, das RAF-Emblem, eine Mesalliance aus Stern und Sturmgewehr, erscheint auf dem sich warmglühenden Computermonitor in der Größe ihres Fernsehers zu Hause. Vor ihr auf dem Schreibtisch

liegt der Stapel mit den gesammelten Werken der RAF aus Siegen, die Kawert ihr offenbar heute Morgen schon auf den Schreibtisch gelegt hat, und Mikrofilme der abfotografierten und bis zum Hundertfachen vergrößerten Bekennerschreiben der RAF-Attentate der letzten Jahre.

7 Uhr 43. Marion Burckhardt zieht das Vergrößerungsglas aus der obersten Schublade ihres Schreibtischs und scannt ein vor ihr liegendes Pamphlet der RAF auf sämtliche T durch. Eines der beiden Telefone, die vor ihr stehen, klingelt. Sie schaut sofort auf. Anrufe, die auf diesem Telefon ankommen, sind etwas Besonderes. Es ist für das kleine Garderegiment von V-Männern reserviert, die es ins Zentrum der RAF geschafft haben: Kawerts Elite. Marion Burckhardt schaltet den Kassettenrekorder an, denn jeder Anruf, der auf diesem Telefon ankommt, wird aufgenommen und sorgfältig für die Nachwelt archiviert.

»Ja«, sagt sie ins Telefon, es ist ein striktes Tabu, den eigenen Namen zu nennen.

»Ich muss mit Kawert sprechen, es ist eilig.«

Es ist zwei oder drei Jahre her, dass sie das letzte Mal mit Gereon telefoniert hat. Er meldet sich fast nie telefonisch, misstrauisch, wie er ist. Und dennoch, vielleicht auch gerade deshalb, hält Kawert – im Gegensatz zu seinem Chef – große Stücke auf ihn. Für ihn ist Gereon der Informant, der am weitesten in den inneren Zirkel der RAF vorgedrungen ist. Und trotz der drei oder vier Jahre, die der letzte Anruf zurückliegt, erkennt Marion Burckhardt Gereons Stimme sofort, seine billige, etwas herablassende Art, ein Mann, der spricht, als wäre er auf Drogen, der leichte rheinische Singsang. Und trotzdem: Es gibt klare Anweisungen. Schließlich wäre es möglich, dass eine Stimme nicht identifizierbar ist oder imitiert wird, möglich auch, dass dem Sprecher eine Pistole an die Schläfe gehalten wird und dass der Code seine einzige Chance ist, eine Botschaft an das BKA zu senden.

»Ihren Code, bitte.«

»Hol mir Kawert! Und zwar sofort!«

»Den Code, oder ich lege auf, und dieser Anschluss wird sofort abgemeldet.«

7 Uhr 44, Königstein im Taunus kommt langsam in Bewegung. Doktor Ernst Wegner geht, seine Tochter an der Hand, hinter Hess die Einfahrt entlang zu den Wagen. Seine Frau folgt ihm mit dem kranken Jungen auf dem Arm.

Mit dem Sympathie heischenden Lächeln auf den Lippen, das zur Grundausstattung seiner Management-Persona gehört und das er aufsetzt, sobald er die Gründerzeit in Richtung Gegenwart verlässt, begrüßt Wegner die Sicherheitsleute. Obwohl die Eskorte nun schon seit Monaten zu seinem Leben gehört, hat sich Wegner immer noch nicht so ganz an sie gewöhnt und kann sie nicht als Teil seiner Privatsphäre ansehen.

»Wir haben heute einen blinden Passagier«, sagt er zu Hess und tätschelt seine Tochter am Kopf.

Hess lächelt pflichtgemäß, öffnet die Tür des mittleren Wagens, und das Mädchen steigt ein.

Er wendet sich seiner Frau und seinem Sohn zu, lächelt und gibt ihm einen Kuss. »Hättest du mich angesteckt, hätte ich heute schwänzen können.«

Seine Frau lächelt zurück, ebenfalls antrainiert, auch sie jenseits ihres eigenen Badezimmers eine öffentliche Maske mit sanfter Colgate-Ausstrahlung, die dem Aufstieg ihres Gatten die nötigen Sympathiepunkte einbringen soll, falls dieser genötigt sein sollte, sein strenges und strafendes Gesicht aufzusetzen – schließlich ist er Manager, schließlich muss er führen. Frau Doktor Wegner drückt Herrn Doktor Wegner einen Kuss auf die Wange, öffentlichkeitskompatibel und semiprivat, sei nicht zu nett zu deinem Aufsichtsrat, bisschen Peitsche, das brauchen die.

Er steigt in den Wagen. »Vor neun wird's heute nicht«, ruft er seiner Frau zu, »tut mir leid.« Wegner setzt sich neben seine Tochter, Hess schließt die Wagentür, nickt Frau Wegner zu, erntet ein Lächeln, steigt ein, zieht die Tür zu, gibt das Zeichen, dass die Kohorte jetzt abfahren kann, raus ins Indianerland.

Und auch Wiesbaden, Ortsteil BKA, beginnt zu schwingen: Marion Burckhardt rennt aus ihrem Büro durch den Flur zum Computerraum, dem Herzstück und ganzen Stolz von Kawerts Chef. Die anhaltende terroristische Gefahr hat Siemens-Nixdorf einen Großauftrag beschert, der, vor einer Woche geliefert und installiert, an diesem Morgen endgültig in Betrieb genommen wurde und das alte Computernetzwerk ersetzen soll.

Der Computerraum ist stickig und müffelt nach Rasierwasser. Ein Techniker hält einen Vortrag vor Jacobi, dem Chef des BKA, Kawert und weiteren Mitarbeitern der Leitungsebene, als Marion Burckhardt hereinplatzt. Kawerts Chef ist nicht begeistert, aber sie wendet sich an Kawert: Ein Anruf von Gereon.

Der Name ist Sprengstoff: Alle werfen Kawert einen kurzen Blick zu, denn er ist der Human-Resources-Manager des BKA, zuständig für die V-Männer, Leiter eines Programms, das er seinem technikbegeisterten Chef abgerungen hat, ein Programm, das mindestens ebenso teuer ist wie Jacobis Computer, bisher aber längst nicht so effektiv. Die RAF der jüngeren Generation ist bis in ihre äußeren Kreise hinein immer vorsichtiger geworden und hat sich gegen jede Infiltration von außen bislang erfolgreich zur Wehr gesetzt. Wirklich fahndungsrelevante Hinweise hat Kawerts Programm bisher noch nicht ausgespuckt. Nun aber ist Zahltag.

»Es ist dringend«, sagt Marion Burckhardt. Kawert folgt ihr. Jacobi und Stentner, Kawerts Kollege, werfen sich einen

Blick zu – Marion Burckhardt ist eigentlich nie allzu hektisch, wenn sie Druck macht, wird es einen Grund geben.

»Warum meldet er das so spät? Hat er das irgendwie erklärt?«, fragt Kawert, als er mit Marion Burckhardt durch den Gang eilt, Jacobi und Stentner im Schlepptau.

»Nein. Wir haben nicht mal zwanzig Sekunden gesprochen. Er hat seine Nachricht für Sie hinterlassen und musste dann abbrechen.«

»Von wo aus hat er angerufen?«

»Aus einer Telefonzelle, aber ich hab sie nicht lokalisieren können.«

»Der Code war korrekt?«, fragt Kawert.

»Code und Gegenprüfung, ja.«

Sie eilen in Marion Burckhardts Büro, um die Aufzeichnung von Gereons Telefonanruf abzuhören.

Gereon schließt die Tür zur Wohnung auf, geht hinein und schließt wieder ab, einmal, zweimal. Jetzt, wo er wieder hier ist, ist er ruhiger. Er muss nichts weiter tun als abwarten. Kawert hat seine Nachricht, Kawert wird jemanden schicken, Kawert wird ihn hier rausholen. Gereon weiß, dass er Wort halten wird. Auf Kawert ist Verlass, niemals hat er mich hängen lassen.

Als Gereon sich umdreht, steht eine Frau vor ihm. Schwarze Lederjacke, schwarze Jeans, schwarzes T-Shirt, dunkelrotes Weltbild, und eine Pistole mit einem Schalldämpfer in der Hand. Gereon erschrickt, greift nach seiner Waffe, die immer noch hinten im Hosenbund steckt. Natürlich ist er viel zu langsam, weil er in den Gedanken an seine Rettung festhängt. Er spürt die Kälte des Metalls, als der Schalldämpfer ihm auf die Stirn gedrückt wird, will sich intuitiv zur Seite drehen, aber auch das geht zu langsam. Und während seine rechte Hand die Waffe in seinem Hosenbund noch nicht mal berührt hat, hämmert ein Projektil durch seinen Schädel und in die Wand hinter ihm. Leise rieselt der Putz, lauter als Gereons letzter Atem. Die Frau fängt seinen Körper ab, um den Aufprall zu verhindern. Und im letzten Moment seines Lebens sieht Gereon in ihre Augen, nah wie die einer Geliebten. Und in den Geruch ihres Parfüms mischt sich eine Note aus Adrenalin und noch etwas, das mit dem roten Stern und dem Maschinengewehr und den Manifesten in Kleinbuchstaben und großen Worthülsen und dem Klassenkampf und Benno Ohnesorg und Vietnam und Stammheim und dem Recht, einen Verräter hinzurichten, nichts zu tun hat: Eine tiefe Todesgeilheit, die sich von der Macht ernährt, ein Leben zu beenden, Ekel und Rausch zugleich, ein Gruß des Tieres in uns, etwas totzumachen und selbst weiterzuleben und satt zu werden.

Die Frau legt Gereon auf den Holzboden, schabt das Projektil aus der Wand, drapiert den Zettel mit dem roten Stern und dem Maschinengewehr unter dem Kopf der Leiche und ruft den Gedanken an die Richtigkeit ihres Tuns wieder und wieder wach – ein Verräter gehört hingerichtet, das hier ist Krieg, und so wird er gespielt –, und sie überspielt das Erschrecken über sich mit einem stammheim- und vietnamdurchtränkten Gefühl grenzenloser moralischer Überlegenheit.

Sie macht die Wohnungstür auf und raus hier.

7 Uhr 46. Quality Time! Doktor Ernst Wegner sitzt mit seiner Tochter auf dem Rücksitz der gepanzerten Limousine. Er hat ihr Matheheft in der Hand und lässt sich von ihr einen Rechenweg erklären. Morgen soll sie eine Mathearbeit schreiben, ihre Mutter hat zurzeit keine Geduld, sich mit den Hausaufgaben zu beschäftigen, und für Wegner ist Mathematik das männlichste aller Schulfächer, also sein Ressort.

Der Fahrer und Hess schweigen dezent im vorderen Teil des Wagens. Hess gleitet in Gedanken ab, beobachtet die

Leute am Straßenrand: Schüler, die zur Schule trödeln, Mütter, die ihre Kinder zum Kindergarten schieben. Die Männer sind allesamt beschlipste Väter auf dem Weg zur Arbeit. Die Leute schauen den drei schwarzen Limousinen hinterher. Ein Aufgebot wie für einen ausländischen Staatsgast. Noch vor einer Woche ist Wegners Sicherheitsstufe heraufgesetzt worden, die Gefahr eines Attentats ist größer denn je.

Also muss Hess jetzt aufpassen, zwingt sich, aufmerksam zu sein, darf sich von dem Vater-Tochter-Gespräch über Mathematik auf dem Rücksitz nicht ablenken lassen. In den Szenarien, die sie im BKA durchgespielt haben, kam der vor ihnen liegenden Döblerstraße eine wichtige Rolle zu. Die Döblerstraße bietet eine Menge Fluchtwege und genügend Schutz für einen Attentäter – sie ist von den Analysten des BKA als einer der vier neuralgischen Punkte auf der Route von Wegners Wohnhaus in Königstein zu seinem Arbeitsplatz im Zentrum von Frankfurt identifiziert worden.

Hess konzentriert sich auf sein Headset. Der Personenschützer im Wagen vor ihm scannt die Gegend. Sollte von hinten ein Attentäter kommen, würde der Wagen hinter ihnen sich sofort quer stellen, um dem Wagen, in dem Hess mit Wegner sitzt, eine Fluchtmöglichkeit zu eröffnen. Alles zigmal geübt und durchgesprochen. Auf einem Großparkplatz hatten sie vor drei Monaten einen Parcours aufgebaut, um die Situation mit den drei Wagen noch einmal zu trainieren. Hess, die Fahrer und die Personenschützer in den anderen beiden Wagen wissen genau, wie sie sich im Ernstfall zu verhalten haben.

Und doch: Hess wird nervös. Er kann sich nicht erklären, warum.

»Kawert, du musst dich beeilen! Der Anschlag ist für heute Morgen geplant. Irgendwo auf dem Weg rein nach Frankfurt. Ich glaube, in der Döblerstraße. Ich muss auflegen, ich muss hier weg. Ich melde mich.«

Gereons Stimme auf dem Kassettenrekorder. Ein Attentat auf Ernst Wegner, lang erwartet und befürchtet. Ein Attentat mit Ansage. Alle hier wussten, dass Wegner auf der Kill-List der RAF steht. Fast eine Erleichterung, dass es jetzt losgeht, eine zweimonatige Ungewissheit geht zu Ende. Plötzlich vibriert der Raum vor Adrenalin.

»Verbinden Sie mich mit Hess, aber schnell«, sagt Kawert zu Marion Burckhardt.

Während sie zum Telefon eilt, tritt er mit Jacobi und den Mitarbeitern seines Stabs vor den großen Stadtplan an der Wand, auf dem verschiedene Markierungen zu sehen sind. Wegners Villa in Königstein, die Bank im Zentrum von Frankfurt. Dazwischen sind mögliche Routen eingezeichnet. Route A, Route B, Route C. Route A führt über die Döblerstraße. Kawert zieht mit der Hand einen Kreis auf dem Stadtplan.

»Irgendwo da verstecken sie sich«, sagt er zu Stentner. »Lassen Sie weiträumig absperren, und benachrichtigen Sie das SEK.«

Stentner eilt hinaus. Kawert ist unruhig, es geht ihm zu langsam, er muss Hess sprechen.

»Haben Sie ihn?«, fragt er Marion Burckhardt.

»Sofort«, sagt sie.

Jacobi deutet auf den Bereich des Stadtplans, um den Kawert den Kreis gezogen hat.

»Und wenn die nicht da sind? Gereon hat nicht gesagt, wie sie das Attentat verüben wollen, vielleicht mit einem Fernzünder, und sie sind längst geflohen.«

Jacobi hat schon immer am V-Mann-Programm gezweifelt. Denn auch ihm war klar, dass die RAF sich immer weiter gegen Einflüsse von außen abschottete.

»Mit der Panzerfaust aus der Air Base. Warum hätten sie das Ding sonst gestohlen? Das war ein extrem hohes Risiko, das wären sie sonst nie eingegangen«, sagt Kawert.

»Sind Sie wirklich sicher, dass Sie Gereon trauen können?«, fragt Jacobi.

Bevor Kawert ihm antworten kann, hat Marion Burckhardt die Verbindung mit Hess.

»Herr Kawert?«, sagt sie und reicht ihm den Telefonhörer.

»Wo seid ihr?«, fragt Kawert.

»Stapenhorststraße. Kurz vor der Grabold«, sagt Hess.

Auf der Rückbank spricht Wegner immer noch mit seiner Tochter über Mathematik, schaut aber nach vorne, weil er sofort gemerkt hat, dass etwas nicht stimmt.

»Wir haben eine Warnung vor einem Anschlag«, sagt Kawert. »Ihr müsst auf die B-Route ausweichen, auf jeden Fall sofort weg von der Döblerstraße! Ist das klar? Sofort!«

Hess legt auf.

»Route B, mach schnell!«, sagt er zum Fahrer neben sich und informiert die anderen Wagen über Funk.

Wegner beugt sich zu ihm nach vorne.

»Was ist passiert?«

Hess wendet sich zu ihm um, wirft einen demonstrativen Blick auf das Mädchen.

»Wir sollten das jetzt nicht diskutieren.«

»Halten Sie an!«, sagt Wegner zum Fahrer.

Hess protestiert.

»Ich sagte, halten Sie an!«, herrscht Wegner den Fahrer an.

Der Fahrer wirft Hess einen Blick zu. Hess hat ein Einsehen. »Okay, halt an.«

Sechzig, siebzig Meter entfernt halten die drei gepanzerten Limousinen an. Matthias Gelfert beobachtet sie durch ein als Messgerät getarntes Fernglas. Er trägt einen Bauarbeiterhelm und eine Verkehrsweste, die Straße hat er gerade mit Gittern abgesperrt. Zoom in die zweite Limousine auf Wegner. Gelfert sieht das Mädchen neben ihm. Er greift nach seinem Funkgerät.

»Hörst du mich?«

Bettina Polheim kommt gerade aus der Haustür von Gerons Mietshaus, als der Funkspruch sie erreicht.

»Ja«.

»Er hat seine Tochter dabei«, sagt Gelfert. »Wir müssen abbrechen.«

Bettina geht zur Fahrertür ihres Wagens und schließt auf. Sie schaut sich um, aber niemand kümmert sich um sie, alle sind mit sich selbst beschäftigt, die Besoffenen genauso wie die Schulkinder.

»Nein, das tun wir nicht. Wir ziehen das jetzt durch.«

»Ich bin kein Killer!«, sagt Gelfert.

Er beobachtet das Mädchen, das mit Wegner und Hess aus dem Wagen steigt. Hektik da drüben, Hess und die anderen BKA-Typen schirmen das Mädchen und Wegner so weit es geht ab. Gelferts Blick bleibt an dem Mädchen haften.

»Wir haben genau eine Chance, und die ist jetzt. Hast du mich verstanden?«, sagt Bettina und steigt in ihren Wagen. »Ob du mich verstanden hast!«

»Ja.«

»Halt Funkstille. Ich bin gleich bei dir.«

Gelfert schaltet das Funkgerät aus und beobachtet weiter die drei Wagen.

Der hintere Wagen hat sich quer gestellt, der vordere schirmt die Straße nach vorne hin ab. Alle um ihn herum sind in höchste Alarmbereitschaft versetzt, aber Wegner lässt es sich nicht nehmen, sich von seiner Tochter zu verabschieden.

Er sagt zum Fahrer des dritten Wagens: »Sie bringen meine Tochter nach Hause!«

Der Fahrer schaut Hess fragend an. Für ihn ist er der Chef, er folgt nur seinen Befehlen. Hess hat selbst einen sechsjährigen Sohn, er beugt sich Wegner und nickt dem Fahrer zu.

Wegner lächelt seine Tochter an. »Ich schreib dir heute

Abend eine Entschuldigung.« Dann küsst er sie auf die Stirn, und sie steigt in den hinteren Wagen.

Hess schaut sich nervös um, mit sanftem Druck schiebt er Wegner zurück zum zweiten Wagen.

Als Gelfert sieht, dass Wegner in seinen Wagen steigt, ist das für ihn das Signal. Er öffnet das Batteriefach einer Baulaterne und aktiviert den Zünder.

Als er aufschaut, fährt der dritte Wagen, in dem Wegners Tochter sitzt, an ihm vorbei. Für einen Moment begegnet ihm der Blick des Mädchens und küsst die Skrupel wieder wach. Dann aber eilt Gelfert davon.

»In fünf Minuten ist die Döbler abgesperrt. Das SEK ist unterwegs.«

Stentner betritt das Büro. Jacobi und Kawert stehen immer noch vor dem Stadtplan.

»Wir brauchen eine Funkverbindung zum SEK-Leiter«, sagt Jacobi zu Marion Burckhardt.

Kawert betrachtet das Funktelefon in seiner Hand, mit dem er mit Hess gesprochen hat. Ein eigenartiges Gefühl beschleicht ihn. Irgendetwas ist komisch. Das Funktelefon klingelt. Sofort geht er ran.

»Ja, Kawert.«

Es ist Hess. »Wir sind jetzt in der Grabold. Ist die Baustelle regulär?«

Kawert zögert einen Moment. Dann dämmert ihm, dass da was nicht stimmt. »Umkehren! Ihr müsst da sofort raus!«

Im selben Moment sieht Wegner durch das Seitenfenster der Limousine, dass der Laser einer Lichtschranke am Wagen entlanggleitet.

Kawert, am Funktelefon, hört die Explosion.

Dann ist die Leitung tot.

Frau Dr. Wegner tritt mit ihrem Sohn vor die Tür der Villa. Gerade als sie ihm die Jacke überziehen will, damit sie zum Arzt gehen können, hört sie die Explosion.

Sie weiß sofort, was passiert ist. Und sie weiß sofort, dass ihr Mann tot ist. Aus irgendeinem Grund hat sie keinen einzigen Moment die Hoffnung, dass er überlebt haben könnte.

Wegners Tochter sieht im Rückspiegel, wie der Wagen explodiert, in dem ihr Vater sitzt. Sie wendet sich um und schaut in diese Licht- und Rauchwolke hinein.

Dann schließt sie die Augen und vergisst für vierzig Jahre diesen Moment, der ihren Vater getötet hat, der ihre Mutter zerfressen wird und – irgendwann – wieder in ihr Leben hereinplatzen wird, eine in ihr schlafende Zeitbombe, deren Ticken jeder um sie herum hören wird. Nur sie selbst nicht.

Sie wird später mehrfach befragt werden, wen oder was sie gesehen hat. Sie wird sich an nichts erinnern als den Kuss ihres Vaters auf ihrer Stirn, seine Unruhe und sein Drängeln. Und daran, dass sie in der Eile des Umsteigens ihren Lieblingsstift in seinem Wagen vergessen hat.

Vierzig Jahre später wird plötzlich Gelferts Blick erstmals in einem ihrer Träume auftauchen, sich wieder und wieder in ihre Träume drängeln, so dass sie Urlaub nehmen muss, weil die Angst- und Panikattacken trotz jahrelanger Therapie zurückkehren, weil sie sich schuldig fühlt, den Wagen verlassen zu haben. Nach einer weiteren Therapie – der letzten ihres Lebens – wird in Gelferts Blick nichts Bedrohliches mehr sein, sie wird wieder einkaufen gehen können. Gelferts Blick wird sich aber auch über das Lächeln ihres Vaters legen und allmählich all das zerfressen, was ihr über die vergangenen vierzig Jahre geholfen hat: das Gefühl seines letzten Kusses auf ihrer Stirn. Das Gefühl, dass er sie geschützt hat. Dass er wollte, dass sie lebt.

Weitere drei Jahre später wird bei ihr derselbe Krebs diagnostiziert werden, der auch ihre Mutter das Leben gekostet haben wird. Ein Krebs, der umso mehr wuchs, je stärker sie sich nach Vergessen gesehnt hat, eine plumpe Eins-zu-eins-Variante von Psychosomatik – plump, ja, aber offensichtlich auch wahr und quälend.

Kawert hat das Funktelefon immer noch am Ohr. Jacobi tritt zu ihm. »Gereon hat Sie verarscht!« Nur ein Moment, dann legt Kawert das Telefon zur Seite und rennt zur Tür.

Für einen Augenblick achtet die Frau mit dem Hund nicht auf den Mann mit dem Bauarbeiterhelm, ist zu gebannt von der Explosion und der Rauchwolke ungefähr dreihundert Meter vor ihr. Dann bemerkt sie ihn doch und ist irritiert, dass er sich überhaupt nicht um die Explosion hinter ihm kümmert und stattdessen in einen an der Straße parkenden Wagen steigt, der sofort abfährt.

Als sie eben mit ihrem Hund aus dem Haus getreten ist, hat sie sich noch gewundert, dass hier schon wieder ein Bauarbeiter zugange war. Die Straße war erst vor anderthalb Jahren neu geteert worden. Schon wieder eine Baustelle? Jetzt wird ihr klar, dass irgendetwas mit diesem Mann nicht stimmt. Bevor sie aber wirklich versteht, was hier vorgeht, ist der Wagen, in den der Bauarbeiter gestiegen ist, bereits verschwunden und viel zu weit weg, als dass die Frau das Nummernschild erkennen könnte. Alles, was sie noch erkennen kann, sind die Farbe und die Marke des Wagens. Plötzlich eine Polizeisirene und eine weitere und eine dritte. Polizeiwagen rasen an ihr vorbei zur Unglücksstelle.

Wegners explodierter Wagen steht quer auf der Straße. Die hintere Tür ist aufgerissen, Rauch quillt heraus, der Boden ist voller Scherben. Die Einsatzwagen eines SEK kommen näher, halten, spucken Männer in Kampfmontur und Helmen aus, die sofort den Tatort sichern – möglicherweise sind die Attentäter noch in der Nähe.

Dann ist der SEK-Führer an Wegners Wagen und spricht ins Helmmikrofon. Der Fahrer ist tot. Er war am weitesten vom Explosionsherd entfernt, und so ist immerhin sein Gesicht noch zu erkennen. Anders als bei dem Mann auf dem Beifahrersitz. Seiner Frau wird später jeder Blick auf die Leiche verwehrt, die Explosion hat Hess die Haut vom Gesicht gerissen, den Oberkörper und die Arme zerfetzt.

Wegner selbst liegt tot auf dem Rücksitz, sein Körper ist mit Scherben und Metall übersät – Stacheln, die die Explosion ihm durch die Haut bis tief in den Körper hineingetrieben hat. Sein Gesicht ist zur Unkenntlichkeit zerflossen wie Wachs, das man zu nahe ans Feuer gehalten hat.

Zwanzig Minuten später steht Kawert vor Wegners Wagen und schaut dessen Leiche an. Von irgendwoher blitzt eine Kamera. Er schaut auf und sieht am Straßenrand einen Pressefotografen. Eigentlich ist der Tatort inzwischen weiträumig abgesperrt, Polizisten drängen die Schaulustigen weg. Aber das Ereignis ist zu groß. Ein weiterer Fotograf drängelt sich, die Kamera in der Hand, an den Rand der Absperrung. Kawert zieht seinen Mantel aus und legt ihn über Wegner, das Letzte, was er für diesen Mann tun kann. Niemand, erst recht nicht er selbst, will die Bilder des toten Wegner in der Zeitung sehen.

»Andreas?«

Kawert dreht sich um. Keiner seiner Kollegen duzt ihn, und niemand nennt ihn beim Vornamen – mit einer Ausnahme: Hinter ihm steht seine Noch-Ehefrau, die Leiterin der Spurensicherung, Iris Kawert. Sie hat die Lichtschranke gefunden und zieht ihn mit sich. Knapp dreißig Meter hinter Wegners explodiertem Wagen beginnt die Absperrung der Baustelle. Im Batteriekasten einer der Baulampen steckt der

Laser. Hinter dem Laser hat Iris einen Brief gefunden. Sie zieht ihn heraus und reicht ihn ihrem Noch-Ehemann.

Oben auf dem Brief prangen der rote Stern und das Sturmgewehr. Darunter bekennt sich das Kommando Holger Meins zu dem Attentat. Kawert lässt den Brief sinken und schaut zurück auf das Desaster hinter ihm, auf den völlig zerstörten Wagen, auf Wegners halb von Kawerts Mantel bedeckte Leiche.

Noch nie in seinem Leben – noch nie – hat Kawert sich so sehr wie ein Versager gefühlt wie heute.

II

1

»Lass uns einfach hier vorne raus, sonst wird es zu spät für dich.«

»Danke«, sagt Sandra Wellmann zu ihrer Schwester Miriam, die hinter ihr auf der Rückbank neben Sandras Sohn Markus sitzt.

Donnerstag, kurz vor acht. Golf, Polo, Audi, Ford – ein Stau vor der Schule in Berlin-Lichterfelde, die deutschen Mittelstandsmuttis tütteln den Nachwuchs im Zweitwagen zum Unterricht. Sandra fährt halb auf den Bürgersteig und hält an. Während Miriam und Markus aussteigen, zuppelt sie Max, das Familienmaskottchen, vom Rückspiegel und folgt den beiden.

Heute ist ein großer Tag für Mutter und Sohn: Sandra hat in einer Stunde ein Vorstellungsgespräch bei der Treuhand in Berlin-Mitte, und Markus schreibt gleich um acht eine Lateinarbeit, kurz vor Ostern häufen sich die Klassenarbeiten. Latein ist sein Krisenfach, und entsprechend ist die Laune.

»Toi, toi, toi, mein Schatz«, sagt Sandra. »Das wird schon. Du hast super gelernt.«

Und dann folgt der Mama-Super-GAU: Kuss auf die Wange des Sohnes, zehn. Golf, Polo, Audi, Ford, der ein oder andere Mercedes werden Zeuge. Nachher auf dem Schulhof wird Markus ein stellares Gelächter sämtlicher Kronprinzen erwarten. Woher soll Mama Sandra, siebenundzwanzig, das aber auch wissen? Schließlich lesen wir ja auch erst seit ein paar Jahren im Knigge, Kapitel »Vorpubertät«, Abschnitt »Betriebsunfälle in der Öffentlichkeit Komma schwere«. Und dann will Sandra ihrem Sohn auch noch Max, das Maskottchen, andrehen, vor vier Jahren von Markus in der

Grundschule bei Frau Klein zwangsselbstgestickt, Pac-Man meets Ufo, das Grinsen im Kreuzstich ist leicht verrutscht, und schielen tut er eh.

»Willst du Max mitnehmen?«, fragt Sandra. »Der ist absolut super im Daumendrücken.«

Möglich. Aber vielleicht sollten wir das doch bitte schnell hinter uns bringen, oder anders gesagt, nämlich einen Tick pointierter: »Mama, lass es!«

Und Markus' Tante Miriam, Lehrerin an der Schule da drüben und mit dem Pausenhofton unter Zehnjährigen besser vertraut als ihre Juristenschwester, hat einen Vorschlag: »Nimm du ihn mit«, sagt sie zu Sandra. »Du brauchst ihn heute dringender.«

Miriam legt ihre Hand auf Markus' Schulter, zweihundert Meter zum Eingang sind es noch, und die Schulglocke kennt kein Pardon, für Lehrerinnen nicht und für Lateinarbeiten schreibende Schüler erst recht nicht.

»Komm«, sagt Miriam zu Markus.

»Danke für den Wagen«, sagt Sandra zu ihrer Schwester.

»Kein Thema!«

Zum Abschied verhuschelt Markus eine Umarmung. Wie alle Wellmanns neigt auch der jüngste von ihnen zur Harmoniesucht, und letztlich gelingen auch Lateinübersetzungen besser, wenn Mamas Lächeln wohlwollend über die Schulter geleuchtet hat, erst recht, wenn einem Herr Wörner, der Lehrer, gegenübersitzt und guckt, wie er eben guckt, eine Mischung aus Gnade und Hinrichtung, Religion und Latein eben, mit Betonung auf Latein.

Sandra geht zurück zum Wagen und setzt sich hinein. Sie hängt das Maskottchen zurück an den Rückspiegel, und plötzlich sieht sie, dass weit hinter ihr ein Auto parkt, zu weit weg von der Schule, als dass es etwas mit dem Almauftrieb der Schulkinder zu tun haben könnte. Sandra kennt den Wagen, aber sie kann nicht sehen, wer darin sitzt.

Sie wirft einen letzten Blick auf ihren Sohn und ihre Schwester, winkt ihnen zum Abschied, wendet und fährt los.

Eine knappe Viertelstunde später nähert sie sich auf der Wilhelmstraße der Treuhand. Das Gebäude ist mit Zäunen abgesperrt, Polizei kontrolliert die Zufahrt.

Sandra hält an und kurbelt das Fenster hinunter. »Komm ich hier zum Parkplatz der Treuhand?«

»Ja, aber heute nicht«, antwortet ihr ein Polizist.

Sandra zieht einen Brief aus ihrer Tasche und zeigt ihn dem Polizisten. »Ich bin angemeldet. Ich habe ein Vorstellungsgespräch.«

Der Polizist wirft einen Blick auf das Schreiben. Dann lässt er sich Sandras Ausweis zeigen, führt ein kurzes Telefonat mit dem Sekretariat von Dahlmann und reicht ihr schließlich die Einladung zur Bewerbung und ihren Personalausweis zurück.

»Sie können da hinten parken. Nehmen Sie den Seiteneingang. Hier vorne ist eine Demonstration angemeldet.«

»Danke.«

Der Polizist gibt seinem Kollegen ein Zeichen, der öffnet die Schranke, und Sandra fährt auf das Gebäude zu. Fünfstöckige Quader im schmucken Wehrmachtsuniformgrau, nebeneinandergeklotzt und mit einer Front, die so lang ist wie eine Landebahn. Kein Mensch weiß, warum ausgerechnet dieses Gebäude – Görings Luftfahrtministerium – den Krieg einigermaßen unbeschadet überstanden hat. In der DDR das Haus der Ministerien und jetzt die Residenz Dahlmanns und seiner Behörde – ein Ort, der zwei Mal vergessen musste, wer er ist, mit Innenhöfen, in denen man heute noch das faschistisch-stalinistische Stampfen von Militärstiefeln hört.

Der Parkplatz, zu dem der Polizist sie geschickt hat, ist für Mitarbeiter der Treuhand reserviert. Sandra stellt den Wagen ab, schnappt sich ihre Tasche und das Einladungsschreiben und steigt aus.

Auf dem Weg zum Eingang sieht sie die ersten Demonstranten, die sich neben dem Gebäude versammeln, Plakate schwenkend gegen die Treuhand und gegen Dahlmann selbst. Die ersten wütenden Parolen dröhnen, durch ein Megafon gegrölt, zu Sandra herüber.

Als sie das Gebäude betritt, wird sie ein weiteres Mal von einem Polizisten aufgehalten.

»Guten Morgen, ich möchte zu Herrn Dahlmann.«

Und sie muss nochmals die Einladung zum Bewerbungsgespräch und ihren Ausweis vorzeigen. Dann sucht der Polizist sie mit einem Metalldetektor ab, sogar ihre Schuhe werden untersucht. Im Hintergrund drei Polizisten mit schusssicheren Westen und umgehängten Maschinenpistolen. Die Treuhandanstalt ist besser gesichert als das Luftfahrtministerium und das Haus der Ministerien zusammen. Schließlich lässt der Polizist Sandra ins Innere des Gebäudes eintreten. Er deutet auf den Aufzug. »Ganz oben. Fünfter Stock.«

Spiegel an drei Wänden des Fahrstuhls, matt zwar, aber klar genug, um Sandra in unendliche Wiederholungen zu zwingen, die sich im immer schwärzer werdenden Irgendwo schließlich verlieren. Ihr Kopf, frontal, von der Seite, von hinten, unmöglich, sich hier drin selbst zu entkommen. Der Aufzug bremst ab und hält im ersten Stock. Ein leichtes Ruckeln, und die Tür öffnet sich, unerwartet langsam. Dahlmann betritt den Fahrstuhl zusammen mit einem anderen Mann. Die beiden sind ungefähr im selben Alter, Ende fünfzig. Dahlmann ist der ehemalige Manager sofort anzumerken, der andere wirkt auf Sandra wie ein Mann der zweiten Reihe, jemand, dem es eher um die korrekte Sachbearbeitung als um die Sache selbst geht.

Ein kurzes Lächeln huscht über Dahlmanns Gesicht, als er Sandra sieht, aber offensichtlich will er nicht zeigen, dass er sie kennt. Es ist fünf Jahre her, dass sie ihn das letzte Mal getroffen hat. Aber sein Gesicht, seine Art zu reden, sind ihr nach wie vor vertraut. Er hat etwas zugenommen, wirkt blasser, die Haare dünner, aber da ist immer noch das Lächeln in seinen Augen, das den leicht rechthaberischen Tonfall sofort aufwiegt. Etwas in Dahlmanns Blick lässt ihn so wirken, als würde er einen sofort durchschauen.

»Das müssen Sie mir schon selbst überlassen, wo ich nochmal draufschauen will, Herr Rautenbach«, sagt Dahlmann zu dem anderen Mann. »Ich bin kein Frühstücksdirektor!«

»Selbstverständlich. Ich sage Ihnen nur, was die Dezernenten denken.«

Der Mann drückt auf eine der Tasten neben der Tür.

»Die können denken, was sie wollen«, sagt Dahlmann. »Hier geht es nicht um Abwickeln, sondern um Gestalten. Und wer das nicht begreift, kann gehen.«

Die Tür schließt sich, und der Aufzug setzt sich in Bewegung. Der Mann schaut zu Boden, um Dahlmanns Blick auszuweichen. Für einen Moment herrscht völlige Ruhe, peinlich fast und drückend. Dann das laute Surren des Fahrstuhlmotors, ein veraltet und überfordert wirkendes Getriebe. Auch Sandra blickt zu Boden, alles ist viel zu nah hier drin, unangenehm indiskret.

»Ich wollte Sie nicht verärgern«, sagt der Mann schließlich.

»Das haben Sie nicht und können Sie auch gar nicht.«

Der Aufzug hält eine Etage höher.

»Ich spreche nochmal mit Ganter darüber.«

»Tun Sie das«, sagt Dahlmann.

Der Mann steigt aus, und als die Tür des Fahrstuhls wieder zu ist, lächelt Dahlmann Sandra an.

»Ich weiß nicht, wer er ist, aber Sie haben ihn eben verloren«, sagt sie.

»Es ist schön, Sie zu sehen, Sandra.« Dahlmann lächelt sie an. »Rauchen Sie immer noch?«

»Riecht man das?«, fragt sie.

»Na, wenn Sie kein Blatt vor den Mund nehmen, mach ich das auch nicht.«

Ein paar Minuten später stehen die beiden rauchend in der leeren Damentoilette am offenen Fenster. Fünf Stockwerke tiefer formiert sich die Demonstration. Dahlmann schaut auf die Plakate, und die Demonstranten sind nicht so weit weg, als dass Sandra und Dahlmann die Rufe und Parolen hier oben nicht hören würden.

»Macht Ihnen das nichts aus?«, fragt Sandra.

»Meine Aufgabe ist nicht, von den Leuten geliebt zu werden. Ich will ihnen eine Zukunft geben.«

Sandra schmunzelt. »Von der Toilette aus?«

»Das ist der einzige Ort, wo man hier mal seine Ruhe hat.«

Dahlmann wirft einen Blick auf die Uhr und stupft seine halb gerauchte Zigarette aus.

»Die Arbeitszeiten sind unterirdisch, und Sie müssen bereit sein zu reisen. Bezahlung geht so.«

»Wollen Sie meinen Lebenslauf nicht sehen? Zeugnisse?«

»Erstens kenne ich Sie und weiß, was Sie können. Und zweitens ist eh jeder, der hier eingeladen wird, hervorragend.«

»Danke«, sagt Sandra. »Ich freu mich sehr.«

»Aber ich sage Ihnen gleich: Ihre Vorgängerin hinterlässt große Spuren!«

»Warum ist sie nicht mehr bei Ihnen?«

»Sie hatte einen tödlichen Unfall.« Dahlmann bückt sich und schnappt sich seine Tasche. »Kommen Sie morgen um acht.«

Sandra nickt ihm zu, lächelt, das hier ging wesentlich einfacher, als sie erwartet hatte.

An der Tür wendet sich Dahlmann nochmal zu ihr um. »Und noch was: Ich bin seit zwanzig Jahren in Führungspositionen. Ich weiß, wann ich den Leuten schmeicheln muss, wann ich Druck machen und wann ich sie mit Arroganz von mir fernhalten muss. Verlieren kann man jemanden nur, wenn man geliebt werden will.«

Sandra hängt ihren Mantel an die Garderobe. Es ist früher Nachmittag, in der Küche hört sie Markus und ihre Mutter ein Gespräch über Zuckerguss führen, und es riecht nach Kuchen, vermutlich Schokoladenkuchen, der Geruch von Trost, der tief aus Sandras eigener Kindheit in diesem Haus in Berlin-Lichterfelde heraus duftet. Offenbar haben Markus und ihre Mutter sie gehört, denn sie kommen – beide mit umgebundener Schürze – in den Flur.

»Und?«, fragt Sandras Mutter. »Wie ist es gelaufen?«

Sandra lächelt, und ihre Mutter zieht die Schürze aus, kommt zu ihr und umarmt sie.

»Das ist ja mal eine gute Nachricht«, sagt sie. »Herzlichen Glückwunsch.«

»Danke, Mama.« Sandra schaut ihren Sohn an. »Und wie war es bei dir?«

Ohne dass Markus es sehen kann, gibt ihre Mutter ihr ein Zeichen, dass die Lateinarbeit in die Hose ging.

»Das ist wurscht«, sagt Sandra zu ihrem Sohn. »Das macht nichts!« Sie lächelt und deutet in die Küche. »Schokoladenkuchen?«

Markus nickt.

»Auf keinen Fall mit Zuckerguss«, sagt Sandra. »Ich muss mal raus aus dieser Verkleidung. Ich komm gleich.«

»Miriam kommt später, die Zeugniskonferenz dauert noch«, sagt Sandras Mutter und geht mit Markus zurück in die Küche.

Sandra eilt die Treppe hinauf in ihr Zimmer. Sie zieht das Kostüm aus, das sie beim Vorstellungsgespräch getragen hat. In der Tasche ihres Jacketts liegt der Pager, der eben kurz gebrummt hat; ein leises Vibrieren, für Sandras Mutter und für Markus nicht zu hören. Sandra zieht sich eine Jeans über, steckt den Pager ein. Sie schnappt sich das Telefon, das im Flur steht. Das Kabel ist lang genug, sie kann das Telefon mit ins Bad nehmen, schließt ab, setzt sich auf den Rand der Badewanne und wählt.

»Ich hab den Job«, spricht sie auf einen Anrufbeantworter und legt wieder auf.

Draußen im Flur ruft Markus nach ihr. Der Kaffee ist fertig, sie soll kommen. Und Sandra bittet noch um einen Moment, gleich wird sie hinuntergehen und mit ihrer Mutter und ihrem Sohn den Schokoladenkuchen essen, der sie an aufgeschürfte Knie, Liebeskummer und eine missratene Abiturklausur erinnert.

2

Eine Landschaft wie der Name der Stadt, die in ihrer Mitte haust wie eine fast verreckte Spinne inmitten ihres verrotteten Netzes: Bitterfeld. Eine weite, menschenleere Industriebrache, vergiftet bis in die Wurzelspitzen hinein: marode Chemiewerke, Rohre, Dampf, eine Industrialisierung, die irgendwann in den 1950er Jahren den Anschluss an die Gegenwart verloren hat.

Ein Fiepen, dann die Nachrichten, die Dahlmann immer hören will, wenn er unterwegs ist. Das Autoradio verkündet, dass Helmut Kohl sich in Berlin am späten Vormittag anlässlich einer Anhörung zur inneren Sicherheit auch zum Tod von Dr. Ernst Wegner vor zwei Wochen geäußert hat. Dahlmann, der hinten im Wagen sitzt, schaut von seinen Akten auf und hört seinem Kanzler zu.

»Mit Ernst Wegner hat die Bundesrepublik eine seiner größten Persönlichkeiten verloren«, aber der Rechtsstaat sei »wehrhaft«. Die RAF werde die »Härte des Gesetzes« zu spüren bekommen. Eine Vergeltungsandrohung des feisten Kanzlers, der den Kalten Krieg ausgesessen hat, die Sowjetunion und »Star Wars«. Der Kanzler doht im rhetorischen Autopiloten, grüß Gott, liebes Klischee, lass dich umarmen, wie wahr du bist, wie verständlich und anschlussfähig für die gesamte verwundete Republik.

Dahlmanns Blick gleitet nach draußen. Er schätzt Kohl, aber erst, seit er ihn persönlich kennt. Bis dahin war er für Dahlmann immer die Strickpulli-Variante des Christlichen und Demokratischen gewesen und Union nur insofern, als die Partei des Kanzlers, die nicht Dahlmanns Partei ist, sich von Kohl einschnüren ließ. Dahlmann kann diesen sabbernden Tonfall, in dem immer ein Bäuerchen aus Saumagen, Selbstzufriedenheit und beleidigter Anklage mitschwingt, nicht leiden. Im Vieraugengespräch aber, das Kohl mit Dahlmann vor sieben Monaten geführt hat, um ihm die Leitung der Treuhand anzutragen, war er eine völlig andere Person. Machtbewusst, ja. Aber Dahlmann hat auch die Intelligenz unter der feisten Oberfläche gespürt, die Provinz als Masche und Verstellung. Und hat die Mission, die diesen Mann umtreibt, begriffen. Und obwohl er ursprünglich ablehnen wollte, ließ er sich schließlich überzeugen, ohne recht zu wissen, wie es der Kanzler geschafft hatte, ihn umzudrehen.

Eine deprimierende Landschaft zwischen Grau und Dunkelgrau da draußen. Farben sind Chemie und gehören an Häuserwände, Eisenbahnwaggons oder Kraftwagen. Man nehme der Landschaft die Natur, mache sie vierzig Jahre lang zum Verbündeten des Sozialismus und lasse sie gegen einen übermächtigen kapitalistischen Konkurrenten antreten – Bitterfeld ist der finale Schlag, mit dem ein industrialisiertes 19. Jahrhundert aus Dampfmaschinen und glühendem Eisen auf die Ästhetik einprügelte, bis sie nicht mehr wusste, was schön ist, was erhaben oder hässlich. Dahlmann ist kein Öko, im Gegenteil, selbstgestrickte Pullover, Birkenstock und

Zottelbärte sind nicht sein Ding, dann schon eher Saumagen, pfälzische Landjäger und Federweißer. Und trotzdem, denkt er, als er aus dem Fenster seiner Limousine schaut, die über Hitlers bleibendes Geschenk an Deutschland holpert, Bitterfeld braucht die Ökos noch nötiger als der Rest der DDR. Eine Stadt, die zwei Jahre nach der Wende immer noch nach Chemie stinkt und eine Industrialisierung bebildert, die – nach vierzig Jahren im real existierenden Sozialismus – dringend nach Reform schreit.

Dahlmanns Fahrer schaltet das Radio aus. Vor ihnen liegt jetzt das Ziel der Reise aus dem Berliner Zentrum in die Bitterfelder Peripherie. Die Straße ist schnurgerade, an ihrem Ende das Werksgelände der Raupach-Werke – der größten Chemiefirma der ehemaligen DDR. Davor stehen Demonstranten in Arbeiterkleidung, wie von Brecht erfunden, und skandieren wütende Parolen und schwenken Plakate und Schilder voller Rechtschreibfehler gegen die Treuhand, groß genug, dass Dahlmann, sein Fahrer und Sandra Wellmann, die hinten neben Dahlmann sitzt, lesen können, gegen wen sich der Zorn richtet, und vor allem, wer das Subjekt des Zorns ist, der Souverän höchstpersönlich nämlich sieht sich genötigt zu pöbeln: »Wir sind das Volk! Wir sind das Volk!«

Dahlmanns Limousine ist gepanzert und deshalb lärmisoliert, doch als sie der Demonstration näher kommen, dringen die Rufe ins Innere des Wagens durch. So richtig klar wird Dahlmann nicht, welche Brücke von der Nikolaikirche in Leipzig oder dem Alexanderplatz in Berlin hierher vor das Werksgelände in Bitterfeld führt. Ja, sie sind das Volk, jedenfalls ein Teil des Volkes. Und das Volk ist mit der Gesamtsituation unzufrieden, und weil es schlecht gegen eine Gesamtsituation demonstrieren kann, braucht der Feind ein Gesicht. Das Gesicht sieht Dahlmann erstaunlich ähnlich, trägt eigenartigerweise aber einen Hitlerbart. Ich, denkt Dahlmann, Sozialdemokrat aus Nordrhein-Westfalen, geboren in Magdeburg, mein Vater Mitglied der bekennenden Kirche und Mitunterzeichner des Barmer Bekenntnisses, ich soll Hitlers williger Vollstrecker sein? Des Faschismus' letzte Bastion?

Dahlmanns Fahrer bremst ab, sucht nach einem Seitenweg zum Hintereingang des Chemiewerks, aber vergeblich und zu spät. Denn das in achthundert Exemplaren repräsentierte Volk wendet sich vom Verwaltungsgebäude ab, kommt auf die schwarze Limousine zu, sämtliche Bilder gelungener Revolutionen vor dem inneren und Dahlmanns Mercedes vor dem äußeren Auge und getragen vom Hochgefühl, vor nicht einmal zwei Jahren einen ganzen Staat besiegt zu haben. Das achthundertköpfige Volk ist abermals einig, und wie viel wichtiger ist Einigkeit als Recht und Freiheit? Einig jedenfalls gegen die Treuhand, die ihren Staatsratsvorsitzenden Genosse Hitler zum Kontrollbesuch schickt.

»Haben Sie Herrn Friedrich gesagt, dass wir kommen?«, fragt Dahlmann.

»Nein«, sagt Sandra.

»Sonst jemandem?«

»Niemandem.«

Zu spät, um zu wenden. Die Limousine ist inzwischen von Demonstranten umzingelt. Der Fahrer muss anhalten, kann weder vor- noch zurücksetzen. Sandra wird nervös, der Fahrer wird nervös, beide werden von der Wucht der inbrünstigen Rufe des einigen Volkes zurück in die Sitze gedrückt. Dahlmann aber bleibt ruhig.

»Würden Sie jemandem, der nicht mal seinen eigenen Terminkalender geheim halten kann, sechshundert Milliarden D-Mark anvertrauen?«

Der Fahrer lächelt. Die beiden kennen sich gut. Dahlmann hat verhandelt, dass er, als er vor sieben Monaten der Leiter der Treuhand wurde, seinen Chauffeur, den die Hoesch AG ihm als Topmanager bereitgestellt hatte, mitnehmen konnte.

Die Atmosphäre draußen wird immer aufgeheizter. Die Demonstranten schlagen wütend mit der flachen Hand auf den Kofferraum und mit den Fäusten an die Scheiben. Außerdem beginnt das einige Volk – acht Mann links, acht Mann rechts – an der Limousine herumzurütteln.

»Soll ich den Werkschutz rufen?«, fragt der Fahrer.

Dahlmann selbst hatte insistiert, diese Reise ohne Polizeischutz zu machen. Wie übrigens viele seiner Reisen, die er vorher nicht angekündigt hat. Ein Risiko. Das BKA hatte ihm geraten, nicht mehr ohne Polizeischutz zu fahren, »high priority target«, das er nunmehr sei, Hassobjekt der RAF auf der einen und der Bevölkerung der ehemaligen DDR auf der anderen Seite.

»Nein«, sagt Dahlmann zum Fahrer. »Sie bringen Frau Wellmann zum Hintereingang.«

»Und Sie?«

»Ich geh raus und erkläre denen, dass die Landschaften zwar noch nicht blühen, aber überall schon Knospen zu sehen sind«, sagt Dahlmann mit schiefem Lächeln und zieht seine Strickkrawatte aus.

»Sind Sie sicher?«

Der Fahrer kennt Dahlmanns Eigenarten, seine Vorliebe für Alleingänge. Der Wagen ruckelt immer stärker hin und her, es ist alles andere als eine gute Idee, sich alleine achthundert Arbeitern, die sich an der Macht einer dreistelligen gegenüber einer einstelligen Zahl berauschen, auszuliefern.

»Meine Frau sagt, ich bin rhetorisch eine Niete, aber argumentativ ganz gut.«

Dahlmann ist seit mehr als fünfundzwanzig Jahren Topmanager. In Krisen wird er ruhig, wenn andere nervös werden, entwickelt er eine Neigung zum Witzeln, einer seiner wichtigsten Softskills.

Er zeigt Sandra die altmodische Strickkrawatte und lächelt. »Die hat Julia mir gestrickt, da war sie fünfzehn!« Er rollt die Krawatte ein und legt sie zur Seite. Dann zieht er sein Portemonnaie und seinen Terminkalender aus seinem Jackett und legt beides in die Mittelkonsole. Wie immer die Gangart da draußen wird – sein Terminkalender, in dem sich die Adressen und Telefonnummern sämtlicher Mitglieder des Kabinetts befinden, sollte nicht unbedingt in die Hände der Demonstranten fallen.

Dahlmann öffnet die Tür und steigt aus. Die Ruckelei hört sofort auf, die Demonstranten lassen den Wagen in Ruhe. Um ihn herum bildet sich eine kleine Gasse.

Sandra schaut ihm hinterher. Für einen Moment noch drückt der Protest aus den hinteren Reihen lautstark ins Innere des Wagens. Dahlmann lächelt ihr kurz zu, dann schließt er die Tür. Sie kann nicht hören, was er mit den Demonstranten da draußen bespricht. Sie sieht, dass er sich von ihnen ein Megafon geben lässt.

Die Demonstranten lassen von der Limousine ab und machen Platz, so dass der Wagen langsam zurücksetzen kann. Der Fahrer konzentriert sich auf den Außenspiegel und hat die Mittelkonsole des Wagens nicht im Blick. Sandra schnappt sich Dahlmanns Kalender und blättert ihn eilig durch, den Fahrer behält sie dabei im Auge.

Im Kalender ist eine Reise nach Görlitz eingetragen. Sandra ist jetzt zehn Tage bei Dahlmann, Bitterfeld ist ihre erste Dienstreise mit ihm. Von einer Fahrt nach Görlitz hat er ihr nichts mitgeteilt. Vermutlich eine weitere Inspektionsfahrt, wie diese hier. Nur dass er seine Referentin offenbar nicht dabeihaben will. Sandra merkt sich den Termin und blättert weiter. Treffen mit Rautenbach, Dahlmanns Stellvertreter im Vorsitz der Treuhand. Treffen mit dem Innenminister. Bericht beim Kanzler. In drei Wochen ist eine Rede im Bundestag geplant. Alles Termine, die Sandra kennt. Nur die Reise nach Görlitz hat Dahlmann bislang vor jedermann geheim gehalten.

»Vorsicht, links!«, ruft sie, als der Fahrer zu ihr zurückblickt. Ein durchschaubares Manöver, aber der Fahrer sieht sofort nach links, und Sandra legt den Kalender zurück in die Mittelkonsole, ohne dass er es bemerkt.

»Sind die Scheiben aus Panzerglas?«

»Machen Sie sich mal keine Sorgen. Eine höhere Sicherheitsstufe hat nur der Kanzler.«

Sandra blickt durch die Windschutzscheibe hinaus, während der Fahrer sich vorsichtig rückwärts durch die Demonstranten drängelt. Je weiter der Wagen zurücksetzt, umso verlorener wirkt Dahlmann mit seinem Megafon zwischen den Arbeitern und den Plakaten mit den Hassparolen und seinem Konterfei mit Hitlers Rotzbremse.

Sandra ist schon ein paarmal aufgefallen, dass Dahlmann bei Treffen mit Arbeitern oder Angestellten alte Anzüge trägt, Mäntel, die aus der Mode und deren Ärmel abgestoßen sind, und Schuhe mit abgelaufenen Absätzen und zerriebenem Leder. Dahlmann, denkt sie, ist ein Mann voller Kalkül: Perfekt geschnittene Anzüge für die Sitzungen im Kabinett, eher schäbige Kleidung, wenn er mit Arbeitern spricht und sich sicher sein kann, dass kein Fernsehteam in der Nähe ist.

In den letzten zwei Wochen ist fast kein Tag vergangen, an dem er nicht im Fernsehen zu sehen war. Er weiß inzwischen, wie er mit den Medien umzugehen hat, und er weiß, wie er auf Versammlungen zu sprechen hat. Ein Mann, der die Inszenierung beherrscht, und der es beherrscht, die Inszenierung zu verschleiern. Sandra ist sich nicht sicher, ob sie das bewundern oder verachten soll.

Das Letzte, was sie sieht, als der Wagen rückwärts um die Ecke setzt, ist Dahlmann, der mit offenem Hemdkragen wie ein Gewerkschaftsführer in ein Megafon brüllt. Es ist ihm immer wieder gelungen, kleinere Gruppen umzudrehen, denkt Sandra. Aber diese hier? Achthundert wütende Leute? Achthundert Leute voller Hass?

Im Verwaltungsgebäude der Raupach-Werke sind die Rollläden heruntergelassen. Während einer früheren Demonstration standen sämtliche Sekretärinnen und Sachbearbeiter an den Fenstern, mit dem Ergebnis, dass sich die Stimmung unter den Demonstranten angesichts des Publikums in den vor ihnen liegenden vier Stockwerken immer weiter hochgeschaukelt hat. Die Maßnahme, das Problem der Demonstrationen mittels heruntergelassener Rollläden zu lösen, hat niemanden recht überzeugt. Aber sie war von Dr. Friedrich angeordnet, und Dr. Friedrich ist seit acht Monaten, seit er von der Treuhand zum Leiter der Raupach-Werke berufen wurde, der äußerst umstrittene Herrscher von Bitterfeld, der mittels Umstrukturierungen, strategischen Kündigungen und kleinen, glitzernden und völlig wertlosen Perlen für die Eingeborenen des untersten Managements seine Herrschaft inzwischen fest verankert hat.

Friedrich steht hinter dem Fenster seines Büros und schaut unter dem Rollladen hindurch auf die Demonstranten. Die Stimmung ist aufgeheizt, immer noch, und erst recht, seit Dahlmann das Megafon ergriffen hat. Hier oben kann Friedrich nicht hören, was Dahlmann da unten sagt, will er auch nicht. Stattdessen greift er zum Telefon.

»Herr Doktor Friedrich.«

Die Assistentin von Rautenbach reicht ihrem Chef das Funktelefon. Die beiden steigen gerade aus dem Wagen und gehen zum Eingang der Treuhand.

»Ich komme gleich nach«, sagt Rautenbach.

Die Assistentin nickt, nimmt ihm seinen Aktenkoffer ab und geht vor. Rautenbach vergewissert sich, dass er außer Hörweite des Fahrers ist. Dann nimmt er das Telefonat entgegen.

»Dahlmann ist hier.«

»Läuft die Demonstration gegen ihn?«

»Woher wissen Sie das?«

»Halten Sie Ihren Werkschutz zurück, und lassen Sie die Presse Bilder machen«, sagt Rautenbach.

Friedrich wusste weder von dem Besuch noch von der Presse, die angeblich irgendwo rumstolziert. Eine Demonstration in seinem Chemiewerk, die zweite in den letzten zwei Monaten, ist PR-technisch der GAU.

»Ich verstehe Sie nicht: Was ist die Strategie?«, fragt er.

»Seine Popularitätswerte sind eh schon unterirdisch. Ein bisschen mehr noch, und er verliert sein Back-up.«

»Warum haben Sie mich nicht vorgewarnt?«, fragt Friedrich.

»Weil Sie zu Schnellschüssen neigen, die mir nicht passen«, sagt Rautenbach. »Ich muss jetzt auflegen.«

Dahlmanns Limousine hält vor dem Hintereingang des Verwaltungsgebäudes der riesigen Raupach-Werke. Der Fahrer hatte einige Mühe, dorthin zu gelangen, denn die Demonstranten hatten Absperrungen aufgebaut, die ihn zwingen sollten, den Weg zum Vordereingang zu nehmen. Doch er hat den Werkschutz verständigt, der die Absperrungen beseitigt hat.

Sandra steigt aus. Außer dem Wachschutz ist hier hinten niemand, vage hört sie die Rufe der Demonstranten von der anderen Seite des Gebäudes.

Der Gang drinnen ist leer, die Türen links und rechts verschlossen. Natürlich stehen die Mitarbeiter der Verwaltung alle an den Fenstern und beobachten die Demonstration der Arbeiter da draußen. Einige von ihnen haben sich selbst unter die Demonstranten geschlichen.

Am anderen Ende des Gangs, am Vordereingang, stehen zwei Männer vom Wachschutz. Die Tür ist abgeschlossen. Je näher Sandra kommt, desto lauter hört sie die Rufe der Demonstranten, die draußen mit den Fäusten und mit Holzlatten an die Tür und die Fensterscheiben hämmern. Die Angst der beiden Wachleute ist deutlich zu spüren, wenn die Demonstranten diese Tür aufbrechen würden, hätten die beiden keine Chance, die Meute zurückzuhalten. Dafür sind die fünfundzwanzig Angestellten des Wachschutzes, die hier arbeiten, einfach nicht ausgerüstet.

»Wo ist Herr Dahlmann?«, fragt sie die Wachleute.

Einer der beiden deutet den Gang hinunter auf eine Tür.

Es ist eine Toilettentür. Sandra öffnet sie einen Spalt weit und ruft hinein. »Herr Dahlmann?«

»Kommen Sie rein!«

Dahlmann steht am Waschbecken. Er versucht, seinen Mantel auszuwaschen, der voller Farbflecke ist. Auch am linken Ohr scheint er von einem Farbbeutel getroffen worden zu sein, von dort aus ist ihm gelbe Farbe über den Mantel auf das Jackett gelaufen.

»Ich sag ja: Mein rhetorisches Talent ist ausbaufähig.« Dahlmann lächelt.

»Dafür hat Ihre Argumentation offensichtlich gesessen«, sagt Sandra.

Bevor Dahlmann etwas erwidern kann, wird die Toilettentür aufgerissen, zwei Fotografen stürmen herein und beginnen sofort, Bilder zu schießen. Das ist Dahlmann, der Schmerzen im Ohr hat, weil der Farbbeutel aus nächster Nähe auf ihn geworfen wurde, dann doch zu viel.

»Verschwinden Sie! Hauen Sie ab!«, ruft er und kommt drohend auf sie zu.

Das sind die Bilder, die die Fotografen haben wollen. Ein wütender Mann, der die Fassung verliert, von Demonstranten geschlagen, ein Clown in gelb, grün und rot. Neun, zehn weitere Fotos, dann öffnet sich die Tür wieder, und die beiden Männer vom Wachschutz eilen herein. Bei ihnen ist Friedrich. Er schaut Dahlmanns über und über verdreckte Kleidung entsetzt an und weist die Leute vom Wachschutz an, die beiden Fotografen wegzubringen.

»Haben Sie vielleicht irgendwas zum Überziehen für mich?«

Dahlmann hat seine Fassung wiedergewonnen, trotzdem ist er immer noch wütend, weil er genau weiß, welche Fotos von ihm morgen in der Zeitung zu sehen sein werden. Ein weiterer Sargnagel für seine Hoffnung, die öffentliche Wahrnehmung seiner Person doch noch zu korrigieren. Denn unter der witzelnden Oberfläche verbirgt sich – erstaunlich genug für jemanden seines Kalibers – der kleine Junge, der nicht damit umgehen kann, dass die ganze Schule ihn scheiße findet und dämliche Witze über ihn reißt. Vielleicht war es doch ein Fehler, ohne Polizeischutz hierherzukommen. Wäre es besser gewesen, den Usurpator zu geben als den Clown?

»Schauen Sie mal, dass Sie was zum Anziehen für Herrn Doktor Dahlmann finden«, sagt Friedrich zu einem dritten Wachmann, der in den Toilettenraum eilt.

»Warum sind Sie hier?«, fragt er, als er wieder mit Dahlmann und Sandra alleine ist.

Friedrich wurde von Rautenbach in die Treuhand geholt, gegen den Widerstand von Dahlmann. Seine Managementerfolge in einem süddeutschen Unternehmen waren nicht schlecht gewesen, aber auch nicht so, dass sie ihn unbedingt für die Leitung der Raupach-Werke qualifizierten. Dahlmann hatte Friedrich von Anfang an als Rautenbachs Marionette angesehen – ein Mann mit dem richtigen Parteibuch, wegen des Proporzes geholt und nicht wegen seiner außergewöhnlichen Fähigkeiten. Allerdings ein viel zu kleines Licht, als dass er sich an den Innenminister hätte wenden können, um ihn loszuwerden. Und selbst wenn er es getan hätte, wäre der Versuch gescheitert. Dahlmanns Berufung war in der Partei des Kanzlers eh auf Unverständnis und Widerstand gestoßen – niemand dort wollte verstehen, warum Kohl den SPD-Mann Dahlmann in eines der wichtigsten Ämter der wiedervereinigten Bundesrepublik berief. Der Kanzler hatte den Widerstand der eigenen Partei nur brechen können, indem er Dahlmann jemanden von ihnen an die Seite setzte und mit großer Machtbefugnis ausstattete. Ein paar Namen waren infrage gekommen, aber Rautenbach war als Einziger bereit gewesen, diesen Job, der eher die Endstation als der Beginn einer Karriere war, zu übernehmen. Und Rautenbach hatte alles getan, um seinen Einfluss geltend zu machen. Als Mann mit ausgeprägtem Machtinstinkt, der er ist, hatte er sofort verstanden, welches die wichtigsten Posten in der Treuhand und in den von ihm verwalteten Unternehmen waren, und hatte um die Besetzung jeder einzelnen Stelle gekämpft. Friedrich war einer seiner Vertrauten, vielleicht der wichtigste, denn die Raupach-Werke in Bitterfeld sind eines der am härtesten umkämpften Unternehmen der ehemaligen DDR, deren Verwaltung der Treuhand unterstellt ist. Die Besetzung des Leitungspostens mit Friedrich war eine der Bedingungen gewesen, die Rautenbach dem Kanzler und dem Innenminister gestellt hat und von denen er es abhängig gemacht hat, ob er den Posten als Vize-Vorsitzender der Treuhand übernehmen würde.

»Ich würde mir gern Ihren Fuhrpark anschauen«, sagt Dahlmann zu Friedrich.

Zwanzig Minuten später führen Friedrich und der für die Fahrzeuge des Chemiewerks zuständige Mitarbeiter Dahlmann und Sandra in eine Großraumgarage. Dahlmann trägt jetzt einen grauen Arbeiterkittel, der Schmerz in seinem Ohr hat nachgelassen. Er hat dafür gesorgt, dass er und Sandra an den Demonstranten vorbeigeschleust werden, auf eine nochmalige Konfrontation hatte er nicht die geringste Lust.

Friedrichs Mitarbeiter schaltet das Licht an. Die Garage ist voll mit den unterschiedlichsten Lastwagen, die alle einen guten Eindruck machen.

Dahlmann bleibt vor einem der Lastwagen stehen und fragt Friedrich: »Was, glauben Sie, kostet so ein Wagen?«

Friedrich gibt sich irritiert, tatsächlich aber hat er sofort begriffen, aus welcher Richtung der Wind weht.

»Sind Sie aus Berlin gekommen, um mit mir Lastwagenpreise zu erörtern?«, fragt er. Ein hilfloser und natürlich vergeblicher Versuch eines mittelmäßigen Schauspielers, Dahlmanns Attacke abzuwehren.

Dahlmann bittet Sandra, ihm die Liste zu geben. Und während sie eine Akte aus ihrer Tasche kramt, sagt er zu Friedrich: »Frau Wellmann kennen Sie noch nicht. Sie ist seit zwei Wochen bei mir. Sie hilft mir bei den Stichproben.«

Sandra reicht Dahlmann die Akte. Er schlägt sie auf und zeigt sie Friedrich.

»Das ist Ihre Unterschrift?«

»Ja.«

Dahlmann klappt die Akte zu, geht zu dem ersten Lastwagen, schlägt dagegen. »Eine D-Mark!«

Er geht zum nächsten Wagen. »Zwei D-Mark.«

Und er deutet auf die weiteren Lastwagen, die um ihn herum stehen. »Drei Mark, vier Mark, fünf Mark.«

Er schaut Friedrich an. »Ich glaube, die alle hier könnte sich mein Enkel von seinem Taschengeld leisten.«

»Herr Dahlmann …«

Aber Dahlmann unterbricht ihn und deutet auf die Akte, die Sandra ihm gegeben hat. »Nach Ihren Preisvorstellungen!«

»Das sind vorläufige Schätzungen. Ich kann nicht jeden Einzelposten überprüfen!«

»Wenn ich den Substanzwert Ihrer Firma überschlage … Allein der Immobilien- und Grundstückswert liegt ungefähr dreihundert Prozent über dem, was Sie angegeben haben«, sagt Dahlmann.

»Sie selbst, die Treuhand, bauen den Zeitdruck auf. Hier

ist Chaos, mehr als grobe Schätzungen kann ich in der kurzen Zeit nicht liefern.«

»Herr Rautenbach hat Sie aus dem beschaulichen Rottweil geholt, damit Sie hier ›Entwicklungshilfe‹ leisten – Ihre Worte! Keine Ahnung, wem genau Sie Entwicklungshilfe leisten ...« Dahlmann deutet um sich. »Dieses Unternehmen jedenfalls wollen Sie verscherbeln und verramschen.«

»Herr Dahlmann ...«

Dahlmann unterbricht ihn wieder. »Frau Wellmann und ich werden sämtliche Akten mitnehmen, die die Verkaufsvorbereitungen betreffen. Die Betonung liegt auf sämtlich, sonst sorge ich dafür, dass Sie in Afrika Entwicklungshilfe leisten.«

3

Kawert ist spät dran. Jacobi hat ihn zu sich rufen lassen. Die Türen zu den Büros sind angelehnt, auch jetzt noch, abends um neun, ist hier Hochbetrieb: Wiesbaden, die deutsche Machtzentrale des Kampfes gegen den Terror, das BKA, eine Behörde am Anschlag. Im Gang hängt der Geruch von Kaffee, Deo und durchgeschwitzten Hemden. In den Büros sieht Kawert seinen Mitarbeitern den Druck an, die Ermüdungserscheinungen, aber auch den Jagdinstinkt, der durch das Wegner-Attentat vor zwei Wochen neu entfacht wurde.

Auf dem Weg zu Jacobi wirft er einen kurzen Blick in Marion Burckhardts Büro: Lupen und Mikroskope, Aktenordner mit den Originalen der RAF-Bekennerschreiben – omnipotente Prahlereien mit dem Tod, und mehr gestottert als geschrieben, ideologische Versatzstücke der Großen Negation, Leichenfledderei an längst verreckten Utopien. Auf dem Schreibtisch liegt neben drei verschiedenen Olivettis eine

Sammlung von Farbbändern. Marion Burckhardt arbeitet genau und gründlich, und wenn sie es darauf anlegt, würde sie verschiedene Baureihen desselben Schreibmaschinenmodells allein anhand der winzigen Verschiebungen der Typen T und A erkennen.

»Haben Sie was von Gereon gehört?«, fragt Kawert.

Marion Burckhardt, versunken in das jüngste Bekennerschreiben, das die RAF am Ort des Attentats auf Wegner hinterlassen hat, schaut zu ihm auf.

»Nein, immer noch nicht.«

»Was ist mit der Telefonzelle, aus der er angerufen hat? Haben Sie die inzwischen lokalisiert?«

»Jacobi hat angeordnet, dass die Bombe und der Zünder Priorität haben.«

Marion Burckhardt gehört zu Kawerts Einheit und ist ihm unterstellt. Trotzdem funkt Jacobi, der eh zum Autokraten neigt, dazwischen, erst recht, wenn der politische Druck auf ihn zu groß wird, und erteilt – bis hin zu den Sachbearbeitern der untersten Hierarchiestufe – sehr gerne Sonderaufgaben höchster Dringlichkeitsstufe. Seit Monaten schon ist Kawert mit ihm im Clinch darüber, wie die Befehlsstruktur des BKA am effektivsten sei. Eine beständige Kabbelei zwischen Chef und Thronfolger, ein Machtspiel zwischen dem älteren Jacobi, der kurz vor der Pensionierung steht, und dem jüngeren Kawert, dem von Jacobi selbst auserkorenen Nachfolger und neuen Heilsbringer.

»Kümmern Sie sich um die Telefonzelle«, sagt Kawert. »Ich muss mit Gereon sprechen.«

Marion Burckhardt schaut ihn zweifelnd an. Beide kennen die Wutausbrüche, die gelegentlich über diejenigen hereinbrechen, die Jacobis Befehlen nicht folgen.

»Ich kläre das mit Jacobi«, sagt Kawert und deutet auf die Tür am Ende des Gangs. »Ist die Zeugin noch da?«

»Ja. Stentner ist bei ihr.«

Kawert nickt ihr zu und geht.

Als er den Raum betritt, ist Stentner gerade im Gespräch mit der Passantin, die einen der beiden mutmaßlichen Attentäter dabei beobachtet hat, wie er in den Fluchtwagen stieg. Stentner und sie sitzen vor einer Leinwand, auf die das Foto eines Mitglieds der RAF projiziert ist – beide wirken müde.

»Nein«, sagt die Passantin.

Stentner, der Kawert offensichtlich nicht bemerkt hat, zeigt ihr ein weiteres Foto. Ein weiterer Terrorist, aber auch ihn erkennt die Passantin nicht.

Kawert tritt zu ihnen. Stentner wirft ihm einen Blick zu, und Kawert sieht gleich, dass die Bemühungen hier vergeblich sind. Seit drei Stunden sitzt die Zeugin mit Stentner zusammen und versucht, den Attentäter zu identifizieren.

»Er hatte diesen Bauarbeiterhelm auf, und er war so weit weg«, sagt sie – eher Entschuldigung als Erklärung dafür, wieso sie den Attentäter auf all den Fotos nicht entdecken kann.

»Haben Sie versucht, ein Phantombild zu erstellen?«, fragt Kawert seinen Kollegen.

Stentner nickt. »Das hat zu nichts geführt.«

Die Passantin schaut Kawert an. »Tut mir leid.«

Sie ist erschöpft und resigniert, und Kawert weiß, dass es viel zu spät ist, um sie weiter zu befragen, erfahrungsgemäß führt das zu nichts mehr. Und trotzdem: So ganz will er die Hoffnung nicht aufgeben, dass sie den Attentäter doch noch identifizieren kann. Es kommt selten vor, dass er eine direkte Zeugin eines Attentats hat, und diese Zeugin hier muss er abschöpfen, so gut es geht. Die erste Befragung gleich nach dem Attentat hatte nicht viel ergeben, die zweite auch nicht. Kawert hat ihr etwas Zeit geben wollen und sie heute erneut vorgeladen.

»Zeigen Sie ihr auch die Fotos aus der militanten Unterstützerszene«, sagt Kawert zu Stentner, bedankt sich bei der Frau für ihre Mühe und geht hinaus. Jacobi wartet auf ihn.

Der innere Zirkel der RAF besteht nach Vermutungen des BKA aus ungefähr dreißig Personen, die militante Unterstützerszene umfasst schätzungsweise dreihundert, die jederzeit bereit sind, in die Illegalität abzutauchen, falls eines der Mitglieder aus dem inneren Zirkel der RAF gefasst wird, sich absetzt oder erschossen wird. Aber all diese Schätzungen sind äußerst ungenau, die RAF hat sich professionalisiert. Eine Terrororganisation, die sich nicht mehr in die Karten gucken lässt wie noch vor zehn Jahren. Wenn die Frau den Attentäter auf den Fotos nicht wiedererkennt, kann das heißen, dass weitere Mitglieder aus der militanten Unterstützerszene in den Untergrund gegangen sind, denkt Kawert. Kein gutes Zeichen, dass es der RAF immer wieder gelingt, neue Mitglieder zu rekrutieren. Und er weiß auch, dass jedes gelungene Attentat der RAF eine nahezu magische Sogwirkung auf die Sympathisanten und Unterstützer ausübt: Die RAF ist trotz des jahrzehntelangen Kampfes gegen sie nach wie vor vital.

Die Tür zu Jacobis Büro ist halb geöffnet, Kawert klopft und tritt ein. Jacobi sitzt an seinem Schreibtisch und studiert eine Akte, auch er ist müde und übernächtigt. Auf den ersten Blick wirkt er wie ein vorzeitig gealterter Mann. Auf den Fotos, in den Porträts und Interviews der Medienrepublik Deutschland vermittelt er den Eindruck der Wehr- und Hilflosigkeit, ein Symbol des Versagens einer altersschwachen Demokratie gegenüber einer ständig jung bleibenden Terroristenszene. Und es stimmt: In den vielen Jahren, in denen er das BKA restrukturiert hat, hat Jacobi sich aufgerieben. In zig Kämpfen mit verschiedenen Bundeskanzlern und Innenministern, mit immer forscheren Journalisten, die, ihrem Selbstverständnis nach links, das BKA genau beobachten und im Grunde schon während Jacobis gesamter Dienstzeit protofaschistische Tendenzen am Amt und an ihm selbst entdecken, hat Jacobi sich permanent wund gescheuert. Die Kanzler, die Minister und die Journalisten sind gekommen und gegangen – Jacobi aber ist immer noch da.

Seit zwei Jahrzehnten nun sitzt er hinter seinem Eichenschreibtisch, einem Erbe seines Vaters, die einzige Antiquität im gesamten Amt. Ausgerechnet bei Jacobi, der alles andere als antiquarisch orientiert ist. Er hat die elektronische Datenverarbeitung im BKA eingeführt und das BKA damit zu einer der modernsten Polizeidienststellen in ganz Europa gemacht. Im Amt war der Neid sprichwörtlich, mit dem der In- und Auslandsgeheimdienst den Aufstieg des BKA unter Jacobis Ägide begleitete. Er war ein Reformer, sein Leben lang. Ein vielseitig interessierter Mann, der sich mit elektronischer Datenverarbeitung genauso gut auskannte wie mit psychologischen Profilen und der ein ausgeprägtes Gespür für die Machtverhältnisse in der jeweiligen Regierung und in den Parteien, aus denen diese Regierung hervorgegangen war, hatte.

Je älter Jacobi wurde, desto mehr war es ihm egal, wie er nach außen wirkte. Seine Anzüge waren altmodisch, er trug seine Karos mit Würde, bis seine Frau sie am Abend bevor die Müllabfuhr kam, in den Müll schmiss; sie kannte ihren Mann und war sich nicht sicher, ob er nicht imstande wäre, seine geliebten Anzüge aus dem Müll zu ziehen und in die nächste Reinigung zu schleppen. Jacobi war alles andere als ein Selbstdarsteller, seine Rhetorik elementar, spröde und auf die sachliche Botschaft reduziert. Ein Mann, der die Informationen hörte, die Botschaft, und dem die Einkleidung egal war.

Die meisten im BKA hielten ihn für unfreundlich, den Jüngeren kam er gelegentlich regelrecht unsozial vor. Kawert aber wusste es besser. Jacobi besaß sein Leben lang die ungewöhnliche Fähigkeit, sich in jeder Situation fokussieren zu können, seine Konzentrationsfähigkeit war legendär. Jemand, der ihn zum ersten Mal sah, mochte ihn für einen alten Trottel mit Augenringen halten. Für Kawert, der Jacobis Ziehsohn war, war er ein unerreichtes Vorbild.

Jacobi schaut von seiner Akte auf und kommt, wie üblich, umstandslos zur Sache: »Das ist der Laborbericht Ihrer Frau. Die Terroristen haben keine Fingerabdrücke am Zünder hinterlassen, keine Faserspur, nichts.«

Er wirft die Akte vor sich auf den Tisch.

»Andreas Baader hat noch jeden Klodeckel mit dem hier signiert.« Jacobi deutet auf den ausgestreckten Mittelfinger seiner rechten Hand. »Aber das hier«, er zeigt auf die Akte, die vor ihm auf dem Tisch liegt, »ist eine andere Generation. Das sind Profis, alle von der Stasi ausgebildet!«

Die Stasi. Eines von Jacobis Lieblingsthemen, in die er sich gerne, häufig und intensiv verbeißt.

»Sie können nicht einfach meine Leute von den Aufgaben abziehen, die ich ihnen gebe. Ich muss Gereon finden«, sagt Kawert.

Jacobi ist ein Mann, der sich schwer damit tut, Befehle entgegenzunehmen, selbst wenn sie vom Kanzler höchstpersönlich kommen. Und wenn er selbst welche gibt, erwartet er, dass sie ausgeführt und nicht infrage gestellt werden. Auch nicht von Kawert, den er – obwohl er ihn schätzt wie niemanden sonst in diesem Amt – immer noch siezt und auf Distanz hält, mehr als manchen Sachbearbeiter.

Kawert wiederum ist der Einzige, der sich traut, Jacobis Befehle anzuzweifeln. Aber das kostet seinen Preis. Die Temperatur zwischen ihm und Jacobi sinkt merklich.

»Wenn ich dem Innenminister morgen erklären muss, dass die 25 Millionen D-Mark, die Sie für Ihre V-Leute verbraten, genau den Effekt haben, dass die RAF uns mit falschen Informationen füttert, um ungestört ihre Kill-List abzuarbeiten, dann können Sie sicher sein, dass der Innenminister jeden Klodeckel dieses Gebäudes mit seinem Mittelfinger signiert«, sagt Jacobi und wendet sich wieder der Akte zu. »Gute Nacht.«

Kawert war von Kollegen in Paris vom tiefen Sinn eines V-Mann-Programms überzeugt worden, er kannte die Erfolge, die die Franzosen damit hatten. Ein Argument, das letztlich auch Jacobi nicht von der Hand weisen konnte. Zumal er sich nicht nachsagen lassen wollte, dass er altmodisch dachte. Trotzdem hätte er das Geld lieber in eine Aufrüstung der Computer des BKA gesteckt. Denn Jacobi war ein Mann der Daten. Kawert hingegen glaubte an Psychologie und Täterprofile, er glaubte an Kontakte, an Informationen, die sich nur durch Vertrauen erschleichen ließen. Zwei Generationen, zwei Richtungen der Kriminalistik, der Rechner und der Psychologe.

Wenn Kawert ehrlich war, was er nicht wirklich sein konnte, musste er zugeben, dass Jacobi durch die tatsächliche Entwicklung Recht bekommen hat. Und wenn er noch ehrlicher wäre, müsste Kawert sich selbst fragen, ob er das V-Leute-Programm nur aufgesetzt hatte, um dem BKA seine eigene Duftmarke zu verpassen. Iris hatte Kawert immer ausgelacht und behauptet, er würde seinen Ödipus ausleben, während Jacobi von seinen Computern ausrechnen ließ, wie hoch die Wahrscheinlichkeit wäre, dass Kawert länger im Amt bleiben würde als er selbst. Vorderhand aber hat Jacobi, trotz allen Zweifels, immer zu Kawert gehalten und sein Programm bedingungslos unterstützt.

»Gute Nacht«, sagt Kawert und geht, ohne dass Jacobi noch einmal von seiner Akte, die er bereits auswendig kennt, aufschauen, geschweige denn ein weiteres Wort verlieren würde.

120 m² Wohnfläche, die Einbauküche ist mit gelbem Linoleum ausgelegt, außen dunkelbraune Klinker, 10 × 5 cm – eigentlich ein Spießerparadies, doch Kawert und seine Frau

haben immer nur das Paradies gesehen, als sie das Haus vor acht Jahren gekauft haben, und nicht das Spießige. Irgendwie hat Kawert sich nie an das Haus gewöhnen können, und irgendwann wird es sich Bewohner suchen, die besser zu ihm passen, denkt er, als er seinen Hausschlüssel aus der Tasche zieht und auf das Haus zugeht, in dem er eigentlich nicht mehr wohnt. Kurz vor zehn Uhr nachts, und das Haus ist dunkel, abgesehen vom erleuchteten Schlafzimmerfenster. Iris geht selten früh schlafen, denkt Kawert, denn sie braucht wesentlich weniger Schlaf als er. Doch das Attentat auf Wegner hat auch ihr, wie allen beim BKA, Überstunden beschert, und sie wird jetzt, nachdem sie ihr Gutachten geschrieben hat, einfach platt sein. Vielleicht ahnt er aber auch etwas und will sich die Realität schön denken, denn er braucht sie heute Abend, die Frau, die nicht mehr seine Frau ist und die ihn aus ihrem Leben geworfen hat.

Kawert schließt die Tür auf und geht hinein. Der Flur ist dunkel. Trotz seiner dreizehn Wochen im Hotel ist das Haus ihm immer noch völlig vertraut. Kawert will gerade das Licht einschalten, als er die Geräusche aus dem Schlafzimmer hört.

Er schließt die Haustür leise hinter sich, lässt das Licht aus und geht ins Wohnzimmer. Weil er nicht hören will, was er da hört, schließt er die Wohnzimmertür, fläzt sich, noch im Mantel, auf den Sessel und schaltet den Fernseher ein.

Eine Sondersendung der Nachrichten anlässlich der Äußerungen des Kanzlers im Innenauschuss heute Vormittag. Schwarze Anzüge, dunkle Krawatten, ernste Gesichter und »die Härte des Gesetzes«. Im Hintergrund zwei Polizeigeneräle in Uniform. Das Nachbeben des Mordes an Wegner erschüttert die Nation immer noch. Eine Flut an Bildern, ein endloses Gequatsche der Moderatoren mit diversen Experten. Kawert erinnert sich, dass Jacobi ihm erzählt hatte, die Einladung zu der Sendung abgelehnt zu haben. Und immer wieder das emblematische Bild: Wegners Leiche auf dem

Rücksitz seines Wagens, die Tür ist offen, Wegner ist mit Kawerts Mantel bedeckt, die Schuhe schauen unten heraus, merkwürdig verdreht, ein Foto ganz ohne Blut, und doch bebildern die beiden verdrehten Füße den Tod dieses Mannes besser als alle Scherben um ihn herum.

Kawert starrt auf den Fernseher, er sieht die Bilder, die Münder der Sprechenden, er hört, aber er versteht nichts. Alles schwirrt an ihm vorbei.

Leises Flüstern im Flur, Kawert schaut auf: Durch die Glasscheibe in der Wohnzimmertür sieht er, dass Iris einem Mann einen Kuss auf die Wange drückt. Es ist zu dunkel, er kann ihn nicht erkennen. Der Mann ist bereits im Mantel, Iris im Bademantel.

Iris kommt ins Wohnzimmer, schaut Kawert an. Ein sprachloser Moment zwischen den beiden, dann hört er, wie der Mann die Haustür zuzieht. Iris sieht die Bilder vom Wegner-Attentat im Fernseher und schaltet ihn aus.

»Wenn es dir scheiße geht, hast du echt eine masochistische Seite«, sagt sie.

»Kann ich hierbleiben?«, fragt Kawert.

Iris geht zum Schrank neben dem Fernseher und schnappt sich eine Flasche Grappa und zwei Gläser.

»Hast du schon irgendetwas Substanzielles über die Täter?«, fragt sie.

»Kann ich nicht drüber sprechen.«

Iris setzt sich zu ihm und schenkt ein. »Irgendwann in dreißig Jahren, wenn ich an unsere Ehe zurückdenke, wird das der Satz sein, der mir – fett eingerahmt – als Erstes einfällt!« Sie reicht Kawert sein Glas. »Mister Bond.« Sie lächelt und stößt mit ihm an.

»Nur eine Nacht«, sagt Kawert.

»Du hast dich ins Hotel ausquartiert, nicht ich.«

Kawert stellt sein Glas ab, zieht seinen Schlüsselbund aus der Manteltasche und fummelt den Hausschlüssel vom Ring.

»Hast du eine Wohnung gefunden?«, fragt Iris.

Kawert schüttelt den Kopf und gibt ihr den Schlüssel.

»Suchst du?«, fragt Iris.

»Nein.«

Sie schüttelt kaum merklich mit dem Kopf. »Was ist los?«, fragt sie. »Hat Jacobi dich mal wieder auf dem Kieker?«

»Ich hab einem Informanten getraut, dem ich nicht hätte trauen dürfen. Ohne mich wäre Wegner noch am Leben.«

4

Lichterfelde-West. Eine der drei, vier Ecken in Berlin, die den Krieg wie im Mittagsschlaf nach einem zu fetten Essen verschnarcht haben, zu unbedeutend sogar für die amerikanischen und britischen Bomberpiloten, die zwei, drei gezielte Angriffe auf den Sahnetörtchen-Vorort der Reichshauptstadt flogen, ansonsten ließen sie dort nur die Ladung fallen, die sie über dem eigentlichen Berlin nicht losgeworden waren, lustlos, als würden sie eine Latrine öffnen. Wilmersdorf ist berüchtigt für seine verschnöselten Witwen, Lichterfelde-West ist schlimmer. Der Kirschkern im Kirschplunderstück ist Aufreger und einsamer Höhepunkt des Tages. Lichterfelde-West strebt nach oben, und wenn es im Spiegel auf dünne, vergoldete Kettchen unter dem damenbartbekränzten schlabbrigen Doppelkinn schaut, in dem sich gerne Blätterteigkrümel verfangen, wähnt es sich bereits in Zehlendorf oder Dahlem.

Ein Taxi hält vor einem der Häuser, Sandra Wellmann steigt aus. Sie ist hier aufgewachsen, die Mütter – nicht Großmütter! – ihrer Klassenkameradinnen hießen Erna, Erika oder Helga. In den Wohnzimmern gab es tatsächlich noch röhrende Hirsche an der Wand, den einen oder anderen Arno

Breker und Porträts sehr männlicher Schnittchen namens Horst oder Arnold in brauner Uniform, das Hakenkreuz auf weißem Untergrund, rot umrahmt am Oberarm und zärtlich umschmeichelt vom Riefenstahl'schen Gegenlicht, die Hände züchtig vorm Gemächt verschränkt.

Platanen, Gaslaternen, Kopfsteinpflaster, rutschig im Regen. Während sie das Taxi bezahlt, erinnert Sandra sich, hier hat sie in einem Herbst Fahrradfahren gelernt, wie oft hatte sie sich auf dem Pflaster die Knie aufgeschlagen. Jetzt aber turtelt die Stadt kurz nach Ostern mit dem Frühling, blütenstaubbesamte steinerne Löwenköpfe, die wie Kuscheltiere aussehen, gähnen auf den Pfosten des schmiedeeisernen Tors vor ihr.

Sandra öffnet das Tor, geht den kleinen Weg an der Kinderschaukel vorbei auf das Haus zu und schaut, während sie den Schlüssel aus der Tasche zieht, in das erleuchtete Wohnzimmerfenster. Bücherregale mit Ernst-Jünger-Originalausgaben, Carl Schmitt döst im hellbraunen Leinen neben Ernst Toller und Remarque, friedlich und tot. Sandras Vater, ein frühpensionierter hochbezahlter Beamter der Evangelischen Synode, war ein großer Leser, der seinem Feind lieber im Lesesessel begegnete als auf der Straße. Sechzehn Jahre älter als Sandras Mutter, war er für Sandra und ihre Schwester Miriam eher ein Großvater gewesen. In jeder ihrer Erinnerungen hat er Hosenträger an, links leicht verfleckt. Ein Mann, den seine Frau zum Duschen ermahnen musste und der lieber einmal in der Woche in einer warmen, nicht zu heißen Badewanne verschwand und Richard-Strauss-Lieder trällerte. Sandra erinnert sich an seine vergilbten Zahnhälse, wenn sie auf seinem Schoß saß und er ihr Tieck vorlas. Ein gänzlich unproduktiver Mann, der Gänsebraten liebte, Zitronenkuchen und Schiesser-Unterhemden. Sandra war acht, als er starb. Manchmal, wenn sie in seinen Büchern blättert, findet sie Unterstreichungen an den merkwürdigsten Stellen. Verwackelte Linien, die die darunterliegende Zeile häufig fast durchstrichen, extrem langsam gezogen von einer weichen, wabbelig-verfleischten Hand, in die der Ehering tief einschnitt, als würde er eine Wunde reißen wollen.

Sandra geht zwei, drei Treppenstufen hinauf, die Haustür vor sich. Von drinnen ist sie nicht zu sehen, wie sie hier im Dunkeln steht, unentschieden an ihrem Schlüssel herumnestelt und durch das Fenster hineinschaut.

Sandras Schwester Miriam und ihre Mutter sitzen mit Markus am Tisch beim Abendessen, alle drei haben Servietten um den Hals und schlürfen Spaghetti; ein Spiel, das ihre Mutter, wenn der Vater nicht zu Hause war, schon mit Sandra gespielt hatte, als sie so alt war wie Markus jetzt. Überhaupt spielt Susanne Wellmann all das, was sie mit Miriam und Sandra vor zwanzig Jahren getan hatte, noch einmal durch, all die kleinen Tricks und verjährten Witze, hochkalorischen Bestechungsversuche, wenn Sandra und Miriam schlechte Laune hatten. Susanne Wellmann, Anfang sechzig, voll und ganz das Muttertier: Hauptsache, der Brut geht es gut, und die Brut ist jetzt Markus. Sandras Sohn Markus.

Sandra schließt die Tür auf und geht hinein.

Als sie den Mantel auszieht, eilt ihr Markus aus dem Wohnzimmer entgegen, um sie zu begrüßen. Sandras Schwester Miriam und ihre Mutter folgen ihm

»Hallo«, sagt Sandra zu Markus und umarmt ihn.

»Magst du auch noch was essen?«, fragt ihre Mutter.

»Nein, danke.«

Sandra schnappt sich ihre Aktentasche und wendet sich der Treppe nach oben zu.

»Tut mir leid«, sagt sie zu Markus. »Ich muss gleich hoch. Ich muss noch eine Menge für morgen vorbereiten.«

Sie streicht ihm über die Schulter, eine halbherzige Entschuldigung, und geht hinauf. Ohne dass Markus es sieht, werfen sich Großmutter und Tante einen fragenden Blick zu.

»Ich rede mal mit ihr«, sagt Miriam.

Susanne Wellmann führt Markus zurück ins Wohnzimmer.

Oben im ersten Stock ist die Tür zu Sandras Zimmer verschlossen. Miriam klopft, es kommt keine Reaktion. Sie tritt trotzdem ein, eine Unsitte, die noch aus der Zeit stammt, als Miriam zum ersten Mal groß genug war, um mit den Fingerspitzen die Türklinke zum Zimmer ihrer kleinen Schwester zu erreichen.

Sandra räumt gerade Akten aus ihrer Tasche und legt sie auf den Tisch.

»Wie war's in Bitterfeld?«, fragt Miriam.

»Was wird das? Standpauke?«

»Das ist dein Kind, nicht Mamas.«

»Bei mir ist nicht nine to five! Ist einfach so.«

»Zwei Wochen bei Dahlmann, und du bist völlig abgetaucht.«

»Du kannst deine Klassenarbeiten korrigieren, wann du willst, aber das hier ...« Sandra deutet auf die Akten, die vor ihr auf dem Tisch liegen. »Bis morgen muss ich da durch sein. So ein Termin wie in Bitterfeld hat Folgen!«

»Okay, Klartext: Seit zwei Wochen guckst du deinen Sohn nicht mehr mit dem Arsch an!«

»Das ist genau der Jargon, den dein Ex perfekt draufhatte: Wird es grundsätzlich, wird es fäkal.«

»Was ist mit dir los?«, fragt Miriam.

»Nichts ist los«, sagt Sandra und deutet auf die Akten auf ihrem Tisch. »Das ist los!«

»Wir erreichen dich nicht mehr.«

»Ich korrigiere: Klo plus Sozialpädagogik. Bau eine Biogas-Anlage drüber, Streichholz rein, und ich hab meine Ruhe.«

Miriam geht zurück ins Wohnzimmer. Am Tisch sitzen ihre Mutter und Markus und essen. Markus schaut sofort zur

Tür und ist enttäuscht, als er sieht, dass es Miriam ist und nicht seine Mutter.

»Das tut mir echt leid«, sagt Miriam. »Mama war so müde, die ist gleich eingeschlafen.«

Markus schaut zu Boden.

»Das wird bald wieder besser. Mama hat eine neue Arbeit, und das ist sehr, sehr anstrengend«, sagt Miriam.

Das ändert auch nichts an Markus' Laune. Miriam und ihre Mutter schauen sich an, dann steht Susanne Wellmann auf und sagt zu Markus: »Na komm … Lesen wir noch ein Kapitel? So wie früher?«

5

Ein neuer Morgen in einem Besprechungsraum im BKA. Kawert steht vor einer Leinwand, auf die zwei Bekennerschreiben, beide mit dem RAF-Emblem, projiziert werden. Vor ihm sitzen sämtliche Mitglieder der Einheit, die mit dem Attentat auf Wegner befasst ist. Abgesehen von Marion Burckhardt, die als Verbindungsperson der V-Männer und sämtlicher Ermittler draußen im Feld erreichbar bleiben muss, und drei weiteren Kollegen. Vorne in der ersten Reihe sitzt neben Jacobi der Innenminister, der heute Morgen gekommen ist, offiziell, um sich die Details der Ermittlungen geben zu lassen, inoffiziell – das ist allen hier klar – hat sein Besuch kein anderes Ziel, als Druck zu machen und Präsenz zu zeigen.

»Das Bekennerschreiben«, sagt Kawert an den Minister gewandt, »wurde auf derselben Schreibmaschine getippt wie das Schreiben, das wir nach dem Anschlag auf die Airbase in Frankfurt gefunden haben.«

Kawert zeigt ein neues Dia, auf dem Teile beider Bekennerschreiben stark vergrößert sind.

»In der Vergrößerung sehen Sie, dass die Typen identisch sind.«

Kawert deutet auf die Buchstaben T, die charakteristisch gleich aussehen.

Jacobi steht von seinem Platz auf und tritt zu Kawert. »Danke, Herr Kawert«, sagt er.

»Hat die Zeugin eine Beschreibung der Attentäter geben können?«, fragt der Innenminister.

»Nein«, sagt Jacobi. »Wir haben ihr Fotos aller bekannten RAF-Mitglieder gezeigt.«

»Wer ist die RAF? Reden wir von 30? 50? 100 Leuten?« Im Grunde ist das eine Frage, die der Minister selbst beantworten kann und die nur dazu dient, der ganzen hier versammelten Einheit klarzumachen, dass sie zu langsam ist und schlechte Arbeit leistet.

»Wir wissen es nicht«, antwortet Jacobi.

»Trotz der V-Männer?« Ein Vorwurf mit Fragezeichen, nackt und ohne dass er sich die Mühe macht, sich zu verstecken.

Jacobi schaut Kawert an. Eine Begründung muss her, irgendetwas Rationales, dem sich der Minister nicht verschließen kann.

»Die RAF«, sagt Kawert, »hat inzwischen eine dezentrale Struktur, einzelne Gruppen, die ihre eigenen Entscheidungen treffen. Die sind hermetisch abgeschlossen, da ist kaum ranzukommen. Es ist sehr schwer, aber wir haben unsere V-Leute im unmittelbaren Umfeld platzieren können.«

Während Kawert spricht, bemerkt er, dass Marion Burckhardt den Besprechungsraum betritt und ihm ein Zeichen gibt.

»Entschuldigen Sie bitte, ich bin gleich wieder bei Ihnen«, sagt er zum Minister.

Jacobi wirft ihm einen missbilligenden Blick zu, aber ihm ist sofort klar, dass er keine Lücke lassen darf, in die der Minister mit weiteren als Fragen getarnten Vorwürfen hineinstechen könnte.

»Wir konzentrieren uns im Augenblick auf die Bombe und die Zündung«, sagt Jacobi zum Minister und schaut Stentner an.

Stentner steht auf und tritt nach vorne ans Pult. »Das Vorgehen mit der Lichtschranke und die Bauweise der Bombe – das gleicht genau dem Attentat, das vor vier Wochen im Libanon auf den Ministerpräsidenten verübt wurde.«

»Das passt zu unserer generellen Beobachtung, dass die RAF nach dem Ende der DDR ihre logistische Hilfe aus dem Libanon bekommt«, ergänzt Jacobi.

»Eine Lichtschranke am helllichten Tag?«, fragt der Minister.

Wiederum wirft Jacobi Stentner einen Blick zu.

»Die Lichtquelle war ein Laser – ziemlich stark wegen des Tageslichts.«

»So einen Laser bekommen Sie nicht im Baumarkt um die Ecke.« Jacobi ist dankbar, einen Ansatz liefern zu können, irgendetwas, womit der Minister etwas anfangen kann. Er kennt den Minister seit mehreren Jahren, seine Detailverliebtheit, mit der er es überall schafft, Kompetenz zu suggerieren. »Wir versuchen zu ermitteln, woher er stammen könnte.«

Marion Burckhardt schließt die Tür des Besprechungsraums hinter sich, als sie mit Kawert in den leeren Gang hinaustritt.

»Ich habe die Telefonzelle identifiziert, aus der Gereon angerufen hat«, sagt sie.

»Wo ist sie?«

Für Kawert ist Gereon nach wie vor die wichtigste Spur, wichtiger noch als die mühsamen Umwege über den Laser. Gereon wollte aussteigen, in den letzten Monaten ist er immer ängstlicher geworden, weil er der Meinung war, dass er dem Inner Circle der RAF näher gekommen sei. Kawert wollte ihn nicht gehen lassen, denn er war für ihn der wichtigste Informant geworden. Von ihm hatte Kawert eine Liste mit den wichtigsten Depots der RAF bekommen, er hat die Depots überprüfen lassen, die Liste war echt. Seitdem lässt er die Depots überwachen, bislang vergeblich. Gereon jedenfalls kann er keinesfalls aussteigen lassen. Gereon ist Kawerts Trumpf.

»Frankfurter Innenstadt. Tauberstraße«, sagt Marion Burckhardt.

Überrascht bleibt Kawert stehen, er hatte Gereon in Göttingen vermutet, wo er sich die letzten Monate über aufgehalten hatte, weil die Unterstützerszene der RAF dort besonders aktiv war.

»Tauberstraße?«

Marion Burckhardt nickt.

Die Tauberstraße war Kawerts Geheimnis. Dort, mitten in der Frankfurter Innenstadt, in Sichtweite der Banken, hat er vor Jahren eine Rückzugswohnung für einen anderen V-Mann eingerichtet, der nichts mit Gereon zu tun hatte.

Kawert schnappt sich seine Jacke und rennt zur Tür am anderen Ende des Gangs.

»Was sag ich Jacobi?«, ruft Marion Burckhardt ihm hinterher.

»In einer Stunde bin ich in Frankfurt – ich melde mich!«

6

Berlin-Mitte, ein Luxushotel, das irgendwie den Klassenkampf und diverse russische Delegationen überlebt hat und jetzt kläglich den Anschluss an seine goldene Zeit sucht. Am Eingang steht der Empfangschef und spielt 19. Jahrhundert, einen Zylinder auf dem Kopf, einen Umhang über den Schultern und eine trinkgeldheischende Freundlichkeit auf den Lippen. Ein Schwellenwärter zu einer fremden Welt, die bis auf die Straße hinaus gut riecht, im Bistro teuer isst und ihren Ristretto in Seide kleckert.

Ein Stück abseits des Hotels steht ein kleines Wärterhäuschen. Zwei Polizisten mit schusssicheren Westen und Maschinenpistolen behaupten das Gewaltmonopol des Staates und starren lethargisch und erschöpft vom Nichtstun auf Graffiti, die um sie herum – auf abblätterndem Putz zerblätternder Häuser, die noch aus der Nachkriegszeit stammen – zum Widerstand gegen die Bullen aufrufen und zum Cunnilingus.

Gelfert und Bettina Polheim schlendern an den beiden Polizisten vorbei, beide die Unauffälligkeit in Person, ihre Kleidung der kleinste gemeinsame Nenner zwischen den Straßen von Berlin-Mitte, das aus den Gullis müffelt, und dem Luxushotel mit seinen Chanel-parfümierten Kondomen. Die beiden laufen vorbei am Zylinder, der lächelnd grüßt, und hinein in das heimelig-fremde Foyer aus roten Textiltapeten und bronzenen Spiegelrahmen.

Gelfert wartet in der Lounge neben dem Eingang, während Bettina Polheim zur Rezeption geht. Hinter der Rezeptionistin hängen die Schlüssel zu den Zimmern. Die meisten der Haken sind leer, an manchen hängt ein Schlüssel. Aber nur an den Haken der fünften Etage hängt kein einziger Schlüssel.

»Entschuldigen Sie«, sagt Bettina Polheim zur Rezeptionistin, die zu ihr aufschaut. »Ein Kollege von mir wohnt hier bei Ihnen in der fünften Etage. Hat er vielleicht eine Nachricht für mich hinterlassen? Sein Name ist Soltau.«

Die Rezeptionistin wendet sich einem Ordner zu und beginnt zu blättern.

»Ich schau sehr gerne mal nach, aber in der fünften Etage wohnt er bestimmt nicht. Da müssen Sie sich täuschen.«

»Warum?«, fragt Sandra.

»Die fünfte Etage ist für Herrn Dahlmann reserviert.« Die Rezeptionistin findet in ihrem Ordner nichts, zieht einen weiteren Ordner mit Anmeldungen unter dem Tisch hervor und beginnt zu blättern. »Tut mir leid, aber ich habe hier keinen Herrn Soltau. Sind Sie sicher, dass er in unserem Haus abgestiegen ist?«

Keine Antwort. Die Rezeptionistin schaut auf. Für einen Moment ist sie irritiert, denn die Frau ist schon verschwunden. Sie schaut sich nach ihr um, aber bevor sie sie entdeckt, tritt ein weiterer Gast an den Schalter und bittet sie um Hilfe.

Bettina Polheim ist bereits am Aufzug. Sie wirft Gelfert, der in einem Clubsessel in der Lounge sitzt und eine Zeitung durchblättert, einen kurzen Blick zu. Als der Aufzug kommt, drückt sie auf den Schalter zur fünften Etage. Es tut sich nichts, die Türen schließen sich nicht, der Aufzug fährt nicht ab. Bettina Polheim wartet einen Moment, dann drückt sie auf den Schalter zur vierten Etage. Die Türen schließen sich, und der Aufzug fährt nach oben.

Ein Moment Ruhe. Im Spiegel sieht Bettina Polheim eine fremde Frau. Fremd sind die Perücke und die spießige Kleidung, die Augenfarbe ist mit Kontaktlinsen verändert, dunkelbraun, sie hat erste Falten um die Augen, irgendwie ist sie vorzeitig gealtert, und sie schwitzt – Angst, Schlaflosigkeit und Unruhe, das Leben, das sie gewählt hat und aus dem sie nicht mehr entkommen wird, bis zu ihrem Tod nicht, hinterlässt seine Spuren. Denn schlimmer als der Adrenalinkick, den die immer wieder aufflackernde Panik bei Einsätzen wie diesem hier in die Birne hämmert, sind die zermürbenden ewigen Phasen des Wartens und der ganz normale Alltag: zum Beispiel allein viermal Umsteigen bei der Fahrt zum Einkaufen im Supermarkt, in dem sie noch nie war und nie wieder sein wird. Ist der Verkäufer vielleicht ein Zivilbulle? Nicht zu viel kaufen, wenn sie dich schnappen, dürfen sie aus dem Einkauf nicht sehen können, wie groß die Gruppe ist. Gewohnheiten zertrümmern, keine Routinen entwickeln, U-Bahnen wechseln, Busse, alles ist umständlich und hinterlässt seine Kratzer in einem Gesicht, das vergessen hat, wie es jung aussah.

Der Aufzug hält in der vierten Etage, Bettina Polheim wischt mit dem Ärmel die Fingerabdrücke vom Schalter ab und steigt aus. Der Hotelflur ist völlig leer, um diese Zeit sind sämtliche Zimmer bereits gemacht, die Besucher – weniger Touristen, vor allem Geschäftsleute – schicken ihr Geld zum Ficken in die Stadt, um Nachwuchs zu produzieren. Gedämpftes Licht, irgendein klassischer Scheiß dudelt aus einer akustischen Klimaanlage, eine Wohlfühlnummer, die nicht nach Richard Clayderman klingen darf, sondern Schubert aufwärts sein muss. Neben dem Aufzug steht eine kleine Kommode, darauf eine Schale mit Äpfeln. Weiter hinten, am Ende des Flurs, sieht Bettina Polheim ein Schild: »Exit«, darunter eine Glastür, die zum Treppenhaus führt.

Auf dem Absatz vor der Treppe, die in den fünften Stock hinaufführt, stehen zwei Polizisten. Ähnlich wie die beiden Wichser, die unten vor dem Hotel standen, sind sie mit Maschinenpistolen und schusssicheren Westen ausgestattet. Die Treppe ist mit einer Absperrung gesichert. Die beiden Polizisten – im endlosen Dauergequatsche über die Welt im Modus ihrer größten Belanglosigkeit – schauen Bettina Polheim an. Sie nickt ihnen kurz zu, nicht freundlich, nicht unfreundlich, geschmeidiges Teflon. Dann geht sie die Treppe hinunter, ein unauffälliges Wesen, geschlechtslos und kühl. Nicht mal wert, dass die beiden Polizisten ihr auf den Arsch schauen.

In der Lobby sitzt Gelfert immer noch hinter seiner Zeitung, einen Espresso, den er gleich bezahlt hat, vor sich. Er tut so, als würde er lesen, tatsächlich aber hat er den Eingang und den Aufzug im Blick. Der Pager in seiner Jacketttasche gibt ein leises Signal von sich, so leise, dass nur Gelfert selbst es hören kann. Er zieht ihn aus der Tasche und wirft einen Blick darauf. Steckt ihn wieder ein, steht auf, legt die Zeitung zurück auf die Auslage neben den Sesseln und geht zum Treppenhaus. Die Espressotasse hat er unauffällig eingesteckt, er wird hier keine Fingerabdrücke hinterlassen, keine Speichelproben, keine Visitenkarte.

Eine Etage tiefer führt eine Tür in die Tiefgarage. Um diese Zeit ist auch die fast leer, nur vereinzelt stehen Autos auf den Parkplätzen, die für die Hotelgäste reserviert sind. Gelfert schaut sich um und sieht Bettina Polheim, die ein Stück von der Tür entfernt auf ihn wartet.

»Oben können wir vergessen. Dahlmanns Suite ist genauso gut gesichert wie die Treuhand.«

Die beiden gehen durch das leere Parkhaus und schauen sich um: Keine Polizeiabsperrung oben an der Ausfahrt zur Straße. Im hinteren Teil der Tiefgarage sind mehrere Parkplätze mit einer Kette abgetrennt. Sie sind leer, auf einem Schild darüber steht »5. Etage«.

Die Parkplätze für Dahlmann und seine Sicherheitskräfte.

7

Das kleine Büro ist mit Akten überfüllt. Sandra sitzt an ihrem Schreibtisch und liest in Verträgen. Es klopft an der Tür.

»Ja!«

Dahlmann kommt herein und lässt die Tür angelehnt. »Und? Haben Sie schon einen Eindruck?«

»Friedrich hat das Werk in achtundzwanzig Sparten aufgeteilt, um den Verkauf vorzubereiten. Meiner Ansicht nach hat er alle Sparten wesentlich zu niedrig bewertet. Er hat überall den Ertragswert zu Grunde gelegt, der Substanzwert der Firma ist im Schnitt zweihundert Mal so hoch.«

»Warum ist das hier niemandem aufgefallen?«

»Achtundzwanzig Sparten – achtundzwanzig verschiedene Sachbearbeiter. Ich glaube, Friedrich hat systematisch verschleiert, was er da eigentlich tut.«

»Gut, dann fassen wir das alles zusammen und übergeben es an Jankowitsch, der wird ihm schon die Ohren langziehen.«

»Jankowitsch ist Dezernent bei Herrn Rautenbach, oder?«, fragt Sandra.

»Ja.«

Sandra zieht eine der Akten hervor. »Rautenbach hat die Aufteilung des Werks in Bitterfeld selbst angeordnet. Außerdem hat er sich die Vorverkaufsverträge aller Interessenten zur Kenntnisnahme vorlegen lassen.«

Dahlmann schaut Sandra überrascht an. Dann nimmt er die Akte und liest.

Es klopft an der Tür. Als Dahlmann und Sandra aufschauen, kommt Rautenbach herein.

»Ach hier sind Sie«, sagt er zu Dahlmann – überrascht und neugierig, in welchen Akten Dahlmann da blättert.

»Ohne Frau Wellmann wäre ich verloren.« Dahlmann klappt die Akten zu.

»Vor der Pressekonferenz würde ich mich gerne noch kurz mit Ihnen abstimmen«, sagt Rautenbach zu Dahlmann.

»Das müssen Sie heute alleine übernehmen.« Dahlmann deutet auf Sandra. »Wir beide haben heute noch einen Termin außerhalb.«

Er nimmt einen Packen Akten und zeigt auf den Rest, der auf dem Schreibtisch liegt. »Nehmen Sie die bitte mit, Frau Wellmann.«

»Ist irgendwas nicht in Ordnung?«, fragt Rautenbach.

»Bei einer Werksübernahme in Leipzig gibt's Schwierigkeiten«, sagt Dahlmann und verlässt, die Akten unterm Arm und gefolgt von Sandra, das Büro.

Sie eilen hinunter in den Hof, wo Dahlmanns Dienstwagen wartet. Der Fahrer hält Dahlmann die Tür auf. In den Wagen vor ihnen steigen zwei Polizisten – Dahlmanns Eskorte. Er bedankt sich bei seinem Fahrer. Und während der um den Wagen herum zum Steuer geht, schaut Dahlmann zurück zum Gebäude der Treuhand. Da oben, im dritten Stock, am Fenster von Sandras kleinem Büro, sieht er Rautenbach stehen und ihn beobachten.

Der Fahrer steigt ein und zieht die Tür zu.

»Bringen Sie uns bitte ins Hotel«, sagt Dahlmann.

8

Frankfurter Innenstadt, vor der Tauberstraße 54. Kawert steigt aus seinem Wagen und geht zur Haustür. Er ist ewig nicht mehr hier gewesen. Die Wohnung ist eine der Bedingungen eines Studenten aus Göttingen gewesen, als Kawert ihn vor sieben Jahren als V-Mann angeworben hat. Der Student hat darauf bestanden, eine Rückzugsmöglichkeit zu haben, von der niemand etwas wusste. Es war klar, dass er sich weit vorwagen würde. In der Unterstützerszene in Göttingen war er schon ziemlich weit gekommen, die Hinweise, die von ihm gekommen waren, hatten Kawert nahe an die Buback-Attentäter gebracht. Und trotzdem war auch klar, dass Jacobi eine so gut wie nie benutzte Wohnung als Rückzugsort für einen V-Mann niemals gestatten würde. Kawert hat daher einen kleinen Etat abgezweigt, ein Konto angelegt, das niemals auf ihn selbst oder auf den V-Mann zurückzuführen wäre, und hat diese Wohnung in der Frankfurter Innenstadt angemietet. Einen Schlüssel hat er selbst behalten, das gehörte zu der Verabredung zwischen ihm und dem Studenten, falls sie die Wohnung als Treffpunkt würden nutzen müssen.

Niemals aber, in all den sieben Jahren nicht, hat der Student ein Treffen hier gewollt. Kawert ist sich nicht mal sicher, ob er die Wohnung jemals benutzt hat.

Aber das war ihm damals egal. Kawert hat dem Studenten Freiräume gelassen, die er anderen V-Männern nicht lassen konnte. Oder lassen wollte. Denn von Anfang an stand das Programm der V-Männer unter Druck, politisch, juristisch und vor allem finanziell. Jahr für Jahr wurden die Berichte, die Kawert liefern musste, vom Rechnungshof des Innenministeriums argwöhnisch beäugt. Das Programm musste Resultate liefern, die das ganze Programm der V-Leute rechtfertigen würden.

Gereon war Teil dieser Rechtfertigungen. Er war Kawerts Investition in die Zukunft, eine Investition, die sich nicht im nächsten Jahr oder drei Jahre später auszahlen musste. Kawert war sich sicher, dass Gereon es so weit in den Inner Circle der RAF schaffen würde wie niemand sonst. Gereon würde liefern, irgendwann. In sehr unregelmäßigen Abständen, manchmal nach drei Monaten, manchmal auch nach acht, hatte Kawert sich mit ihm getroffen, zuletzt in Siegen, um sich berichten zu lassen, was vorging. Diese Treffen erschienen in keinem seiner schriftlichen Berichte, es gab keine Aktennotizen darüber, keine Gesprächsvermerke. Nur Kawerts allerengster Kreis im BKA, Marion Burckhardt und Stentner, wussten außer ihm von Gereons Existenz. Erst vor drei Monaten hatte Kawert Jacobi gebrieft und ihm berichtet, dass einer seiner V-Männer kurz davorstand, den Inner Circle der RAF zu knacken. Jacobi war skeptisch, aber er hat Kawert vertraut, und er wusste, wann es besser war, keine Fragen zu stellen.

Nach Gereons Anruf beim BKA, bei dem er das Wegner-Attentat angekündigt hatte, hat Kawert mehrfach versucht, Kontakt zu ihm aufzunehmen, immer vergeblich. Am vereinbarten Treffpunkt am Nachmittag nach dem Attentat ist er nicht erschienen. Kawert hat die Pizzeria in Darmstadt überwachen lassen – in der Vermutung, dass Gereon vielleicht von der RAF beobachtet würde und Zeit brauchte, um seine Beobachter abzuhängen. Nach zehn Tagen ließ Kawert die Observation abbrechen und erkundigte sich bei allen V-Leuten nach seinem möglichen Verbleib, vergeblich, niemand wusste etwas.

Dass Gereon aus der Telefonzelle in der Frankfurter Innenstadt in unmittelbarer Nähe der Rückzugswohnung des Studenten angerufen hatte, hat Kawert überrascht. Er hatte nicht gewusst, dass der Student und Gereon in Kontakt standen, er hatte nicht einmal gewusst, dass die beiden sich kannten. Offenbar hatte der Student Gereon die Rückzugswohnung zur Verfügung gestellt. Aber wie Gereon war der Student nicht aufzufinden, sämtliche Kontaktversuche Kawerts waren gescheitert.

Kawert drückt die Haustür auf und geht hinauf in den vierten Stock. Es wäre damals ein Leichtes gewesen, in die Wohnung auch ein Telefon zu legen. Natürlich. Aber Telefone wurden überwacht, und überwachte Telefone ließen sich leicht aufstöbern. Eine Telefonnummer, die sich einmal, wie auch immer, in Jacobis Computern verheddert hatte, würde dort für immer hängen bleiben, ein fettes Fragezeichen in irgendeiner Akte. Und Kawert wollte keine Fragezeichen.

Kawert bleibt vor der Wohnungstür stehen, er klingelt und wartet einen Moment. Döner-Mief zieht durch das Treppenhaus herauf, irgendwo läuft Techno, blechern, ermüdend und nur mit Drogen zu ertragen.

Als Kawert hört, dass unten die Haustür geöffnet wird und jemand die Treppe hinaufschlurft, zieht er seinen Schlüssel, klingelt noch mal, schließt dann auf und geht hinein.

Sofort stinkt ihm der Tod entgegen, süßlich, faulig, eine vor Fliegen summende Verwesung. Er schließt die Wohnungstür hinter sich, der Geruch ist penetrant und würde sich sofort im gesamten Treppenhaus ausbreiten. Er zieht ein Taschentuch heraus, hält es sich vors Gesicht und atmet nur noch durch den Mund. Er drückt die angelehnte Tür zum Wohnzimmer auf und sieht auf ein zwischen krabbelnden Insekten verendetes Leben.

9

Um diese Zeit, am Vormittag kurz vor elf, ist die Lobby des Luxushotels fast leer. Eine Gruppe von Geschäftsleuten schlendert mit Aktenkoffern und vom Verhaltenskodex ihres Berufs verordneter, betont guter Laune zum Aufzug. Händels *Wassermusik* plätschert aus dem Frühstücksraum nebenan herüber, das Personal räumt das Buffet im Nähmaschinenrhythmus der Musik ab und beginnt, die Tische für das Mittagessen einzudecken, die Rezeptionistin hinter dem Empfangstresen telefoniert leise und freundlich.

Bettina Polheim sitzt auf einem schwarzen Ledersessel in der Lobby, der Bauhaus-Look der anbrechenden Moderne, der niemandem mehr weh tut, ihr gegenüber zwei weitere Geschäftsleute, die auf ein Taxi warten und Bettina überhaupt nicht zur Kenntnis nehmen. Ihre Haare sind dunkelbraun gefärbt, sie trägt eine Brille mit goldenem Gestell, geschmacklos und unscheinbar, ein graues Kostüm, der Rock nicht zu kurz und viel zu weit, die Strumpfhose in einer künstlichen und falschen Hautfarbe, schwarze Pumps – eine Geschäftsfrau, die es nie zu etwas bringen wird und die man nicht beachtet, geschäftlich nicht und als Frau erst recht nicht. Uninteressiert blättert sie im Wirtschaftsteil einer Zeitung und schaut ab und an nach draußen, eine Frau, die auf ihre Verabredung wartet und es gewohnt ist, dass man sie warten lässt.

Die beiden Geschäftsleute ihr gegenüber schauen auf, denn ein Blaulicht flackert durch das Fenster der Lobby, aufdringlich und störend. Bettina Polheims Blick folgt denen der beiden: Draußen hält ein Polizeiwagen, hier drin unhörbar, aber die Sirene ist auch ausgestellt, die Eskorte für eine gepanzerte Limousine, die darauf wartet, dass die Schranke zur Tiefgarage sich öffnet. Auf dem Rücksitz der Limousine sitzt Hans-Georg Dahlmann und starrt nach draußen.

Er wähnt sich unbeobachtet, ein kleiner Moment Intimität für einen Mann, der seine Zwölf-Stunden-Tage permanent unter den Augen anderer verbringt. Ein kurzer Kontrollverlust, Müdigkeit und nach unten fallende Mundwinkel, ein Schuss Depression, ein Mann, der unter dem Druck seiner Verantwortung vorzeitig altert, die Schultern hängen trotz der zwanzig Minuten, die er morgens auf dem Rudergerät im Keller des Hotels verbringt, allein in einem fensterlosen, stickigen und eigens für ihn frei geräumten Teil des Heizungskellers, geschützt durch zwei Polizisten draußen vor der Tür. Ein Mann auf einem Job, den niemand wirklich haben will, ein Opferlamm der neuen Berliner Republik, das Prügel von allen Seiten bezieht. Wo ist sein Leben? Wo ist der Teil, der nicht nur aus Verantwortung und Preußentum besteht?

Für einen Moment begegnen sich die Blicke von ihm und Bettina Polheim, kaum zehn Meter sitzen sie voneinander entfernt, das Bild verwaschen durch das Hotelfenster und das schusssichere Glas von Dahlmanns gepanzerter Limousine. Getuschel der Geschäftsleute, die Spannung, die sich plötzlich aufbaut, wenn ein prominentes Gesicht statt in einem Fernseher tatsächlich in der Nähe auftaucht.

Dann öffnet sich die Schranke zur Tiefgarage offenbar, denn der Polizeiwagen fährt an, lässt Dahlmanns Limousine überholen, und bleibt kurz stehen, um die Einfahrt zur Tiefgarage zu blockieren.

Als die beiden Geschäftsleute sich nach dem Ende dieses

spannendsten Moments ihres Tages wieder ihrem Gespräch zuwenden, merken sie gar nicht, dass die Frau, die eben noch ihnen gegenübersaß, nicht mehr da ist. Noch während Dahlmanns Limousine vor dem Fenster stand, hat Bettina Polheim in die Tasche ihres Trenchcoats gegriffen, auf einen Pager gedrückt und das verabredete Signal abgesetzt. Dann ist sie aufgestanden, hat die Zeitung zur Seite gelegt und ist gegangen – ein plumper Gang, fast ein Latschen.

10

Der Pager neben Matthias Gelfert gibt ein leises Piepen von sich, das Display ist abgeklebt, so dass das kurze Aufflackern beim Eingang einer Nachricht nicht zu sehen ist, kein bisschen Licht soll aus dem Inneren des kleinen Lieferwagens mit dem Logo eines Installateurs nach außen dringen können. Gelfert entsichert sein M 21, ein NATO-Scharfschützengewehr, an dem er damals auch trainiert wurde, in Briesen, irgendwo in der Pampa nördlich von Berlin. Gelfert war der beste Scharfschütze der kleinen RAF-Gruppe, die dort von zwei Stasi-Ausbildern trainiert wurde, eine Ausbildung zum Terroristen, effektiver und besser als die Lager im libanesischen Wüstensand, aus denen die erste Generation ihre Kenntnisse gehabt hatte. Ein dreiviertel Jahr lang wurden Gelfert und die anderen an NATO-Waffen und mit NATO-Material trainiert. Kein einziges Mal hat Gelfert ein Scharfschützengewehr sowjetischer Bauart in die Hand bekommen. Ihre Ausbilder taten alles dafür, dass jeder Hinweis, der eventuell von der RAF zur Stasi hätte führen können, vermieden wurde. Niemand sollte je denken, dass die Stasi die RAF ausbildete oder gar mit sowjetischem Militärmaterial ausrüstete.

Gelfert hat bereits die Nacht in dem kleinen Transporter

verbracht. Nachts hat er sich in der Tiefgarage des Luxushotels in Ruhe umschauen können, um den besten Platz für die Schussposition zu finden. Etwa alle fünf Meter steht eine Betonstütze, ein völlig freies Schussfeld gibt es nicht. Gelfert hat sich für einen Stellplatz in der Nähe der Einfahrt entschieden, um den Fluchtweg zu verkürzen. Falls er auffallen sollte, will er nicht durch eine vollgeparkte Garage mit engen Kurven fliehen müssen, zumal der Lieferwagen nicht gerade schnell ist. Von hier aus, im Dunkeln neben der Einfahrt, hat Gelfert einen einigermaßen freien Blick auf den reservierten und mit einer Kette abgesperrten Parkplatz für die fünfte Etage. Er hat die Entfernung zwischen seinem Lieferwagen und dem Parkplatz sorgfältig vermessen und sein M 21 entsprechend kalibriert.

Eigentlich wollte Gelfert bereits heute Morgen schießen. Dahlmann war ein notorischer Frühaufsteher, der sich regelmäßig zu noch nachtschlafender Zeit von seinem Fahrer ins Büro bringen ließ. Morgens wäre günstig gewesen, besser jedenfalls als abends, wenn Dahlmann aus dem Büro ins Hotel zurückkehrte, weil der Publikumsverkehr sich morgens gegen sechs sehr in Grenzen hielt – im Gegensatz zu abends gegen acht, wenn hier die Gäste des Hotelrestaurants an- und abfuhren.

Doch ausgerechnet an diesem Morgen hat es zum ersten Mal eine Abweichung von der Regel gegeben: Gelfert hat den Fahrer alleine aus der Tiefgarage fahren sehen und nicht gewusst, was er tun sollte. Über Funk beriet er sich mit Bettina Polheim, und sie kamen überein, dass Gelfert am Abend schießen sollte. Die beiden waren schon zu lange in der Gegend, die Gefahr, bemerkt zu werden, schien ihnen zu groß, und sie wollten auf keinen Fall ein weiteres Mal mit demselben Lieferwagen hier parken. Routinen, hatte man ihnen in Briesen eingeschärft, seien vor einem Anschlag das Schlechteste, was man machen könne. Wer in Routinen verfalle, falle schneller auf.

Gelfert hat sich also auf heute Abend eingestellt. Dann war vor einer knappen halben Stunde die Nachricht über Funk gekommen: Dahlmann würde – völlig überraschend – ins Hotel kommen. Jetzt.

Gelfert hatte immerhin genug Zeit, den Schalldämpfer zu montieren und das M 21 auf das Stativ zu schrauben, das schwarz getönte Fenster mit der Werbung eines Lieferanten etwas herunterzukurbeln und das Gewehr so einzurichten, dass man es von außen nicht sehen kann. Der Schuss aus einem leicht schwankenden Wagen heraus würde schwierig werden, und obwohl Gelfert die Federung des Wagens verringert hat, so gut es ging, darf er sich nicht bewegen. Die Sicht auf den noch leeren Parkplatz für die fünfte Etage ist frei, noch ist alles dunkel, aber wenn der Wagen auf den Parkplatz fahren wird, wird der Bewegungsmelder das Licht über den Parkplätzen automatisch anstellen, Gelfert wird kurz Zeit haben, seine Augen an die größere Helligkeit zu gewöhnen, doch die Zeit wird reichen.

Dann das leise Piepen des Pagers.

Konzentration.

Dann fährt ein Wagen in die Tiefgarage.

Nähert sich.

Und über den Parkplätzen geht das Licht an.

Eine knappe halbe Stunde dauert die Fahrt von der Treuhand zum Hotel. Dahlmann hat eine Maklerin beauftragt, für ihn nach einer Wohnung zu suchen, die näher an seinem Büro liegt. Außerdem wollte er endlich aus dem Hotel raus. Seit einem halben Jahr ist er jetzt der Vorsitzende der Treuhand, er hat genug von der Improvisation als Dauerzustand. Ein paar Vorschläge hat sie ihm gemacht, aber keine der Wohnungen überstand die Sicherheitsüberprüfungen, sie waren entweder zu einsichtig, oder die Nachbarhäuser waren zu nah, oder die Gefahr eines Angriffs des gegen den Imperialisten wütenden Volks auf der Straße vor der Wohnung zu groß. Deshalb ist die Maklerin dazu übergegangen, Dahlmann Häuser in Dahlem und Zehlendorf vorzuschlagen, isolierte Villen im verschlafenen und sicheren Westen, mit durch alten Baumbestand verdeckten Mauern und Vogelgezwitscher statt des morgendlichen Grölens Besoffener; weit weg von seinem Büro, weit weg von der Wirklichkeit, mit der er sich herumschlagen muss. Dahlmann lehnte ab und bat sie, weiterzusuchen, zentraler und im Osten Berlins. Und so ging das Spiel immer weiter, ein halbes Jahr lang. Wohnungsvorschlag, Ablehnung durch den Personenschutz, als wäre das ganze Gebiet östlich der Mauer vermintes Terrain, gefährlich und nicht bewohnbar für jemanden in seiner Position. Dahlmann lebt weiter in seinem Luxushotel, frühstückt alleine in seiner Suite oder in einem von Zivilpolizisten abgeschotteten Séparée unten neben der Lobby, und alle zwei Wochen kann er im *Neuen Deutschland* bissige Bemerkungen über seinen fürstlich-kapitalistischen Lebensstil lesen.

Während der gesamten Fahrt starrt Dahlmann schweigend nach draußen und schaut Sandra nicht ein einziges Mal an. Inzwischen ist sie häufig mit ihm mitgefahren, eigentlich immer hatte Dahlmann irgendwelche Akten vor sich, die er studierte oder Einzelheiten daraus kurz vor einem Termin memorierte. Oft hat sie selbst probiert, während der Fahrt Akten durchzuarbeiten, fast immer ist ihr schlecht geworden, und es war ihr peinlich, dass sie untätig neben ihrem Chef saß, der eifrig arbeitete, während sie nach draußen schaute, sich am voranschreitenden Halbjahresplan des Aufbaus Ost erfreute oder vor sich hin grübelte. Wenn Dahlmann nicht las, fragte er sie oder seinen Fahrer nach ihrer Meinung zu irgendetwas, bei dem er einen zweiten Blick brauchte, oder er ließ sich von Sandra briefen. Heute aber ist er schweigsam und in sich gekehrt. Irgendetwas nagt an ihm.

Als die Limousine kurz vor dem Hotel warten muss, bis

die Schranke zur Tiefgarage hochgeht, wirft Sandra ihm einen Blick zu und schaut dann an ihm vorbei ins Innere des Hotels. Hinter der Scheibe sieht sie zwei Geschäftsleute, die – tuschelnd wie zwei Kindergartenkinder, die ihren Lieblingsspieler von Hertha plötzlich auf der Straße entdecken – auf Dahlmann starren. Den beiden gegenüber sitzt eine unscheinbare Frau. Sandra kann den Goldrahmen ihrer modischen, aber geschmacklosen Brille sehen.

Dann fahren sie weiter, an dem Polizeiwagen vorbei, der Dahlmanns Limousine absichert. Sandra fällt auf, dass nur die Einfahrt zur Tiefgarage des Hotels durch eine Schranke gesichert ist, nicht aber die Ausfahrt. Sie fahren hinunter ins Dunkel der Tiefgarage, ein Stück neben der Ausfahrt steht ein Lieferwagen, schwarz, mit der Aufschrift eines Installateurs versehen. Sandra wundert sich, dass es für Anlieferer und Dienstleister keinen eigenen Parkplatz gibt, sie schaut auf den Lieferwagen, hinter ihr klappt die Schranke hinunter, der Polizeiwagen fährt weiter und gibt die Straße wieder für den Verkehr frei.

Dahlmanns Fahrer hält vor dem für die fünfte Etage reservierten Parkplatz. Der Bewegungsmelder über dem Parkplatz schaltet das Licht an.

Dahlmann öffnet die Beifahrertür und steigt aus.

Das Schussfeld ist frei, vielleicht wäre jetzt der beste Moment, um abzudrücken. Aber Gelfert zögert einen Moment, denn es ist leichter, ein Ziel in steter und gleichförmiger Bewegung zu treffen. Der Weg von Dahlmanns Wagen zum Fahrstuhl ist knapp sieben Meter lang, einmal durchbrochen durch einen der Betonpfosten. Auch auf dem zweiten Abschnitt wäre ein Schuss machbar, aber optimal ist der erste. Das Licht ist hell genug und stabil, Gelfert hat heute Morgen selbst eine Neonröhre ausgetauscht, er wollte sichergehen, dass die alte nicht im falschen Moment zu flackern beginnt.

Durch das Visier seines Scharfschützengewehrs sieht er, dass Dahlmann sich in den Wagen zurückbeugt, um seine Tasche herauszunehmen. Dann wendet er sich vom Wagen ab und geht Richtung Fahrstuhl.

Auch seine Assistentin ist ausgestiegen, ihre Tasche in der Hand, und hat die Tür zugeworfen. Ein Moment völliger Ruhe. Dann das Klirren der etwas zu schweren Kette, die über den Boden schabt, als der Fahrer sie zur Seite zieht, um auf den Parkplatz zu kommen.

Als die Assistentin um den Wagen herumgeht, um zu Dahlmann aufzuschließen, schaut sie zurück zur Einfahrt. Fixiert Gelferts Lieferwagen. Dann eilt sie zu Dahlmann, läuft neben ihm, nimmt Gelfert die Sicht. Durch das Visier sieht Gelfert immer wieder kurz Dahlmanns Hinterkopf. Er hält den Atem an, jetzt nicht mehr bewegen. Gleich werden die beiden am Betonpfeiler sein, einen Meter noch. Er muss jetzt schießen.

Dahlmanns Fahrer lässt den Wagen wieder an und fährt auf den Parkplatz, der Lärm der Limousine füllt den Raum. Dahlmann und seine Assistentin gehen am Betonpfosten vorbei. Dann kommt der Wagen zum Stehen. Der Fahrer stellt den Motor aus. Ruhe.

Sandra bleibt stehen und schaut irritiert zurück: Aus dem Betonpfeiler, in Kopfhöhe, einen knappen Meter hinter ihr, rieselt Putz auf den Boden. Auch Dahlmann schaut sich um, den Putz sieht er nicht, aber er hat ein Geräusch gehört, das er nicht einordnen kann, einen leisen aber heftigen Schlag.

Sandra wirft einen kurzen Blick zum Wagen des Installateurs, dann geht sie zu Dahlmann, deckt wieder die Schussbahn zwischen hier und dem Lieferwagen ab. Dahlmanns Fahrer steigt aus und beeilt sich, zu ihnen zu kommen. Dahlmann steht neben Sandra und lauscht in die Tiefgarage hinein, immer noch irritiert, irgendetwas ist eigenartig, er weiß nicht, was. Dann hören sie weit entfernt das Lachen eines Kindes und einer Mutter, die zu ihrem Wagen gehen.

Der Fahrstuhl ist da. Dahlmann lächelt Sandra an und lässt ihr den Vortritt, wartet, bis auch der Fahrer in den Lift getreten ist, und folgt den beiden.

Ein Moment noch, dann geht die Tür des Fahrstuhls zu.

11

Kawert hat das Fenster vor einer Ewigkeit geöffnet, aber der Verwesungsgeruch will einfach nicht abziehen. Er sitzt auf einem Stuhl und starrt auf den Vorhang, den ein Windhauch hin und her treibt. Draußen sprudelt das Leben weiter: Verkehr, Gebrüll eines Jungen, der mit seinen Klassenkameraden aus der Schule kommt und zu lange still sitzen musste. Und aus der Wohnung über ihm verbreitet ein deutscher Schlager billigste aufgesetzte Fröhlichkeit.

Es ist ein eigenartiges Verhältnis, das Kawert zu seinen V-Leuten hat. Vor ein paar Jahren noch hat er manchmal wochenlang nicht richtig schlafen können, wenn er befürchtete, dass einer seiner Leute auffliegen würde. Auch heute noch fühlt er sich ständig so, als würde er seine Leute in Himmelfahrtskommandos an die Front schicken. Wie oft hat er sich gesagt, dass jeder der V-Leute selbst die Wahl hatte, was er mit seinem Leben tun wollte. Kawert ist kein distanzierter Zyniker. Bei Anwerbungen hat er den Kandidaten für ihre Entscheidung immer Zeit gelassen und die Möglichkeit offengehalten, sich auch gegen das BKA, gegen das Doppelleben zwischen Deckidentität und wahrem Ich zu entscheiden. Manchmal hat er sie einen Monat lang auf Kosten des BKA in irgendeine Ferienwohnung in der Pampa geschickt, damit sie in Ruhe nachdenken und ihren Entschluss ohne Druck fassen konnten.

Fast jeder von ihnen steckte in irgendeiner Notsituation. Doch Kawert wollte die Not der Bewerber nicht ausnutzen, versprach sogar, ihnen selbst dann zu helfen, wenn sie sich gegen eine Tätigkeit als V-Mann entschieden. Alles andere wäre strategisch ungeschickt gewesen und hätte nur zu kurzfristigen Ergebnissen geführt, Kawert aber wollte Entscheidungen, die noch Jahre später trugen und belastbar waren. Und gerade weil er Skrupel zeigte und eine große Sorgfalt an den Tag legte, vertrauten seine V-Leute ihm. Er war zwar nicht die große Vaterfigur, die Jugendlichen in Krisen den Weg wies und ihnen Entscheidungen abnahm. Aber immerhin so etwas wie ein entfernt lebender alter Freund, der alles über ihr früheres Leben wusste und an den sie sich wenden konnten, wenn sie in Not waren, jederzeit und an jedem Ort. Kawert würde sie aus dem Feuer ziehen, auch wenn er sich dabei selbst Verbrennungen zuzog, das wussten sie und das hatte er auch oft genug bewiesen.

Er dachte, diesen Spagat zwischen Nähe und Distanz immer perfekt hinbekommen zu haben. War es möglich, dass er in den letzten Jahren zu gleichgültig geworden ist? Zu sehr mit sich selbst beschäftigt? War er noch derjenige, dem seine Leute vertrauen konnten? Der wirklich und rückhaltlos für sie da war? Hatte er Gereon allein gelassen, weil er zu sehr mit dem Zerbrechen seiner Ehe beschäftigt war?

Kawert steht auf. Er muss sich aus seinen ziellosen Grübeleien herausreißen. Neben ihm steht ein Klapptisch der Spurensicherung, auf dem die Asservate liegen, die bereits untersucht und registriert wurden. Er schaut sich an, was von Gereons Leben übrig geblieben ist. In Plastiktüten eingepackte Kleinigkeiten: seine EC-Karte, seine Brieftasche, einhundertsiebenundfünfzig D-Mark in bar. Fahrkarten der Bundesbahn, vor einer Woche ausgestellt, eine Fahrt von Göttingen nach Oberursel, eine weitere Fahrt von Oberursel nach Siegen, dann von Siegen nach Aachen. Und schließlich eine vierte Fahrkarte von Aachen nach Frankfurt. Gereon hat seine Spuren zu verwischen versucht. Eine reine Vorsichtsmaßnahme? Oder ahnte er bereits, dass er aufgeflogen war?

Ein weiteres Plastiktütchen, Gereons Ausweis, ausgestellt auf den Namen Matthias Rohde. Der Name war Gereons Idee, genau wie »Gereon«, sein Deckname beim BKA. Vor acht Jahren hatten sie in einem Ferienhaus in der Eifel zusammengesessen, Kawert und Gereon. Eine Woche lang, mit einem Experten des V-Mann-Programms, der für die Deckidentitäten zuständig war, ein neues Leben ausgearbeitet für Matthias, wie er wirklich hieß; er hatte darauf bestanden, diesen Vornamen zu behalten, wollte von Kawert aber immer nur als Gereon angeredet werden. Er war begeistert davon, eine neue Identität zu bekommen, ein völlig neues Leben, eine neue Biographie. Eine Wiedergeburt. Gereon, damals zweiundzwanzig Jahre alt, wollte mit seinem alten Leben abschließen und neu beginnen. Der Psychologe des BKA, der ihn untersucht hatte, hat Kawert gewarnt: Gereons Sucht nach einem neuen Leben, sein allzu ausgeprägter Wunsch nach einem völligen Bruch sei gefährlich, irgendwann würde er zurückkehren wollen zu seinem alten Leben. Aber Kawert war anderer Meinung. Seiner Ansicht nach wollte Gereon Matthias bleiben und Rohde werden, ein Fuß im alten und einer im neuen Leben. Er wollte weiterhin zündeln dürfen, Baumaterial für Bomben auf das Establishment zusammenklauben, Drähte in Lüsterklemmen schrauben und dabei OP-Handschuhe aus der Apotheke tragen, damit man seine Fingerabdrücke nicht fand, Pülverchen mischen und in leere Mineralwasserflaschen einfüllen – der Molotow-Cocktail für den Hausbedarf, den man auf Demos gerne einem Polizisten vor die Füße werfen konnte.

Kawert war nicht naiv. Er wusste genau, wer Gereon war, er kannte seine Aggressivität, wusste über seine zunehmende Ideologisierung Bescheid, mit der er sich einen Grund suchte, an irgendjemandem seine angestaute Wut auszulassen, seinen Frust und seinen Hass, für die es ansonsten keinen Grund gab. Ja, Gereon hatte Spießereltern, alt und in den fünfziger Jahren verwurzelt, ein Vater mit ausgedünnter und weiß gewordener Elvistolle und lächerlicher Lederweste, die er ab und an trug. Mit siebzehn hatte Gereon das wöchentliche Haushaltsgeld der Mutter geklaut, war in ein besetztes Haus nach Göttingen abgehauen, von dem ihm Bekannte erzählt hatten, und war nie wieder zu Hause aufgetaucht. Aber wer hatte nicht alles Spießereltern und baute trotzdem keine Bomben? Gereon war V-Mann geworden, weil er weiter zündeln und eine Exit-Option wollte: Das Böse tun, aber eigentlich im Dienste des Guten stehen, Matthias einerseits, Rohde andererseits, je nachdem, wie er es gerade brauchte. Gereon, eine zerrissene Identität, unter der alles irgendwie zusammenpasste oder passend gemacht werden konnte.

Kawert legt den asservierten Ausweis zurück auf den Klapptisch und geht zu seiner Frau hinüber, die neben Gereons Leiche hockt. In dem weißen Plastikanzug sieht sogar sie, eine schlanke Frau, dick und unförmig aus. Normalerweise würde sie nicht alleine arbeiten, doch ihr Assistent Jonas hat sich auf Iris' Anweisung in die kleine Küche verdrückt und sucht dort nach Spuren. Es ist schwierig, sich in dieser fünfunddreißig Quadratmeter großen Wohnung aus dem Weg zu gehen. Kawert ist dankbar, dass Iris Jonas rausgeschickt hat, er muss ihn nicht unbedingt sehen, es hat gereicht, dass er ihn gestern Abend hören musste.

»Und?«, fragt er.

Iris zeigt ihm ein Blatt Papier, DIN A 5, das sie ebenfalls in eine Asservatentüte gesteckt hat. »Das lag unter seinem Kopf.«

Das Papier ist vollgeblutet, Stücke grauer Hirnmasse kleben auf dem inzwischen trockenen Blut. Darunter ist das RAF-Logo zu erkennen, gedruckt und nicht mehr so primitiv wie die Bekennerschreiben noch vor zwei, drei Jahren: die Aufschrift »RAF« und das Sturmgewehr obendrüber. Und wenn er das Blut durchleuchten lassen würde, würde er darunter »Verräterschwein« lesen können.

Er hat das schon einmal erlebt, vor drei Jahren in einer Kleinstadt südlich von Bremen. Ein Mann war erschossen worden, ein aufgesetzter Schuss durch die Stirn, exakt dasselbe Vorgehen wie hier. Die RAF hatte den Mann für einen V-Mann gehalten, ihn hingerichtet und den Mord signiert, ein Signal an das BKA und an weitere mögliche V-Leute. Dabei hatten sie sich in dem Mann getäuscht, er gehörte zur weiteren Unterstützerszene der RAF, möglich, dass er hatte aussteigen wollen, möglich auch, dass er sein Wissen über die RAF zu Geld hatte machen wollen, aber Kawert hatte ihn nicht angeworben.

Nun aber Gereon. Kawert weiß nicht, wann er aufgeflogen ist, wie er aufgeflogen ist. Offenbar ist der Inner Circle der RAF wieder stärker abgeschottet – stärker jedenfalls, als Kawert gedacht oder zumindest gehofft hat. Denn von niemandem, weder von Gereon noch von einem der weiteren V-Leute, hat Kawert einen Hinweis darauf bekommen, dass einer der V-Leute aufgeflogen war.

Er steht auf und legt den Zettel mit Gereons Blut zu den anderen Asservaten auf dem Klapptisch. Marion Burckhardt würde es untersuchen, eine Analyse des Schriftbildes würde vielleicht helfen, die Schreibmaschine zu identifizieren und damit die Gruppe einzugrenzen, die Gereon erschossen hat. Vielleicht hat sie auch andere Bekennerschreiben hinterlassen.

»Andreas!«

Kawert dreht sich um.

»Auf der Gürtelschnalle ist das Fragment eines Fingerabdrucks, der nicht von ihm stammt.«

Ein Fingerabdruck. Seit Jahren hat das BKA keine neuen

Fingerabdrücke eines RAF-Mitglieds mehr gefunden. Kawert schaut Gereon ein letztes Mal ins Gesicht. Der Bart ist gewachsen, Haare stechen aus den Ohren, die Augen sind fast weiß, die Wangen eingefallen, die Umrisse des Schädels erobern sich das Gesicht zurück. Das Fragment eines Fingerabdrucks ist das Erbe dieses Toten, sein Geschenk und seine Aufgabe, alles was am Ende von sechs Jahren Tätigkeit als V-Mann wirklich bleibt.

Das Fragment eines Fingerabdrucks.

12

Drei Zimmer in der fünften Etage des Hotels: Schlafzimmer, Arbeitszimmer und Wohnzimmer – fünfundsiebzig Quadratmeter mit Kunstdrucken in künstlich gealterten Holzrahmen, frischem Blumenstrauß auf der Biedermeierkommode und nie gelesenen antiquarischen Büchern im Regal: Drei Zimmer, die vorgaukeln, eine Wohnung zu sein, die aber eine Hotelsuite bleiben – sauber, unpersönlich, ein Übergang in Permanenz – und die letztlich kaschieren, dass hier jemand aus dem Koffer lebt.

Dahlmann hat den Zimmerservice darum gebeten, einen größeren Tisch ins Wohnzimmer zu stellen, zwei Stühle und zwei große Leselampen. Und so sitzen er und Sandra jetzt schon seit Stunden hinter ihren Kaffeekannen, eine Obstschale wie ein Stillleben zwischen sich, um sie herum stapeln sich die Akten, die sie aus der Treuhand mitgebracht haben.

Bitterfeld ist eine Goldgrube, aber all diese Unterlagen – unzählige Kaufgesuche westdeutscher Interessenten an Bitterfelder Unternehmen, Subunternehmen und Unternehmensteilen – tun so, als sei es ein Haufen Jauche und als müsse die Treuhand dankbar sein für so viel Engagement der

Vertreter des real existierenden Kapitalismus, die, von tiefer sozialer und patriotischer Verantwortung motiviert, ihre Netze ausstrecken, um ein zerbrochenes Land im freien Fall aufzufangen, bevor es endgültig auf dem steinernen Boden der Realität zerschellt.

Dahlmann schreckt von seiner Akte auf, als Sandra eine der Mappen auf den Tisch wirft.

»Alle Kaufinteressenten an Bitterfeld sind kleine Unternehmen aus Westdeutschland, keines davon ist länger als seit einem Jahr im Handelsregister eingetragen«, sagt sie.

»Möglicherweise Scheinfirmen, ja.«

»Möglicherweise?«

Sandra schnappt sich die Akte, die sie zuletzt in der Hand hatte. »Hier: Eine Firma in Winsen an der Luhe – kleines Kaff, weit weg von Berlin. Die produzieren Kunstdünger. Die angegebenen Gehaltskosten reichen für ungefähr zehn Mitarbeiter, für den angegebenen Umsatz bräuchten sie ungefähr fünfzig, und was die Gebäudemiete angeht: Da passen ungefähr fünf rein.«

»Die wissen genau, dass wir niemanden vorbeischicken können, der nachschaut, ob die Firma nur aus einem Briefkasten besteht«, sagt Dahlmann. »Die versuchen es immer wieder.«

»Aber wenn mir das schon auffällt …« Sandra deutet auf die Akten, die vor ihr liegen. »Der halbe Stapel hier besteht aus Anträgen von Scheinfirmen. Rautenbach muss das doch auch sehen! Warum konfrontieren Sie ihn nicht damit?«

»Sie wissen selbst, was er antworten wird«, sagt Dahlmann.

Dass die Treuhand im Augenblick fast zwölftausend Kaufinteressenten für all die ostdeutschen Unternehmen, die unter seiner Obhut stehen, hat. Zwölftausend Kaufinteressenten! Wie soll eine unterbesetzte Behörde all diese Firmen überprüfen? Wirklich überprüfen? Und es stimmt – mehr als

Stichproben können sie nicht machen. Dahlmann hat häufig versucht, Amtshilfe bei den örtlichen Finanzämtern zu bekommen. Mit dem Resultat, dass die Treuhand manchmal monatelang auf eine Antwort warten musste und sich schließlich in hoffnungslosen Korrespondenzen um Zuständigkeiten verzettelte, niemand wollte gerne Verantwortung übernehmen. Und alles unter Zeit- und Effizienzdruck. Fehlentscheidungen waren besser als keine Entscheidungen, nur sagte das niemand öffentlich, natürlich nicht.

»So stellen Sie sich die Wiedervereinigung vor?«, fragt Sandra unbeherrscht.

»So stelle ich mir Leute vor, die mit der Wiedervereinigung Geld scheffeln wollen und die das mühsam unter einem moralischen Mäntelchen verdecken«, sagt Dahlmann.

Sandra schweigt und weicht seinem Blick aus. Er kennt sie nicht gut genug, um zu ahnen, was in ihr vorgeht. Sie hat ihm gegenüber etwas Vorsichtiges, aber das wundert Dahlmann nicht, keiner seiner bisherigen Referenten hätte ihm seine Meinung direkt ins Gesicht gesagt, dazu waren sie alle zu abhängig von ihm.

»Was denken Sie?«, fragt er. »Sagen Sie es ehrlich. In meiner Position bekomme ich sonst nie mehr die Wahrheit zu hören.«

»Sie können sich nicht einfach einen grauen Kittel überziehen und vor einem Manager, den Sie selbst ins Boot geholt haben, so tun, als seien Sie die personifizierte Interessenvertretung der Arbeiter«, sagt Sandra. »Sie sind Top-Manager und seit dreißig Jahren Teil eines Ausbeutersystems. Und zwar ganz oben.«

»Der Fisch stinkt vom Kopf her?«

»Das habe ich nicht gesagt.«

»Doch. Das haben Sie gesagt. Julia hat mich vorgewarnt: Auf der Uni waren Sie ziemlich links«, sagt Dahlmann und lächelt – in Erinnerung an die Frühstücksdiskussionen, die er jahrelang Morgen für Morgen mit seiner Tochter geführt hat und in denen sie sich ideologische Versatzstücke um die Ohren schlugen, bis sie beide wütend waren. Und wach. Diskussionen, die er vermisst, seit sie plötzlich vorbei waren, als Julia zum Studieren nach Hamburg ging.

»Das war in einem anderen Leben«, sagt Sandra.

»Die Sozialisten schreiben ganze Bibliotheken darüber, wie der Kapitalismus in den Sozialismus übergeht«, sagt Dahlmann. »Über den umgekehrten Weg gibt es kein einziges Buch. Wir privatisieren von jetzt auf jetzt einen ganzen Staat. Die Alternative ist nicht: Fehler – keine Fehler. Die Alternative ist: Ein Haufen Fehler – noch mehr Fehler.«

Schweigen.

Ein bisschen zu viel Frühstückstonfall, das ist ihm selbst klar, ein bisschen zu viel Belehrung, ein bisschen zu viel Verteidigung, ein bisschen zu viel Besserwisserei. Offensichtlich hab ich sie doch eingestellt, denkt Dahlmann, weil sie mich an Julia erinnert. Wie unbewusst ticke ich eigentlich?

»Entschuldigen Sie«, sagt Sandra.

Dahlmann ist schon klar, dass eine Entschuldigung nicht zu dem gehört, was man einfach so von Sandra zu hören bekommt. Ich habe sie danach gefragt, was sie denkt, sie war ehrlich, und am Ende muss sie sich entschuldigen. Auf diese Weise wird er seine Mitarbeiter nicht dazu bekommen, ihm das zu geben, was er will: Ehrlichkeit, Aufrichtigkeit. Wahrheit.

»Was?«, fragt Sandra.

»Vielleicht bin ich jetzt dran, die Wahrheit zu sagen?«, fragt Dahlmann.

»Ja.« Sandra lächelt.

»Ich finde, Sie sollten sich nicht entschuldigen, wenn Sie es nicht meinen. Und wenn es nicht nötig ist, dass Sie sich entschuldigen.«

Schweigen. Dann nickt Sandra.

»Wenn wir beide es schon so mit der Wahrheit haben ... Ich möchte Sie um etwas bitten«, sagt Dahlmann.

»Um was?«

»Ich bräuchte ein paar Informationen aus Rautenbachs Büro. Sie dürfen sich aber nicht erwischen lassen.«

»Sie wollen, dass ich in Rautenbachs Büro einbreche?«

»Aber Sie müssen geschickt sein – wenn Sie erwischt werden, muss ich Sie entlassen.«

Dahlmann wartet einen Moment und lässt den Satz sacken.

»Würden Sie das für mich machen?«

13

Ein Besprechungsraum des BKA in Wiesbaden, fensterlos, nüchtern, taubengraue Tische.

»Sie heißt Bettina Polheim. Vor zehn Jahren ist sie untergetaucht. Davor gehörte sie zum militanten Unterstützerkreis der RAF.«

In solchen Momenten fühlt Kawert sich wie das Hündchen, das dem Herrchen brav ein Stöckchen apportiert – stolz, erleichtert, endlich zu liefern, und mit einer Ahnung von der unendlichen Überlegenheit des Herrchens. Der Diaprojektor neben Kawert wirft ein zehn Jahre altes Fahndungsfoto von Bettina Polheim an die Wand, samt einer Simulation, wie sie heute aussehen könnte. Er schaut zu Jacobi, der in der ersten Stuhlreihe des ansonsten völlig leeren Raums sitzt, das Foto anschaut und es sorgsam vermeidet, Kawert, seinem Musterschüler, die ersehnte Streicheleinheit zu geben oder einen Hundekuchen hinzuwerfen. Es ist langsam Zeit, dass Kawert liefert, endlich ein Resultat bringt.

»Warum haben wir ihre Fingerabdrücke?«, fragt Jacobi.

»Sie hat eine Vorstrafe wegen Widerstands gegen die Staatsgewalt.«

Eine alte Sache, zwölf Jahre her. Bettina Polheim hat bei der Räumung eines illegal besetzten Hauses in Göttingen mit Pflastersteinen auf Polizisten geworfen. Die meisten davon landeten auf Schilden, einer aber traf einen jungen Kollegen am Schienbein – der Bruch war kompliziert, der Kollege war lange ausgefallen. Die Strafanzeige gegen Polheim hat nicht zum vollen Erfolg geführt, weil ihr nicht nachzuweisen war, dass sie den Stein geworfen hatte. Dennoch bekam sie – wie die anderen Steinewerfer – eine Vorstrafe auf Bewährung, musste ihre Fingerabdrücke hinterlassen und verschwand dann im Untergrund.

»Ist es definitiv sicher, dass der Fingerabdruck von ihr ist?«, fragt Jacobi und schaut Kawert zum ersten Mal an. Ein Hundeleckerli. Kawert weiß, dass er etwas – wenigsten etwas! – richtig gemacht hat.

»Kein Zweifel, ja.«

Iris Kawert hat auf der Gürtelschnalle zwar nur das Fragment eines Fingerabdrucks sicherstellen können, aber sie hat die Linien des Abdrucks vergrößert und sechs wahrscheinliche Fortsetzungen zeichnen lassen, ein Millimeter nur – aber das hat gereicht, um festzustellen, dass der Fingerabdruck ziemlich sicher zu einer Frau gehörte, und sehr wahrscheinlich der Abdruck eines Ringfingers war. Was folgte, war eine Woche Fleißarbeit ihres Teams: Die Fingerabdrücke der RAF und der Unterstützerszene waren, soweit vorhanden, auf Mikrofiches abgespeichert, etwa eintausendfünfhundert Personen – etwas mehr als die Hälfte davon Frauen. Iris und ihr Team haben sich vom engsten Kreis der RAF bis zur weiteren Unterstützerszene durchgearbeitet und schließlich Bettina Polheim identifiziert: Das Fragment des Abdrucks auf Gerons Gürtelschnalle stammte eindeutig von ihrem linken Ringfinger.

Eigentlich hätte Iris Jacobi briefen können – es war ihr Resultat. Aber sie wusste, dass Kawert schwer unter Beschuss stand, und sie überließ es ihm, Jacobi die frohe Botschaft zu verkünden: Das Fünfundzwanzig-Millionen-D-Mark-Projekt »V-Leute« hat Resultate erbracht. Zum ersten Mal seit Monaten war es gelungen, den tatsächlichen Nachweis zu führen, dass jetzt eine neue Generation der RAF am Werk war und Attentate verübte. Ein Name, den das BKA bisher noch nicht zum engsten Kreis gezählt hatte, rückte in den Fokus: Bettina Polheim. Ein erster wirklich spruchreifer Ermittlungserfolg. Und das weiß – natürlich! – auch Jacobi.

»Was wissen wir sonst über sie?«, fragt er.

»Nicht viel.« Kawert kennt ihre Akte inzwischen auswendig. »Einzelkind, die Eltern sind beide verstorben. Abgebrochene Ausbildung zur Sozialpädagogin. 1983 und 1985 ist sie in den Libanon gereist. 1985 war ein alter Bekannter von ihr dabei.«

Kawert zeigt ein neues Dia, das Foto eines 22-jährigen Mannes – auch dieses alt, aber das einzige, was er hat.

»Lars Oehmke. Die beiden kennen sich aus der Hamburger Hausbesetzerszene. Er ist der einzige Kontakt zum RAF-Umfeld, den wir Bettina Polheim bisher nachweisen konnten.«

»Ist er der zweite Attentäter?«, fragt Jacobi.

»Nein. Oehmke ist vor drei Jahren im Libanon bei einem Sprengstoffanschlag gestorben«, sagt Kawert.

»Glaubwürdige Quelle?«

»Ja, absolut glaubwürdig«, sagt Kawert und zeigt nochmal das Foto von Bettina Polheim. »Ich glaube nicht, dass wir das als Fahndungsfoto verwenden können. Und die Simulation ist mir zu gewagt, in zehn Jahren könnte sie sich völlig anders entwickelt haben. Was meinen Sie?«

»Nein, Sie haben recht«, sagt Jacobi. »Ist Frau Burckhardt schon zurück?«

»Sie ist in Straubing und überprüft einen Elektrofachhandel wegen des Lasers.«

Jacobi steht auf. »Draußen in Auringen wird übrigens ein Haus frei, grün, polnischer Gärtner, alles da. Melden Sie sich, wenn Sie Interesse haben.«

14

Ein sehr spätes gemeinsames Abendessen. Das erste seit drei Wochen.

Eigentlich müsste Markus mit seinen zehn Jahren so langsam doch im Bett sein, aber Susanne Wellmann, die die Verantwortung für ihren Enkel übernommen hat, weil er seine Fingernägel bis aufs Blut abkaut und weil ihre Tochter sich einen Scheiß darum kümmert, es nicht einmal zu registrieren scheint, hat dafür gesorgt, dass er jetzt – um kurz vor zehn – noch mit am Tisch sitzt. Ihm gegenüber Sandra, die all seinen Blicken ausweicht, neben ihm Miriam und seine Großmutter. Seit Sandra in der Treuhand arbeitet und bereits am Mittwoch die fünfunddreißig Stunden einer normalen Arbeitswoche voll hat, finden solche gemeinsamen Essen nicht mehr statt.

»Wie läuft es denn mit Dahlmann?«

Susanne Wellmann kann das Schweigen ihrer Tochter und das Gestochere in Tomaten und Mozzarella nicht mehr ertragen. Sandra ist abweisend, distanziert und wird ihr von Woche zu Woche fremder. Nie war sie einfach zu haben gewesen, für ihre Mutter erst recht nicht. Verschlossen schon immer, sie hat schon als Kind selten gelächelt, eine Einzelgängerin, allein unterwegs in ihren Welten, wo sie für sich sein wollte, verträumt mit Puppen und später mit Holzfiguren spielte, die sie mit endloser Geduld vor sich aufbaute,

Szenen schuf, die niemand außer ihr verstand und die sich nie in Handlung auflösten.

Später, mit fünfzehn, war Sandra ständig in Bücher vergraben, eingewühlt in Theoriemüll mit gutem Sound, nichts Halbes, nichts Ganzes, unsolide und Weltverbesserung versprechend – Versprechen, die nichts taugten und von denen Sandra, ein verspäteter Teenager, eh nichts verstand. Die Diagnose der Welt aber traf sich mit ihrem Lebensgefühl: Es muss was geschehen, die Welt ist grau, eng, elend und mehr als renovierungsbedürftig. Ein, zwei Diskussionen mit ihren Eltern, und Sandra war wieder abgetaucht. Mit sechzehn war sie endgültig in ihrer Welt, die keine Sonnenstrahlen mehr zu kennen schien, verschwunden, unerreichbar.

»Ich werde nicht mehr lange bei Dahlmann sein«, sagt sie.

Ihre Mutter und ihre Schwester schauen sie überrascht an.

»Warum das denn? Ist irgendwas vorgefallen?«

»Nein«, sagt Sandra. »Aber ich geh weg aus Berlin.«

Ich. Nicht wir. Sandra weicht dem Blick ihres Sohnes aus.

»Wohin?«, fragt Miriam.

Aber Sandra vermeidet jede Antwort. Stattdessen fragt sie ihre Mutter: »Kann das Kind bei dir bleiben?«

Das Kind. Ihr Kind. Und immer noch vermeidet sie jeden Blickkontakt mit Markus.

»Wie lange?«, fragt ihre Mutter.

»Für immer.«

Der Satz knallt in die Runde, eine heftige Ohrfeige für jeden hier am Tisch, vor allem natürlich für Markus. Sandras Mutter und Miriam werfen dem Jungen einen Blick zu, dann schauen sie einander an, irritiert und unsicher, in welche Richtung das hier geht. Miriam steht auf. Sie muss Markus wegbringen, vor der Rücksichtslosigkeit seiner Mutter schützen. Miriam ist zwei Jahre älter als Sandra, aber schon als Kleinkind war sie ihrer jüngeren Schwester nicht gewachsen, ihrer Sturheit und Konsequenz, die auf nichts und niemanden Rücksicht nahm und die bis zum Selbstzerstörerischen ging.

»Komm«, sagt Miriam zu Markus, »wir beide gehen mal hoch.«

Markus bleibt sitzen, er schaut Sandra an, bis sie seinem Blick nicht mehr ausweichen kann. Aber weiter schweigt.

»Geh mal mit Miri«, sagt Sandras Mutter. Es ist ihr völlig unverständlich, wie ihre Tochter so distanziert mit ihm reden kann, gefühllos, achtlos, brutal.

Schließlich steht Markus auf. Miriam reicht ihm die Hand. Aber Markus nimmt sie nicht und geht an seiner Tante vorbei zur Tür – raus hier, weg von seiner Mutter. Miriam wirft ihrer Schwester einen letzten Blick zu, dann folgt sie Markus und schließt die Tür hinter sich. Der Junge hat genug gehört, viel zu viel für ihren Geschmack.

Susanne Wellmann bleibt mit ihrer Tochter allein zurück. Schweigen. Und abermals das Gestochere im Essen. Sandra verrührt das Olivenöl mit dem Saft der Tomaten. Wasser und Öl, das wird natürlich nie eine Mischung und fließt sofort wieder auseinander.

Egal, was ich jetzt sage, denkt ihre Mutter, es wird falsch sein. Egal, wo ich anfange, das Ende ist klar. »Markus hat schon seinen Vater verloren, er kann nicht auch noch seine Mutter verlieren«, sagt sie.

»Er ist doch eh viel vertrauter mit dir und Miriam.«

Schweigen.

»Du bist in irgendeiner Sackgasse, Sandra. Das ist nicht nur die viele Arbeit. Ich weiß nicht, was los ist, aber du musst da raus. Lass dir helfen!«

»Lass ich doch. Ich bitte dich, dass er bei dir bleiben darf.«

Drei Schritte noch, vielleicht vier, dann ist das Gespräch zu Ende. Ein sorgfältig choreographierter Ablauf, jahrelang eingeübt, völlig sinnlos, da ausbrechen zu wollen. Schlag, Gegenschlag, Schlag, Gegenschlag, Schlag und tschüss. Das

Pattern eines Mutter-Tochter-Dialogs – an guten Tagen. Susanne Wellmann schaut ihre Tochter an, verzweifelt über ihrer Härte, der sie nicht gewachsen ist. Sie kämpft mit den Tränen.

»Kommt jetzt gleich wieder ›die Brücke von dir zu mir‹, oder was?«, sagt Sandra und steht auf. »Ich hab dieses Psychogebabbel und diesen Öko-Tonfall so was von satt.«

Sandra muss weg, raus hier, sie erträgt es nicht mehr. Bevor sie die Tür hinter sich zuwirft, ruft sie noch: »Wenn du das Kind nicht nimmst, finde ich einen anderen Weg.«

Tür zu. Irgendwo in ihrer Tasche muss noch eine Schachtel Zigaretten liegen, schon halb weggequalmt, obwohl Sandra sie erst heute Vormittag aus dem Zigarettenautomaten in der Kantine der Treuhand gezogen hat.

Das Zimmer, in dem Sandra aufgewachsen ist: Sechsundzwanzig Quadratmeter Erinnerung, die Regalbretter in unterschiedlichen Farben, unterschiedlich stark von der hereinfallenden Sonne ausgeblichen, weil das Regal mit ihrem Bestand an Büchern gewachsen war – von *Hanni und Nanni* zur *Lage der arbeitenden Klasse in England* zum *Kapital*. Das Zimmer ist zum Museum der verlorenen Tochter geworden und war eigentlich dazu gedacht, Sandras Vorpubertät zu konservieren, die Zeit, in der der Riss zwischen ihr und ihrer Familie zu ahnen war, aber schmal genug erschien, um ihn nähen zu können – mit Umarmungen, Lieblingsessen, Gesprächen, Zeit und viel gutem Willen. Dem therapeutischen Konzept von Eltern, die genügend protestantische Theologie inhaliert hatten, um an den Wandel zum Guten auch in schwieriger Zeit zu glauben.

In der Ecke, in der jetzt Sandras Schreibtisch aus Jugend- und Gymnasialzeiten steht und wo früher ihr Kinderbett stand, hatte Sandra – als schlaflose Fünfjährige – die Tapete mit Streifenmuster in allen Regenbogenfarben abgepult, ein

Stückchen und noch ein Stückchen, bis kein Klebestift und kein Uhu mehr halfen. Schließlich hatte sie ihrem Vater die Wahrheit gestanden, ein Lächeln, und er hatte die Tapete einfach abgeschnitten, das Bett davorgeschoben, und alles war gut. Als sie dreizehn wurde, wurde das ganze Zimmer geweißt, die dreißig Quadratzentimeter Tapete fehlten nach wie vor – ein optimaler Platz für den Schreibtisch.

Noch heute traut Sandra sich nicht, in dem Zimmer – in ihrem Zimmer – zu rauchen, ein wunderbarer Widerspruch zwischen der siebenjährigen *Hanni und Nanni*-Leserin und der Sechzehnjährigen, die im bekifften Zustand das *Kapital* durchfräst und nichts versteht. Sandra öffnet das Fenster, setzt sich auf das Fensterbrett, schnappt sich eine Zigarette aus der Schachtel und steckt sie an.

Bis zu ihrem elften Lebensjahr war das Fenster halb vergittert – schmiedeeiserne Streben, die ihre überängstliche Mutter gegen den Widerstand des Vaters einbauen ließ, weil sie befürchtete, dass Sandra auf das Fensterbrett klettern und aus dem zweiten Stock des Hauses fallen könnte. Ein Stück vor dem Fenster, zwanzig Meter entfernt, stand eine damals schon alte Buche. Und Sandra hat all ihren Ehrgeiz darauf verwendet, darin höher zu klettern, als ihr Zimmer lag. Häufig hatte sie in endlosen trockenen Sommern, geschützt vom früh rot werdenden Laub, da oben gesessen, gelesen und auf die schmiedeeisernen Streben des Fensters geschaut. Ein Triumphgefühl, das ein, zwei Wochen im Sommer währte, bis Miriam, die nicht klettern konnte und immer ängstlich war, sie schließlich verriet. Sandras Mutter ließ den Gärtner kommen, der zwei Äste von der Buche absägen musste. Trotzdem blieb die Rotbuche ein Baum verbotenen Triumphs.

Sandra hatte – sehr zum Misstrauen ihrer Freunde – viele derartige Anekdoten ihrer unterdrückungsreichen Kindheit und Jugend parat, die irgendwie nicht zu dem Ton impressionistischer Sommerfrische passten, mit denen sie sie erzählte.

Eine überängstliche Mutter, ein etwas zu empfindsamer Vater, berührbar vom Elend der Welt, dem trotzdem der Braten schmeckte, eine Kindheit wie aus dem 19. Jahrhundert – mit Garten und Laubharken, Schneemännern, deren Augen tatsächlich aus Kohlen und Nasen aus Karotten bestanden.

Ein leises Piepen. Sandra legt ihre halb aufgerauchte Zigarette auf das Fensterbrett, wedelt den ins Zimmer hereinziehenden Rauch hinaus und geht zum Tisch, auf dem ihre Tasche liegt.

Sie zieht einen Pager heraus, liest die Kurznachricht, schnappt ihre Jacke, drückt ihre Zigarette aus. Und geht.

Die Messer in den linken Korb des Geschirrspülers, die Gabeln rechts, Löffel in die Mitte, die scharfen Messer von Hand spülen, und der Kassettenrekorder leiert eine alte Aufnahme aus der Arena di Verona von Puccini herunter, *Madame Butterfly* – zigmal gehört, an Sonnentagen und wenn sie allein ist, singt Susanne Wellmann die Arien mit. Jetzt, acht Jahre nach dem Tod ihres Mannes, hat sie genau die Angewohnheiten angenommen, die sie über Jahre an ihm genervt haben. Den Messer-links-Gabel-rechts-Löffel-Mitte-Tick. Den Scharfe-Messer-von-Hand-spülen-Tick. Den Puccini-Tick. In der Arena di Verona waren sie fünf Mal zusammen gewesen, einmal an ihrem zweiten Hochzeitstag, viermal mit den Kindern. Der Balkon von Romeo und Julia, früh am Morgen, bevor die Touristen Verona eroberten, die langen Fahrten im R4 durch die Toskana, ihr Mann hatte den Mädchen von Shakespeare erzählt, von den Capulets und den Montagues. Bildungskitsch, geliebt und vertraut. Schön und eben von ihrem Mann, den sie nach acht Trauerjahren mehr denn je braucht. Weil er der Einzige in der Familie war, der Sandra immer wieder – trotz aller Schwierigkeiten zwischen ihnen – einfangen konnte, der seine Tochter überraschte, weil er neugierig blieb und einen Draht zu ihr behalten hatte.

Als Sandra fünfzehn war – das Jahr, in dem die meisten Teller im Hause Wellmann fliegenderweise zu Bruch gingen, das *TAZ*-Abo bestellt, *Konkret* gelesen und Gramsci debattiert wurde, ernst, heftig, rechthaberisch und an der Grenze zur Militanz –, kam Susanne Wellmann eines frühen Nachmittags vom Ökomarkt nach Hause und hörte, schon im Garten auf dem Weg zur Haustür, wie die Fensterscheiben von der Musik vibrierten. Als sie aufschloss, grölte ihr Punk aus dem Wohnzimmer entgegen, so laut, dass niemand sie rufen hörte. Das einzige Wort, das sie verstand, war »destruction«. Vater und Tochter, je ein Bier in der Hand, ziemlich angetüttelt, nachmittags um zwei schon, probten Pogo. Der Vater mit Halbglatze – eine Anbiederung, die seine Frau einfach nicht verstand; der Weg von Puccini über Verdi zu den Ramones war ihr nicht so richtig eingängig. Natürlich war ihr gleich klar, dass sie eifersüchtig war, auf ihre Tochter wie auf ihren Mann, auf deren Beziehung, auf alles. Trotzdem hatte sie Krach geschlagen, genervt vom Bieratem, der verschwitzten Luft und von sich selbst und ihrer Spielverderberhaltung. Provoziert vom Lachen der beiden.

Acht Jahre ist er tot, und sie braucht ihn mehr denn je, hilfloser von Tag zu Tag, einer ihr längst entglittenen Tochter gegenüber. Und so sortiert Susanne Wellmann die vier Messer links, die drei benutzten Gabeln rechts in die Spülmaschine, legt die vierte, von Markus unbenutzte Gabel zurück zum sauberen Besteck und heult vor sich hin. Basilikum, Rosmarin und Salbei vor sich auf dem Fensterbrett, alles frisch, alles Bio, alles zu viel, der ganze Blödsinn: neue Rezepte kochen, italienisch, aus der Toskana, lächerlich und durchschaubar, als könnte Ossobuco à la Milanese eine Zeit zurückbringen, in der Sandra sich müde an ihre Mutter lehnte, ein sechsjähriges Mädchen, das morgens um halb acht den Balkon von Romeo und Julia gesehen hat und dann nachts um elf, während des nicht enden wollenden dritten, verschmachtenden Akts von *Madame Butterfly* an der Seite ihrer Mutter allmählich einschlief, einen Mond über sich, der Idylle spielte, eine Wärme um sich und ein Lächeln auf den Lippen und den Geschmack von Pauseneiscreme im Mund. Ein Moment von Glück, kitschig bebildert, mit kitschiger Musik unterlegt, im kitschigen Setting. Und trotzdem so wahr.

Susanne Wellmann schließt den Geschirrspüler, nachdem sie Pulver hineingetan hat. Er ist längst nicht voll, aber sie braucht Sauberkeit, einen Abschluss, ein Ritual, während sie darüber nachdenkt, ob sie hochgehen soll, an Sandras Tür klopfen, sich eine Abfuhr holen, durch die Tür sprechen, leise, damit Markus nicht alles mithören muss. Winseln, flehen, sich entschuldigen – wofür eigentlich? Alles nur, um ihre Tochter dazu zu bewegen, die Tür zu öffnen und das Gespräch fortzuführen, die Beziehung zu ihrer Mutter und allem hier nicht völlig abzubrechen mit Verachtung und Drohungen, Trennung und losen Enden.

Susanne Wellmann wischt sich die Tränen ab und versucht, sich zu sammeln. Ich bin die Mutter, denkt sie, es ist meine Verantwortung, ich muss den ersten Schritt machen, auch wenn es falsch ist, ich darf den Faden nicht abreißen lassen. Denk an Markus, schluck deine Kränkung, deine Wut und all den Mist runter und versuch es einfach, du musst dranbleiben, es ist egal, wie das Gespräch ausgehen wird, Hauptsache, es findet statt.

Sie braucht noch einen Moment. Betastet mit dem Zeigefinger die Erde der drei Töpfe – Rosmarin, Basilikum und Salbei. Ein bisschen Wasser in das Rosmarin. Dann stellt sie den Topf zurück auf das Fensterbrett. Und schaut dabei hinaus, zufällig. Sie sieht, dass Sandra das Gartentor hinter sich zuzieht und ohne sich noch einmal umzuschauen zu einem Wagen geht, der auf der Straße vor dem Haus steht. Im Wagen ist es dunkel, aber weil er neben der Straßenlaterne steht, sieht Susanne Wellmann, dass ein Mann am Steuer und eine

Frau neben ihm auf dem Beifahrersitz sitzt. Sandra öffnet die hintere Tür des Wagens, steigt ein und zieht die Tür hinter sich zu. Der Wagen ist zu weit weg, als dass Susanne Wellmann das Kennzeichen erkennen könnte. Nicht mal die Farbe ist in der Dunkelheit sicher zu erkennen. Ein dunkles Blau? Schwarz? Braun?

Der Wagen fährt los, hinter ihr gurgelt der Geschirrspüler, saugt Wasser an und übertönt den Puccini. Die Nacht ist mondlos und kalt. Auch der Salbei braucht Wasser, die Erde des Basilikums ist noch feucht, warum ist die Erde noch feucht?, denkt Susanne Wellmann und schaut dem Wagen, der ihr ihre Tochter nimmt, hinterher. Sie fühlt sich leer und überfordert, im Alltag verheddert, aber jeder kleine Ritus des Alltags reißt, alles geht kaputt. Hab ich das Basilikum gegossen? Aber warum das Rosmarin und den Salbei nicht?

»Du hast gesagt, dass es im Hotel am besten ist!«

»Ich habe gesagt: ›Wahrscheinlich am besten ist.‹ Ich war heute zum ersten Mal da.«

»Der ganze fünfte Stock ist abgesperrt, überall Polizei, das ist noch schlimmer als in der Treuhand!«

»Nach dem Attentat auf Wegner haben die seine Sicherheitsstufe hochgedreht.«

Gelfert steuert den Wagen durch das verpennte Lichterfelde-West, über Kopfsteinpflaster und hinein in eine Straße mit vom Winter malträtiertem Asphalt. Parkende Autos, ab und an ein Hündchen, das sein Frauchen ausführt. Neben Gelfert sitzt Bettina Polheim und schaut hinaus.

»Okay. Was jetzt?«, fragt sie und schaut sich um. Auf der Rückbank des Wagens sitzt Sandra.

»Vor allem: Wo jetzt?«, fragt Gelfert genervt. Darin schwingt die Ablehnung mit, die zwischen ihm und Sandra schwelt, seit sie sich vor sechs Jahren in Hamburg kennengelernt haben. Aber Gelfert kann nichts und niemanden leiden, jedenfalls sei das seine Fassade, hat Bettina zu Sandra schon damals gesagt, um sie zu beruhigen.

»Ich weiß nicht«, sagt Sandra. »Dahlmann arbeitet nur. Er fährt vom Hotel zurück in die Treuhand. Es ist scheiß schwer.«

»Natürlich ist es scheiß schwer«, sagt Bettina Polheim.

Schaufenster in der Drakestraße, Provinzzentrum. Bäcker, ein Immobilienladen, Stützstrümpfe und Rheumadecken. Der letzte Rückzugsort der aussterbenden und eigentlich schon vor sich hin schimmelnden Bourgeoisie. Die Bushaltestelle. Im Sommer fuhr Sandra die fünf Stationen zur Schule mit dem Fahrrad, manchmal – wenn sie zu faul zum Flicken eines kaputten Reifens war – ist sie gelaufen, aber das dauerte immer einen Tick zu lange, immerhin fast zwanzig Minuten, achtzehn ohne Bummeln. Sandra neigte nie zum Sentimentalen, die letzten Wochen aber waren ein einziges Abschiednehmen. Nie wieder werde ich hierher zurückkehren, dachte sie immer wieder und saugte all die kleinen Veränderungen in sich auf, verblüfft, dass sie plötzlich realisierte, welche Zäune neu gestrichen wurden, welche Dächer andere Ziegel trugen und welche Birken plötzlich gefällt wurden.

Gelfert wendet sich zu ihr um. »Du bist zu nah an ihm dran, oder?«, fragt er.

Die Straße ist leer, er kann sich erlauben, Sandra auf der Rückbank länger anzuschauen. Wenn er jemanden mit einem Verdacht konfrontiert, muss er ihm in die Augen sehen, um zu wissen, woran er ist. Durchschaubar, aber effektiv. Sandra hat das schon ein paarmal bei ihm erlebt und war darauf eingestellt, seinem Blick standzuhalten und nicht sofort umzufallen und wegzuschauen.

Auch Bettina dreht sich zu Sandra um. »Hat er dich eingewickelt?«

Ich muss ihnen was bieten, denkt Sandra, sonst bin ich draußen. Natürlich ist ihr klar, wie schwierig die Vorbereitungen sind. Die Zeiten sind längst vorbei, in denen die RAF mit einer Perücke auf dem Kopf und einer Knarre in der Lederjacke irgendwo hineinspazieren konnte, losballern, und draußen wartet der Porsche, dann weg hier und im Grunewald den Wagen wechseln und irgendwo in Kreuzberg abtauchen. Ein erstes Ausspionieren der Treuhand hat fast fünf Monate gedauert – natürlich wäre ein Attentat dort selbst das Beste gewesen, der symbolische Wert der größte. Aber die Treuhand wurde nach den ersten beiden verwundbaren Monaten inzwischen geschützt wie eine Festung – ein Schutz, allerdings weniger aus Angst vor einem Anschlag der RAF als vielmehr vor der Bevölkerung der Ex-DDR, die von Woche zu Woche und von Gehaltsscheck zu Gehaltsscheck mehr den Charme der Revolution für sich entdeckte, die wusste, was ein Klassenfeind – mit Betonung auf »Feind« – ist, und von der nicht alle so kirchentagsbeschwingt waren wie die Herren mit den Bärten und die Damen, die sich weigerten, die Beine zu rasieren. Der Weg von »Schwertern zu Pflugscharen« zu »Pflugscharen zu Schwertern« war erstaunlich kurz, und die Treuhand war der Ort, der offensichtlich am ehesten umgepflügt würde – jedenfalls nach Meinung der Objekt- und Personenschützer.

Zäune, Posten, Maschinenpistolen, Funkgeräte, weitere Zäune und weitere Posten. Eigentlich war Gelfert und Bettina Polheim schon nach zwei Monaten klar, dass ein Attentatsversuch in der Treuhand selbst vergeblich sein würde. Und auch wenn Dahlmanns Hotel ein schwieriger Ort für einen Anschlag war, war es dort immerhin noch besser als auf dem Weg von der Treuhand zum Hotel – die dritte Variante, die sie durchgespielt haben. Aber auch das hat sich als schlecht erwiesen, denn die Zeiten, zu denen Dahlmann aus der Treuhand zurück ins Hotel fuhr, waren genauso unregelmäßig wie die Wege, die sein Fahrer und der Begleitschutz fuhren. Nur der Weg morgens vom Hotel zur Treuhand unterlag einem starren Rhythmus, mehr oder weniger immer die gleiche Zeit, die Varianten der Fahrtrouten überschaubar – die Gefahr für Kollateralschäden aber war zu groß. Ein Anschlag mitten auf einer Berliner Straße, morgens um acht mitten im Berufsverkehr, hätte unweigerlich nicht nur Dahlmann und seine Personenschützer das Leben gekostet, sondern auch Passanten, Ex-DDRler, deren revolutionäres Potential dadurch erstickt und gerade nicht entzündet worden wäre.

Also?

»Vielleicht in Düsseldorf«, sagt Sandra.

»In seiner Villa?«, fragt Gelfert.

Die Nachrichten, die über Dahlmanns Privatleben an die Öffentlichkeit dringen, sind mehr als spärlich. Man weiß von seiner Frau, die als Richterin in Düsseldorf lebt, und von einer siebenundzwanzigjährigen Tochter, deren Wohnort verschwiegen wird. Von der Villa in Düsseldorf wurde vor ein paar Monaten in einer Illustrierten berichtet – inklusive Foto, aus dem Gelfert und Polheim entnehmen konnten, dass sie in der Nähe des Rheinufers steht. Nach einer Woche Suche haben sie die Villa anhand des Fotos entdeckt und von einer Kleingartenkolonie gegenüber beobachtet.

»Vergiss es«, sagt Bettina Polheim. »Die Villa wird genauso überwacht wie das Hotel.«

»Weiß ich nicht«, sagt Sandra. »Er hat mal gesagt, dass seine Frau Privatsphäre will. Vielleicht ist es da leichter.«

»›Wahrscheinlich‹. ›Vielleicht‹.« Gelfert hat die Polizeistreife noch vor Augen, die in der Einfahrt der Villa stand.

»Fährt er da regelmäßig hin?«, fragt Bettina.

»Am Wochenende. Alle drei, vier Wochen – wenn er kann«, sagt Sandra.

In den drei Wochen, die sie jetzt bei ihm ist, ist Dahlmann nur einmal übers Wochenende nach Düsseldorf gefahren, selbst an Ostern war er nicht zu Hause in Düsseldorf, sondern in seinem Berliner Büro, und hat gearbeitet. Seine Frau kommt nie nach Berlin, über die Gründe hält Dahlmann sich bedeckt. Aber offenbar ist ihm daran gelegen, seine Frau und seine Tochter aus seinem beruflichen Umfeld rauszuhalten. Sandra versteht nicht, ob er sie nicht gefährden will oder ob er in Düsseldorf einfach einen Schutzraum braucht, wo er sich gelegentlich eine anderthalbtägige Auszeit gönnen kann, weg von Berlin, nicht erreichbar für seine Stellvertreter, ein Wochenende Anonymität, die er in Berlin nicht bekommt. Dahlmann hat Sandra gegenüber noch nie über seine Gefährdungslage gesprochen. Eine Sekretärin hat ihr erzählt, dass er sich lange gegen intensiven Personenschutz gewehrt habe, bis der Innenminister persönlich insistiert hätte, dass der Schutz nicht nur ihm persönlich galt, sondern auch dem Amt, das er vertrat.

Kurz vor Sandras Zeit hat er wohl mal am späten Abend noch einen Spaziergang mit zwei seiner Personenschützer gemacht. Als er bei einer Imbissbude stehenblieb und drei Currywürste für sich und seine beiden Begleiter bestellte, dauerte es keine drei Minuten, und er war umringt von Leuten, die ihn erkannten und anpöbelten. Die beiden Personenschützer hatten Mühe, ihn aus der Situation zu befreien, und nur mit Hilfe zweier Polizeistreifen ist es ihnen gelungen. Seitdem isst Dahlmann nur noch im Hotel oder in eigens abgeschirmten, nicht einsehbaren Hinterzimmern von Restaurants.

In Düsseldorf hat er mehr Bewegungsfreiheit. Dort schätzt man ihn als rührigen und effektiven Manager, dort provoziert er keinen Hass. Dahlmann fährt gerne nach Düsseldorf, viel zu selten und jedes Mal viel zu kurz. Abgesehen von den gelegentlichen Wochenenden im Rheinland gibt es für ihn keine Urlaube, selbst die Sonntage nutzt er zum Arbeiten – aufgefressen von einer ständig wachsenden und unüberschaubaren Flut von Akten. All das sind die Informationen, wegen derer Bettina darauf gedrängt hatte, Sandra als Dahlmanns Referentin in der Treuhand einzuschleusen. Informationen, die man nicht bekam, wenn man das Treuhandgebäude überwachte oder ein Hotel.

»Sag uns, wenn du weißt, wann er das nächste Mal in Düsseldorf ist«, sagt Bettina.

Gelfert hält ungefähr hundertfünfzig Meter vor Sandras Haus. Sie steigt aus, Gelfert wendet. Bettina wirft ihr einen letzten Blick zu, dann verschwindet der Wagen auf Sandras altem Schulweg.

Sie schaut ihm einen Moment hinterher und schlendert dann zurück zum Haus. Die Luft verspricht den Frühling, die ersten Weiden blühen in den Gärten. Hinter den Fenstern der umliegenden Häuser Bücherregale und flackernde Fernseher.

Schon von weitem sieht Sandra, dass Markus' Fenster dunkel ist. Auch in der Küche brennt kein Licht mehr, im Wohnzimmer sitzen Miriam und Sandras Mutter zusammen. Sandra kann sich schon vorstellen, worüber sie reden.

Sie zieht den Schlüssel aus der Jacke, schließt auf, schleicht leise ins Haus und die Treppe hinauf. Kurz zögert sie, ob sie nach Markus schauen soll. Aber sie geht in ihr Zimmer und schließt ab. Das Licht lässt sie aus, öffnet das Fenster, legt den Pager auf einen Stuhl und zieht ihn neben das Bett. Und während sie einzuschlafen versucht, schaut sie immer wieder auf den Pager, der stumm bleibt. Durch den Kopf schwirren ihr Bettinas letzte Worte im Auto: »Sag uns, wenn du weißt, wann er das nächste Mal in Düsseldorf ist.« Düsseldorf muss klappen, in Düsseldorf müssen sie ihn töten, das ist ihr letzter Versuch.

15

Wiesbaden, dreieinhalb Wochen nach dem Attentat auf Wegner. Kawert sitzt an seinem Schreibtisch, Akten neben sich, Datenreihen rattern über den Bildschirm seines Computers. Sinnlos, verworren wirkt das alles auf ihn. Zeiten und Koordinaten. Positionen seiner V-Leute, die er ins Feuer geschickt hat.

Seine Gedanken schweifen ab, übermüdet grübelt er vor sich hin – Endlosschleifen, die ins Nichts führen, depressive Sackgassen. Ins Hotel will er nicht, noch nicht. Ein trostloser 50er-Jahre-Bau, die Betten durchgelegen, die Wände zu dünn, und das Letzte, was er jetzt hören will, ist ein nebenan vögelndes Paar, während er – schlaflos wie während der ganzen letzten Wochen schon – die Minibar leer säuft und irgendeinen Stuss in der Glotze schaut. Zu Iris kann er nicht, natürlich nicht. Sie würde ihn reinlassen, gewiss. Aber er will nicht wieder die gleiche Diskussion führen, Wohnungsangebote vorgelegt bekommen, die sie für ihn aus der Lokalzeitung geschnitten hat, wie eine Mama, die ihren leicht verspäteten Jungen endlich aus dem Haus komplimentiert, weil sie ein eigenes Leben haben will. Und Iris will ein eigenes Leben, führt eigentlich längst eines, nur ich bin der Idiot, denkt Kawert, der das nicht wahrhaben will. Eine Ehe bestehe aber nun mal aus zweien, man könne sie schlecht alleine weiterführen, hat sie ihm mehrfach an den Kopf geworfen. Ich erkläre meine Ehe für beendet, hat sie gesagt, vor Monaten schon. Sie hat angeboten zu gehen, aber er wollte nicht zurückbleiben und entschied auszuziehen. Das Hotel war billig und keine zehn Minuten vom BKA entfernt, ein Waschsalon war nicht weit und das Frühstück okay. Und so langsam ist es ihm egal, dass die Rezeptionistin ihn von Tag zu Tag mitleidiger anschaut, weil er immer mehr in sich zusammenfällt, fast schon im Spiegel zusehen kann, wie er altert, zerquält von den immer gleichen Gedanken: Was habe ich falsch gemacht? Warum habe ich meine Ehe verbockt? Und nachts, wenn er allein in seinem Büro sitzt und Nachtschichten aufgrund von Dringlichkeit vorschiebt, bröckelt seine Fassade immer mehr, und immer mehr verliert er auch äußerlich die Haltung, ein Lächeln ist fast nicht mehr möglich, die Depression kriecht in die Mundwinkel und lässt sein Gesicht nicht mehr los. Warum habe ich das verbockt? Das Einzige, was mir im Leben wirklich etwas bedeutet?

Ein Klopfen an der Tür reißt ihn aus seinen Grübeleien.

»Ja«, ruft er und bemüht sich um Haltung.

Marion Burckhardt kommt herein.

»Ich hab ihn identifiziert«, sagt sie. Und plötzlich glüht der Raum vor Power. »Den zweiten Attentäter. Ich hab ihn!«

Kawert steht auf. Krawatte festziehen, die Nacht bekommt einen Sinn, sein Leben bekommt eine Richtung.

Endlich.

16

Der Tag in der Treuhand beginnt früh. Die ersten Sachbearbeiter kommen morgens gegen sieben, um acht sind die meisten Plätze besetzt, und spätestens um halb neun könnte Dahlmann, wenn er wollte, jeden seiner Mitarbeiter an seinem Platz antreffen.

Um sechs Uhr morgens aber gehört das Gebäude den Putzkolonnen und der Security, die Nachtschicht döst noch eine halbe Stunde in den Tag hinein, bis sie endlich abgelöst wird. Der Nachtpförtner am Haupteingang packt gerade seine Tasche, das Kreuzworträtsel und den Roman, seine Thermoskanne ist leer, den Becher hat er bereits ausgewaschen.

Als er aufschaut, steht Sandra Wellmann vor ihm, grüßt und hält ihren Ausweis an die Scheibe der Pförtnerloge. Der Nachtpförtner ist überrascht – er hat um diese Zeit seinen Kollegen von der Frühschicht erwartet, der immer zwanzig Minuten früher kommt, weil sein Bus aus Moabit ungünstig für ihn fährt und weil er mit dem nächsten Bus zu spät kommen würde. Ohne groß auf Sandras Ausweis zu schauen, öffnet der Nachtpförtner die Tür mit einem Summer. Sie ist hier bekannt wie ein bunter Hund, sie ist die Assistentin des Chefs, sie ist jung und sieht gut aus. Jeder, der hier arbeitet, hat sich irgendwann das Maul über sie und ihren Chef zerrissen. Aber Sandra ist geschickt und hat sich in der Kantine mal neben den, mal neben den anderen gesetzt und keinerlei Berührungsängste gezeigt, mal mit der Putzkolonne gefrühstückt oder mit einem Sachbearbeiter, einer Dezernentin oder einer Sekretärin. Einmal hat sie mit dem Pförtner zu Mittag gegessen, als Dahlmann die Kantine betrat und sich neben die beiden setzte. Der Pförtner hatte anfangs Schwierigkeiten, Dahlmann gegenüber überhaupt einen geraden Satz rauszubringen, er kannte ihn vor allem aus dem Fernsehen und hatte all die Aufnahmen gesehen, die jeder hier kannte: Dahlmann im Bundestag, Dahlmann und der Innenminister, Dahlmann und der Kanzler und so weiter. Und jetzt also saß er neben ihm, verstummt und mit leicht rotem Kopf wie ein Schuljunge beim Abfragen ungelernter Vokabeln. Sandra aber hat es ihm leicht gemacht, ihn vorgestellt und Dahlmann vom Problem mit dem morgendlichen Bus berichtet, und der Bann war gebrochen. Drei, vier Wochen nachdem sie hier angefangen hatte, mochten die Leute sie, und die üblen Nachreden über sie und ihren Chef hörten auf.

Sandra nickt dem Nachtpförtner ein »Danke schön« zu, drückt die Tür auf und geht hinein.

Der Geruch von Reinigungsmittel, irgendwo steht die Tür einer Toilette auf, da drinnen quasseln zwei Putzfrauen auf

Türkisch, ohne Sandra zu bemerken. Auch der Aufzug wird gerade geputzt. Sandra geht die fünf Stockwerke zu Fuß. Außer dem Nachtpförtner hat sie bisher niemand gesehen, und inzwischen kennt sie das Gebäude auch gut genug, um zu wissen, welchen Weg sie nehmen muss, wenn sie nicht gesehen werden will.

Der fünfte Stock – die Chefetage – ist völlig leer. Hier oben wird zuerst geputzt, mitten in der Nacht, weil es einmal vorgekommen ist, dass Dahlmann morgens um halb fünf in sein Büro kam und wenig begeistert war, dass die Putzkolonne durch die Gegend schnatterte, während er einen wichtigen Termin im Wirtschaftsministerium vorbereiten musste.

Sandra lässt das Licht auf dem Gang ausgeschaltet, denn jeder, der auf das Treuhandgebäude zukommt, würde es sehen, und Sandra will nicht gesehen werden. Vor der Tür von Rautenbachs Büro bleibt sie stehen und horcht einen Moment. Sie kennt nicht nur das Gebäude, sondern inzwischen auch seine Geräusche. Irgendwo in einem der unteren Stockwerke pfeift jemand beim Leeren der Mülleimer vor sich hin. Er wird nicht kommen, denn auch die Mülleimer sind hier längst geleert.

Sandra klopft an die Tür zu Rautenbachs Büro. Und während sie kurz wartet, zieht sie den Generalschlüssel, den Dahlmann ihr gestern anvertraut hat, aus der Tasche. Für das Gebäude gibt es nur drei Generalschlüssel: Einen hat der Leiter des Wachdienstes, einen zweiten der Gebäudemanager, und den dritten hat Dahlmann. Er hat auf einem Generalschlüssel bestanden, weil er jederzeit Zugang zu allen Akten haben wollte – so die offizielle Begründung. Tatsächlich aber hat Dahlmann nach Jahrzehnten im Management von Großunternehmen gelernt, dass es von Vorteil war, wenn er ab und an ohne Ankündigung irgendwo auftauchte, wo man ihn nicht erwartete. Der Arbeitsmoral ist dies in jedem Fall zuträglich gewesen. Gestern jedenfalls hat er Sandra den

Schlüssel überlassen, nachdem er ihr den Auftrag erteilt hatte.

Den Auftrag?

Als niemand auf ihr Klopfen reagiert, schließt Sandra auf. Ein letzter Blick in den Gang, ein letztes kurzes Horchen, dann geht sie in Rautenbachs Büro hinein und schließt die Tür hinter sich.

Das Büro ist clean und steril, Lavendel auf dem Fensterbrett, denn Rautenbach hasst das Reinigungsmittel, das hier Nacht für Nacht verbraucht wird. Es riecht nach DDR – unglaublich, wie viel von diesem Zeug produziert worden sein muss, ein Geruch überlebt seinen Staat. Das Erste, was Rautenbach jeden Morgen tut, ist, das Fenster zu öffnen – aus Angst vor Selbstmorden lassen sich die Fenster nur kippen, nicht vollends öffnen – und Luft hereinzulassen. Nach einer Stunde stellt sich dann der für sein Büro typische Geruch ein: eine Mischung aus Lavendel, Rasierwasser und frischem Kaffee.

Sandra schaut sich um. Auf dem Schreibtisch steht ein Foto von Rautenbach und einem etwa zwölfjährigen Jungen. Rautenbach erscheint darauf fünf bis sieben Jahre jünger als heute. Der Junge sieht ihm ähnlich, offenbar sein Sohn. Ein Tabuthema, über das man hier in der Treuhand nicht allzu viel weiß. Bekannt ist nur, dass der Sohn in Süddeutschland bei seiner Mutter wohnt, von der Rautenbach schon lange geschieden ist.

Die Schreibtischschublade ist nicht verschlossen. Sandra setzt sich und zieht einen Kalender heraus. Handschriftliche Einträge mit verschiedenen Farben und unterschiedlichen Stiften. Orte irgendwo in Deutschland, die allermeisten in der ehemaligen DDR. Ortsnamen, die Sandra aus zig Besprechungen kennt – Orte, in denen die Treuhand DDR-Betriebe privatisiert. Sandra überfliegt die Seiten des Kalenders, eilig, auf der Suche nach irgendetwas Außergewöhnlichem. Die

Ortsnamen sind blau eingetragen, die Namen von Gesprächspartnern rot. Manchmal stehen da nur Abkürzungen, manchmal ist etwas unterstrichen. Und plötzlich liest Sandra in blau das Wort »Genf«. Genf? Inmitten von Halle, Stendal und Gera? Daneben ein roter Buchstabe: »N.«. Wer ist N.? Sandra blättert weiter. Und wieder Genf, ein Eintrag ein paar Wochen früher. Warum Genf? Sandra hat in der Zeit, in der sie bei der Treuhand ist, noch nie davon gehört, dass Rautenbach Gesprächstermine in Genf hätte. Die Termine sind offensichtlich so gelegt worden, dass er morgens hinfliegen konnte und abends mit der Spätmaschine wieder zurück in Berlin war, denn häufig hatte er gleich am nächsten Tag oder am Vortag einen anderen Termin. Was wollte Rautenbach in Genf? Wen hat er dort getroffen?

Sandra legt den Kalender zur Seite, steht auf und geht zum Aktenschrank. Auch die Schranktür ist nicht abgeschlossen. Sandra öffnet sie und schaut sich die Rücken der Aktenordner an. Dann zieht sie den Ordner »Abrechnungen« aus dem Schrank, öffnet ihn und schaut die sorgsam abgehefteten Reisekostenabrechnungen durch. Unter den Tagen, in denen im Kalender Reisen nach Genf vermerkt sind, finden sich keine Flugabrechnungen und keine Bahntickets. Sandra klappt den Ordner zu, stellt ihn in den Schrank zurück und schließt die Tür.

Kurz nach sechs. Rautenbach geht auf das Gebäude der Treuhand zu, der Parkplatz hinter ihm ist noch leer, in einer dreiviertel Stunde wird hier alles vollgeparkt sein. Es hat aufgehört zu regnen, aber die ölverschlierten Pfützen brauchen noch, bis sie vom maroden Asphalt verdunstet sind. Rautenbach steckt den Autoschlüssel in die Tasche und wirft einen Blick in den fünften Stock des Gebäudes, da oben ist sein Büro, der Tag wird lang werden, eine Aktenfresserei ohne Ende, dann Telefonate mit Rostock. Immer noch müde –

trotz der Kanne Kaffee, die er bereits intus hat – nickt er dem Nachtpförtner zu, drückt die Tür auf, als er den Summer hört, und geht zum Aufzug.

Rautenbachs Nacht war kurz, seit Jahren leidet er unter Schlafstörungen. Seit seine Frau sich von ihm getrennt hat und erst recht, seit sein Sohn, damals acht, sich entschieden hat, zu seiner Mutter zu ziehen. Rautenbach hatte alles versucht, das zu verhindern – Kindermädchen, Putzfrau, ab und an sprang seine Mutter, inzwischen eine 73-jährige Frau, ein und kümmerte sich um den Enkel. Allerdings war Rautenbach nicht bereit gewesen, seine Karriere zu beenden.

Lehrer redeten ihm ins Gewissen, sein Sohn brauche ihn, nach der Trennung sei er sozial auffällig, isoliert in seiner Klasse. Ziemlich schnell begriff Rautenbach, dass die stundenlangen gemeinsamen Lernsessions an den Wochenenden sie beide schlauchten und zu keinem Ziel führten, zu keinem Ziel führen konnten. Die optimistische Interpretation während der ersten Monate war, dass sein Sohn um jeden Preis Zeit mit ihm verbringen wollte. Und würde die Lernerei erfolgreich sein, würde die gemeinsame Zeit wegfallen. Rautenbach versprach ihm gemeinsame Zeit, Belohnungen, Ausflüge ins Kino, aber nichts half. Schließlich setzte sich die pessimistische Interpretation durch und in seinem Kopf fest: Sein Sohn wollte ihn bestrafen, ihm sein Versagen als Vater vor Augen führen – eine tiefe Solidarisierung mit der Mutter, die Rautenbach dasselbe an den Kopf warf.

Rautenbach bat sie zu sich, zweieinhalb Jahre nach der Trennung, und sie sprachen drei Stunden lang über die Zukunft ihres Sohnes, während dieser mit seiner Großmutter einen Ausflug zum Wannsee machte. Als er zurückkam, hatte Rautenbach bereits seinen Koffer gepackt, Kleidung für eine Woche, ein paar seiner Bücher, Lego und Kuscheltiere, denen er längst entwachsen war. Den Rest wollte er in Ruhe einpacken, seine Ex-Frau würde die vier, fünf Umzugskisten später abholen lassen. Nachdem sein Sohn und seine Ex-Frau abgezogen waren, schickte Rautenbach seine Mutter fort und begann in der darauffolgenden Nacht mit einer Grübelei, die nicht mehr enden wollte, Jahre nicht, bis heute nicht. Ergebnislos und immer depressiver. Bekämpft mit nächtlichem Fernsehen, Büchern, Schokolade, Zeitungen, Fernsehen, Fernsehen und Fernsehen.

Im fünften Stock steigt Rautenbach aus dem Aufzug und geht zu seinem Büro. Die Teeküche ist leer. Ein Putzwagen mit feuchten Lappen und Wischmopp steht herum. Noch im Mantel stellt Rautenbach die Kaffeemaschine an, nickt der Putzfrau, die ihren Kram holt, kurz zu. Und während die Maschine vor sich hin zu gurgeln beginnt, geht er die fünf Meter den Gang entlang zu seinem Büro.

Als er den Schlüssel ins Schloss steckt und aufschließen will, bemerkt er überrascht, dass die Tür nicht abgeschlossen ist. Hinter ihm schiebt die Putzfrau ihren Wagen durch den Gang, aber Rautenbach will keinen Aufstand machen. Also drückt er sie auf und geht hinein.

Er zieht den Mantel aus und hängt ihn in den Garderobenschrank. Dann fällt ihm auf, dass irgendetwas hier drin nicht stimmt. Aber was? Der Aktenschrank ist geschlossen, alles auf seinem Schreibtisch ist an Ort und Stelle, der Lavendel auf dem Fensterbrett sehnt sich nach Süden und Sonne.

Er setzt sich an den Schreibtisch. Die Bürotür hat er offen gelassen, Neonlicht fällt aus dem Flur herein. Das entfernte Surren des Aufzugs und das leise Gurgeln der Kaffeemaschine. Dann weiß Rautenbach, was hier anders ist: In der Luft liegt der leichte Duft eines teuren Parfüms, das bestimmt nicht der Putzfrau gehört. Es kommt Rautenbach bekannt vor. Aber wem gehört es?

»Niedeck?«, fragt Dahlmann. »Sind Sie sicher?«

»Ja«, sagt Sandra.

Es ist kurz vor halb zwölf. Die beiden sitzen sich in Dahlmanns Büro am Schreibtisch gegenüber.

Rautenbachs Kalender gab keinen direkten Aufschluss darüber, wer N. ist. Bei einem der Einträge aber stand »Rue des Granges«. Keine Hausnummer, kein Name. Sandra fuhr also zur Staatsbibliothek am Kulturforum, zeigte ihren Ausweis vor, und die Bibliothekarin besorgte ihr den Stadtplan und das Telefonbuch von Genf, bevor sie ihren Kaffee austrinken konnte. Eine weitere halbe Stunde Recherche, dann wusste sie, dass es in Genf nur eine Rue des Granges gibt – eine Straße mitten in der Innenstadt – und im Genfer Telefonbuch dreiundsechzig Namenseinträge unter dieser Adresse. Davon begannen zwei mit dem Buchstaben N: Bernard Nicolette erwies sich als Juwelier, ein Geschäft, das offenbar florierte, weil er sonst bestimmt nicht direkt am See wohnen würde. Der andere war Dr. Andreas Niedeck, dessen Kanzlei in der Rue des Granges lag. Offenbar ein Volltreffer, wie Sandra an Dahlmanns Reaktion merkt.

»In den letzten vier Monaten ist Herr Rautenbach fünf Mal zu ihm nach Genf geflogen. Mehr konnte ich nicht rausfinden.«

Weil sie, als sie Rautenbachs Sachen durchsuchte, plötzlich den Aufzug hörte, warf sie einen Blick auf den Parkplatz, sah dort unten Rautenbachs Wagen und verschwand aus seinem Büro, bevor der Aufzug den fünften Stock erreichte.

»Wer ist Niedeck?«

»Niedeck ist Wirtschaftsanwalt. Er vertritt ein Konsortium westdeutscher Chemieunternehmen«, sagt Dahlmann. »Er wollte in deren Auftrag das Werk in Bitterfeld aufkaufen. Ich habe ihm das verwehrt.«

»Warum?«

»Ich habe nicht das Vertrauen gehabt, dass seine Auftraggeber in Bitterfeld Aufbauarbeit leisten wollen.«

»Sondern?«

»Sie wollten einen potentiellen Konkurrenten ausschalten, bevor der überhaupt auf die Beine kommt.«

Das hat Dahlmann schon häufig erlebt. Es gibt zwei Gründe, warum westdeutsche Unternehmer daran interessiert sind, ostdeutsche Unternehmen zu kaufen: Entweder sie sind wirklich am Wert der Unternehmen, vor allem der Produktionsanlagen, interessiert – was selten ist, denn bei der westdeutschen Industrie herrscht die Tendenz, ostdeutsche Unternehmen nicht nur aus verkaufsstrategischen Gründen als »Ramsch« zu titulieren. Oder sie sind daran interessiert, einen Aufbau durch die Konkurrenz oder aus Eigeninitiative zu verhindern.

Dahlmann weiß aus seiner Zeit als Manager, wie seine Ex-Kollegen ticken: Der Altruismus und der Wendeenthusiasmus halten sich sehr in Grenzen, sobald es darum geht, dass in Bitterfeld oder Jena oder Gera eine Konkurrenz zum eigenen Stammwerk in Düsseldorf, Duisburg oder Frankfurt aufgebaut werden könnte. Sehr gerne gibt man sich im Westen als historisch bewusster Unternehmer, bereit, seinen Obolus zur patriotischen Aufgabe zu leisten. Gerne auch bereit, den »Aufbau Ost« in Anspruch zu nehmen, ordentlich in den maroden Industrieanlagen des Ostens durchzufegen, ein bisschen Kosmetik zu betreiben – gerade so viel, dass es gerechtfertigt erscheint, die Vollbeschäftigung der ehemaligen DDR als das zu enttarnen, was sie wirklich war: eine verdeckte Arbeitslosigkeit. Und aus der verdeckten wird offene Arbeitslosigkeit. Bochum hat ein Schnäppchen gemacht, Jena blutet und fühlt sich von der Wende übervorteilt.

Dr. Andreas Niedeck war einer der schlimmsten von ihnen: Hochintelligent, wie er ist, hat er sofort erkannt, welche Konkurrenz seinen Auftraggebern in Bitterfeld erwachsen könnte. Und er hat zuschlagen wollen, sofort und zu einem Preis, der vor ein paar Monaten noch ein Spottpreis gewesen ist.

»Und jetzt versucht er es hintenrum: Gründet Scheinfirmen, die Bitterfeld aufkaufen sollen«, sagt Sandra. »Und Rautenbach weiß Bescheid und lässt ihn gewähren?«

Natürlich müssen Rautenbach und Niedeck irgendwie zusammenarbeiten – warum sonst sollte Rautenbach in vier Monaten fünf Mal nach Genf fliegen, um sich offenkundig mit Niedeck zu treffen. Und diese Treffen vor seinem Chef und der Welt verheimlichen?

»Ich gebe Ihnen einen Rat, Sandra. Setzen Sie solche Thesen niemals in die Welt, wenn Sie sie nicht beweisen können.«

Der Weg zur Verleumdungsklage ist sehr, sehr nahe, und Sandras Karriere würde enden, bevor sie wirklich begonnen hat.

»Was haben Sie jetzt vor?«, fragt sie Dahlmann.

17

Cola, Kaffee, Wasser, Kekse, Obst. Der ganze Raum ist übermüdet und braucht eine Dusche, die Hemdkragen sahen auch schon mal besser aus, die meisten der Krawatten hier sind wie ihre Herrchen seit gestern früh im Einsatz. Lagebesprechung in Wiesbaden, das BKA glüht im Jagdfieber, endlich eine Spur, endlich ein Resultat, endlich kommt der Druck nicht mehr nur von außen aus dem Ministerium, endlich werden sie liefern können, Schluss mit Frust, scheiß auf die Dusche, kann alles warten.

Marion Burckhardt steht vor einem Videoprojektor. Und während sie das Teil zum Laufen bringt, brieft sie ihre Kollegen und Kolleginnen, Kawert, Stentner – sogar Jacobi ist angefixt.

»Den Laser gibt es erst seit etwa einem Jahr«, sagt sie.

Der Laser, den sie am Tatort des Attentats auf Wegner gefunden haben. In dessen Lichtstrahl Wegners Wagen gefahren ist und damit die Bombe gezündet hat.

»In ganz Deutschland gibt es nur vierzehn Spezialgeschäfte, die ihn vertreiben.«

Marion Burckhardt ist in den letzten Tagen eintausendsiebenhundertdreizehn Kilometer gefahren und hat ihre Nächte in billigen Hotels verbracht. Anhand der Abrechnungen der vierzehn Spezialgeschäfte hat sie den Zeitpunkt, zu dem der Laser gekauft worden war, genau eingrenzen können.

Und jetzt das Ende der Peripetie, Schluss mit dem Vorspiel, Darling, Marion Burckhardt lächelt einen Triumph in diese Kaffee- und Keksewelt. Sie bringt den Projektor ins Laufen.

»Er hatte Pech: Der Laden wird videoüberwacht.«

Eine kleine Lücke in ihrem Briefing, kurz, sprunghaft – zwischen »vierzehn Läden« und »dem Laden« liegen ein paar Hundert Kilometer, aber das ist egal jetzt. Auf der Leinwand laufen die Aufnahmen der Videoüberwachung. Regale mit Zeug, das man in der verschwimmenden Distanz nicht erkennen kann. Weiter vorne Kartons mit Relais, Dioden, Platinen und Platinenlötgeräten. Viel wichtiger aber: Ganz vorne, überhaupt nicht verschwommen, sondern glasklar, weil das die Distanz ist, auf die die Kamera eingestellt wurde, ist der Verkaufstresen mit der Kasse zu sehen, dahinter der Verkäufer im Poloshirt mit dem Emblem des Fachmarktes. Er streckt seine Hand aus und nimmt einen Karton entgegen, den ein Mann ihm reicht. Der Kunde schaut sich um, fühlt sich offenbar nicht beobachtet. Big mistake, mein Lieber, denkt Kawert, das hier ist der Anfang vom Ende für dich.

Marion Burckhardt hat das Video fast dreißigmal gesehen, sie kennt die beste Stelle, die Stelle nämlich, an der das Gesicht des Mannes zu sehen ist. Slow Motion, der Film spielt Mickymaus, die Videoanlage ist zwar einigermaßen neu, aber eben nur eine Videoüberwachung und nicht gerade das Equipment, mit dem man einen *Tatort* drehen würde. Langsame, abgehackte Bewegungen, dann Stopp. Zoom auf das Gesicht des Mannes. Das Bild ist klar genug – man kann vielleicht nicht grad erkennen, ob der Mann sich heute rasiert hat. Aber wer er ist, erkennt jeder hier, selbst nach einer schlaflosen Nacht: Matthias Gelfert.

18

»Da vorne, die Siebenunddreißig«, sagt Gelfert und deutet aus dem Fenster des Wagens. Düsseldorf ist grau heute, als wolle das Wetter helfen, Dahlmanns Villa vor Gelfert und Bettina Polheim zu verstecken. Die Mauer, die das Grundstück der Villa umgibt, ist ungefähr einen Meter achtzig hoch, vom Wagen aus kann man die Fenster im Erdgeschoss nicht sehen. Dafür aber das Obergeschoss. Dort ist niemand zu erkennen, natürlich nicht, wer sollte am späten Vormittag auch das Licht anschalten. Das Tor zur Einfahrt steht offen, kein Auto ist zu sehen, das Garagentor ist verschlossen. Eine leer wirkende Villa, nicht allzu schön, ein Dreißiger-Jahre-Bau, der sich nicht wirklich für den Bauhausstil entscheiden konnte, Gründerzeit ging aber offenbar auch nicht mehr. Und so ist dieses Haus ein Form gewordener Übergang zwischen den Zeiten – ein Fuß in der Vergangenheit, einer in der inzwischen auch schon vergangenen Gegenwart.

»Halt mal an«, sagt Bettina Polheim.

Dahlmanns Villa liegt an einer vielbefahrenen Straße in der Nähe des Rheins, allzu ruhig dürfte es da drin nicht sein, obwohl die Mauer, der schmale Garten zur Straße hin und ein paar Bäumchen Schutz vor dem Lärm bieten.

Gelfert sucht sich eine Lücke zwischen den gegenüber der Villa stehenden Autos und parkt ein.

An Ostern hat Hildegard Dahlmann eine Erkältung gepackt, ein ungewöhnlich hohes Fieber, der Husten ist zäh. Zwei Wochen später musste sie sich krankmelden – eine weitere Kranke am Düsseldorfer Landgericht, an dem sie Richterin ist. Die Grippe ging um, kein Wunder bei dem permanenten Publikumsverkehr, Hildegard Dahlmanns Kollegen keuchten und schnieften, die Justizbeamten mussten zusätzliche Schichten schieben, weil auch deren Kollegen zu Hause im Bett lagen. Normalerweise wurde Hildegard Dahlmann nie krank, aber eine unterschwellige, permanente und ständig wachsende Sorge um ihren Mann ließ ihre Abwehrkräfte immer weiter schwinden, bis sie sich schließlich ergab, sich eine Woche krankschreiben ließ und sich mit neununddreißig Grad Fieber ihrem zerlesenen Lieblingsbuch widmete.

Madame Bovary war ein Geschenk ihrer Mutter zu ihrem achtzehnten Geburtstag gewesen, der Umschlag war inzwischen eingerissen und abgestoßen, die Übersetzung antiquiert – aber im Vorsatzblatt stand »Für Hille zum achtzehnten. Von Deiner Mama«. So genau wollte Hildegard Dahlmann nicht wissen, ob es die Widmung ihrer längst verstorbenen Mutter war, die Erinnerung an ihre Stimme und ihr Vorlesen – eine Reise in ihre Kindheit, die sie immer stärkte: Apfelkuchen, der Geruch nach den Mentholzigaretten ihrer Mutter und eine durchlesene Gesamtausgabe nach der anderen, mit Vorliebe die Franzosen –, oder ob es das Buch selbst war, das ihr guttat.

Nach ein paar Tagen vollgeschnupfter Taschentücher, Dampfbäder und Aspirin ging es ihr schließlich wieder besser. Gestern hat sie sich von ihrer Sekretärin einen Stoß Akten nach Hause bringen lassen, morgen will sie wieder ins Gericht. Hildegard Dahlmann ist froh, wieder zu arbeiten. Zehn Tage allein zu Hause reichten ihr allmählich, ihr fiel die Decke auf den Kopf – daran konnten auch die täglichen Anrufe ihres Mannes und ihrer Tochter Julia nichts ändern.

Und so sitzt sie schon seit morgens um acht am Schreibtisch im Arbeitszimmer ihres Mannes im Obergeschoss der Villa, weil sie seine Anwesenheit im Haus nirgendwo mehr spürt als hier. Mit wachsendem Unmut ist sie in ihre Akten vergraben. Ein Eigentumsdelikt, ein Wiederholungstäter und ein penetranter Anwalt – es wird Zeit, dass sie dem Spielchen ein Ende bereitet. Morgen um zehn. Gut, dass sie bis dahin wieder fit sein wird, gut, dass sie den heutigen Tag zum Aktenstudium hat.

Sie legt die Akte zur Seite, zieht ihr Notizbuch und einen Stift heran, um sich ein paar Aufzeichnungen zu machen. Sie kennt den Verteidiger gut. Ein schmieriger Typ, hochintelligent, sie muss aufpassen, dass sie sich von ihm nicht aufs Glatteis führen lässt. Während sie nachdenkt, gießt sie sich Zitronentee ein und nimmt einen Schluck. Sie schwört auf ungesüßten Zitronentee, das ist genau das, was ihrer immer noch etwas angegriffenen und heiseren Stimme guttut. Als sie die Tasse wieder abstellt, schaut sie nach draußen. Der Himmel quält Düsseldorf immer noch mit seinem Grau, seit Tagen schon geht das so, es reicht ihr langsam, kein richtiges Licht, keine Sonne. Kein Wunder, dass alle krank sind. Der Schreibtisch steht am Fenster, und sie kann von hier aus auf die Straße sehen. Um die Zeit ist nicht allzu viel Verkehr, die Kleingartensiedlung auf der anderen Seite ist auch ausgestorben. Ein normaler Arbeitstag, niemand hat Zeit, seinen Garten umzubuddeln, und den Rentnern ist es noch viel zu feucht, um in ihren schlecht isolierten Hütten zu übernachten.

Ein Wagen fährt in eine Parklücke und hält. Hildegard Dahlmann ist immer noch in Gedanken und nimmt nur mit halbem Auge zur Kenntnis, dass ein Mann und eine Frau aus dem Wagen steigen, beide unscheinbar, jung, Ende zwanzig, Mitte dreißig vielleicht. Eigenartig, denkt sie noch, irgendwie passen die nicht zur Kleingartenkolonie. Eigenartig auch, dass die beiden zur Villa herüberschauen. Dann aber betreten sie die Kleingartenkolonie. Vielleicht neue Pächter, vielleicht Besuch von irgendjemandem da drüben. Und als ihr der Anwalt wieder durch den Kopf huscht, pomadig, intrigant und effektiv, fällt ihr ein, was sie in ihr Urteil schreiben will, macht sich Notizen und kümmert sich beim abermaligen Aufschauen nach kurzer Zeit nicht wirklich darum, dass der Mann auf dem Weg in die Kleingartenkolonie abermals einen Blick zur Villa wirft. Die beiden sind ja auch viel zu weit weg, Hildegard Dahlmann könnte ihre Gesichter nicht beschreiben, schon die Haarfarbe ist unter den Mützen und bei diesem grauen Wetter nicht richtig zu erkennen. Außerdem ist sie längst wieder bei ihrem Kampf, den sie morgen führen wird. Sie zwingt sich dazu, persönliche Animositäten außen vor zu lassen, so gut das geht. Geht natürlich gar nicht, nicht bei jemandem, der Pomade benutzt. Und sie notiert noch einen Satz.

»Meinst du, du würdest das hinkriegen?«, fragt Bettina.

Die Kleingartenkolonie ist völlig ausgestorben. Forsythien beginnen in einem verlotterten Pissgelb zu blühen, der Rasen ist vermoost, die Gegend hier ist viel zu sandig und der Besitzer des kleinen Gartens wahrscheinlich zu alt, um neue Erde zu verteilen und den Rasen neu anzupflanzen. Bettina und Gelfert sind über das niedrige Gartentor gestiegen und stehen jetzt auf der kleinen Terrasse vor der Hütte. Gartenstühle, mit verwitterten Plastikplanen abgedeckt, abblätternde Farbe, auf einem Fensterbrett steht ein Aschenbecher, in dem monatealte Zigarettenkippen vor sich hin stinken.

Gelfert schaut Richtung Straße. Ein direkter, durch nichts gestörter Blick in die Fenster der ersten Etage von Dahlmanns Villa.

»Sechzig, siebzig Meter vielleicht. Mit der richtigen Waffe kein Problem«, sagt er. Die M 21 vom Attentatsversuch in der

Tiefgarage reicht für kurze Distanzen bis zu vierzig Metern, höchstens.

Die Terrasse wäre perfekt, ein stabiler Untergrund für das Stativ. Das Grundstück ist vom Weg und von den Nachbargrundstücken her schlecht einsehbar. Eine dichte Hecke auf der einen Seite, eine Mauer auf der anderen. Und die Terrasse ist durch eine Wand zusätzlich gegen neugierige Blicke abgeschirmt, buntes, hässliches Plastikglas, eine Mode der späten Sechziger. Die Laube muss einem sehr alten Paar gehören.

»Ich spreche mit Damisch«, sagt Bettina. »Der soll uns ein Scharfschützengewehr besorgen.«

»Damisch ist längst raus«, sagt Gelfert.

»Dann muss er eben wieder rein.«

Hildegard Dahlmann klappt die Akte zu. Sie will sich da nicht weiter festbeißen und muss ihre Zeit einteilen. Sie hat nur den heutigen Tag zum konzentrierten Aktenstudium, ab morgen dann permanent Termine, vier Verhandlungen, übermorgen eine Anhörung, und ein Hauptkommissar drängelt schon seit zehn Tagen wegen eines Gesprächs, telefonisch wollte er sich nicht abspeisen lassen.

Sie legt die Akte auf den Stapel rechts von sich – erledigt – und nimmt sich gleich die nächste vom immer noch viel zu hohen linken Stapel. Sie wirft einen Blick auf das Etikett, ein Verkehrsdelikt, sie erinnert sich, das wird wahrscheinlich schneller gehen. Sie nimmt noch einen Schluck von ihrem inzwischen viel zu kalten Tee und schaut aus dem Fenster.

Der Mann und die Frau kommen aus der Kleingartenkolonie und gehen zurück zu ihrem Wagen. Ein sehr kurzer Besuch. Keine Taschen. Ein Schäferstündchen? Hildegard Dahlmann schmunzelt. Vor ein paar Jahren kam sie mit einem der Laubenpieper ins Gespräch, weil dessen Hund auf ihr Grundstück gelaufen war. Der Mann – ein ehemaliger Richter, der schon lange pensioniert war – lud sie auf einen

Kaffee ein, und sie konnte sich eine dieser Hütten da drüben von innen ansehen: schimmlig, feucht und muffig, die Tapeten hielten nicht an der Wand, es roch nach Gas und überfüllten Jauchegruben. Sie verstand nicht, was den ehemaligen Richter dazu getrieben hatte, seine Zeit hier draußen zu verbringen. Als er von seiner Frau sprach, bekam sie eine Ahnung davon; was den Mief nicht erträglicher oder attraktiver machte. Nun denn, es gibt wahrscheinlich idyllischere Plätze für ein Schäferstündchen. Eigenartig aber, dass die beiden mit demselben Wagen gekommen sind. Und während sie zu ihrem Wagen gehen, schauen sie immer wieder verstohlen zur Villa herüber. Irgendetwas stimmt da nicht, denkt sie, stellt die Teetasse ab und greift zum Telefonhörer.

19

Sandra schaut aus dem Wagen. Schneefelder auf den Hängen, der Himmel ist blau und wolkenlos, und grell sticht das Sonnenlicht hinunter auf den Alpenpass, reflektiert vom Schnee und den vor sich hin tropfenden Felsen. Jetzt im April wärmt die Sonne allmählich auch hier oben in 1700 Metern. Im Nachbartal wird noch Ski gefahren, ein paar Wochen noch, dann ist die Saison auch auf den Gletschern zu Ende.

Sandra blinzelt seit Stunden gegen das Licht an, denn sie hat vergessen, eine Sonnenbrille einzustecken. Sie sitzt hinter dem Fahrer, Dahlmann studiert auf dem Beifahrersitz Akten. Die Straße ist leer, die Osterferien sind längst vorbei. Die Baumgrenze liegt unter ihnen, es gibt nur Schnee, Felsen, das Blau des Himmels. Augen schließen und begleitet vom surrenden Motor vor sich hin dösen, ab und an die Augen öffnen – irgendein versprenkeltes Grün kämpft sich durch den Schnee – und wieder wegdösen.

Nach Sandras Entdeckungen wäre Dahlmann am liebsten sofort nach Genf gefahren, um mit Niedeck zu sprechen. Aber sein Terminkalender war unumstößlich voll. Vier Tage später aber war eine Kurzreise zu einem Werk in der Lausitz geplant, dann Weiterreise nach München zu einem Treffen mit einem bayerischen Investor, anschließend ein Termin mit dem bayerischen Ministerpräsidenten in der Staatskanzlei und ein Abendessen im Bayerischen Hof.

Dort sollten Dahlmann, sein Fahrer und Sandra auch übernachten. Dahlmann hatte sich zunächst geweigert, im teuersten Hotel Münchens abzusteigen. Solch ein Gebaren, würde es an den Tag kommen, wäre für die Presse ein gefundenes Fressen. Dahlmann war lange genug im Geschäft, um solche Dämlichkeiten nicht zu begehen. Ein entsprechendes Foto, und es gab genügend Kreise, die ihn innerhalb einer Woche abgeschossen hätten, eine traute Union von Ultra-Rechts, Rechts, Links und Ultra-Links. Und er war auch nicht in die Falle gelatscht, sich vom Bayerischen Ministerpräsidenten einladen zu lassen. Der Weg vom Schneckensalat zur Bestechlichkeitsklage war kürzer als der Weg, den eine Gabel mit Trüffelhäppchen zum Mund brauchte. Weil aber die nötigen Sicherheitsvorkehrungen angeblich nur im Bayerischen Hof möglich waren, zahlte Dahlmann selbst, lud seinen Fahrer und Sandra privat ein und ließ sämtliche Rechnungen penibel in einen eigens dafür angelegten Ordner abheften.

Sandra hatte sich für das Treffen ein neues Kleid mit moderatem Ausschnitt gekauft, die Perlenkette ihrer Mutter ausgeliehen und dem bayerischen Ministerpräsidenten einen Abend lang zugelächelt, bis die Herren mit ihren Zigarren in einem garantiert pressefreien Raum verschwunden waren.

Die Schnecken fand sie schrecklich, der Montalcino aber schmeckte wunderbar nach Italien und beschwor eine blassblaue Erinnerung an Verona herauf: vorne am Steuer ihr Vater, der alle naselang anhalten musste, weil ihr schlecht war, der verstopfte Brenner, dann der erste Cappuccino in Italien, später bestand ihr Vater darauf, dass sie den Montalcino probierte, ihre Mutter hatte protestiert, aber …

Sandra schreckt aus ihrem Dämmerschlaf auf, denn Dahlmanns angeblich abhörsicheres und unglaublich teures Autotelefon klingelt. Dahlmann legt die Akte, in der er gerade gelesen hat, auf den Schoß und greift nach dem Hörer.

»Dahlmann«, sagt er.

Seine Frau ist am Apparat. Gestern Abend noch hat er mit ihr telefoniert, weil er wissen wollte, wie es ihr ging. Er weiß, wie pflichtbewusst sie ist, und würde sie gerne noch ein paar weitere Tage zu Hause sehen, bis ihre Grippe vollends ausgeheilt ist.

»Ich glaube, wir werden beobachtet.«

Hildegard Dahlmann ist als Richterin eine härtere Gangart durchaus gewohnt. Nicht nur ein Mal in ihrer Karriere stand sie unter Polizeischutz, während eines Verfahrens vor ein paar Jahren hat sie extra für den Wachschutz ein Gästezimmer einrichten lassen, lächelnd hat sie die zwei Personenschützer zum Aussuchen der Tapete mit in den Baumarkt genommen. Wenn seine Frau sich beobachtet fühlt, weiß Dahlmann, hat er es nicht mit einer Paranoikerin zu tun.

»Wo bist du?«, fragt er.

»In deinem Arbeitszimmer. Ich muss ein paar Akten für morgen durcharbeiten.«

Sie hat auch ein eigenes Arbeitszimmer, aber sich zur Angewohnheit gemacht, im Zimmer ihres immer abwesenden Mannes zu arbeiten. Zwischen seinen Büchern, in seinem alten Chesterfield-Sessel mit der überhaupt nicht passenden Leselampe daneben fühlt sie sich wohl, weil ihr Mann wenigstens irgendwie präsent ist.

»Da draußen schauen sich zwei Leute um, ein Mann und eine Frau.«

Plötzlich ist Sandra hellwach, denn sie hört die Stimme von Dahlmanns Frau leise aus dem Telefon.

»Wahrscheinlich Polizisten«, sagt Dahlmann.

»Ich weiß nicht«, sagt Hildegard Dahlmann, »der Wagen sieht irgendwie nicht nach Polizei aus.«

»Kannst du das Kennzeichen erkennen?«, fragt ihr Mann.

»Nein, das ist zu weit weg.«

Dahlmann hat immer mit einem Anschlag auf ihn gerechnet, er weiß, dass er polarisiert, er weiß, welch großen Hass Menschen entwickeln können, die ihre Arbeit und ihre Existenz verlieren. »Du warst diejenige, die keine Polizeistreife vor dem Haus stehen haben wollte«, sagt er.

»Ja.« Ein Fehler? Berlin ist weit weg. Ihr Mann ist weit weg. Hildegard Dahlmann hat sich vielleicht mehr Normalität erhofft, als möglich ist.

Sie sieht, dass der Mann und die Frau draußen in ihren Wagen steigen und losfahren. Aber auch jetzt ist das Kennzeichen nicht zu erkennen, auch die Gesichter der beiden hat sie nicht sehen können. Zufall? Der Wagen der beiden verschwindet in der Hauptstraße Richtung Rhein.

Was genau habe ich eigentlich gesehen?, denkt sie. Ein Wagen hält, zwei Personen steigen aus und schauen auf unser Haus. Alles vielleicht Zufall, und ich hab mir zu viel eingebildet. Oder?

»Wahrscheinlich hast du recht«, sagt sie. »Wahrscheinlich sind das Zivilpolizisten.«

»Wenn ich aus Genf zurück bin, spreche ich mit der Polizei«, sagt Dahlmann. »Vielleicht muss das Haus doch überwacht werden.«

»Ja.«

Ein Moment Schweigen zwischen den beiden. Einer der Momente, in denen der Preis, den Dahlmann für dieses Leben zahlt, zu hoch ist. Die ständige Trennung von seiner Frau, Druck und Ärger von allen Seiten, gestern Abend in

München zuppelte der bayerische Ministerpräsident an ihm herum, alle wollen sich in Stellung bringen, um die fetteste Beute nach Hause tragen zu können, und alles läuft über Dahlmanns Schreibtisch. Vielleicht hat die ganze Treuhand einen Geburtsfehler, der nicht mehr korrigierbar ist. Vielleicht ist die Behörde zu klein und zu zentralistisch und die Aufgabe zu groß. Vielleicht richte ich mir mein Leben falsch ein, denkt Dahlmann. Nie – niemals! – würde er sich verzeihen, wenn seiner Frau seinetwegen etwas zustieße. Seine Frau, die in seinem Arbeitszimmer zwischen Büchern sitzt, die er seit Jahren nicht mehr lesen kann, weil er keinen Zentimeter Muße mehr hat, weil er Akten fressen muss, die er drei Wochen später wieder völlig vergessen hat, weil alles zu viel ist, zu viel und zu viel. Seine Frau, die er jetzt in den Arm nehmen müsste und wollte, und sie sich mit seinen Anrufen begnügen musste, kurz angebunden und mit dem Kopf schon woanders, weil die Treuhand ihn vor sich hertreibt.

»Bist du alleine?«, fragt seine Frau.

»Kann ich dich später zurückrufen?«, sagt er.

»Ich bin nachher noch im Gericht. Das wird spät.«

Eine Lüge. Ihr Terminmarathon vor Gericht beginnt erst morgen. Aber sie kennt ihren Mann, und sie weiß, was alles an ihm zerrt und zieht. Sie weiß genau, dass er im Grunde all diese Konflikte hasst. Er geht ihnen zwar nicht aus dem Weg, aber er ist auch nicht der Manager, der seinen täglichen Kampf braucht, um sich lebendig oder seine Macht und Bedeutung zu fühlen. Irgendetwas in ihm lebt immer noch wie zu der Zeit, als sie ihn kennenlernte und etwas naiv fand, ein Idealist, den das Leben auf fünf Managerposten und jetzt in der Treuhand zum Realisten gemacht hat. Nicht zynisch, nicht verzagt, nicht verzweifelt – ihr Mann hat sich in einem Winkel seines Wesens, den nur sie kennt, das Staunen darüber erhalten, dass die Welt im Grunde vielleicht doch nicht altruistisch, sondern der Mensch wenn auch nicht zwingend des Menschen Wolf, so doch sich selbst am nächsten ist. Hildegard Dahlmann weiß, dass ihr Mann Kraft braucht, mehr, als er hat. Er soll sich konzentrieren und nicht mit ihr telefonieren und sich Sorgen machen. Und schon bedauert sie es, dass sie ihn angerufen hat. Irgendwie muss sie dieses Schweigen zwischen dem grauen Düsseldorf und dem Blau der Alpen sofort mit Normalität füllen.

»Wie geht's Sandra?«, fragt sie.

Dahlmann lächelt und dreht sich, den Hörer am Ohr, zu Sandra um.

»Wie geht's Sandra?«, fragt er.

Sandra geht es schlecht, schlecht, schlecht. Bettina und Matthias haben ihr nicht gesagt, wann sie nach Düsseldorf fahren würden, um die Villa von Dahlmann auszukundschaften. Aber Sandra hat keinen Zweifel daran, dass der Mann und die Frau, die Hildegard Dahlmann auf der Straße vor ihrer Villa gesehen hat, nur die beiden sein können.

»Gut«, sagt sie zu Dahlmann und lächelt. »Liebe Grüße!«

Er dreht sich wieder um, die Straße ist kurvig, und wenn er nicht nach vorne schaut, wird auch ihm hier schlecht.

»Ich hab sie noch nicht verschlissen«, sagt er ins Telefon. »Ich soll dich von ihr grüßen.«

»Am Wochenende kommt Julia«, sagt Hildegard Dahlmann. »Willst du Sandra mitbringen? Die beiden haben sich ewig nicht gesehen!«

Dahlmann zögert. Auch er hat seine Tochter lange nicht gesehen. Und schon lange nicht mehr, seit Jahren nicht, macht er den Fehler, sein Berufs- und sein Privatleben zu verbinden. Aber Sandra? Eine Studienfreundin seiner Tochter?

»Ich frag sie«, sagt er.

»Pass auf dich auf«, sagt seine Frau. »Ich liebe dich.« Und natürlich ist ihr klar, dass er darauf nicht reagieren kann, nicht neben seinem Fahrer, nicht vor seiner Assistentin.

»Ich melde mich morgen in Ruhe«, sagt er. »Mach dir keine Sorgen.«

Das Auflegen fällt Hildegard Dahlmann von Telefonat zu Telefonat schwerer. Manchmal packt sie eine Sentimentalität, die sie früher nicht an sich kannte. Sie setzt sich, eine neue Tasse Tee, Blick auf den Sessel, leicht abgewetztes Leder, aber er hat sie schon aus Wuppertal hierher begleitet. Der frische Zitronengeschmack, morgen wird die Heiserkeit endgültig besiegt sein, und Hildegard Dahlmann verschwindet in ihren Akten.

Dahlmann hat das Gespräch beendet, vor ein paar Minuten schon, aber er legt den Hörer nicht auf, hält ihn weiterhin in der Hand und knubbelt am Kabel herum, in Gedanken bei seiner Frau. Er bekommt die Bilder nicht mehr aus dem Kopf. Jemand beobachtet sein Haus. Er wird mit dem Personenschutz sprechen, sobald er zurück in Berlin ist, und die Sache klären. In Düsseldorf ist das LKA Nordrhein-Westfalen zuständig, in Berlin das dortige LKA. Besonders koordiniert scheinen die ihm nicht zu sein, ein föderalistisches Kuddelmuddel mit unterschiedlichen Einschätzungen der Bedrohungslage, unterschiedlichem Personalstand und sehr unterschiedlichem Engagement. Vor Übernahme der Treuhandleitung hat Dahlmann mit den Dezernatsleitern der beiden LKAs gesprochen – den Leiter des LKA in Düsseldorf hat er nur ans Telefon bekommen. Breite rheinische Provinz, Berlin war weit weg, die Probleme andere, offenbar war man dort sogar mit Tankstellenüberfällen befasst. Dahlmanns Frau hatte gelegentlich in Verfahren mit dem LKA NRW zu tun und immer geschimpft.

Dahlmann hängt den Hörer auf. Gleich morgen, wenn er aus Genf zurück ist, wird er mit dem BKA sprechen und darauf drängen, dass die Personenschutzmaßnahmen besser koordiniert und auf seine Frau ausgedehnt werden.

Er schaut auf die Mittelkonsole, in der die Zigaretten seines Fahrers liegen. »Darf ich mir eine klauen?«, fragt er. Ein beliebtes Spiel zwischen den beiden, ritualisiert wie die Eröffnungsvarianten beim Schach.

»Strikte Anweisung vom Chef, dass ich Nein sagen soll«, sagt der Fahrer.

Dahlmann schmunzelt. »Halten Sie mal bitte an«, sagt er, schnappt sich die Zigaretten und zieht eine aus der Schachtel. »Ich spreche mit Ihrem Chef.«

Der Fahrer parkt in einer Haltebucht, Dahlmann steigt aus. Die Straße ist völlig unbefahren, die Strecke, die sie genommen haben, führt über den alten, kaum genutzten Pass – Dahlmann hat darauf bestanden, er liebt diesen Weg. Er hat ein Semester in Genf studiert, dummerweise hatte er kurz vorher Hildegard kennengelernt, die in München mitten im Studium steckte und nicht wegkonnte, weil ihre Eltern ihr kein Auslandssemester bezahlen konnten. Häufig ist Dahlmann mit seinem alten und sehr klapprigen R4 über diesen Pass hier für ein verlängertes Wochenende nach München gefahren, ein paar Klamotten, ein Päckchen frisch gemahlenen italienischen Espresso, den man damals in Genf wesentlich besser bekam als in München, und Rousseau in der Originalsprache, die er nicht wirklich verstand, im Rucksack, fror er sich über den Alpenpass, weil die Heizung des R4 notorisch anfällig war und hier oben gerne den Geist aufgab.

Dahlmann zündet sich die Zigarette an. Von hier aus hat er Ausblick auf einen Zipfel des Genfer Sees, die Sonne wärmt bereits, der Winter hat gegen den Frühling verloren, das leise Rauschen des Windes, ansonsten völlige Stille, vielleicht würde er Gemsen zu sehen bekommen wie damals in einem anderen Leben, als er jung war und Pläne hatte, die mit Afrika und Amerika zu tun hatten und nichts mit Düsseldorf und Berlin.

Sandra tritt zu ihm. Sie hat eine Zigarette in der Hand, aber kein Feuerzeug.

»Darf ich?«, fragt sie und deutet auf Dahlmanns Zigarette.

Er reicht sie ihr, sie zündet ihre daran an und gibt sie ihm zurück. Für eine Weile rauchen die beiden schweigend vor sich hin. Dahlmann wirkt durcheinander, der Anruf seiner Frau hat ihn verunsichert. Er ist kein Mann, der einen einmal gefassten Entschluss immer wieder hinterfragt. Er hat seine Entscheidung, ob er die Leitung der Treuhand übernehmen sollte oder nicht, nächtelang hin und her gewälzt und mit seiner Frau besprochen. Weder er noch sie war einfach in die Situation hineingeschliddert, weder er noch sie war naiv, und beide wussten, was sie erwarten würde – das Arbeitspensum, die Anfeindungen, der politische Druck und die ständige Bedrohung. Und trotzdem war ihm irgendwie nie in den Kopf gekommen, dass seine Frau in Gefahr geraten könnte, immer nur hatte er sich selbst als Zielscheibe gesehen. Und plötzlich packt ihn eine Sentimentalität und Unruhe, die er – eigentlich ein eher nüchterner und rationaler Mensch – an sich nicht kennt. Das Telefonat, der Pass, der ihn zurückführt zu einem jüngeren Ich, das mit einem eiskalten R4 vierzehn Stunden lang durch die Alpen tuckerte, um seine große Liebe für zwei Tage und eine Nacht zu sehen.

»Ich sehe meine Frau nicht mehr, Julia nicht mehr, meinen Enkel nicht mehr. Wenn ich essen gehen will, wird das halbe Restaurant durchsucht und abgeschirmt – also bleibe ich lieber gleich im Hotelzimmer«, sagt er und schaut Sandra an. »Warum mache ich diesen Job?«

»Geld«, sagt sie. »Macht. Sie waren im Bundestag, demnächst wieder. Sie sind im Fernsehen. Ein bisschen eitel sind Sie schon, oder?«

Dahlmann lächelt. So gut kennt er Sandra dann doch nicht, aber es imponiert ihm, dass sie kein Blatt vor den Mund nimmt. Sie sagt Dinge, die sich sonst niemand in seinem Umfeld mehr zu sagen traut. Natürlich muss er sich von politischen Gegnern oder Unternehmern, denen er einen Verkauf verweigert, Sachen anhören, die er lieber nicht hören würde. Aber das sind Gegner, die er nicht an sich heranlässt, und keine Vertrauten wie Sandra. Eitel? Bin ich das?, fragt er sich.

»Na ja … die Brille, der Bauch – ich weiß nicht recht!«, sagt er.

»Steigen Sie aus«, sagt Sandra. »Hören Sie auf – es ist Ihre Wahl.«

»Wahl ist gut«, sagt Dahlmann und nimmt einen Zug von seiner Zigarette. »Man zieht sich ein Leben an, und dann muss man auslöffeln, was es so bringt.«

»Ziehen Sie es wieder aus.«

»Das wollte ich. Ich war beim Kanzler. Der hat vor Schreck den Innenminister gerufen. Ich bin nicht mal in deren Partei! Die haben ihre Termine abgesagt und mich einen Abend lang bekniet, nicht hinzuwerfen.«

»Wenn die beiden mich beknien würden«, sagt Sandra, »würde ich erst recht davonlaufen.«

Dahlmann muss lachen. »Als ich so alt war wie Sie, war ich auch Sozialist. Die MEW, Ricardo – alles gelesen.«

»Und dann?«

»Dann wurde Hildegard schwanger.«

Die einfachen Tatsachen des Lebens werfen die großen Theorien über Bord.

»Im Ernst«, sagt Dahlmann. »Ich gehöre nicht zu denen, die Stalin aus dem Sozialismus ausblenden können.«

Schweigen.

»Früher habe ich immer gedacht, dass ›Patriotismus‹ ein Wort für Burschenschaftler und Idioten ist«, sagt Dahlmann. »Und dann habe ich mich dabei erwischt, dass ich geheult habe, als die Mauer gefallen ist.« Er hat seine Zigarette zu Ende geraucht. »Sind Sie ein Ökö?«, fragt er.

»Nein.«

»Ich auch nicht.«

Er wirft den Stummel auf den Boden und tritt ihn aus.

Dann geht er zum Wagen. »Julia kommt am Wochenende nach Düsseldorf«, sagt er. »Wenn Sie Zeit haben, würden wir Sie gerne einladen.«

»Danke«, sagt Sandra. »Sehr gerne. Ich freu mich.«

Dahlmann öffnet ihr die Wagentür und lässt sie einsteigen. Bevor er selbst wieder auf dem Beifahrersitz Platz nimmt, geht er zurück, hebt die Zigarettenkippe auf und steckt sie ein. »Das ist die protestantische Ethik: Mit einem schlechten Gewissen kann man nicht leben. Was glauben Sie, wie gerne ich Katholik wäre!«

Ihre Zigarettenkippe hat Sandra ausgedrückt und zurück in die Schachtel gesteckt. Bei der nächsten Gelegenheit wird sie sie in den Müll werfen. Ich bin eine Frau, denkt sie, die es nicht ertragen würde, wenn hier oben eine Gams verreckt, weil sie ihre Zigarettenkippe gefressen hat, die aber bereit ist, diesen Mann ans Messer zu liefern.

Es ist zwölf Jahre her, dass Sandra erstmals von der Unterstützerszene der RAF abgecheckt wurde. Auf einer Demo in Hamburg. Sie war als Jugendliche immer radikaler und aggressiver geworden – wegen der Wasserwerfer, der Schilde der Polizei, deren Knieschoner, überhaupt deren perfekter Ausrüstung. Nachdem Sandra auf einer Demo von einem Wasserwerfer so hart getroffen worden war, dass ihr ganzer linker Arm voller blauer Flecken war, hat sie sich für Hamburg gerüstet: eine gut gepolsterte Winterjacke, damit der Wasserstrahl sie nicht wieder grün und blau hämmern konnte, Regenjacke, Springerstiefel, Mütze und Tuch zum Vermummen. Und dann stand sie inmitten der Demo. Ein grauer Tag, Hamburg hatte aufgerüstet, die Bullen hatten aufgerüstet, keine Pferde, also wahrscheinlich Tränengas. Brüllerei, Adrenalin, Zigaretten, Körper in Bewegung, gebremst von den Reihen der Polizei ein gutes Stück vor Sandra. Sie hatte sich mit ein paar Pflastersteinen bewaffnet, ein

Stein in jeder Tasche und einer in jeder Hand, und drängelte nach vorne, auf die Polizisten zu.

Plötzlich schnappte sie jemand und zog sie mit sich weg. Sandra dachte im ersten Moment, dass sich Zivilbullen unter die Demonstranten gemischt hätten. Eine Frau neben ihr wollte ihr helfen, aber der Typ, der sie mit sich zog, war nicht allein, seine Freunde schirmten ihn ab. Sandra war inzwischen aufgeplustert vom Adrenalin und brüllte ihn an, aber der Typ zog sie in den Hintereingang eines Parkhauses und schrie zurück, aggressiv, sie solle die Klappe halten und zuhören. Und dann zeigte er ihr die Kameras und Fotoapparate, sagte, dass alle Fotos und Videos in einer Datenbank der Polizei landeten und dass sie in einer solchen Datenbank nichts verloren habe.

Das sei ihr scheißegal, brüllte Sandra, die nicht gerade vorhatte, sich um ein Stipendium bei der CDU zu bewerben. Sie wolle da jetzt raus und …

Der Typ unterbrach sie. Sie würde für was Größeres gebraucht. Müsse unsichtbar bleiben, ein völlig unbeschriebenes Blatt für das BKA – kein Foto, ihr Name in keinem Protokoll und erst recht kein Video von ihr.

Sechs Jahre später traf sie Bettina Polheim zum ersten Mal. Pagenschnitt, kackbraun gefärbte Haare, Hornbrille; es fehlte nur noch der Damenbart, und Polheim hätte ausgesehen wie eine katholische, allein lebende Chemielaborantin, die Angst vor allzu exzessiver Masturbation hatte. Das Treffen fand im Schlosspark von Rheda-Wiedenbrück statt, ein Rentnerparadies ohne Überwachungskameras und Polizei, eine im westfälischen Grau rapsblühende Oase, im Apfelkuchen-mit-Sahne-Tempo durch die Zeit kriechend.

Polheim wusste alles über Sandra, kannte ihre Zeugnisnoten, ihr Faible für Latein und ihre Lieblingszigarettenmarke, wusste alles über ihren Vater, ihre Mutter, ihre Schwester, über Markus. Und dass sie mit Julia Dahlmann in Hamburg studierte. Hans-Georg Dahlmanns Tochter, die selten von ihrem Vater gesprochen hatte, der damals Spitzenmanager eines Chemieunternehmens gewesen war und der – nach dem bisschen, was sie dann doch von ihm berichtet hatte – in einem Kokon aus Aktienkursen, Dossiers und champagnergeschwängerten Empfängen lebte. Vielleicht plante die RAF damals schon ein Attentat auf ihn und brauchte sie als jemanden, der sein Umfeld ausleuchten konnte.

Jedenfalls war die Zeit der wütenden Demos für Sandra vorbei. Ihre Kleidung änderte sich, ihre Sprache, fortan versteckte sie, was sie wirklich wollte und wer sie jetzt war: eine Informantin der RAF, eine Kämpferin, die sich auf ihren Einsatz vorbereitete. Anderthalb Jahre lang.

Allzu viele Treffen mit Bettina Polheim hatte es nicht mehr gegeben, ihre Informationen und Anweisungen erhielt Sandra von dem Typen, der sie auf der Demo weggezogen hatte. Sie kannte seinen Namen nicht, ein Mann der vierten Reihe, aus dem Unterstützerkreis wahrscheinlich, auf jeden Fall keiner der aktiven Kämpfer. Matthias Gelfert sah sie nur ein Mal, bevor sie den Auftrag bekam, sich bei Dahlmann zu bewerben. Seit Spitzel des BKA im Unterstützerkreis der RAF aufgetaucht waren, war Gelfert jedem gegenüber, den er nicht kannte, aggressiv, misstrauisch und ablehnend. Er fürchtete nichts so sehr wie einen vom BKA eingeschleusten Maulwurf im Entscheiderkreis der RAF, traute nur seinem eigenen Urteil und hatte wohl darauf beharrt, Sandra persönlich unter die Lupe zu nehmen. Offenbar bestand sie den Test, denn eine Woche später bekam sie das Go, sich bei Dahlmann als Assistentin zu bewerben.

In den gesamten anderthalb Jahren der Vorbereitung hatte Sandra nie wirklich Skrupel wegen ihres Auftrags. Anschläge trafen die Funktion und nicht die Person. Jeder traf eine freie Entscheidung darüber, welche Funktion er übernehmen wollte. Mitleid war nicht nötig, nicht in diesem Kampf zwischen Staat und Widerstand, in dem es nur die Alternative gab, zu töten oder getötet zu werden. Auch Dahlmann hat seine Entscheidung getroffen: Er ist der Geburtshelfer eines neuen Staates, der das Gefüge Europas und schließlich der Welt durcheinanderbringen wird. Er arbeitet aktiv daran mit, eine postfaschistische Dominanz Deutschlands über alle und alles in der Welt durchzusetzen. Dahlmann ist kein Rädchen eines geschmierten Getriebes, er gehört zu den Ingenieuren dieser Mechanik.

Es gibt keinen Grund, ihm einen Ausweg anzubieten, einen Ausstieg. Der Kampf läuft, warum sollte man jemanden, der verlieren würde, aus Mitleid plötzlich aus dem Ring schicken? Wieso also hat Sandra ihn quasi förmlich dazu aufgefordert, sein Amt niederzulegen?

Der Wagen zieht eine Rechtskurve, draußen im letzten Schnee sieht Sandra eine Gams davonspringen.

20

Was da gerade im Fernsehen läuft, ist sein Todesurteil: Sein Gesicht, scharf genug, ein Standbild aus einer Videoaufzeichnung, und Matthias Gelfert weiß sofort, woher es stammt – im Hintergrund sind die Regale des Elektronikfachhandels zu sehen.

Fuck. Das ist er, der Fehler, der sein Leben beendet. Wie konnte ich die Videokamera übersehen? Gelfert war – bevor er den Laser im Elektronikgeschäft gekauft hat – zweimal dort gewesen, kurz nur, um niemandem aufzufallen. Beide Male hatte er das Geschäft auf Videokameras hin überprüft, denn es war ihm schon klar, dass in einem Elektronikfachhandel Technik-Afficionados arbeiten würden, Videoüberwachung war mehr als wahrscheinlich – zumal die Ware teuer war. Und ja: Das Geschäft war schlecht zu überschauen, in den Ecken hatte er Kameras gesehen, an der Hauptkasse auch. Bei der Kasse am Seiteneingang hatte er keine Kamera entdeckt.

»Das Bundeskriminalamt bittet um Ihre Mithilfe. Einer der beiden mutmaßlichen Attentäter auf den Vorsitzenden der Deutschen Bank, Dr. Ernst Wegner, konnte identifiziert werden.« Im Fernsehen läuft jetzt statt des vergrößerten Standbildes das komplette Überwachungsvideo. Die linkische Art, mich zu bewegen, meine Haltung, meine Statur. Mein Todesurteil. »Es handelt sich um den siebenundzwanzigjährigen Matthias Gelfert. Er gilt als Sprengstoffspezialist und Waffenexperte der Roten Armee Fraktion. Gelfert hält sich vermutlich im Düsseldorfer Raum auf.«

Der Fernseher steht auf dem Boden, graue Auslegware, ein billiger Kunststoffteppich, einer von zwei Räumen in einem Düsseldorfer Hochhaus. Im Nebenzimmer liegt eine Matratze auf dem Boden, aus dem Bad riecht es nach Reinigungsmittel, denn ständig putzt Gelfert sich selbst hinterher. Sollte dieses Versteck entdeckt werden, würde ihm keine Zeit bleiben, seine Spuren zu tilgen. Aber für Gelfert ist es nach dem, was er da im Fernsehen sieht, keine Frage mehr, *ob* das Versteck gefunden wird, sondern *wann*.

»Sollten Sie den Mann gesehen haben, wenden Sie sich bitte an die unten eingeblendete Telefonnummer.« In Zweierblöcken, schön zum Mitschreiben oder Auswendiglernen, schwebt eine Telefonnummer durchs Bild. »Hinweise, die zur Ergreifung führen, werden mit 50 000 D-Mark belohnt.«

Mein Preis, denkt Gelfert. Er hört den Nachrichtensprecher nicht mehr, er sieht nur, dass die Sonne in Israel, wo der amerikanische Präsident anscheinend zu Besuch ist, blendet, der Präsident blinzelt. Gelfert legt seinen Kopf auf den Unterarm, der Himmel ist angegraut wie der Teppich, das hier ist der Ort, an dem ich sterben werde, jemand wird 50 000 D-Mark reicher sein durch meinen Tod.

Es ist nicht die Dauer, die ein Leben interessant macht, es ist die Intensität, mit der man es lebt und wofür man es lebt, wofür man schließlich bereit ist, es zu opfern. War mein Leben interessant? Intensiv? Ist es gut, dass ich mein Leben opfere für einen Anschlag auf Dahlmann? Einen Anschlag, den ich nicht mehr durchführen kann? *Ich* werde sterben, nicht *man*.

Ein Stück neben dem Fernseher liegt seine halb geöffnete Tasche. Zwei Meter bis zu seiner P 7, 9 x 18 mm, und das ist schon die weiteste Distanz seit Jahren, normalerweise trägt er die P 7, eine Militärpistole der Bundeswehr, die präziseste Waffe mit kurzem Lauf, die er kennt, immer bei sich, seit er vor sechs Jahren untergetaucht ist.

Gelfert zieht sie aus der Tasche, es ist Zeit, ich darf nicht zu lange warten. Die meisten, die gefasst werden, hatten den Plan, sich zu erschießen, warteten dann aber den entscheidenden Tick zu lange ab, weil irgendeine Hoffnung in ihnen weiterlebte und sie weitertrieb, irgendein »Das-kann-es noch-nicht-gewesen-sein«. Gelfert will diesen Fehler nicht machen, zigmal hat er durchgespielt, was er in genau dem Fall, der jetzt eingetreten ist, tun würde. Er wird nicht zögern, er wird es beenden.

Er schraubt den Schalldämpfer auf die Waffe. Der ist so gut, dass man den Schuss nebenan nicht hören wird. Dann zieht er seinen Pulli aus und wickelt ihn um den Kopf. Wenn er schießt, darf er hier keine Sauerei hinterlassen, er muss an Bettina denken. Sie muss weiterleben und fliehen, und er darf sie nicht mit den Bildern seines zerschossenen Kopfes zurücklassen. Er schiebt den Lauf der Pistole unter dem Pulli in den Mund, legt den Kopf zurück, dreht die Waffe nach oben und drückt ab.

Ein leeres, metallisches Klicken. Und nochmal. Und nochmal.

Dann greift jemand nach seiner Hand, zieht ihm die Waffe aus dem Mund und den Pullover vom Kopf.

Es ist Bettina.

»Schau mich an«, sagt sie. Denn Gelfert – durchgeschwitzt, zitternd – heftet zwar seinen Blick an sie, schaut aber durch sie hindurch, ein Mann, der bereits tot ist, weit weg von dieser Welt.

»He! Compadre!« Sie lächelt. Und versucht, die Pistole aus seiner Hand zu lösen. Vergeblich, er krallt sich daran fest. Bettina nimmt ihn in den Arm und hält ihn fest. Sie ist noch im Mantel, neben ihr liegt eine Plastiktüte aus dem Supermarkt, Nudeln, eine Dose Tomaten, eine Flasche Wein. Unten gibt es gleich einen Supermarkt, aber Gelfert sieht, dass die Plastiktüte zu einer anderen Kette gehört. Bettina ist ans andere Ende der Stadt gefahren, um einzukaufen.

Ein Moment noch, dann schaut Gelfert sie an – wirklich an, er ist jetzt wieder hier, bei ihr. Bettina streckt ihre Hand nach der Waffe aus. Gelferts Hand ist nass, der Schweiß läuft ihm immer noch am ganzen Körper herunter. Er will die Waffe nicht loslassen.

»Wenn sie mich kriegen, werde ich dich verraten«, sagt er. »Ich bin zu schwach, irgendwann kriegen sie mich zum Reden.«

»Halt die Klappe.« Ein weiterer Moment. Sie wischt ihm mit dem Pulli über das nasse Gesicht und lächelt ihm etwas Zuversicht zu. »Ich sorge dafür, dass du in der Türkei abgeholt wirst«, sagt sie.

»Von wem?«

»Das wirst du dann sehen.«

»Von wem?«

»Von Lars. Er holt dich ab und bringt dich in den Libanon.«

Gelfert schaut sie überrascht an. Natürlich gibt es Dinge, die sie weiß und er nicht – und umgekehrt. Aber diese Nachricht überrascht ihn.

»Du hast gesagt, dass Lars im Libanon umgekommen ist.«

»Wir sind verseucht mit V-Leuten. Und was du nicht weißt,

kannst du nicht verraten«, sagt sie. »Ich besorg dir Geld, einen Pass und einen Wagen.«

»Wo?«

»Bei Damisch. Okay?«

Gelfert nickt.

Bettina nimmt ihm die Pistole aus der Hand, steht auf, geht zum Fernseher und schaltet ihn aus. Sie legt die Pistole auf den Esstisch, greift in ihre Jackentasche, zieht sechs Patronen heraus und legt sie daneben.

»Ich beeile mich«, sagt sie und geht zur Tür.

21

Das Fenster im Wartezimmer von Niedecks Kanzlei ist geöffnet. Genf riecht nach Frühling, irgendwo zirpt ein Streichquartett einen Vivaldi, ab und an löst sich ein Lachen aus dem Grundrauschen einer großen Menschenmenge im Gespräch: Ein paar Häuser weiter hat der französische Kulturattaché zum Empfang geladen. Die Rue des Granges ist schmal und wird selbst noch im Hochsommer kühl sein. Eng aneinandergeschmiegte Stadthäuser dösen im 18. Jahrhundert, die Guillotine ist ein noch weit vor ihnen liegender und nicht zu erahnender Höllenspuk, man glaubt an Sozialverträge, das Gute im Menschen und eine Natur, die nicht töten will, sondern lieben. Hier in der Rue des Granges feiert Genf sich selbst dafür, dass es Rousseau der Welt geschenkt hat.

Dahlmann und Sandra lehnen neben dem offenen Fenster, einen Espresso in der Hand. Die Empfangsdame hat sie um einen Moment Geduld gebeten, Herr Dr. Niedeck sei noch in einem Telefonat, selbstverständlich werde er sich anschließend sofort Zeit für sie nehmen. Dezenter Applaus im Stadtpalais des Kulturattachés nebenan, das Streichquartett muss warten, bis es den Frühling in den Sommer erlösen kann, ferne Brocken Französisch, zu weit weg, um irgendetwas zu verstehen.

Die Adresse hier gehört zu den teuersten in Genf, also der Welt. Die Jahresmiete allein für die fünfzehn Quadratmeter Wartezimmer ist ungefähr doppelt so hoch wie die von Dahlmanns Villa in Düsseldorf. Niedecks Wirtschaftskanzlei hat weitere Niederlassungen in Frankfurt, London, Paris und Zürich und Büros in Berlin und Moskau. Kein Mensch hat Niedecks Gesicht je in der Zeitung gesehen, Diskretion und Understatement zeichnen schon das Klingelschild unten an der Eingangstür aus: drei Buchstaben für die Wissenden. Das Schild des Zahnarztes, das Sandra weiter vorne in der Rue des Granges gesehen hat, ist größer. Die Firmen von Niedecks Kunden, hat Dahlmann ihr beim Klingeln gesagt, haben zusammengenommen einen Wert, der über dem jährlichen Bruttosozialprodukt von Dänemark und Schweden liegt.

Zwanzig Minuten hat Niedeck sie warten lassen – »so machen das die ganz großen Häuptlinge«, hat Dahlmann zu Sandra gesagt –, jetzt aber tritt er zu ihnen in das kleine Wartezimmer, holt die beiden höchstselbst ab, anstatt sie von der Empfangsdame in sein Büro dirigieren zu lassen.

»Hans-Georg«, sagt Niedeck zu Dahlmann. »Das ist eine Überraschung, dass Sie mich hier beehren.«

Bevor Niedeck Dahlmann die Hand gibt, schaut er Sandra an – ein Blick, eine Frage.

»Das ist Frau Wellmann«, sagt Dahlmann, »meine neue Referentin.«

Niedeck gibt Sandra die Hand. »Ich hab schon gehört: Sie sind für die Stichproben zuständig und stechen ganz schön zu.«

»Wenn Sie so genau wissen, wer in meiner Behörde wofür zuständig ist, dann wissen Sie sicher auch, warum wir hier sind?«, sagt Dahlmann.

Niedeck lächelt. »Bitterfeld? Die Chemiewerke?« Er führt die beiden in sein Büro. Auch hier steht das Fenster offen, Vivaldi beginnt, den Sommer zu nähen, der Schreibtisch ist stilecht und die Dame mit Hündchen an der Wand ein frisch restaurierter Gainsborough, vierzig mal sechzig Zentimeter, das Leinwandblau des Himmels passend zum wölkchendurchtupften Blau des Himmels über Genf.

»Wir haben diese Auseinandersetzung schon einmal in Berlin geführt«, sagt Dahlmann. »Ich bin nicht bereit, sie noch einmal zu wiederholen.«

»Sie haben sich durchgesetzt. Wir können Bitterfeld nicht kaufen. Aber ich hoffe, Sie haben mir nicht verübelt, dass ich die Interessen eines multinationalen Konzerns vertrete, der fast eine halbe Million Beschäftigte hat?«

»Und ich vertrete die ökonomischen Interessen eines Landes mit sechzehn Millionen Einwohnern. Mit Verlaub: Wir spielen nicht in derselben Liga!«

Niedeck bietet Dahlmann und Sandra Stühle vor seinem Schreibtisch an und setzt sich selbst dahinter. »Nachdem wir nun die Inkommensurabilität unserer wirtschaftlichen Potenz festgestellt haben – warum bemüht sich der Interessenvertreter von sechzehn Millionen Menschen zum Interessenvertreter einer halben Million?«

»Ich mache Ihnen ein Angebot zur Güte«, sagt Dahlmann. »Das wird Ihnen, Herrn Rautenbach und mir entgegenkommen.«

»Sind wir sicher, dass wir das im Beisein von Frau …« Niedeck zögert. Er deutet auf Sandra.

»Wellmann«, sagt Sandra.

»Frau Wellmann«, sagt Niedeck an Dahlmann gewandt, »besprechen wollen?«

»Ich habe die Vermutung«, sagt Dahlmann, »dass Ihre Auftraggeber Scheinfirmen gründen, um auf diesem Umweg Bitterfeld doch noch aufzukaufen. Ich habe weiterhin die

Vermutung, dass Herr Rautenbach davon weiß und Sie hinter meinem Rücken darin unterstützt.«

»Das ist keine Vermutung, das ist eine Unterstellung.«

»Das ist keine Unterstellung, das ist eine Warnung«, sagt Dahlmann. »Frau Wellmann hat eine Liste von Firmen für Sie, die wir für Scheinfirmen halten. Ich erwarte von Ihnen, dass all diese Firmen ihre Kaufangebote für Bitterfeld zurückziehen.«

Sandra zieht eine Liste aus ihrer Tasche und legt sie auf den Empire-Schreibtisch. Niedeck nimmt sie und schaut sie sich einen Moment an.

»Angenommen, ich hätte einen gewissen Einfluss auf diese Firmen«, sagt er zu Dahlmann. »Was ist, wenn ich Ihren Erwartungen nicht nachkommen kann?«

»Sprechen Sie mit Ihren Auftraggebern. Mit ein bisschen Nachdenken werden die argumentieren wie ich. Andernfalls wird unser beider Problem sehr bald ein Problem sein, das Ihre Auftraggeber direkt mit dem Wirtschaftsminister und dem Kanzler besprechen können. Ich nehme an, das können weder Sie noch eine halbe Million Angestellter wirklich wollen.«

»Ab nächste Woche bin ich in meinem Büro in Frankfurt. Ich werde das mit meinen Auftraggebern besprechen und mich bei Ihnen melden«, sagt Niedeck.

Im Hintergrund tiriliert Vivaldis Sommer und nähert sich einem Herbst voller Guillotinen.

22

Jacobi wusste, dass ein öffentlicher Fahndungsaufruf die Logistik des BKA sprengen würde – das war seit den auf die RAF-Anschläge in den Siebzigern folgenden Fahndungsplakaten immer wieder dasselbe: Erst hatte man kaum eine Spur, der man folgen konnte, und musste bei jedem Futzelchen von Hinweis Kaffeesatzleserei betreiben, dann brach eine Flut an Hinweisen über einen herein, die in rasender Geschwindigkeit ausgewertet werden mussten. Die Situation konnte sich innerhalb einer Stunde fundamental ändern.

Aber Jacobi ist nach fast zwanzig Jahren Terrorabwehr darauf eingestellt. Er hat aus der Not eine Tugend gemacht und bevorzugt inzwischen eine quantitative Methode, bei der er sich überhaupt nicht mit dem Inhalt eines Hinweises befasst, sondern allein darauf schaut, aus welchem Gebiet er kam. In dem Gebiet, in dem sich die Hinweise massieren, ist die Wahrscheinlichkeit eines Fahndungserfolgs natürlich am größten.

Er hat das LKA darum gebeten, ihm für eine Woche Mitarbeiter zur Verfügung zu stellen, denn das BKA allein käme mit der Menge der eingehenden Informationen nicht zurecht. Dabei sind die schiere Zahl der Hinweise und eine schnelle Reaktionszeit die beiden Parameter, die einen Fahndungserfolg ermöglichen. Der Aufwand war immens: Im gesamten Bundesgebiet versetzte das BKA polizeiliche Sondereinsatzkommandos in Bereitschaft. Und schon etwa eine halbe Stunde nach dem ersten öffentlichen Fahndungsaufruf gab es die ersten klaren Trends, in welcher Gegend sich die Hinweise massierten. Jacobi ließ drei SEKs in den entsprechenden Ballungsraum von etwa zweihundert bis dreihundert Quadratkilometern verlegen, um einen schnellen Zugriff zu ermöglichen. Eine weitere halbe Stunde später ließ sich das Gebiet noch weiter eingrenzen, und Jacobi zog die SEKs entsprechend zusammen.

Alles eine Frage der Wahrscheinlichkeit. Ab einem gewissen Punkt jedoch wechselt man zur qualitativen Auswertung der Hinweise. Jacobi hat zu diesem Zweck mit einem kleinen Team eine Reihe von Fragen entwickelt, die er den vom LKA geliehenen Mitarbeitern in einer kurzen Intensivschulung mitteilte. Das Schnellste, was Tatverdächtige auf der Flucht ändern können, ist ihre Kleidung sowie Frisur und Haarfarbe – die meisten bisher Festgenommenen haben Perücken getragen. Außerdem versuchen Flüchtende auffällig häufig, ihr Gesicht hinter einer Brille zu verstecken. Weniger schnell können Tatverdächtige ihr Fluchtfahrzeug wechseln. Einen neuen Wagen zu stehlen, ist meist zu auffällig, und nach Jacobis Erfahrung steigen Flüchtige fast nie in Busse oder Bahnen – psychologisch verständlich, taktisch völlig falsch, denn es ist fast unmöglich, einen äußerlich veränderten Menschen mit Brille, Perücke oder gefärbten Haaren anhand eines Fahndungsfotos zu erkennen. Und so ist die wichtigste Frage an die Hinweisgeber, die sich innerhalb der ersten zwei Stunden beim BKA melden, mit welchem Wagen der Flüchtende gesehen wurde. Sind die Hinweise hierzu identisch oder ähnlich, wird das Fahndungsgebiet nochmals erheblich eingegrenzt. Und erst wenn dieses Verfahren nicht zum Fahndungserfolg führt, veröffentlicht das BKA ein Foto des Fluchtwagens – allerdings nur, um die Flüchtigen zu einem Wagendiebstahl zu provozieren, der den Fahndern dann die Richtung der Flucht angibt.

So weit aber sind Jacobi und sein Team noch lange nicht, denn die ersten Fahndungsaufrufe wurden erst vor einer guten Dreiviertelstunde in Radio und Fernsehen gesendet. Doch die ersten Resultate sind immens vielversprechend. An der Wand des größten Besprechungsraums des BKA in Wiesbaden hängt neben einer Deutschlandkarte und einer Karte des erweiterten Ruhrgebiets bereits ein Düsseldorfer Stadtplan. In allen Karten stecken Fähnchen – ein Fähnchen pro Hinweis. Jacobi lässt daran arbeiten, die hoffnungslos überalterte Fähnchen-Methode durch eine elektronische Variante zu ersetzen, aber das System ist zu aufwändig und basiert auf einer noch nicht sicher funktionierenden Technik.

Die Einsatzleitung hat Jacobi Kawert übertragen. Die ständig hereinprasselnden Hinweise, inklusive der Anrufe von zig Spinnern, Wichtigtuern und Trittbrettfahrern, erzeugen in dem übervollen Raum voller Telefone, Kabelbäume und Mitarbeiter ein enormes Chaos. Kawert ist der Richtige, um in solchen Situationen Ruhe und den Überblick zu behalten. Außerdem schafft er es mit großem Gespür, die LKA-Kollegen nicht nur zu schulen, sondern auch zu motivieren. Jacobi hat nie begriffen, wie Kawert es anstellt – aber immer wieder schien es so, als würden die Mitarbeiter für Kawert arbeiten, nicht für das BKA und schon gar nicht für Jacobi, den die meisten hier für einen alten Muffelkopf halten.

Und Kawert hat Gutes zu berichten, er ruft Jacobi, Stentner und Marion Burckhardt zu sich an den Düsseldorfer Stadtplan. »Sechzig Prozent aller Hinweise der letzten Dreiviertelstunde konzentrieren sich auf Düsseldorf.«

Sechzig Prozent sind immens viel, weiß Jacobi. Bei den letzten Fahndungen waren die regionalen Verteilungen der Hinweise viel verstreuter. Aber warum Düsseldorf?

»Von diesen Hinweisen wiederum deuten ungefähr achtzig Prozent auf diese Gegend hier.« Kawert tippt mit dem Finger auf den Stadtplan. »Eine Hochhaussiedlung.«

Das scheint eine neue Strategie der RAF zu sein. Auch die letzte Festnahme, die allerdings schon vier Jahre zurückliegt und nur jemanden aus der militanten Unterstützerszene erwischte und keines der Führungsmitglieder, hat in einer Hochhaussiedlung stattgefunden. Jacobi weiß noch nicht recht, wie er das einschätzen soll. Setzt die RAF auf die größere Anonymität einer Hochhaussiedlung? Auf die unüberschaubare Zahl an Menschen dort? Angesichts der Menge an Hinweisen offensichtlich ein Fehlurteil. Oder glauben die, dass eine Festnahme inmitten eines dicht besiedelten Gebiets schwieriger ist? Oder die Flucht leichter?

»Bis wir die ganze Hochhaussiedlung durchgekämmt haben, ist Gelfert längst über alle Berge«, sagt Stentner.

»Wir haben drei übereinstimmende Zeugenaussagen, alle drei Zeugen haben Gelfert in einem Golf gesehen. Die Beschreibung passt auf den Fluchtwagen beim Wegner-Attentat«, sagt Kawert. »Wir haben die Details niemals öffentlich bekanntgegeben. Ich bin sicher, dass die Zeugenaussagen stimmen.«

Den eher stoischen Jacobi packt die Euphorie: Das ist er, der Fehler, auf den er so lange gewartet hat. Gelfert fährt immer noch denselben Wagen. Ein Zeichen der Schwäche und der schwindenden Ressourcen der RAF? Vielleicht ist Gelfert sich auch zu sicher, weil er in den letzten Jahren zu erfolgreich war: Das Attentat vor sechs Jahren auf die Rhein-Main-Air-Base, vor einem Monat auf Wegner. Wie auch immer: Es ist ein eklatanter Fehler.

»Wie genau können Sie den Aufenthaltsort von Gelfert eingrenzen?«, fragt Jacobi.

»Der Wagen wurde in einem Parkhaus gesehen, das zu drei Hochhäusern gehört. Ich lasse gerade bei der Hausverwaltung überprüfen, wer dort neu eingezogen ist«, sagt Kawert.

23

Rennerei, Gedrängel, eine Grundschule nach dem letzten Klingeln. Die schubsenden und rempelnden Zehnjährigen haben sich durch einen langweiligen Englisch-Mathe-Deutsch-Sachkunde-Vormittag mit Stillsitzen gequält und wollen jetzt Döner und Fußball. Und ganz bestimmt nicht zu ihren Müttern, die vor ihren Audis, BMWs und Mercedes auf ihre Thronfolger warten und miteinander über die Anstrengungen ihres Vormittags plauschen: Yoga die eine, die andere steht auf Aerobic, eigentlich schon wieder out, aber effektiv – wie das zieht!

Bettina Polheim schaut ein Stück den Bürgersteig entlang. Knapp fünfzig Meter vor ihr parkt ein Golf, ein in diesem Kontext eher bescheidenes Auto. Und in dem Golf sitzt Damisch. Er schaut zum Schultor, auch er wartet hier auf sein Kind. Bettina hat er noch nicht gesehen. Sie hätte näher an ihn heranfahren und sich gleich zu erkennen geben können, aber natürlich ist es besser, auf seinen verwundbarsten Moment zu warten.

Noch mehr Rennerei, die letzten Pausenbrote landen im Mülleimer, Stickertausch, ein Junge schreibt schnell noch irgendetwas aus dem Heft seines drängelnden Freundes ab.

Damisch steigt aus und stellt sich so, dass er vom Schuleingang aus gut gesehen werden kann. Noch immer hat er Bettina nicht bemerkt, obwohl sein Blick ihr Auto bereits zweimal gestreift hat. Und dann kommt seine Tochter, Papas ganzer Stolz und das lebende Klischee eines sechsjährigen Mädchens: Ein rosa Schulranzen, die passende Sporttasche dazu, Blümchenkleid und ein Zopf, der sich nicht entscheiden kann, ob er Artigkeit oder fürsorgliche Eltern suggerieren soll. Das Mädchen macht einen von den anderen Kindern isolierten Eindruck, ernst und einzelgängerisch.

Damisch lächelt und winkt seiner Tochter zu. Ein Mann, der sein Leben neu gestartet hat und jetzt im zweiten Versuch alles richtig machen will, die bürgerliche Idylle als höchstes Lebensziel, die Haare der Tochter kämmen, nur noch Bio einkaufen, dafür sorgen, dass die Hausarbeiten gemacht werden, und gebügelte Blümchenkleider von H&M. Damisch lehnt die Tür seines Wagens an und geht seiner Tochter ein paar Schritte entgegen. Noch ist sie in dem Alter, in dem sie eine öffentliche Umarmung durch Papa akzeptiert, die kleine Prinzessin, für die ihr Vater zum Ork werden könnte.

Damisch führt seine Tochter die paar Schritte zurück zu seinem Auto, seine Hand auf ihrer Schulter. Als sie den Golf erreicht haben, hilft er ihr aus dem Schulranzen, verstaut ihn auf dem Rücksitz und bittet sie, sich zu setzen.

Während seine Tochter in den Wagen klettert, schaut Damisch sich um, der kleine Moment, in dem er wartet, bis sie sitzt. Und zufällig schaut er zu Bettinas Wagen, stutzt und verliert für den Hauch eines Momentes die Contenance. Und Bettina sieht das Gesicht wieder, dem das andere, frühere Leben von Damisch eine Brutalität und Rücksichtslosigkeit eingehaucht hat, von denen man angesichts des Blümchenkleids und des rosa Schulranzens seiner Tochter kaum etwas ahnen kann.

Sie hat sich früher immer gefragt, ob Damisch eigentlich während seiner aktiven Zeit, vor seiner Zeit als Ausbilder der Stasi, jemals im Feld gestanden hatte: Hat dieser Mann jemals getötet? Gelfert hat das immer bestritten, er hält Damisch für viel zu weich und unentschlossen. Bettina ist sich da nicht so sicher. Damisch konnte diese zweite Seite haben, die sie selten gesehen hat, weil er sie sorgsam verbarg. Wenn zehn Mann ins Feld ziehen würden, wäre Damisch ihrer Meinung nach derjenige, der zurückkäme, obwohl er bei weitem nicht der Stärkste oder Geschickteste oder Intelligenteste wäre. Aber derjenige mit dem stärksten Überlebensinstinkt. Es gab das Gerücht, dass Damisch die Pläne seiner eigenen Schwester an seine Kollegen verraten hatte: Republikflucht mit einem Freund auf der ungarischen Route. Offiziell hieß es, die Schwester sei bei einem Ruderunfall in Ungarn ertrunken. Die Rückführung der Leiche hat ewig gedauert, sie wurde zwischen Eisblöcken zurück nach Berlin gebracht, die Eltern hatten darauf bestanden, ihre Tochter nochmal zu sehen. Aber wegen der hochsommerlichen Temperaturen in Ungarn kam die Leiche in einem Zustand an, der es den Eltern gerade noch möglich machte zu erkennen, dass es sich um ihre Tochter handelte. Sollte es Misshandlungsspuren gegeben haben, waren sie mit der einsetzenden Verwesung der Leiche zerstört. Die Eltern brachen mit Damisch, er wurde nach Leipzig befördert, nach nicht einmal einem Jahr nahmen die Eltern sich das Leben und wurden bei ihrer Tochter beerdigt. Angeblich hat Damisch die Wohnung der Eltern übernommen und mit der Renovierung begonnen, während die Beerdigung, zu der er natürlich nicht erschienen war, noch lief.

Bettina wusste schon damals nicht, ob die Geschichte stimmte. Es gab über viele ihrer Ausbilder solche Gerüchte, teilweise bewusst in die Welt gesetzt, um Respekt einzuflößen, oder schlicht, um denen, die sie ausbildeten, irgendetwas zu geben, das ihre Spekulationen kanalisierte. Aber Bettina hat diese Geschichte von Lars gehört. Und Lars war immer bestens informiert. Sie hat sie geglaubt.

Damisch spricht kurz mit seiner Tochter, schließt die Wagentür und kommt zu Bettina herüber. Seine Fassade sitzt wieder perfekt, sein Gesicht, teigig vor Harmlosigkeit, passend zur Bügelfalte seiner Hose. Er öffnet die Beifahrertür, steigt ein und schließt die Tür. Abzuwarten, zu schweigen und nur zu schauen ist schon immer seine Masche gewesen, seine Art, das Gespräch zu dominieren.

»Bist du nicht ein bisschen zu alt für Kinder?«, fragt Bettina und lächelt. Damisch ist vierundfünfzig.

»Was soll das werden? Eine Drohung?«

»Gelfert muss weg. Ich brauche deine Hilfe.«

»Ich hab euch schon die Wohnung besorgt.«

»Ein Pass, ein Wagen und ein bisschen polnisches Geld. Er will über Polen nach Litauen und von da aus weiter.«

»Es ist vorbei«, sagt Damisch. »Es gibt mein Land nicht mehr, es gibt meinen Dienst nicht mehr. Woher soll ich an Geld kommen? Oder an einen Pass?«

Bettina schaut an ihm vorbei hinüber zum Wagen, in dem seine Tochter sitzt. »Du warst jahrelang ein guter Lehrer für uns.« Natürlich weiß Bettina, dass es scheißegal ist, was sie sagt, entscheidend ist der Blick, den sie zum Golf rüberwirft, in dem Damischs zweites Leben sitzt.

»Du hast dir gut überlegt, was du da tust?«, fragt Damisch.

Bettina lächelt. Klar versucht er, Gegendruck aufzubauen. Aber das hier wird auf einen Deal hinauslaufen, er hat genauso viel zu verlieren wie sie selbst.

»Wie lange brauchst du?«, fragt sie.

24

Nach der ersten Euphorie werden Jacobi und Kawert die Risiken immer klarer. Die beiden stehen vor einer Skizze der Düsseldorfer Hochhaussiedlung. Acht Hochhäuser, in drei von ihnen – im nördlichen Teil – könnte sich die Wohnung befinden, in der Gelfert sich versteckt hält. Jacobi hat die drei SEK-Teams näher rücken lassen, in etwa zehn Minuten werden sie in Zugriffsnähe sein. Und er hat einen Hubschrauber bestellt, denn Kawert soll diesen Einsatz aus der Nähe dirigieren, auch wenn Zeit verloren geht. Der Einsatz ist hoch riskant. Die Hochhaussiedlung ist der am dichtesten bewohnte Stadtteil von Düsseldorf, und die nördlichen drei Hochhäuser drängen sich nochmals enger aneinander. Ein Schusswechsel hier könnte fatale Folgen haben – die Distanz ist so gering, dass schon Pistolenschüsse auf das gegenüberliegende Hochhaus eine tödliche Wirkung haben könnten. Am frühen Nachmittag kommen die Kinder aus der Schule, außerdem ist das Viertel eh ständig voll mit Menschen, die Arbeitslosenquote ist enorm. Eine Spielhalle, drei Kneipen. Zwischen den drei Hochhäusern ein kleiner Park, darin ein Spielplatz. Fast unmöglich für ein SEK, dort unbemerkt durchzukommen.

Marion Burckhardt meldet, dass der Hubschrauber abflugbereit ist.

Und auch Stentner hat Neuigkeiten: Er hat mit der Hausverwaltung der Hochhäuser telefoniert und die mutmaßliche Wohnung von Gelfert identifiziert. Er deutet auf das mittlere der drei Hochhäuser. »Hier ... Bogenberger Straße siebenunddreißig C. Achter Stock. Die Wohnung ist auf den Namen ›Litfin‹ gemeldet. Ein Dauermieter, schon seit fünfzehn Jahren. In der Wohnung ist selten jemand, aber vor ein paar Tagen ist ein Paar dort eingezogen. Der Mann ist höchstwahrscheinlich Gelfert.«

»›Höchstwahrscheinlich‹?«, fragt Kawert.

»Der Hausmeister war sich nicht ganz sicher.«

»Hat er die Frau beschreiben können?«

»Nein. Er hat sie nur einmal kurz von Weitem gesehen.«

»Ein Paar, gerade eingezogen – das sind Gelfert und Polheim!«, sagt Jacobi. »Ich will keinen Zugriff auf offener Straße.«

»Sollen wir Scharfschützen in den gegenüberliegenden Hochhäusern platzieren?«, fragt Kawert.

Aber das ist zu riskant, niemand würde dort in die Wohnungen kommen, ohne dass das von der gegenüberliegenden

Seite bemerkt würde. Es gibt nur den einen Weg: Rein ins Hochhaus und Zugriff.

Während Kawert zum Hubschrauberlandeplatz vor dem BKA eilt, legt Jacobi das SEK-Team fest, das den Zugriff ausführen soll. Er lässt sich mit dem Team-Leiter verbinden, Wiesbaden-Düsseldorf, einhundertsechzig Kilometer Luftlinie. Kawert wird in fünfunddreißig Minuten dort sein, und Jacobi vereinbart einen Platz, an dem er landen kann. Der Zugriff wird in fünfundvierzig Minuten erfolgen. Der Team-Leiter wird in zehn Minuten einen Grundriss des Hochhauses bekommen – Lage des Aufzugs, Treppe – und eine Übersicht über die Mieter in der achten Etage. Er soll sich damit vertraut machen und Kawert einen Einsatzplan vorlegen. Die Verantwortung des Einsatzes trägt Kawert, kein Zugriff, bis er vor Ort ist. Vorsicht bei der Observation des Hochhauses, Jacobi will nicht, dass die Operation im letzten Moment platzt, weil Gelfert zu früh Polizisten wittert.

25

Der ganze März ist ungewöhnlich kalt und ungewöhnlich grau – ein verregneter Vorfrühling, ständig bleiben Wolken über Düsseldorf hängen, tief und schwer, und treiben eine Erkältungswelle vor sich her.

Es fängt wieder an zu regnen. Bettina Polheim schaltet den Scheibenwischer ein. Kinder huschen auf dem Nachhauseweg über rote Ampeln, eine Frau schiebt einen Kinderwagen unter das Vordach eines der Hochhäuser und zieht eine Regenplane über das vorgeklappte Verdeck. Die Leute sehen zu, dass sie in den Häusern verschwinden, eilig und schlecht gelaunt weichen sie den Pfützen aus. Das Betongrau der Hochhäuser ist heller als das der sich über ihnen aufplusternden

Wolken, an den Wänden laufen schräg Farbstreifen herab – gelb, orange, rot, grün, blau –, die der Monotonie dieser Siedlung aus den frühen Siebzigern, die schon jetzt uralt und abrissreif aussieht, ein bisschen Abwechslung einhauchen sollen. Bettina wirft einen Blick in den achten Stock des Hochhauses mit dem grünen Streifen, da oben wartet Gelfert auf sie. Sie hofft, dass er sich etwas gefangen hat.

Sie fährt auf die Einfahrt des Parkhauses zu, das ungefähr vierhundert Meter vor ihr liegt. Bettina zieht die Chipkarte, mit der sie die Schranke öffnen kann, aus der Sonnenblende. Dreihundertfünfzig Meter noch. Sie steckt die Chipkarte zwischen die Lippen, eine Marotte, seit die Karte ihr zweimal vom Schoß zwischen den Sitz und die Mittelkonsole gerutscht ist. Und sie beginnt, das Fenster herunterzukurbeln. Gleich ist sie da. Feuchter Nieselregen sprüht in den Wagen herein. Noch dreihundert Meter bis zur Einfahrt in das Parkhaus.

Bettina lebt seit Jahren im Untergrund, muss seit Jahren damit rechnen, verfolgt zu werden. Sie hat einen geschulten Instinkt, Paranoia als Überlebenshaltung. Während alle Leute, die hier zu sehen sind, vor dem Regen flüchten – die Schulkinder, die Frau mit dem Kinderwagen –, schlendert ein junger Mann in Outdoor-Jacke von einem der Hochhäuser Richtung Parkhaus. Niemand in dieser Gegend kann sich eine *Salewa*-Jacke leisten. Jemand wie dieser Typ da vorne, zweihundertfünfzig Meter vor ihr, wohnt nicht in dieser Siedlung.

Bettina bremst.

Sie sind da.

Der Mann wirft ihr einen Blick zu.

Ein enger Lieferwagen: fünf Kubikmeter schlechte Luft, Elektronik, Kabelbäume in allen Regenbogenfarben, gebändigt mit Plastikclips, eine Funkanlage, zwei Überwachungsmonitore, dahinter sitzen der Einsatzleiter, sein Adjutant und ein Techniker, dessen Aufgabe es ist, die Funkleitungen stabil zu halten, flackernde Bilder auf die Monitore zu zaubern, die Anspannung im Raum auszuhalten und ansonsten die Klappe zu halten.

Die Tür geht auf, Kawert klettert herein und schließt die Tür hinter sich. Sein Hubschrauber ist auf einem Feld außer Sicht- und Hörweite der Hochhaussiedlung gelandet. Ihm ist immer noch kotzübel, denn sie sind von Wiesbaden bis hierher durch eine dichte Wolkendecke gesurft. Aber trotz der Übelkeit war die Wolkendecke ein großes Glück. Geräusche von sich nähernden Hubschraubern lösen bei hypersensiblen, nervösen Terroristen sofort einen Fluchtimpuls aus, deshalb war Kawerts ursprünglicher Plan, die Hochhaussiedlung weiträumiger zu umfliegen. Doch die Wolken haben die Geräusche des Helikopters zumindest zum Teil weggeschluckt und ihnen so fünfzehn wertvolle Minuten geschenkt. Der Hubschrauber musste keinen Umweg fliegen und konnte näher landen.

Kaum setzte er auf, sprang Kawert heraus und eilte über das vermatschte Feld zum Wagen eines Pizzaservices, der fünfzig Meter neben dem Landeplatz auf ihn wartete. Er stieg ein und wurde gleich über Funk vom Einsatzleiter gebrieft: Das SEK sei bereit und warte nur auf ihn. Die mobile Einsatzzentrale des SEK stünde, als Wagen eines Elektrikers getarnt, hinter dem Hochhaus mit dem orangenen Streifen. Sie sei sowohl vom Hochhaus mit dem grünen Streifen aus, in dem sich Gelfert aufhielt, als auch vom Parkhaus und der Zufahrtsstraße zum Parkhaus aus nicht zu sehen. Die Entfernung zum Einsatzort betrüge etwa zweihundertfünfzig Meter, zwei als Elektriker getarnte Mitarbeiter sorgten dafür, dass niemand dem Wagen zu nahe käme.

Der Wagen vom Pizzaservice hielt vor dem Einsatzwagen und den beiden Elektrikern. Kawert sprang mit drei Pizzakartons hinaus, drückte jedem der beiden Kollegen einen davon in die Hand und stieg mit dem dritten in den Einsatzwagen. All das vor den unzähligen Fenstern dreier Hochhäuser. Irgendjemand hing garantiert an einem dieser Fenster und guckte gelangweilt in den Hof und beobachtete vielleicht irritiert, dass der Wagen des Pizzaboten sofort wieder abfuhr, obwohl der Pizzabote noch im Wagen des Elektrikers war. Aber dann würde RTL im Hintergrund grölen, und irgendwie hat man eh nicht so genau hingeschaut.

»Und?«, fragt Kawert den Einsatzleiter, legt den leeren Pizzakarton neben der Wagentür ab und tritt zu den beiden Monitoren. Es eilt, und die beiden haben keine Zeit, sich groß bekannt zu machen. Noch auf dem Weg vom Helikopter hierher hat Kawert erfahren, dass Gelferts Wagen von einem Scout des SEK gesehen worden war und bis jetzt ein Stück vor der Einfahrt zum Parkhaus herumstand.

Der Einsatzleiter deutet auf einen der Monitore. »Das ist der Wagen«, sagt er. Mit laufendem Motor steht Gelferts Golf am Straßenrand.

»Können Sie den Fahrer erkennen?«, fragt Kawert.

»Nein. Zu weit weg.«

»Kriegen Sie das Bild nicht größer?«

Aber das geht nicht, die Auflösung wird nicht besser, das Bild verkrisselt, und der Fahrer ist trotzdem nicht zu erkennen. Außerdem setzt der Wagen sich in Bewegung.

Bettina hat nur kurz gehalten und sofort den Blick des jungen Mannes in der Outdoor-Jacke registriert. Ein kurzer Blick nur, dann bemühte er sich, unauffällig wegzuschauen. Am Straßenrand standen vereinzelt Wagen im Regen, auf die Schnelle war nicht zu entscheiden, ob welche vom BKA darunter waren. Bettina konnte auch nicht erkennen, ob jemand am Steuer saß oder nicht. Und dann sah sie weiter hinten, halb versteckt zwischen den üblichen Schrottkarren der Hochhaussiedlung, einen BMW.

Sie fährt weiter, an der Einfahrt des Parkhauses vorbei, den jungen Mann in der Outdoor-Jacke im Blick, keine Ahnung, wo der eigentlich hinwill. Und sie lässt auch den BMW hinter sich nicht aus den Augen. Der Wagen steht immer noch zwischen den parkenden Schrottkarren und bewegt sich nicht. Noch nicht. Bettina zieht ein Funkgerät aus der Jackentasche und schaut sich weiter nach auffälligen Fahrzeugen um. Bestimmt wimmelt es hier nur so von Bullen, aber wo sind sie?

»Hörst du mich?«, fragt sie ins Funkgerät.

Gelfert hört sie sofort, er hat sein Funkgerät wie vereinbart auf Stand-by.

»Komm raus. Sofort«, sagt Bettina.

»Sind sie da?«

»Ja«, sagt sie. »Beeil dich.«

Der Notfallplan ist klar, ein paar Mal durchgesprochen. Gelfert schnappt sich seine Jacke, wirft sie über, hängt sich seine Tasche über die Schulter, steckt das Funkgerät ein. Vorhänge zu, Licht aus, Türen alle zu.

Die Waffe. Und raus hier. Raus, raus.

Kawert schaut auf die beiden Monitore. Er hatte gleich ein ungutes Gefühl, als er sah, dass Gelferts Wagen vor der Einfahrt zum Parkhaus stehen blieb. Aber als er ihn nun weiterfahren sieht, ist er sich sicher.

»Sie haben uns entdeckt«, sagt er zum Einsatzleiter.

Jetzt gibt es nur noch den Angriff nach vorne, schnell sein, Schadensbegrenzung. Kawert greift zum Mikrofon, über das er mit dem SEK verbunden ist.

»Zugriff! Machen Sie schnell!«

Gelferts Wagen verschwindet von den Monitoren, die eine leere, nasse, den Himmel spiegelnde Straße zeigen. Der Techniker springt zwischen den verschiedenen Kameras hin und her, aber für den Moment findet er Gelferts Wagen nicht, denn der ist in einer Seitenstraße verschwunden, eine Ecke, die die Kameras nicht in den Blick bekommen. Stattdessen erscheint der verwackelte Livestream von der Helmkamera des SEK-Zugführers auf einem der Monitore und zeigt den Einsatz in Realtime. Die Befehlsgewalt liegt bei Kawert, er muss wissen, was tatsächlich vorgeht.

Zwei BMWs mit getönten Scheiben – Schnelligkeit geht jetzt vor Tarnung – rasen durch die Straße, die zwischen den Hochhäusern hindurchführt. Am Zebrastreifen über den abgeflachten Bordstein hinauf auf den Bürgersteig, weiter zum Eingang des Hauses mit dem grünen Streifen, die grobgliedrige Kette, die hier installiert wurde, damit die halb besoffenen VW-Polos und Ford Taunus nicht bis vor die Haustüren der Hochhäuser fahren können, ist vorhin entfernt worden, diskret, bei der Vorbereitung des Einsatzes. Die beiden *BMWs* halten vor der Haustür, zwei weitere stoßen dazu. Der Zugriff hat von zwei Seiten zu erfolgen, falls das erste Team wegen eines unglücklichen Zufalls aufgehalten wird, muss ein zweites zur Stelle sein. Fast zeitgleich also halten vier BMWs vor dem Eingang des Hochhauses so lautlos es geht – nicht nur die getönten Scheiben aus Panzerglas sind eine Sonderanfertigung, auch die Bremsbeläge sind mit Asbest verstärkt, um jedes Quietschen und Kreischen zu vermeiden. Die Türen der Wagen fliegen auf, die Teams schwärmen aus – Waffen im Anschlag, Schutzwesten, Helme, alles schwarz, die Männer ununterscheidbar –, rennen auf den Hauseingang zu. Die Fahrer steigen aus und schließen leise die Türen, fast ein Stummfilm, der da in Windeseile abläuft. Dann fahren die Wagen hinter einen improvisierten Bauzaun neben den Mülltonnen, eine Rückzugsposition, weniger gut einsehbar als der Eingangsbereich, wo sie so oder so gesehen werden, auch wenn sie noch so leise sind.

Die beiden SEK-Teams sind längst im Hochhaus und sehen, dass der Aufzug gerade aus dem Keller nach oben fährt. Das könnte ein Ablenkungsmanöver sein. Sie sind sehr wahrscheinlich aufgeflogen, und wer auch immer oben in der Wohnung ist, Gelfert oder die Frau, könnte ebenso gut die Treppe nehmen. Ein Team eilt also die Treppe hoch, hinauf in den achten Stock, während das zweite wartet, bis der Aufzug hält.

Kawert ist über die Helmkamera des Einsatzleiters dabei und dirigiert einen Teil der Männer hinunter in den Keller, während der Einsatzleiter mit dem Rest seiner Leute in den Aufzug eilt und auf den Schalter für den achten Stock drückt. Der Aufzug fährt los. Zwei Männer knien vor der Tür, die Waffen im Anschlag, bereit, auf jede unliebsame Überraschung zu reagieren, die sie oben erwarten könnte.

Das Team, das in den Keller hinuntergeeilt ist, steht vor einer verschlossenen Tür. Die Männer kennen den Bauplan des Hochhauses, das war Teil ihrer Vorbereitung. Die Tür führt in den Kellerflur, über den kommt man zum Technikraum mit den Hauptsicherungen des Hauses, den Fernsehleitungen und der Regulierung der Fernheizung. Von dort führt auch eine Tür nach draußen. Also besteht die Möglichkeit, dass Gelfert über diesen Weg flieht. Einer der Männer legt eine Ramme an die Tür, sie saugt sich fest, kurz warten, dann der Schlag, die Metalltür fliegt auf, und die Männer eilen in den Keller hinein.

Währenddessen sieht Kawert auf dem Monitor, wie die Aufzugtür sich im achten Stockwerk öffnet, der Flur ist leer, die Männer eilen hinaus, der Einsatzleiter gibt Kommandosignale, es wird nicht gesprochen, aber die Männer wissen eh, wo sie hinmüssen. Vier Türen auf dem Flur, sie eilen zur ersten links, postieren sich auf beiden Seiten, ein Mann bleibt zurück und hat die anderen Türen im Blick, falls von dort Unterstützer herauskommen oder – bei einem solchen Einsatz passieren unzählige Zufälle – ein Nachbar gerade rauswill. Der Einsatzleiter wartet einen Moment, während auch hier eine Ramme an die Tür gelegt wird. Sie saugt sich am Futter der Tür fest, fast lautlos, gummigepolstert, die Ramme muss, um effektiv zu sein, möglichst fest sitzen. Das dauert hier ein bisschen.

Aus dem Treppenhaus hört der Einsatzleiter jetzt das dritte Team, immer noch zwei Stockwerke unter ihnen, aber die vier wurden im dritten von einer Frau aufgehalten, die plötzlich in Regenjacke, einen Mülleimer in der Hand, vor ihnen stand und mit Nachdruck überzeugt werden musste, zurück in ihre Wohnung zu gehen und dort zu warten. Außerdem können vier schwer bewaffnete Männer nicht unbedingt schnell und völlig geräuschlos acht Stockwerke nehmen.

Die Diode auf der Ramme leuchtet grün, sie ist jetzt so weit. Der Einsatzleiter nickt seinem Kollegen zu, der drückt auf den Auslöser, und den Bruchteil einer Sekunde später fliegt die Tür mit einem lauten Krachen aus den Angeln, ins Innere der Wohnung. Der Rest des Manövers ist sorgfältig choreografiert: Die Männer kennen den Grundriss der Wohnung – Flur, links eine Kammer, gegenüber die Küche, an der Frontseite des Flurs das Wohnzimmer, daneben das Schlafzimmer, eine kleine Wohnung, zweiundfünfzig Quadratmeter – und ihren Platz in dieser Choreographie: Küche sichern, Kammer, zwei sind für das Wohnzimmer zuständig, das Schlafzimmer.

Kawert sieht auf dem Monitor, dass die Wohnung komplett dunkel ist, die SEKler schalten die Lampen an ihren Waffen ein, ein Gestochere aus Lichtstrahlen im Schwarz der Wohnung. Auf keinen Fall würden sie die Lichtschalter der Wohnung betätigen, denn niemand kann ausschließen, dass der elektrische Impuls eine Bombe zündet, statt das Licht anzuschalten. Trotz der Dunkelheit geht alles rasend schnell: Die Küche ist leer, die Kammer, das Wohnzimmer und das Schlafzimmer.

Das Team aus dem Treppenhaus prescht jetzt zur Unterstützung herein, völlig unnötig – die Wohnung ist verlassen. Im Wohnzimmer hängt noch der Geruch von einer Zigarette wie eine Signatur, ein Spott, fast wie der Fingerabdruck auf der Rückseite einer Toilette.

26

Die Hochhaussiedlung ist einer der drei Hotspots in Düsseldorf, an denen das Soziale sich gerne an schwelender Arbeits- und Perspektivlosigkeit entzündet. Wie hoch die Einwohnerzahl ganz genau ist, weiß niemand, weil die hier Miete zahlenden Einwohner gerne Untermieter bei sich aufnehmen, die die Mietverträge nicht unbedingt vorsehen. Ein verlorenes Projekt Zukunft, in den sozialliberalen Jahren auf dem Reißbrett entworfen: am Stadtrand gelegen, mit hohem Freizeitwert protzend und einer für die gesamte Stadt vorbildhaften Mobilität. Entsprechend der Einwohnerzahl wurden eine Ganztagsschule und eine Kita geplant, die für soziale Durchlässigkeit sorgen sollten.

Die Kita liegt am Rande der Siedlung neben einem Wäldchen und ist von allen Seiten gut zu erreichen. Die Zufahrt zur Autobahn ist nicht weit, die etwas weiter nördlich gelegene Bundesstraße ist nicht weit, die nordöstlich gelegene Landstraße ist nicht weit, und erst recht nicht weit ist die ein paar hundert Meter südlich gelegene Hauptstraße. Inklusive aller Abzweige gibt es im nahen Umfeld dreizehn Straßen, die die arbeitenden Väter und Mütter der Kita-Kinder schnell und zügig zu den Stätten ihres täglichen Wirkens bringen können.

Bettina Polheim und Matthias Gelfert haben sich drei Fluchtwege zurechtgelegt. Am Ende führen all diese Wege zum Parkplatz der Kita und der Gesamtschule, auf dem die Wagen der Lehrer unter einem von oben nicht einsehbaren Carport stehen – eigentlich nur ein angeschrägtes Dach aus gewelltem und dunkelgrau-grünlich verwittertem Asbest, an den Seiten vergittert und efeuberankt.

Nachdem Bettina am Parkhaus vorbeigefahren war, hat sie im Rückspiegel gesehen, dass ihr ein Wagen folgte, in großer Distanz noch, siebenhundert Meter hinter ihr, vielleicht achthundert. Sie sah sich eilig nach weiteren Verfolgern um, konnte aber niemanden entdecken. Der Wagen hinter ihr passte sich ihrer Geschwindigkeit an. Gaben die Verfolger sich wirklich der Illusion hin, dass Bettina sie nicht gesehen hatte? Oder waren sie sich sicher, dass sie so oder so in die Falle fahren würde, weil vor ihr weitere Verfolger des BKA warteten?

Bettina nimmt die am schlechtesten zu überschauende Route: ein Abzweig nach links in eine kleine Straße, die zur Kita führt, weit vor sich sieht sie schon die Ganztagsschule, ein paar Schüler hängen dort rum und rauchen, dann gleich wieder rechts, ein enger Abzweig – ein Verfolger, der nicht unmittelbar hinter ihr fährt, kann nicht sehen, was sie da macht – und hinein in einen kleinen Waldweg, der hinter die Kita und die Schule führt, eingerichtet für die städtischen Gärtner. Ein Stück noch, dann kommt sie über einen Seitenweg auf den Lehrerparkplatz hinter der Sporthalle und hält auf einem der freien Parkplätze ganz am Rand. Wer sich nicht unmittelbar hier umschaut, wird ihren Wagen nicht gleich entdecken – von der Schule und von der Straße aus ist der Parkplatz eh nur schlecht einzusehen. Bettina schnappt sich ihre Sachen – Jacke, Tasche, Funkgerät –, steigt aus und schaut sich um, welche Wagen im Carport stehen.

Wenn sie verfolgt würden, das war Bettina und Gelfert immer klar, wäre ihr Golf dem BKA bekannt wie ihre Fingerabdrücke. Und weil sie wussten, dass das BKA bei Fahrzeugverfolgungen inzwischen immer Hubschrauber zur Unterstützung rief, wäre ein Entkommen mit dem eigenen Wagen fast unmöglich. Ihr Golf war deshalb das denkbar ungeeignetste Fluchtfahrzeug. Ihr Problem: Sie hatten nicht die Möglichkeiten, einen neuen Wagen zu beschaffen, und ein Fahrzeug zu stehlen, würde genau den Wirbel verursachen, den sie nicht gebrauchen konnten. Der Plan war deshalb, wenn es drauf ankäme, einen der Wagen aus dem Carport zu stehlen. Bevor der Diebstahl bemerkt würde, wären sie längst weg. Sie haben sich umgeschaut und wussten, welche der Wagen hier am häufigsten standen. Von drei Fahrzeugen haben sie eine Kopie des Schlüssels angefertigt – wie man das Schloss vermisst, um einen Schlüssel herzustellen, hatten sie noch in Briesen von Damischs Einheit gelernt.

Und so geht Bettina jetzt zügig, aber nicht hektisch auf einen Ford zu, schließt auf, steigt ein, lässt ihn an und fährt vom Parkplatz auf die Straße. Der Wagen, der sie verfolgt hat, ist nicht zu sehen. Sie kurbelt das Seitenfenster ein Stück herunter, hört aber weder Hubschrauber noch Polizeisirenen. Sie fährt in eine Seitenstraße zum Hochhaus mit dem orangen Streifen und hält am Hintereingang neben den Mülltonnen; sie sind eingezäunt und von allen Seiten schlecht einzusehen. Gelfert, seine Tasche in der Hand, kommt angelaufen und steigt ein.

Als Bettina auf den Kreisverkehr zufährt, von dem die Ausfahrtsstraßen abgehen, hört sie den Hubschrauber, der über der Hochhaussiedlung hinter ihr kreist. Sie fährt stadteinwärts, eine Minute verschwinden sie im Stadttunnel, endgültig unsichtbar und verloren für den Helikopter. Vier, fünf Polizeiwagen rasen ihr mit Blaulicht im Tunnel entgegen, ohne den Ford zu beachten.

Erst in einer Dreiviertelstunde wird der Schulleiter seine Mathematikstunde vor einer wegen des Polizeieinsatzes, der draußen vor den Fenstern abläuft, völlig unkonzentrierten neunten Klasse beenden, zum Carport gehen, in der Tasche nach seinem Schlüssel kramen, kurz irritiert sein, weil er den Wagen am Rand des Parkplatzes nicht kennt, wird weitergehen und denken, dass der Wagen wahrscheinlich einem der neuen Referendare gehört, und er wird seinen eigenen Wagen vergeblich suchen. Dann wird er die Polizei verständigen, die zehn Minuten später endlich wissen wird, dass sie einen Ford Taunus in grün-metallic als Fluchtfahrzeug von Matthias Gelfert und einer unbekannten Frau sucht.

Jetzt aber, eine Stunde früher, kurbelt Bettina das Fenster auf der Fahrerseite weiter herunter, und als der Ford den Tunnel verlässt, sind weder der Hubschrauber noch Polizeisirenen zu hören. Düsseldorf liegt vor ihnen, und Gelfert schaut zu Bettina. Ihre Haare flattern im Fahrtwind, in der Konsole liegt eine angebrochene Packung Zigaretten, ein Billigfeuerzeug, und Gelfert zündet zwei Zigaretten an, reicht eine Bettina. Schweigend fahren sie durch die Stadt, ein Lächeln, eine Zigarette, eine lebende Shampoo-Werbung, und für einen Moment spielen sie Baader, Ensslin, Meinhof. Statt in einem Porsche aber sitzen sie im Ford eines Studienrats – zweihundertdreißigtausend Kilometer hat er runter, der dritte Gang ist ausgeleiert – und bleiben fünf Stundenkilometer unter der erlaubten Höchstgeschwindigkeit, um nicht aufzufallen. Und statt Gauloises ohne Filter rauchen sie Lord Extra, nikotinreduziert, eher nicht der Geschmack von Abenteuer und Freiheit, sondern der von Bietigheim-Bissingen im Moment kurz nachdem die Kohlrouladen gekocht und kurz bevor die Kinder zu Hause sind.

Bettina wirft die halb gerauchte Zigarette aus dem Fenster, der Regen ist noch stärker geworden und sprüht durch das offene Fenster herein. Sie kurbelt es herauf und wirft Gelfert einen Blick zu. Er lächelt in sich hinein, geil vom Adrenalin. Ich lebe und es regnet, und alles ist gut.

27

Kawert tritt aus dem Aufzug in den Hausflur. Er hat acht Stockwerke Briefing mit dem Einsatzleiter des dritten SEK-Teams hinter sich. Acht Stockwerke haben gereicht, um den Fluchtweg von Gelfert zu rekonstruieren. Gelfert ist mit dem Aufzug in den Keller gefahren und muss irgendwie in den Technikraum gelangt sein, der eigentlich nur dem Hausmeister und der Hausverwaltung zugänglich ist. Vom Technikraum führt eine weitere, ebenfalls verschlossene Tür in einen weiteren Raum, wo die Anlage, die die Fernwärme reguliert, steht. Von dort wiederum führt eine Tür nach draußen, denn die städtischen Heizungsbetriebe haben bei der Installation der Anlage darauf bestanden, einen eigenen Zugang zum Haus zu haben. Gelfert hat alle Zwischentüren auf- und wieder abgeschlossen. Nur die Außentür ließ er offen. Nicht rekonstruierbar ist, woher Gelfert den Schlüssel hatte, offenbar ein Generalschlüssel.

Wie auch immer, niemand beim BKA hat mit dieser Fluchtmöglichkeit gerechnet. Und für Kawert kann es jetzt nur noch um Schadensbegrenzung gehen. Sämtliche Beamten, die zur Verfügung stehen, wurden abkommandiert, die Einwohner, die von ihren Wohnungen aus die Tür vom Heizungskeller im Blick haben, zu befragen. Vielleicht hat einer von ihnen den Fluchtwagen sehen können. Denn Kawert wurde noch im Aufzug klar, dass Gelfert und seine Begleiterin das Fluchtfahrzeug gewechselt haben müssen.

Kawert hatte seit Beginn des Zugriffs zwei Hubschrauber im Einsatz, beide sendeten Videoaufnahmen von den Straßen an die mobile Zentrale. Gut, das Straßengeflecht hier war schwer zu überwachen, irgendwo aber, an den neuralgischen Punkten – es gab zwei Kreuzungen und den Kreisverkehr, die besondere Aufmerksamkeit verdienten – hätten entweder die Piloten oder die Mitarbeiter, die die Aufnahmen sofort auswerteten, den Wagen sehen müssen. Fehlanzeige. Also mussten Gelfert und seine Begleiterin ein neues Fahrzeug haben.

Ein Bombenspezialist des SEK hat gerade Gelferts Wohnung wieder freigegeben, nachdem er ausschließen konnte, dass die Lichtschalter mit einer Sprengstoffladung verknüpft sind. Offenbar hat Gelfert in seiner völlig überhasteten Flucht lediglich versucht, Zeit zu gewinnen, indem er seine Verfolger mit dem ausgeschalteten Licht in die Irre führte.

Nun betritt Kawert die Wohnung, zieht Gummihandschuhe an und Plastiküberzieher über die Schuhe. Bis die Kriminaltechniker anrücken, hat er noch einen Moment für sich allein. Zeit genug, um die Atmosphäre der Wohnung in sich aufzunehmen. So nahe ist er einem Mitglied der RAF ewig nicht gekommen. Noch vor zehn Minuten war Gelfert hier, seine Nähe ist noch zu spüren. Und anstatt sich über den bisherigen Misserfolg der Fahndung zu ärgern, macht Kawert lieber weiter.

Die Wohnung ist völlig leer, unpersönlich und steril. In der Küche das Rauschen eines Geschirrspülers. Er öffnet ihn, Wasser sprüht ihm entgegen, heiß dampfender Nebel. Zwei Tassen, zwei Gläser, zwei Teller, Besteck, bei Ikea gekauft. Kawert hatte bis vor zwei Jahren dasselbe. Bis Iris und er sich entschieden, endlich ihren Ausbildungszeiten zu entwachsen und sich bei WMF neu einzudecken. Danach war ihnen ihre eigene Spießigkeit peinlich, und irgendwie haben sie sich nach ihren improvisierten Ikea-Zeiten mit zwei Matratzen auf dem Boden, zusammengestückelter Bettwäsche und Kerzen auf Flaschenhälsen zurückgesehnt.

Kawert schließt die Spülmaschine und geht zurück in den Flur. Im Schlafzimmer sind die Schränke völlig leer, im Bad liegt nicht einmal eine Tube Zahncreme. Halbdunkel im Wohnzimmer. Mit Ausnahme eines Vorhangs, den das SEK zur Seite gezogen hat, sind alle anderen noch zugezogen. Kawert schaut sie sich an: Karomuster, vielleicht vor fünfzehn Jahren in Mode, heute völlig antiquiert. Offensichtlich hatte die RAF diese Wohnung schon vor Ewigkeiten als Rückzugsort gemietet. Keiner seiner V-Leute wusste von ihr, überhaupt ist Düsseldorf terra incognita für Kawert, er weiß sehr wenig über die Unterstützerszene und fast nichts über die Logistik, über Waffendepots, Kontaktleute, Garagen, in denen möglicherweise Fluchtwagen warten. Leichter Zigarettengeruch hängt in dem alten Vorhangstoff, ein alter Mief, der bestimmt nicht von den beiden stammt, die in den letzten Wochen hier gewohnt haben.

Kawert zieht einen der Vorhänge zur Seite und wirft einen kurzen Blick nach draußen. Regen prasselt gegen die Fenster, der Hof zwischen den Hochhäusern ist abgesperrt, Polizeiwagen, ein Krankenwagen, die drei Wagen des SEK parken jetzt dort unten. Polizisten lassen sich nass regnen, die SEKler mit Masken über dem Gesicht, damit man sie nicht erkennt. Von der Straße her nähert sich ein Wagen der Kriminaltechnik, ein Polizist öffnet die Absperrung und lässt ihn auf den Hof fahren.

Kawert schaut auf die Fenster der gegenüberliegenden Hochhäuser, an denen das Blaulicht der Polizeiwagen heraufflackert. Die Nachbarn schauen in den Innenhof hinunter, eine Gratis-Kinovorstellung für das ganze Viertel: Schulkinder, die an ihren Hausaufgaben sitzen sollten und jeden Vorwand nutzen, um nicht weitermachen zu müssen, Männer in fleckigen, sehr stramm sitzenden Unterhemden, Frauen in Jogginganzügen. Eine Welt mit ihren eigenen Problemen, die Köpfe tief über die Kloaken des eigenen Elends aus mageren Kontoauszügen, Tiefkühlpizza und viermal die Woche Pommes rotweiß gebeugt, adipös, verloren und chancenlos. Genau das Publikum, denkt Kawert, das die RAF sich wünscht. Kawert kennt die Flugblätter, die magere Ideologie der RAF in- und auswendig, Versatzstücke eines angeranzten Sozialismus, glatt poliert mit waffenstarrenden Parolen aus den Dschungeln dieser Welt, in denen man Käfer aß und Schlangen briet, um im Klassenkampf mit dem internationalen Imperialismus nicht zu verhungern, und zum Glänzen gebracht mit den strahlenden Gesichtern junger FARC-Anhängerinnen, schwarze Locken unter dem Militärkäppi, im kampfgrünen Männerunterhemd und ohne BH – der Nippelalarm als motivierender Kampfschrei der jungen Garde.

Er wendet sich ab, lehnt sich an das Fensterbrett und schaut sich weiter im Wohnzimmer um. Ein Esstisch, zwei Stühle, eher Sperrmüll als Ikea, weit in den Raum gestellt, so dass man von den gegenüberliegenden Fenstern aus nicht sehen kann, wer an diesem Tisch und auf diesen Stühlen sitzt. Der Fernseher – das modernste in dieser ganzen Wohnung, offenbar neu, höchstens drei Monate alt – auf Stand-by. Und nur zwei Meter vor dem Fernseher ein Sofa, durchgesessen und noch aus den Siebzigern.

Unter dem Sofa lugt etwas hervor. Kawert bückt sich und zieht einen kleinen Zettel heraus, DIN A 5, offenbar aus einem Spiralblock herausgerissen, in der Mitte einmal gefaltet, hastig und nicht besonders penibel. Kawert faltet ihn auseinander.

Fünf Namen, mit blauem Kugelschreiber geschrieben. Die ersten vier Namen sind durchgestrichen, mit geraden, präzisen Linien, offenbar mit einem Lineal oder irgendeiner anderen Hilfe gezogen:

Ernst Zimmermann (MTU)
Karl Heinz Beckurts (Siemens)
Gerold von Braunmühl (Auswärt. Amt)
Ernst Wegner (dt. Bank)

Bei Wegner ein kleiner Tintenklecks. Wer auch immer das geschrieben hat, Gelfert selbst oder seine Begleiterin, hat den Kugelschreiber angesetzt und einen Tick zu lange gewartet, bevor er oder sie den Strich gezogen hat. Noch nie hat Kawert ein handschriftliches Dokument der RAF in der Hand gehabt, weil die RAF keine Handschriften hinterlässt. Ihre Mitglieder schreiben durchgängig auf Schreibmaschinen, anonym, entindividualisiert. Denn schon nach den Erfahrungen der »Bewegung 2. Juni«, die den Berliner Lokalpolitiker Peter Lorenz entführt und ihre Plakate noch von Hand beschriftet hat, ist die RAF zu Schreibmaschinen übergegangen, weil sie wusste, dass das BKA Graphologen einsetzte. Zwar nicht mit besonderem Erfolg – die Analysen stimmten nicht –, aber es entstanden Persönlichkeitsprofile, aus den Schnörkeln und Schlingen der Handschrift herausdeduzierte Verwundbarkeiten und Unsicherheiten. Und wenn die RAF etwas nicht schätzte, dann waren das Individualität, Unsicherheit oder gar Verwundbarkeit.

Marion Burckhardt wird sich freuen, denkt Kawert. Sie würde viel herauslesen können, da ist er sich sicher.

Kawert faltet den Zettel auseinander. Unterhalb des Falzes steht ein fünfter Name. Der einzige auf der Todesliste, der nicht durchgestrichen, sondern doppelt unterstrichen ist:

Hans-Georg Dahlmann.

28

»Wann waren Sie das letzte Mal bei uns?«, fragt Dahlmann vom Beifahrersitz.

»Das ist lange her, ewig ... mit Julia. Ich glaube, da waren wir im zweiten Semester«, antwortet Sandra.

Allzu viel hat sich hier in den letzten Jahren nicht verändert. Links die Villen, rechts beginnt die Kleingartenkolonie, die sich über ein paar hundert Meter hinzieht – ein Lückenbüßer für einen unentschlossenen Bebauungsplan. Ein unmittelbarer Kontrast zwischen Giacometti-Imitaten und Gartenzwergen mit sehr roten Mützen, dazwischen gleitet die Schnellstraße hindurch, ein dreispuriges Relikt der Sechziger, taubengrau, mit vom Winter zerrissenem, schwarz gestopftem Asphalt, um diese Zeit nicht allzu befahren.

Vor sieben Jahren sind Sandra und Julia von Hamburg aus hier runtergefahren, ein eiliger Wochenendtrip mit einhundertachtzehn km/h, das war alles, was Julias Golf, der kurz vor der Zwangsscheidung durch den TÜV stand, hergab. Der Zigarettengestank war aus dem Wagen nicht rauszukriegen, außerdem muss der Vor-Vorbesitzer irgendwann besoffen auf die Hintersitze gekotzt und den Mief mit Teppichreiniger zu bekämpfen versucht haben, natürlich vergeblich. Als Sandra und Julia nach Stunden endlich in Düsseldorf ankamen, war ihnen übel, und die Autobahn rauschte immer noch durch ihre Köpfe. Stundenlang mussten sie sich fast anbrüllen, denn ab einer Geschwindigkeit von fünfundneunzig Stundenkilometern prustete und keuchte der Golf so laut vor sich hin, dass man nur die Klappe halten oder dagegen anschreien konnte. Und Sandra und Julia waren Plappertanten, die es nicht ausgehalten hätten, von Hamburg bis Düsseldorf nebeneinanderher zu schweigen.

Sandra war vom Reichtum der Dahlmanns vollkommen überrascht. Julias ständig fast verreckender Golf, ihr Zimmer in einer WG in Hamburg-Ottensen, ihr schmaler monatlicher Wechsel, ihr Faible für Klamotten von Second-Hand-Ständen auf dem Samstagsmarkt vor dem Bahnhof in Altona: All das passte im ersten Moment nicht so recht zu einer Düsseldorfer Villa mit Köchin, Meißner Porzellan und dem Ernst-Ludwig-Kirchner im Wohnzimmer – eine in Würde verblassende Studie zum »Nollendorfplatz«, die Julias Mutter von ihrer Mutter geerbt hatte und deren Verkauf Julias Studium bis zur Drucklegung der Habilitation, inklusive neuem Golf, finanziert hätte.

Aber spätestens eine Dreiviertelstunde später war Sandras Scheu verschwunden. Hildegard Dahlmann hatte nämlich die Köchin nach Hause geschickt, einen Kuchen in den Ofen geschoben, war in ihrem Arbeitszimmer verschwunden und zwischen ihren quengelnden Akten versunken; am Montag hatte sie einen Prozess zu führen, der sie an den Rand der Überforderung brachte. Und als Julia und Sandra am Spätnachmittag an der Tür der Villa klingelten, durchgequatscht und mit flauem Magen, empfing sie der Geruch eines verbrannten Käsekuchens und eine zerknirschte Hildegard Dahlmann, die vom Standardgefühl einer berufstätigen Frau ihrer Generation zerrissen wurde: dass sie nämlich ihre Mutterliebe, materialisiert in einem Käsekuchen nach dem Rezept ihrer Großmutter, auf dem Altar der Berufstätigkeit geopfert hatte, einmal mehr und eigentlich wie immer. Julia, wie alle Töchter berufstätiger und also im Schuldkomplex sich verheddernder Mütter dieser Generation eher praktisch veranlagt, schnitt den verbrannten Rand kurzerhand ab und sah großzügig darüber hinweg, dass Erdbeeren aus Spanien wegen der Verwüstung Kataloniens ganz grundsätzlich nicht gingen. Und so hatten die drei eine halbe Stunde später mit Fair-Trade-Kaffee von einsamen aber glücklichen BäuerInnen aus Guatemala und Milch von sehr glücklichen Kühen aus der Region im Wohnzimmer gesessen und Käsekuchen ohne Kuchen, aber mit Erdbeeren gegessen und geplauscht, von Hamburg erzählt, vom Studium, von Jura, den Dozenten, von skandalösen Urteilen berichtet und Hildegard Dahlmann das angenehme Gefühl vermittelt, als Speerspitze des Feminismus in den Rechtsprechungsorganen des Landes vorangegangen zu sein und einer neuen Generation den Weg vom Hausputz am Nollendorfplatz zum Richterstatus am Landesgericht geebnet zu haben.

Später erfuhr Sandra, dass Julia in ihrer Studienzeit nicht allzu oft Besuch zu ihren Eltern mitbrachte. Der Trip war ein großer Liebesbeweis, was Sandra damals nicht ahnte, denn sie selbst brachte ständig Besuch mit nach Hause, ihre Eltern liebten es, Sandras Freunde kennenzulernen, und Sandra liebte es, sich hinter ihren Freunden vor ihren Eltern zu verstecken, um ja nicht zu viel von sich preisgeben zu müssen. Julia aber hatte große Scheu davor, neue Freunde mit nach Hause zu bringen, denn der freundschaftsirritierende Effekt von dreihundert Quadratmetern präfaschistischer 20er-Jahre Villa mit Eichenpaneelen an den Wänden war ihr wohl bewusst.

Anderthalb Stunden Gegiggel und drei Likörchen später hörten sie Dahlmann nach Hause kommen. Samstagnachmittag um halb sechs, also außergewöhnlich früh, aber schließlich war seine einzige und geliebte Tochter zu Besuch und hatte ihre neue Freundin aus Hamburg mitgebracht, kein Grund, dass die Firma ihm die Villa wegen mangelnden Arbeitsfleißes wieder entziehen müsste. Sandra erinnert sich noch genau an den ersten Eindruck, den Dahlmann auf sie gemacht hat: Ein Jackett in dunkelstem Jägergrün, mit feinen roten und gelben Streifen durchzogen – eine Geschmacklosigkeit sondergleichen, Ruhrgebietchic und Suggestion an alle Sachbearbeiter: »Ich bin wie ihr, ich tu euch nicht weh.« Heute weiß Sandra, dass Dahlmann ein Kleidungsrepertoire zwischen Kumpelhaftigkeit und Distanz besitzt, das er mühelos seinem Vokabular, seinem Dialekt und der Länge seiner Sätze anpassen kann. Und so schaltete er damals schon meisterhaft konditioniert vom Arbeits- in den Privatmodus, sobald er aus dem Jackett raus- und in seine Strickjacke hineingeschlüpft war. Nun war er zu Hause und aufmerksam daran interessiert, von seiner Tochter die Neuigkeiten der letzten Wochen zu hören und Sandra kennenzulernen.

Die beiden waren sich sofort sympathisch, worüber Sandra ordentlich erstaunt war, denn real existierende Kapitalisten, von denen sie durch die Kirchenkontakte ihrer Eltern immerhin einige kannte, trafen schon allein aufgrund der Tatsache, dass sie Kapitalisten waren, ihren Zentralnerv, vor allem, wenn sie als Mäzene auftraten, gütig Almosen verteilten, Stipendien und neue Kirchenfenster finanzierten. Dahlmann aber in seiner groben, übergroßen grauen Strickjacke mit Hornknöpfen, eine Geschmacklosigkeit, die er an seine Tochter weitergegeben hatte, besaß Selbstironie und einen beißenden Humor, dem Sandra sich nicht entziehen konnte. Der Abend war der einzige ihres Lebens, an dem sie Doppelkopf spielte. Es irritierte sie anfangs, warum eine Familie, die sich so selten sah, ihre Zeit mit Kartenspielen verplemperte, denn das war so ganz anders als in ihrer eigenen Familie mit ihren Wesentlichkeitsgesprächen, dem entlarvenden und helfenden Nachbohren und Schärfen der eigenen Meinung, bis man mindestens Feuilletonniveau erreichte.

Um halb eins, besoffen vom Brunello, fünfundvierzig D-Mark die Flasche, und angefüllt mit den dämlichsten und lustigsten Witzchen und Zoten, hatte Julias Familie Sandra erobert. Am nächsten Morgen, verkatert und angesichts der Eichenpaneele um Ernüchterung bemüht, hatte Sandra – Pfarrerstochter mit von Marx, Gramsci und Althusser gestähltem Über-Ich und zu überintellektualisierten, kopfigen Verkrampftheiten über die allgemeine Klassenlage neigend – sich von den einhundertfünfunddreißig D-Mark für die drei Flaschen Wein, den belanglosen Scherzen und dem Kartenspiel vom Kapitalismus und dessen Jargon der Unwesentlichkeit gekauft gefühlt, sich aber hinter ihrem frisch gepressten Orangensaft versteckt und nichts anmerken lassen, als sie Dahlmann über die Chemieindustrie im Ruhrgebiet befragte.

»Nehmen Sie es mir bitte nicht übel, wenn ich Ihnen das Du nicht anbiete«, sagt Dahlmann im Auto. »In einer Behörde wie der Treuhand möchte ich vorsichtig sein mit solchen Dingen.«

Natürlich. Sandra nickt und lächelt. Angemessen wäre das

Du schon damals gewesen, Dahlmanns Frau hat sie natürlich geduzt. Aber jetzt? Junge Frau und älterer Chef – kein gutes Signal.

»Ich danke Ihnen, dass ich bei Ihnen arbeiten darf. Ich kann mir vorstellen, wer da alles Schlange gestanden hat.«

Es hat eine vorsortierte Liste mit rund zweihundertfünfzig Bewerbungen gegeben, ein Haufen Bewerber aus der Kanzlerpartei, christlich, demokratisch, unsozial, Abschlussnoten brillant, Praktika, Auftreten, Medientraining und so weiter. Am Ende war es ein Doppelkopfabend voller Lachen und Alkohol vor vielen Jahren, der den Ausschlag gegeben hat. Und letztlich Dahlmanns Bauchgefühl. Eine Freundin seiner Tochter musste die Richtige sein, denn Julia, der er blind vertraute, konnte sich auf keinen Fall irren. Als Dahlmann Sandras Bewerbung auf seinem Schreibtisch vorfand, war ihm sofort klar, dass er sie nehmen würde. Die Einladung zum Bewerbungsgespräch war reine Formsache – weniger, um selbst nicht in den Verdacht der Patronage zu geraten, als vielmehr, um Sandra zu schützen: Eine Assistentin, die sich gegen zweihundertachtundvierzig Mitbewerber durchgesetzt hat, hat in einer Behörde wie der Treuhand ein anderes Standing als eine, die von vornherein im Ruf steht, wegen ihrer Kontakte zum Chef auf den Posten gehievt worden zu sein.

»Herr Dahlmann«, sagt der Fahrer und deutet nach vorne auf die Straße.

Der Wagen nähert sich Dahlmanns Villa, hundert Meter noch, dann sind sie da. Auf dem Bürgersteig vor dem Haus parken zwei Polizeiautos, in der Einfahrt stehen zwei schwarze Limousinen. Ein Stück noch, dann erkennt Dahlmann, dass die beiden Wagen Wiesbadener Kennzeichen haben, und wird unruhig.

Der Fahrer hält hinter den beiden Limousinen in der Einfahrt, halb auf der Straße. Vier Beamte mit kugelsicheren

Westen kommen zu Dahlmanns Wagen und schauen hinein. Er steigt aus, Sandra folgt ihm. Die Polizisten grüßen Dahlmann, den sie aus dem Fernsehen kennen, bitten ihn, zügig ins Haus zu gehen, und eskortieren ihn und Sandra zur Villa.

Die Haustür wird geöffnet, und Hildegard Dahlmann kommt den beiden entgegen. Es ist fünf Jahre her, dass sie und Sandra sich das letzte Mal gesehen haben. Sie hat bei Julia übernachtet, und die beiden hatten Sandra in einem Café in Ottensen getroffen. Hildegard Dahlmann ist sichtlich gealtert, deutlich mehr als fünf Jahre haben an ihr gezehrt. Immer schon war sie eine Frau, die keiner Auseinandersetzung aus dem Weg ging und die hier, allein zwischen ihren Aktenbergen, ohne ihren Mann, den sie zum Austausch mehr brauchte, als sie sich eingestand, von ihrer Substanz lebte. Diszipliniert und rücksichtlos gegen sich selbst.

Sie nimmt ihren Mann in den Arm. Die Polizisten schauen sich unruhig zur Straße um, es passt ihnen nicht, dass die Begrüßung hier draußen stattfindet.

Aus der Villa tritt ein Mann Ende dreißig, Figur wie Ende zwanzig, Augenränder wie Ende vierzig und spürbar unter Hochdruck. Hildegard Dahlmann registriert sofort, dass ihrem Mann die Anwesenheit der Polizisten überhaupt nicht passt; das hier ist sein anderes Leben, der Gegenpol zu Berlin, sein privates Wochenende, an dem er seine Ruhe haben will vor Schutzwesten und Maschinenpistolen.

Bevor ihr Mann etwas sagen kann, begrüßt Hildegard Dahlmann Sandra. »Das ist schön, dich zu sehen!« Sie legt ihren Arm um Sandra. »Julia hat angerufen. Ich soll dich ganz lieb grüßen, sie hängt noch auf der Autobahn.«

Der Mann, der hinter ihr aus dem Haus gekommen ist, tritt zu Dahlmann und reicht ihm die Hand. »Entschuldigen Sie, dass ich Sie hier überfalle. Mein Name ist Kawert, ich bin vom BKA.«

Dahlmann neigt eigentlich nicht zu Schroffheiten, er ist

ein beherrschter Mann, der gelernt hat, mit unerwarteten Situationen umzugehen, auch wenn sie ihm nicht in den Kram passen. Jetzt aber hat er Mühe, sich zusammenzureißen. »Das ist das erste Wochenende mit meiner Familie seit fünf Wochen.«

»Tut mir leid, aber ich muss Sie sprechen.«

»Kann das nicht bis Montag warten?«

»Jetzt sei doch nicht so ein Stoffel«, sagt seine Frau. »Dann fängt das Wochenende eben zwei Stunden später an!«

Dahlmann schaut sie an. Und sieht ihre innere Unruhe. Er wendet sich Kawert zu und deutet zur Tür. »Bitte!«

»Aber ich habe schon fast die höchste Sicherheitsstufe. Ständig ist Polizei um mich herum«, sagt Dahlmann.

Er steht vor seinem Schreibtisch im Arbeitszimmer und schaut hinaus in diesen Tag, der nie so richtig wach geworden ist. Die Kleingartensiedlung gegenüber ist menschenleer, obwohl Wochenende ist, die Tage sind viel zu nass, um Zäune oder Wände zu streichen, die Natur steckt noch halb in einem graubraunen Winterschlaf, und die Nächte sind zu kalt für die kleinen Gas- und Petroleumöfen. Erst in drei, vier Wochen wird die Saison beginnen. Grillkohle, Farbe und viel zu viel nackte Haut bei den ersten Sonnenstrahlen.

Dahlmann deutet auf die Fensterscheibe. »Schusssicheres Glas. Keine Auftritte mehr in Menschenmengen – mehr geht nicht, mehr will ich nicht.«

Kawert sitzt ihm gegenüber, die Tür des Arbeitszimmers ist verschlossen, ein Gespräch unter vier Augen. »Ich habe von Bitterfeld gehört«, sagt er. »Sie sollten sich besser an die Anweisungen des Personenschutzes halten.«

»Wenn es nach denen ginge, wäre ich wie ein römischer Konsul mit Leibgarde unterwegs. Was glauben Sie, wie das bei den Leuten ankommt? Ich bin eh schon der Besserwessi und das Hassobjekt schlechthin – ich kann mich nicht noch mehr abschotten.« Dahlmann hat sich in Rage geredet, ist lauter, als er eigentlich sein will. Ein Thema, das an ihm bohrt und sägt – offenbar sehr viel stärker, als ihm selbst bewusst ist.

Die Tür wird geöffnet, Hildegard Dahlmann und Sandra treten ein.

»Was ist los?«, fragt Dahlmanns Frau – beunruhigt, denn sie kennt ihren Mann. Natürlich weiß sie, dass er laut werden kann. Es gibt Mitarbeiter aus Dahlmanns Managerzeiten, die ihm wegen seiner gelegentlichen Schroffheiten – zu manchen Zeiten auch häufiger als gelegentlich – immer noch grollen. Aber hier zu Hause hat sie ihn seit Jahren, eigentlich seit seinen Schimpfereien über Pascal, Julias Ex-Freund, nicht so laut werden hören.

Dahlmann weicht dem Blick seiner Frau aus. Er schweigt und schaut aus dem Fenster. Natürlich wird die Nachricht, die Kawert ihm überbracht hat, seine Frau, die eh schon schlecht schläft und deren Nächte ein einziges nach vorne verlängertes Morgengrauen sind, und die ein ziemlich wackeliges Nervenkostüm hat, noch stärker beunruhigen. Dahlmann weiß noch nicht, wie er damit umgehen soll, und braucht Zeit, um sich zurechtzulegen, wie er es ihr sagt. Im Grunde aber ist er einfach selbst schockiert.

Natürlich spürt Hildegard Dahlmann die Angst ihres Mannes und verlangt nach einer Antwort. Sie schaut Kawert an. »Herr Kawert?«

Aber der weicht ihrem Blick aus wie ein nach einem besoffenen Streich von der Lehrerin zur Rede gestellter Pennäler und schaut zu Dahlmann.

Dahlmann zögert, dann sagt er: »Sie haben das Versteck der Wegner-Attentäter gefunden.«

Hildegard Dahlmann ist Wegner einmal begegnet, ein flüchtiges Cocktailgespräch, Smalltalk, in diesem Fall besonders small, es ging um Pisa, Wegner war im Puccini-Museum in Torre del Lago gewesen, das nur ein paar Autominuten von Pisa entfernt liegt, und hat von dem Flügel erzählt, auf dem *Madame Butterfly* komponiert worden war. Hildegard Dahlmann konnte es noch nie leiden, wenn Banker anfingen, sich über ihre Kulturerlebnisse auszulassen, das war noch schlimmer, als wenn sie über ihr Handicap beim Golfen schwadronierten. Wegner aber hatte etwas, das ihr gefiel. Eine Bemerkung über den Orientalismus in *Madame Butterfly*, die eigentlich eher zu einem linken, muffigen Cordsakko gepasst hätte als zu einem Brionianzug, der nach einer Umarmung mit Chanel Nr. 5 duftete. Hildegard Dahlmann ist noch nie in ihrem Leben einem anderen Banker begegnet, der Edward Said gelesen hatte. Eigentlich hätte sie damals gerne nachgefragt und sich weiter mit Wegner unterhalten, aber ein Empfang bei der Deutschen Bank war dann doch nicht ganz der Ort, um Puccini zu diskutieren, und Wegner ist weitergeflattert, um die nächsten Gäste zu erobern.

Ihr Mann hat ihn damals den »Schmetterling« genannt. Flatternd von einer Blüte zur nächsten, nicht greifbar, schon beim leisesten Regen oder Windzug irgendwo verschwunden, bis die Welt wieder in der Sonne dampfte, damit er ausgeschlafen auf den schönsten Blüten herumtüpfeln konnte. Dahlmann hat Wegner nicht leiden können, gerade wegen seiner kulturellen Petitessen, kalkuliert und eine bloße Menschenfängerei in bestimmten Kreisen. Dafür klingt seine Stimme jetzt doch einen Tick zu involviert. Das Versteck der Wegner-Attentäter gefunden, nun gut. Irgendwas aber ist da noch. Hildegard schaut ihren Mann an, von Moment zu Moment beunruhigter. »Und?«, fragt sie.

»Im Versteck der Attentäter war eine Liste mit den Zielen und Opfern der RAF«, sagt Dahlmann. »Ich bin das nächste Ziel.«

Ein Attentat. Hildegard Dahlmann hat es befürchtet, er hat es befürchtet, seit Monaten schon. Vielleicht nicht, dass es aus dieser Richtung kam, viel größer war ihre Angst vor einem Anschlag während einer seiner Reisen in die ehemalige DDR. Seit ein paar Wochen hält sie es nicht mehr aus, schaut nicht mehr fern, hört auf ihren Fahrten zum Gericht kein Radio mehr. Aber das, was, gefiltert durch die Zeitungen, zu ihr durchdringt, reicht aus, um ihren Angstpegel auf ein Level zu heben, das viel zu hoch ist und ihre Nächte immer weiter verkürzt.

Dahlmann geht zu seiner Frau, die um Fassung kämpft. Aber bevor er sie in den Arm nehmen kann, klingelt es unten an der Haustür.

»Das ist Julia«, sagt seine Frau. Sie wischt sich zwei, drei Tränen aus den Augen, bemüht sich, die Haltung wiederzugewinnen, verlässt, an Kawert und Sandra vorbei, das Arbeitszimmer und geht die Treppe hinunter.

Sandra schaut Dahlmann an, froh, dass sich die Atmosphäre zwischen Angst und Bedrohlichkeit aufgeheizt hat. Tränen liegen in der Luft, und niemand kann Sandra ansehen, dass sie aus ihrem eigenen, ganz anderen Grund mit der Angst kämpft. Sie hat seit Tagen nichts von Bettina Polheim und Gelfert gehört. Sie weiß gar nichts, überrumpelt steht sie hier, beginnt zu schwitzen, und die Welt wird eng.

Aus dem Flur hört sie das Knarzen der alten Holztreppe, erkennt es wieder, weil sie es bei ihrem ersten Besuch schon gehört hat. Damals hat sie bei Julia im Zimmer übernachtet, nur zwei Türen neben dem Arbeitszimmer. Um zwei Uhr morgens, die Heizung war längst im Nachtschlaf, das Haus kühl und dunkel und erzählte flüsternd Gespenstergeschichten aus den dreißiger Jahren, sind Sandra und Julia die Treppe hinuntergeschlichen, um die Reste des Brunellos seiner natürlichen Bestimmung zuzuführen. Dasselbe Knarzen derselben Stufe.

Sie bemerkt, dass Kawert sie anschaut. Anscheinend hat er mit Dahlmann noch Weiteres zu besprechen. Sie nickt Dahlmann zu, geht aus dem Zimmer und wartet draußen im Flur, so dass man sie vom Arbeitszimmer aus nicht sehen kann. Unten die Schritte von Hildegard Dahlmann auf dem Eichenparkett, aus dem Arbeitszimmer die Stimmen von Dahlmann und Kawert.

»Neben Ihrem Namen standen drei Termine auf dem Zettel: Dieses Wochenende, in zwei Wochen und Anfang Mai«, sagt Kawert.

»Das sind die Wochenenden, an denen ich hier bin«, antwortet Dahlmann.

»Wer weiß davon?«

»Bisher niemand. Private Termine notiere ich mir grundsätzlich nur in meinem Privatkalender.«

Unten öffnet Hildegard Dahlmann die Tür, begrüßt ihre Tochter Julia und ihren Enkel Benjamin, alles ist nah; ein paar Schritte und einen Blick um die Ecke die Treppe hinauf, dann würden sie Sandra neben der Tür des Arbeitszimmers sehen.

»Außer ihnen hat niemand Zugriff auf diesen Kalender?«, fragt Kawert.

»Nein«, sagt Dahlmann und überlegt einen Moment. »Sandra vielleicht. Meine Assistentin.«

Plötzlich große Hitze. Die ganze Zeit schon schwitzt sie, und ihre Bluse wird feucht, zum Glück trägt sie eine leichte Strickjacke, niemand wird die Flecken unter ihren Achseln sehen. Der Atem flach und immer schneller, gleich das Schwindelgefühl, sie weiß, was kommt – Bettina hatte die Situation mit ihr durchgespielt, dreimal, viermal.

Wenn du den ersten Bullen siehst. Wenn du dich eingesperrt fühlst und denkst, du kommst da nie mehr raus. Irgendwann wirst du rennen wollen, nur weg da, und du wirst denken, dass es dir auf die Stirn geschrieben steht, was du vorhast, eine Kaiserin ohne Kleider, Verräterin, überall auf dem Körper tätowiert, im Gesicht, auf der Stirn, lesbar für jeden, der dich sieht, noch der fremdeste Mensch kennt deine Absichten, plötzlich bist du ohne Geheimnisse und durchschaubar bis aufs Blut. Und dann machst du Fehler, weil du denkst, es sehen eh alle, was los ist, oder du versuchst etwas zu kaschieren, was du gerade dadurch erst verrätst.

Und Bettina hat ihr die Jacke gekauft und diese Psychospielchen mit Sandra durchgezogen, die Sandra lächerlich fand: Die Jacke, dein Schutz, dein Versteck, das, was dein Innerstes unsichtbar hält, so dünn sie auch ist. Sie hat eine Situation nach der anderen durchgespielt, die alle immer auf das Gleiche hinausliefen.

Die Wände kommen auf dich zu, rücken dir auf die Haut, jagen deinen Blutdruck in die Höhe, und du fühlst dich, als würde dir gleich das Hirn aus dem Kopf gequetscht. Angst, Angst, Panik, je mehr du weglaufen willst, umso stärker musst du dich festhalten.

»Sandra!« Julia steht unten an der Treppe. Aus ihrem Lachen strahlt die Freude über eine längst vergangene Zeit: Früher, als wir noch, weißt du noch, damals, als wir …

Und Sandra lächelt zurück, geht die Treppe runter.

Du musst die Umgebung spüren, berühren, hören, alles, was dich zurückholt, heraus aus dir und deiner Panik und zurück in die Welt um dich herum.

Das Holz des Handlaufs kühl, etwas rauh, die Farbe abgegriffen. Sandra nimmt Julia in den Arm.

Konzentrier dich auf dein Gegenüber, und du hast deine Jacke, deinen Panzer, deinen Schutz.

»Boah«, sagt Julia, Ton und Vokabular ein Relikt ihrer beider Erdbeben-Zeit in Hamburg, damals, als die Architektonik ihrer Leben sich neu fügte. »Voll der Neid! Du darfst in sein Arbeitszimmer!« Und übertheatralisch und im Schwung des ersten Wiedersehens nach fünf Jahren deutet Julia nach oben zum Zimmer ihres Vaters, aus dem Sandra eben herausgekommen ist. »Das war immer absolute No-go-Area für mich.«

Sandra lächelt, getragen von diesem Wohlwollen ist ihre Bluse plötzlich fast trocken, die Temperatur wieder okay, und das Haus riecht nach Freundschaft und leicht angebranntem Käsekuchen. »Das sind hammerharte Wochen mit deinem Vater«, sagt sie. »Da kriegste Spliss.«

Und Julia lächelt mit noch mehr Zahnpastareklame im Gesicht und drückt Sandra an sich, zwei junge Frauen, plötzlich wieder zwanzig, eine Welt aus Jungs und Zukunft, zur Not ist auch noch ein bisschen Trauer über den Verlust der Barbies mit drin.

Julia nimmt Sandra an der Hand. »Komm, ich stell dir meinen Sohn vor.«

Benjamin steht mit seiner Großmutter vor der Garderobe, sie zieht ihm gerade die Jacke aus. Die Haare leicht gelockt und sehr viel dunkler als die seiner Mutter, fast schwarz und einen Tick zu lang. Sandra sieht seinen Vater in diesen Haaren, einen Franzosen, die ersten grauen Strähnen hat er mit fünfundzwanzig bekommen, Pascal aus Marseille. Das Wetter in Hamburg fand er scheiße, Frauen, die sich die Beine nicht rasierten, waren megascheiße, mal Öko-Schlampen, mal Birkenstock-Tussen, das Studium in Hamburg, internationales Recht, war superscheiße, seine Einschätzung des Uni-Niveaus lag irgendwo dazwischen. Im September verschwand Julia plötzlich mit ihm für drei Wochen in der Provence, eine Postkarte, offenbar im dauererregten Zustand geschrieben, landete eine Woche später im Ottenser Briefkasten ihrer WG, die Lavendelseife mit echten Lavendelblütenkrümeln, die sie aus Aix mitbrachte, hielt vier Wochen – einen Tick länger als Julias Beziehung zu diesem früh ergrauten Schwänzchen.

Sandra riet Julia zur Abtreibung – einer der wenigen Momente, in denen sie sich mit Pascal, einem Dauerbesamer Hamburger Studentinnen mit nicht zu überwindender Abneigung Kondomen gegenüber, ausnahmsweise einig war.

Weitere vier Wochen später zog Pascal zurück zu seiner Mutter Pascale nach Marseille; über Deutschland schimpfend, über das Wetter, die Sprache und das Studienniveau. Vier Jahre später war er Anwalt in einer Topkanzlei für Wirtschaftsrecht in Paris und weigerte sich, Julia und erst recht seinen Sohn zu treffen. Fotos, die Julia ihm an die Adresse seiner Mutter schickte, kamen zurück; es hatte sie Wochen gekostet, seine Pariser Adresse herauszubekommen. Schließlich, nach zwei, drei Telefonaten mit Sandra, lang, alkohol- und tränenreich, gab sie es auf, ihm hinterherzutrauern. Pascal aus Marseille. Sandra erinnert sich an den Nachnamen nicht mehr, irgendwie ist der partout weg.

»Das ist Lothar Matthäus zwei«, sagt Julia und deutet auf ihren Sohn. »Spielt momentan aber noch in der U6 in Köln-Porz.«

Wahrscheinlich lässt sie die Haare ihres Sohnes lang wachsen, weil sie die Locken seines Vaters sehen will, denkt Sandra. Und natürlich hat Julia den Kontakt einschlafen lassen, weil damals Pascal zwischen uns stand. Oder lag. Oder doch stand. Je nachdem. Und jetzt Pascals Reinkarnation namens Benjamin, der seinem Vater ähnlich werden wird, schon die Lippen sind ungewöhnlich schmal und erwachsen für ein Kind. Aber sie bemüht sich um ein Lächeln, was kann der Junge, zu dessen Abtreibung ich geraten habe, dafür, dass sein Vater ein Arschloch ist?

»Morgen ist Sonntag«, sagt Sandra zu Benjamin, um ein Lächeln bemüht. »Hast du kein Spiel?«

Und Julia lächelt zurück, sie lächelt überhaupt sehr viel, wahrscheinlich ist sie doch auch nervös wegen der Wiederbegegnung. »Psst!«, sagt sie – nicht nur aus Spaß – zu Sandra. Und zu Benjamin: »Das ist Sandra, sie stellt immer die richtigen Fragen.« Und weil Benjamin Sandra nicht einordnen kann: »Wir haben zusammen in Hamburg studiert.«

Als Julia von ihrem Sohn wieder zu Sandra aufschaut, sieht sie hinter ihr ihren Vater die Treppe herunterkommen.

»Herr Treuhandvorsitzender!«, sagt sie und geht zu ihm.

Es ist ein paar Wochen her, dass sie sich zuletzt gesehen haben. Julia nimmt ihren Vater in den Arm und schmunzelt über seine Strickkrawatte. »Nein«, sagt sie und verzieht das Gesicht. »Die ist ja schrecklich! Papa!«

»Was denn? Das ist ein Erbe der Bonner Republik – die hab ich vor der sozialistischen Invasion gerettet.« Er schaut Sandra an. »Stimmt's, Frau Wellmann?«

Frau Wellmann? Julia kennt den Hang ihres Vater, zwischen sich und seinem Gegenüber eine immer höher wachsende Mauer zu errichten, es gibt kaum jemanden, den er duzt, seit er mit seinem ersten Referenten vor vielen Jahren Schiffbruch erlitten hat, eine Nähe, die er bereute, weil sie ihn wehrlos machte. Aber Sandra?

»Seid ihr immer noch per Sie?«, fragt Julia.

»Wir arbeiten dran«, sagt ihr Vater und will die Treppe gerade weiter herunterkommen, um das Thema zu umgehen und seinen Enkel zu begrüßen, als Kawert neben ihm auftaucht.

»Ich würde Sie gerne kurz sprechen«, sagt Kawert zu Sandra.

Der Mann hat für Sandra etwas Undurchschaubares. Da sind der Bart, mit dem er gegen sein Bubi-Gesicht angeht, dieser etwas verlorene Blick und der leicht bayerische Tonfall, der eher nach Alm und Sommersonne klingt als nach Münchner U-Bahn. Doch unter dieser Glasur aus Freundlichkeit und Verbindlichkeit, diesem fast noch jungenhaften Charme, der alles andere als berechnend wirkt und mit dem er die Leute schnell für sich einnimmt, spürt Sandra etwas anderes, weil sie in ihrer Angst Antennen hat wie niemand sonst hier: Kawert ist ein Jäger.

»Brauchst du anwaltlichen Beistand?«, fragt Julia mit einem solidarischen Schmunzeln – ein Zeichen an Kawert: Sie ist eine von uns. Vorsicht!

»Dauert nicht lange«, sagt Kawert.

Sandra nimmt für einen Moment einen Zipfel ihrer Strickjacke in die Hand, nickt Julia und Dahlmann zu, der sie durchdringend mustert, und geht hinter Kawert die Treppe hinauf zu Dahlmanns Arbeitszimmer. Sie spürt das weiche Holz des Treppengeländers in ihrer linken Hand. Dunkle Flecken, die unter der abgegriffenen Lasur durchscheinen. Dieselbe Stelle wie damals schon, als wir mit dem Brunello nachts um zwei hier hochgetorkelt sind. Vorsicht, die fünfte Stufe knarzt, hat Julia geflüstert.

29

Schichten von Laub, der Waldweg ist ein einziger glitschiger Matsch, am frühen Morgen noch knisternd überfroren, ist er mit der ersten Helligkeit aufgetaut und stinkt und fault jetzt vor sich hin. Buchen, vereinzelt Eichen, dazwischen abgenadelte Gerippe von Fichten. Hier feiert der sich gegen den Frühling wehrende Winter noch letzte Siege und hält sich länger als in den betonwarmen Städten.

Gelfert reicht Bettina die Zigarettenschachtel. Er braucht auf jeden Fall noch eine, auch wenn ihm nicht ganz klar ist, ob gegen die Kälte oder gegen die Nervosität. Er hasst Warten, und er hasst es rumzustehen. Da fühlt er sich wie eine Zielscheibe, selbst hier im Wald, weit genug von der Stadt entfernt, um an einem Samstagnachmittag Spaziergängern mit ihren Hunden und Labereien über unverdaute Kränkungen am Arbeitsplatz während der Woche zu entgehen.

Sie lehnen an der Motorhaube ihres Wagens. Seit über einer Dreiviertelstunde hängen sie hier schon rum. Damisch lässt sie warten, demonstriert ihnen ihre Abhängigkeit von ihm. Bestimmt ist nichts schiefgegangen, aber man weiß nie.

Schweigen. Rauchen. Warten. Gelfert geht ein paar Schritte, Natur ist nicht sein Ding, er ist für die Stadt geschaffen. Er raucht und zählt die an der Frontscheibe des Wagens herabperlenden Tropfen.

Dann das ferne Geräusch eines Wagens. Das Knacken von Ästen, allzu schnell fährt der Wagen nicht, kann er auf dieser Strecke auch gar nicht. Gelfert schaut Bettina an, sie ist cooler als er, keine Spur von Unruhe oder Nervosität. Ungerührt blickt sie in die Richtung, aus der der Wagen gleich auftauchen wird. Vielleicht kann sie Damisch einfach besser einschätzen. Psychokram ist nicht so Gelferts Ding, er braucht Realismus, Fluchtwege, gefüllte Benzinkanister, Geld, Munitionsdepots, er traut den Dingen, die er anfassen kann, alles andere ist ihm zu flatterig und zu viel Blabla.

Jetzt fährt der Wagen vielleicht dreihundert Meter vor ihnen um die Kurve und holpert näher, keine Schrottkarre, aber auch nicht sooo der Hammer, gut für die Stadt, hier draußen eher ungeeignet, das Grau einer toten Taube, über die ein feuchter Nachtwind feinen, braunen Dreck gesprenkelt hat, das Ganze in metallic, vor fünf oder sieben Jahren vielleicht noch in Mode.

Der Wagen hält. Damisch steigt aus, Gummistiefel, eine Allerweltsmarke aus dem Baumarkt, brandneu und kaum identifizierbar, wahrscheinlich zwei Nummern zu groß – ein altes Spielchen, um die Spurensicherung zu beschäftigen, nicht kriegsentscheidend, aber im Zweifel ein probates Mittel, um sich die Extraportion Zeit zu verschaffen.

»Bitte.« Damisch überreicht Gelfert einen Pass und den Autoschlüssel. Und während er mit Bettina zum Kofferraum seines Wagens geht, blättert Gelfert in seiner neuen Identität. Thorsten Kruse, zwei Jahre älter als ich, aber auf dem Automatenfoto sieht er auch älter aus: Augenringe, der Blick hat alle Neugier verloren, ein leeres Starren in das Unabänderliche, die Brille ein Kassengestell, an den Rändern leicht abgeschabt. Er blättert durch den Pass: ein Stempel aus China, Venezuela, zweimal Kuba, sozialistische Bruderstaaten. Die alte Garde hat die alte Garde angezapft und in einem neuen BRD-Pass ein Leben von vor fünfzehn Jahren produziert, in Chemnitz geboren statt in Karl-Marx-Stadt, Ironie oder Verarsche, denkt Gelfert und blättert zurück. Im Pass liegt ein Visum für Bulgarien, ebenfalls ausgestellt auf Thorsten Kruse, Beruf: Handelsreisender. Ich bin jetzt also ein Willy Loman, *pretty low*. Gelferts Abi-Lektüre, dann seine bahnbrechende mit Geha-Füller geschriebene fünfseitige Studie *Tod eines Handlungsreisenden. Die Selbstkritik des Kapitalismus in ihrer systemstabilisierenden Funktion*. Seine Deutschlehrerin hatte in fernerer Jugend zwei-, dreimal in der K 1 gepennt und ließ seitdem den BH weg. Am Uhland-Gymnasium in Koblenz mit Mitte fünfzig stand sie, als sie Gelfert in seiner im Second-Hand-Shop erstandenen Andreas-Baader-Gedächtnis-Lederjacke mit beglückt feuchten Augen die Arbeit zurückgab, deshalb mit sehr wenig systemstabilisierender Funktion und leuchtenden Augen vor ihm (»Eigentlich müsste ich dir eine Null Komma sieben geben, Matthias!«). Kann es wirklich sein, denkt Gelfert, dass die Stasi die Themen meiner Abiturklausuren kennt? Er klappt den Pass mit dem Visum zu, steckt ihn ein und folgt Bettina und Damisch.

Damisch zieht ein Paar dünne Handschuhe aus der Jackentasche – ein Lederimitat aus Kunststoff, das kaum Faserspuren hinterlässt – und öffnet die Heckklappe. Im Kofferraum liegen ein Koffer und ein größeres Case. Damisch nimmt den Koffer, öffnet ihn. Geldscheine, mit denen sich ein halbes Jahr Leben kaufen lässt.

»Dreißigtausend«, sagt er. »Mehr ging nicht.«

»Gut.« Bettina nickt.

Damisch schließt den Koffer, reicht ihn Gelfert und zieht das Case nach vorne. Geschwärztes Aluminium, geriffelt für mehr Stabilität, leicht abgegriffen und bestimmt von sämtlichen Spuren des Vorbesitzers befreit. Er tritt zur Seite, und Bettina öffnet das Case. Ein M 24, ungeladen fünfeinhalb Kilo schwer, etwas länger als einen Meter, SWS, Sniper Weapon System, seit ein paar Jahren das Standard-Scharfschützengewehr der US-Army. In Briesen hat Gelfert am Vorgängermodell trainiert. Ein Zehn-Patronen-Magazin, drei Züge, dreißig Schuss, Kampfentfernung achthundert Meter, nachts mit Nachtsichtgerät dreihundert Meter, mit Schalldämpfer nochmal hundert weniger.

Die Entfernung von der Kleingartenkolonie bis Dahlmanns Villa, dreiundsechzig Meter, dürfte kein Problem sein, allerdings ist die Sicht durch Bäume verstellt, und das Fenster würde die Schlagkraft abmildern, nicht viel, aber ausreichend, um die Aufgabe schwierig werden zu lassen. Der erste Schuss muss sitzen, ist er nicht tödlich, gibt es keine zweite Chance – Dahlmann würde auf den Boden fallen, wahrscheinlich nicht mehr aufstehen und zur Zimmertür kriechen oder in den Flur gezogen werden, und er wäre in Sicherheit. Ein Schuss, mehr nicht.

Bettina schaut Gelfert an. Er ist der Experte von ihnen. Gelfert reicht ihr den Koffer mit dem Geld und nimmt das M 24 aus dem Case. Es fühlt sich vertraut an, ein Remington wie das Vorgängermodell auch, die Schulterstütze aber ist verschiebbar, anpassbar an die Länge des Arms, eine echte Verbesserung, das M 21 war ihm immer einen Tick zu kurz, der Arm beim Schuss etwas zu stark angewinkelt, er hat den Schaft selbst verlängert, indem er eine Stütze aufgeschraubt hat, aber das hier ist wesentlich komfortabler und lässt sich auch auf Bettinas Armlänge einstellen. Das M 21 ist völlig veraltet. Es war ausreichend für den Schuss in der Tiefgarage – aber nicht für einen Schuss aus der Kleingartenkolonie auf Dahlmanns Villa. Dieses M 24 hier wirkt perfekt dafür.

Gelfert schaut sich um, ein kurzer Check, ob nicht doch

irgendein verstreuter Passant oder ein Jogger zufällig in der Nähe ist, aber der Treffpunkt ist gut gewählt, kein Mensch zeigt sich in dieser kalten, vor sich hin dümpelnden Natur. Gelfert legt das M 24 an, das Holz des Schafts an seiner Wange ist kühl, aber sehr schnell auf Körpertemperatur und ihm sofort vertraut. Das Holz ist in exakt demselben matten Schwarzton gestrichen wie der Lauf und schluckt jeden Lichtreflex. Die Waffe zieht am Körper etwas zu sehr nach unten, wodurch der Lauf einen Drall nach oben bekommt. Gelfert muss das ausgleichen, nicht sehr stark, aber es erfordert zu viel Konzentration. Er nimmt das Zielfernrohr aus der Hartschaumeinlage des Cases, setzt es auf den Lauf, in etwa mittig, einen Tick weiter hinten als beim Vorgängermodell, weil es etwas schwerer ist. Jetzt ist die Waffe perfekt ausbalanciert, drückt nicht mehr nach unten, der Schwerpunkt ungefähr fünfunddreißig Zentimeter vor dem Körper, eine perfekte Verlängerung des Arms.

»Und?«, fragt Bettina.

»Es ist gut«, sagt Gelfert. »Willst du probieren?«

»Das könnt ihr später machen«, sagt Damisch. »Gib mir den Schlüssel zu eurem Wagen. Ich nehme an, ihr wollt ihn loswerden.«

Gelfert legt das Gewehr zurück ins Case, schließt es, zieht seinen Autoschlüssel aus der Tasche und reicht ihn Damisch.

»Das ist das Letzte, was ich für euch tun werde«, sagt Damisch zu Bettina. »Halt dich in Zukunft an die Vereinbarungen.«

Damisch geht zum Ford, steigt ein, setzt ein Stück zurück und wendet. Langsam schmatzt der Wagen durch den Matsch an Gelfert und Bettina vorbei, drei-, vierhundert Meter sind es noch zurück auf die Landstraße, dann wird Damisch aus ihrem Leben verschwinden, hoffentlich für immer.

Bettina legt den Koffer mit dem Geld zurück in den Kofferraum und nimmt das Case mit dem Gewehr heraus. Sie schließt den Kofferraum. »In drei Tagen bist du in Ankara«, sagt sie.

Gelfert nickt. Lieber wäre es ihm, wenn Bettina mit dem Wagen und dem Geld verschwinden und er das Case mit dem M 24 übernehmen würde. Er ist der beste Schütze der Gruppe, in Briesen hat er das größte Talent gezeigt, eine ruhige Hand, ein klares Auge und die größte Stressresistenz von allen. Wenn er bei der NVA geblieben wäre, hätten sie ihn sofort für die Scharfschützen rekrutiert. Wenn Gelfert eine Waffe in der Hand hat, wird er ruhig, weil er sich wehren kann, weil er zur Not Schluss machen kann.

»Lass mich hierbleiben«, sagt er. »Ein, zwei Tage. Du schaffst den Schuss nicht.«

»Ein, zwei Tage, und niemand von uns beiden schafft den Schuss, weil wir in Stammheim sitzen, weil inzwischen jeder in Deutschland dein Gesicht abgespeichert hat.«

Gelfert kennt Bettina seit ungefähr dreizehn Jahren. Nach der Katastrophe von Siebenundsiebzig, als Agent Orange Horst H. im Deutschen Herbst mit Rastern und Verrätern die RAF fast völlig entlaubt hat, war ein paar Jahre lang Rekrutierungskahlschlag. Die RAF schien auf dem Friedhof der deutschen Geschichte entsorgt worden zu sein, endgültig unter dem braunen Biomüll vergraben, mit dem das Land sich selbst neu kompostierte, die späte Gnade der frühen Geburt feiernd. Aber irgendwo in den Kapillaren dieses völkischen Körpers, auferstanden aus den Ruinen der Landshut und den Keimzellen Stammheims, gebar die Dialektik die dritte Generation in Göttinger, Hamburger, Berliner, Tübinger, Kölner Kellern zwischen Flugblättern und verschimmelnden Fahndungsplakaten. Das Foto der Leiche von Holger M. brachte die Reste der Unterstützerszene zum Kochen, vierunddreißig Kilo, ein Meter achtzig, die Kreuzabnahme eines Sehenden, dem das System erst im Tod die Augen zudrücken konnte, Selbstopfer, Opfer, Wiederauferstehung, und plötzlich war die RAF wieder da, reanimiert von Leuten wie Bettina, Lars und drei Jahre später Gelfert. Sie legten Depots an, ließen sich von der Stasi in Briesen ausbilden und zogen in kleinen Einheiten, die mit Verrätern und V-Leuten rechnen mussten und deshalb wenig voneinander wussten, durch das Land, sahen es mit den Augen des verhungernden Holger Meins, sannen auf Rache und begannen zurückzuschießen – sie killen uns, wir killen sie, sie haben aufgerüstet, jetzt sind wir dran.

Ein paar Jahre waren sie zu viert und auf sich allein gestellt, Lars, Bettina, Körner – der in Briesen zu ihnen gestoßen war – und Gelfert. Eine klare Hierarchie von oben nach unten, eingeführt in Briesen und festgezurrt in den folgenden Jahren, in denen sie durch das Land fuhren, sich vorbereiteten und darauf warteten, dass auch alle anderen Einheiten sich in ihren Schützengräben eingerichtet hatten. Hartnäckigkeit, Belastbarkeit, Nervenstärke, Entscheidungsstärke unter Druck, Opferbereitschaft, Sicherheit des ideologischen Blicks – die Parameter, die in den Akten der Stasi in Briesen standen. Gelfert war der Letzte in der Hierarchie der Gruppe, für eine Führungsposition ungeeignet – sein Hang zur Depression, die damit einhergehende Zögerlichkeit. Gelfert war der Spezialist, der Schütze. Und er war zufrieden damit.

Eigentlich war Bettina die Stärkste der vier, aber Lars und Körner hätten sich niemals einer Frau untergeordnet. Also hat Bettina, auch die Klügste der vier, sich hinten angestellt. Als Erstes war Körner draußen. Als die Stasi die Zahlungen einstellte, nicht unbedingt eine Schikane, eher eine Aufforderung zum Handeln – mal sehen, was die tatsächlich draufhaben –, übernahm Körner die Geldbeschaffung. Er klaute einen Wagen, überfiel einen Tag später in Anderlecht eine Bankfiliale und hatte Pech, dass eine Polizeistreife in der Nähe war. Körner floh, wurde gestellt und erschoss sich. Da waren es nur doch drei. Und weil er in keiner Terroristendatei war, ist damals niemand auf die Idee gekommen, dass er zur RAF gehörte.

Ein Jahr später musste Lars sich in den Libanon absetzen. Er war der Einzige der vier, der wegen einer dummen Geschichte auf einer Demo vor vielen Jahren polizeilich erfasst worden war. Plötzlich tauchte sein Gesicht auf Fahndungsplakaten auf, und er hätte nicht nur sich selbst, sondern auch Bettina und Gelfert gefährdet. Bettina drängte ihn dazu, Deutschland zu verlassen. Lars hörte auf sie, schloss sich im Libanon einem extremistischen Flügel der PLO an und kam bei einem missglückten Bombenattentat ums Leben. Da waren es nur noch zwei – zumindest offiziell. Inoffiziell war Lars bloß mit einer neuen Identität in den Katakomben von Beirut untergetaucht, auf eine Zukunft hoffend, die vielleicht nie eintraf.

Jetzt sind es knapp acht Jahre, die Gelfert und Bettina alleine durch die Gegend ziehen. Der Anschlag auf die Airbase in Frankfurt vor sechs Jahren. Der Anschlag auf Wegner. Davor ein misslungener Anschlag auf den Generalbundesanwalt. Insgesamt keine schlechte Bilanz, im Augenblick die höchste Effektivität aller RAF-Gruppen. Knapp acht Jahre wir beide, denkt Gelfert.

»Komm mit«, bittet er Bettina, fleht sie nahezu an. Er will sie nicht alleine zurücklassen. Die Lederjacke schwarz, die Jeans schwarz, leicht abgetragen. Eine Frau, die zum Hageren neigt, die Berührungen nicht erträgt. Wenn er ihr die Haare schneidet, muss es schnell gehen. Ihr Sex ist eine irgendwie akzeptierte biologische Notwendigkeit. Geschlechtsverkehr, rein, raus. Vielleicht sogar allein zur Triebabfuhr für Gelfert gedacht; ab und an muss ein Mann abspritzen, so ist das eben. Die Worte dafür technisch, sachlich, nüchtern bis genervt, verächtlich, angewidert. Doch dann ihr Weinen. Sie saß auf ihm, die Augen geschlossen, ganz bei sich. Für einen Moment verlor sie die Kontrolle, und ohne dass sie es merkte, lief ihr etwas Speichel aus dem Mund. Gelfert dachte, das holt sie zurück, jetzt bricht die Fassade, aber sie wischte sich über den Mund, die Augen immer noch geschlossen, und er hielt still und ließ sie machen und sah in ihren leicht geöffneten Mund und auf den Körper, der etwas Jugendliches behalten hatte, schlank und schmal und manchmal trotz ihrer Jahre fast noch ein Mädchenkörper. Dann begann sie zu weinen, öffnete plötzlich die Augen, sah, dass er sie ansah, beendete ihren kleinen Ausritt, verschwand im Bad und ließ Gelfert in erregten Grübeleien über Sein und Schein und Wahrheit zurück.

Jetzt steht sie vor ihm. Stellt das Case mit der Waffe auf den Boden. Umarmt ihn. Kurz nur. Schweigen. Ihr Atem an seinem Hals. Zu kurz. Dann löst sie sich von ihm.

»Sag Lars, ich krieg das hin«, sagt sie.

Gelfert nickt. Und Bettina schnappt sich das Case, wendet sich ab und geht. Er sieht ihr hinterher, zwei, drei Blätter kleben unten am Case. Ein paar Meter, dann fallen sie herunter.

Er steigt in den Wagen und fährt los.

30

Dahlmanns Arbeitszimmer, sein Schreibtisch, darauf ein Telefon, ein paar Papiere auf einer Schreibunterlage aus Leder, sorgsam abgedeckt, dahinter Dahlmanns leerer Stuhl. Kawert bietet Sandra den Stuhl gegenüber an. Und während er die Tür schließt, hat Sandra einen letzten Moment Zeit.

Sie schaut auf die Bücherregale, Reclam-Hefte, daneben steht tatsächlich die MEW, blau, abgegriffen und mit Zetteln in den Büchern. Marx-Engels-Werke, dieselbe alte DDR-Ausgabe, die Sandra als Studentin auch hatte, mitgebracht von einem Besuch in Ostberlin. Die fünfundzwanzig Mark Zwangsumtauschgeld hatte sie schon als Schülerin in eine Ausgabe des *Kapitals*, eine der *Arbeitenden Klasse in England* und eine Tüte Gummibärchen, dunkelrot und nach Schweinehirn schmeckend, investiert.

Kawert setzt sich auf Dahlmanns Stuhl.

Neben der MEW stehen Ricardo und *The Wealth of Nations* auf Englisch, als seien sie Belege dafür, dass Dahlmann Sandra in Berlin tatsächlich die Wahrheit gesagt hat. Daneben Ordner seiner Frau, Fotoalben, ein Foto von Dahlmann und seiner Familie, ein großes Durcheinander in der Ordnung der Dinge.

»Wie sind Sie zu Herrn Dahlmann gekommen?«, fragt Kawert.

»Sie haben es ja gehört: Ich hab mit Julia zusammen studiert.«

»Was studiert?«

»Jura, Nebenfach BWL. In Hamburg.«

»Und dann haben Sie sie einfach angerufen?«

»Ja. Ich wollte zur Treuhand, und sie hat mir die Referentenstelle bei ihrem Vater vermittelt.«

»Der ganz kurze Dienstweg.«

»Ja.«

»Wo waren Sie vorher?«

»Treberhilfe.«

»Obdachlose?«

»Das ist die Definition von Treberhilfe, ja. Und?«

»Nichts ›und‹. Ein ungewöhnlicher Weg. Jura, BWL, Treberhilfe.«

»Ja. Ich wollte was tun, nicht nur quatschen.«

Kawert lächelt.

»Was?«, fragt Sandra.

»Ich hab ein Semester Jura studiert, und dann ging es mir wie Ihnen«, sagt Kawert.

»Okay.«

»Nein?«

»BKA oder Obdachlosen helfen – ist ein bisschen was anderes, oder?«

»Ja. Und ich war auch nicht beim sozialistischen Studentenbund«, sagt Kawert.

»Sie haben mich schon überprüft?«

»Herr Dahlmann hat's mir gesagt. Warum wollten Sie zur Treuhand?«

»Dahlmann würde sagen: Patriotismus darf man nicht den Burschenschaften und den Idioten überlassen.«

»Von den Pennern zum Patriotismus?«

»Ich glaube, Sie überschätzen sich ein bisschen«, sagt Sandra.

»Warum?«, fragt Kawert.

»Einfach irgendwie provozieren, in der Hoffnung, dass Ihr Gegenüber sich verhaspelt.«

»Durchschaubar?«

»Bisschen billig.«

»Gibt's denn irgendwas zu verhaspeln?«

»Bei Ihnen nicht?«, fragt Sandra.

»Ich kann Sie auch nach Wiesbaden einbestellen«, sagt Kawert. »Ich muss Sie überprüfen, ob Ihnen das nun passt oder nicht.«

»Entschuldigen Sie. Ich krieg nur immer dumme Sprüche in der Juristenszene wegen der Treberhilfe … Bisschen dünnhäutig von mir.«

»Ich hab gehört, Sie haben auch einen Sohn?«, fragt Kawert.

»Ja. Aber schon älter als Julias. Er ist zehn.«

»Kriegen Sie das hin? Ich meine, so einen Job und ein Kind? Schwer, oder?«

»Er ist bei meiner Mutter.«

»Sie sind ziemlich jung schwanger geworden. Mit siebzehn?«

»Ja.«
»Einen Vater gibt's nicht?«
»Keine Ahnung, wer der Vater ist.«
»In Ihrer Akte steht, er ist tot.«
»Also doch schon überprüft?«
»Nur den Personalbogen.«
Kawert nimmt die Papiere, die auf dem Schreibtisch liegen. Er steht auf und geht zur Tür. »Seien Sie nicht so misstrauisch«, sagt er. »Ich war auch nicht grad im RCDS. Ich wollte Ihnen nur eine größere Befragung durch meine Kollegen ersparen, das ist alles. Wenn Herr Dahlmann ihnen vertraut, gibt's für mich überhaupt keinen Grund, Ihnen nicht zu trauen.«
Sandra nickt. »Danke.«
Kawert geht.
Durch das Fenster sieht sie, wie er vor der Villa den drei Männern vom Wachschutz zunickt und an ihnen vorbei zu seinem Wagen eilt, an dem sein Fahrer lehnt und eine Zigarette raucht. Die beiden wechseln ein paar Worte. Kawert steigt ein, und der Wagen fährt davon.

31

Die Augen tränen vom Zwiebelschneiden und vom Lachen über Scherze, Albernheiten, Quatsch. Mehl auf dem Küchentisch, dem Boden, am Ärmel und am Hemd – Dahlmann und Benjamin rollen Nudelteig aus. Zu dünn, der Teig reißt, und wieder kneten, zu trocken, Olivenöl, noch ein bisschen Mehl, stopp, nicht zu viel!, und wieder Lachen. Julia schnippelt immer noch an den Tomaten herum, ihre Mutter versucht jetzt endlich doch, beim Zwiebelschneiden nur durch den Mund und nicht durch die Nase zu atmen, das hilft, Mama, wirklich!, und die Zwiebeltränen fließen trotzdem, und wieder Lachen.

Sandra steht am Rand des Küchentischs und reibt Parmesan in eine Schüssel, ein bisschen langsam, froh, dass sie etwas zu tun hat. Dahlmann braucht seine Zehn-Minuten-Nudel-Auszeit mit seinem Enkel, Julia ihren Kurzplausch mit ihrer Mutter, und Sandra an ihrem Parmesan ist Zaungast einer Familie, die kurz in sich selbst versunken ist und dicht gemacht hat für ihren Gast.

Seit Dahlmann in Berlin wohnt und seine Familie nur alle sechs bis acht Wochen sieht, ist es fast unmöglich, ein Familienleben zu führen, das über den Austausch der elementarsten Fakten hinausgeht, also zitiert die Familie sich selbst, ihre einstigen Rituale, um ihre Vergangenheit wach zu halten, die Zeit, in der es ihr am besten ging und die die flaue Gegenwart mitgaren muss.

Der Pager in Sandras Jackentasche summt. Sandra wirft den anderen einen Blick zu, aber niemand hat etwas gehört, natürlich nicht, der Pager ist viel zu leise eingestellt. Verstohlen schaut sie auf die Nachricht und lässt den Pager wieder in ihre Tasche gleiten.

»Ich bin gleich wieder da«, sagt sie, legt die Parmesanreibe und den Käse zur Seite. Die anderen lächeln ihr zu, in ihre Gespräche vertieft und nicht allzu aufmerksam.

Im Flur schnappt sich Sandra ihre Jacke, wirft sie über, nimmt ihre Tasche, geht hinaus. Die beiden Polizisten haben sich in den Polizeiwagen, der in der Einfahrt vor Dahlmanns Haus steht, zurückgezogen und schauen sie an. Sie lächelt ihnen zu, nimmt eine Zigarette aus ihrer Tasche und steckt sie sich in den Mund, sie muss den beiden einen Grund liefern, warum sie um diese Zeit das Haus verlässt, hält ihnen die Schachtel hin. Ein Lächeln und ein Kopfschütteln zurück, und die beiden wenden sich wieder einander zu. Sandra läuft am Polizeiwagen vorbei. Als sie sicher ist, dass die beiden Polizisten sie nicht sehen können, überquert sie die Straße. Kein Auto, kein Verkehr hier draußen, wer pendeln muss, ist am Wochenende zu Hause, sitzt hinter einem der erleuchteten Villenfenster, schaut Fernsehen, macht sein Bierbäuerchen oder Nudelteig.

Drüben in der Kleingartensiedlung ist es erst recht ruhig, kein Mensch ist hier. Nach ein paar Metern ist es völlig düster, das Licht der Straßenlaternen reicht nicht allzu weit zwischen den Bäumen hindurch in die Gärten hinein.

»Sandra?«

Sie dreht sich um. Bettina steht hinter ihr, schwarze Stiefel, schwarze Jeans, schwarze Lederjacke, nur das hellgraue Gesicht hebt sich im Mondlicht aus dem dunklen Einerlei dieser kalten Nacht hervor.

»Was ist los?«, fragt Sandra.

Dahlmann legt das Küchenhandtuch zur Seite, der Nudelteig ist fertig, ausgerollt und zu Tagliatelle geschnitten. Er hat sich und Benjamin die vom Teig klebrigen Hände abgewaschen und abgetrocknet.

»Komm«, sagt er, fast ein Flüstern, und die beiden stehlen sich zur Küchentür.

»Kurzes Gespräch unter Männern«, sagt Dahlmann zu Julia und seiner Frau.

Und raus sind die Männer, raus aus der Küche, rein in den Flur, Treppe rauf, da oben, in seinem Arbeitszimmer, hat Dahlmann etwas, das er Benjamin unbedingt zeigen will.

»Wo ist Gelfert?«, fragt Sandra.

»Er musste weg. Wir beide müssen das jetzt alleine durchziehen.«

»Das BKA wird Dahlmanns Sicherheitsstufe erhöhen. Ab Montag wimmelt es hier von Zivilbullen«, sagt Sandra. »Wenn wir es durchziehen, dann dieses Wochenende oder nie.«

Plötzlich geht in Dahlmanns Arbeitszimmer das Licht an. Sandra folgt Bettinas Blick zum erleuchteten Fenster hinüber.

»Ich hab dir was mitgebracht«, sagt Dahlmann zu Benjamin mit einer Stimme, die große Schätze verspricht. Und er beginnt, sein Arbeitszimmer zu durchsuchen. Schreibtischschublade, Mülleimer, hinter den Büchern in den Regalen.

»Wo ist es denn? Wo hab ich es denn?« Eine Blödelei, die Benjamins Alter eigentlich nicht mehr angemessen ist, aber Benjamin lächelt. In ihm lebt noch etwas von dem Vierjährigen und schaut ab und an – immer seltener – unter der mit englischen Vokabeln und mathematischen Brüchen bemalten Fassade des Schülers einer Kölner Eliteschule hervor. Dahlmann öffnet schließlich den Schrank, zieht einen Fußball heraus und versteckt ihn hinter seinem Rücken.

»Links oder rechts?«

Benjamin wählt links, doch die Hand ist leer. Und Benjamin darf nochmal raten und wählt die andere, und das gleiche Spiel nochmal, Retardation auf Kindergartenniveau, und trotzdem großes Gegiggele der beiden. Und schließlich holt Dahlmann den Ball hinter seinem Rücken hervor und wirft ihn Benjamin zu.

»Das sind die Autogramme der kompletten Nationalmannschaft«, sagt er, und ein bisschen klingt es so, als wollte er den Ball vielleicht doch am liebsten selbst behalten.

Leider wird da draus nichts mehr werden, denn Benjamin strahlt über das ganze Gesicht und wird diesen seinen größten Schatz ganz gewiss nicht mehr hergeben.

Sandra und Bettina sehen schemenhaft Dahlmanns Umriss.

»Das sind sechzig Meter«, sagt Bettina. »Gelfert hätte das von hier aus hinbekommen. Aber ich nicht.«

Bettina hat genau das getan, was Gelfert ihr geraten hatte.

Sie hat eine Plastikplatte auf den Boden gelegt, achtzig mal achtzig Zentimeter, damit das Stativ keine Abdrücke hinterließ. Sie hat das Stativ in die Einfräsungen auf der Plastikplatte gestellt, das M 24 aus dem Case genommen, auf das Stativ geschraubt und das Nachtsichtgerät auf dem Gewehr angebracht. Die Entfernung war nicht das Problem, aber wegen der Stellung der Bäume gibt es nur einen sehr schmalen Korridor von knapp einem Meter, durch den Bettina schießen müsste. Der Moment, in dem Dahlmann das Zimmer betritt, müsste exakt abgepasst sein. Gelfert hätte den Schuss geschafft, aber Bettina kennt ihre Grenzen.

Sie zieht eine Pistole aus ihrer Jackentasche und reicht sie Sandra. »Du musst das machen. Es ist viel leichter, als du denkst. Ich bin hier, und ich bring dich da raus.«

Es war immer eine feste Vereinbarung zwischen Sandra und ihr, dass Sandra Informationen liefern würde, mehr nicht. Aber sie und Gelfert haben trotzdem darauf bestanden, dass Sandra ein Schießtraining machen müsse, und Sandra willigte ein. Ihrer Mutter und Schwester gegenüber hat sie behauptet, sie mache einen Kurzurlaub und war dann mit Bettina und Gelfert in eine Hütte in Südschweden gefahren.

Die damalige DDR kam für Gelfert und Bettina nicht infrage, die Stasi musste nicht unbedingt wissen, was sie vorhatten und wen sie rekrutierten. Eine Jagdhütte, achtzig Kilometer nördlich von Stockholm, der Herbst glühte in den schönsten Farben, die Tage waren schon sehr kurz geworden. Eine Woche lang haben die drei niemanden gesehen. Täglich mehrere Stunden lang Schießübungen, im Dunkeln, im Hellen, auf Gegenstände, später auf Tiere, Sandra hasste es. Sie hatte nur eingewilligt, weil ihr klar gewesen war, dass diese Übungen die Eintrittskarte in die RAF waren – das und die stundenlangen Gespräche, eine einzige, sieben Tage währende Prüfung. Dafür hatte Sandra Bedingungen gestellt: Ja, sie würde ihren Kontakt zu Julia nutzen. Ja, sie würde Informationen liefern. Nein, sie würde nicht schießen, auf keinen Fall. Sie könne das nicht.

»In drei Tagen sind wir bei Lars«, sagt Bettina.

Sandra nimmt die Pistole, steckt sie in ihre Handtasche, wendet sich ohne einen weiteren Blick ab und geht zurück zu Dahlmanns Villa.

Dahlmann sitzt mit Benjamin am Schreibtisch. Die beiden schauen sich die Autogramme auf dem Fußball an.

»Das ist von Klinsmann.« Nächste Kritzelei, schwarzer Edding auf dem glatten Leder des Balls. »Und das ist Matthäus.«

Matthäus ist für Benjamin der Gott, und die in fettem Schwarz auf dem runden Untergrund leicht verrutschte Krakelei wirkt auf ihn in etwa so, als würden Watson und Crick dem Vatikan einen DNA-Fund von Jesus Christus persönlich überreichen.

Von unten ruft Hildegard Dahlmann sie zum Abendessen. Dahlmann steht auf. »Na komm«, sagt er zu Benjamin. »Matthäus ist eh eine Pflaume!«

Er erntet wütenden Widerspruch seines Enkels, und das Gekaspere zwischen den beiden geht weiter, während sie zur Zimmertür gehen.

Zufällig schaut Dahlmann zum Fenster hinaus und sieht Sandra, die aus der Kleingartenkolonie kommt. Ein Blick links und rechts, die Straße ist leer, und Sandra ist schon fast an der Villa, ohne Dahlmann zu bemerken. Er stutzt einen Moment, kurz nur, er kann sich nicht erklären, was Sandra da drüben wollte. Dann aber geht die Piesackerei zwischen ihm und Benjamin weiter. Seit Matthäus in der Nationalmannschaft ist, liebt Benjamin seinen Helden noch mehr und wird deswegen von seinem Großvater, der IQ mehr schätzt als Sahnepässe, aufgezogen.

Benjamin eilt aus dem Arbeitszimmer, die knarzende

Treppe hinunter, durch den Flur und in die Küche. Er hat den Ball in der Hand, will ihn seiner Mutter zeigen, natürlich die völlig falsche Ansprechpartnerin, aber irgendwohin muss er mit seiner Freude.

Und so ist Dahlmann für einen Moment alleine im Flur, als die Haustür aufgeht und Sandra eintritt. Er ist nicht gerade ein Menschenfänger, es fällt ihm leichter, Bilanzen und Zahlen zu verstehen. Aber in den vielen Jahren im Topmanagement eines Unternehmens hat er ein Gespür für seine Untergebenen entwickelt, ihre Stärken, ihre Belastbarkeiten, ein Gefühl dafür, woran sie scheitern könnten und woran wachsen. Dennoch ist Sandra für ihn, auch wenn er sie schon lange kennt und in den letzten Wochen sehr intensiv mit ihr zusammengearbeitet hat, immer noch uneinschätzbar. Aus ihrem ständigen Schwanken zwischen Nähe und Distanz, den fast überherzlich aufwallenden Sympathiebekundungen einerseits und dem plötzlich hochzuckenden Hass andererseits, wird er nicht recht schlau.

Doch er weiß, dass die Leute gerne mit ihm in Konflikt geraten, er muss irgendetwas Provozierendes an sich haben, was er nicht so genau einschätzen kann. Außerdem hat er mit Julia auch einiges an Aufs und Abs erlebt und sich in Bezug auf Sandra irgendetwas über einen verschobenen Vater-Tochter-Konflikt zusammengereimt. Insofern kann er mit ihren Amplituden gut umgehen. Jetzt aber sieht er etwas in Sandras Gesicht, das er noch nicht kennt. Entschlossenheit? Trotz? Und tief darunter liegt eine Verzweiflung und Zerrissenheit, die Dahlmann mitnimmt.

»Alles in Ordnung?«, fragt er sie.

Sandra greift in ihre Manteltasche.

»Opa?«

Dahlmann wendet sich um. Benjamin steht hinter ihm, seinen Fußball immer noch in der Hand. »Wir kommen«, sagt er, legt seine Hand auf Benjamins Schulter und schaut Sandra an.

Sie nimmt ihre Hand aus der Manteltasche und zeigt die Schachtel Zigaretten, ein Lächeln auf den Lippen. »Ich war eine rauchen«, sagt sie, zieht dabei ihren Mantel aus und hängt ihn an die Garderobe, »aber sagen Sie es nicht meinem Chef.«

Dahlmann lächelt zurück. Ein verspäteter Tochter-Vater-Konflikt, er hält die Sache für eindeutig. Irgendwann, möglichst geschickt, wird er sie nach ihrem Vater fragen, er will wissen, was da im Busch ist und was sie umtreibt.

»Solange später noch zwei da drin sind«, sagt Dahlmann und deutet auf die Zigarettenschachtel, »halte ich dicht.«

Er lässt Benjamin los und legt seine Hand auf Sandras Schulter, eine leichte Berührung, nichts Anrüchiges, beruhigend, und sachte führt er sie ins Esszimmer. Julia und seine Frau decken den Tisch. Julia reicht ihrem Vater eine Flasche Wein und einen Korkenzieher, das ist sein Job. Er nimmt die Flasche und wirft einen letzten Blick auf Sandra, er will, dass sie sich wohlfühlt, er hat sie hierhergebracht.

32

Berlin, Lichterfelde-West, später Abend. Ein Polizeiwagen hält, Kawert bittet den Fahrer, auf ihn zu warten, steigt aus und eilt auf das Haus zu. Ein gusseiserner Zaun, an manchen Stellen blättert die Farbe ab. Die Pforte, in die das Klingelschild eingelassen ist, wurde nie verputzt, der gräulich-helle, selbst schon verblassende Zement passt nicht recht zum Gelb drum herum. Darauf zwei durch die Jahrzehnte dösende Löwenköpfe.

Kawert klingelt, legt die Hand ans Tor und merkt, dass es nicht abgeschlossen ist. Es öffnet sich mit einem leichten Quietschen, Öl fehlt, jemand, der das Ganze hier in Schuss halten kann, fehlt, jemand mit Kraft und Energie für mehr als verstaubte Bücher mit verstaubten Geschichten. Kawert geht auf das Haus zu, und als er die paar Stufen der Eingangstreppe hinaufeilt, öffnet sich die Tür und ein zehnjähriger Junge schaut ihn an. Wahrscheinlich Sandra Wellmanns Sohn.

»Guten Abend«, sagt Kawert. Er hat keine Kinder, hat selten Kontakt zu Kindern. Er mag sie, ist aber etwas unbeholfen, weil er nie den Ton und die Art trifft, die dem Alter seines Gegenübers angemessen wäre.

Nach einem kurzen Moment erscheint eine Frau hinter dem Jungen und schaut Kawert irritiert an. Sandra Wellmanns Mutter.

»Mein Name ist Kawert«, sagt er. »Ich würde Sie gerne sprechen.«

»Um diese Zeit?«

So einfach wird sie ihn nicht hereinlassen, das ist ihm sofort klar. Vor dem Jungen hätte er das gerne vermieden, aber so ist es unumgänglich, dass er seinen Polizeiausweis vorzeigt. »Ich glaube, es wäre besser, wenn wir zu zweit sprechen würden.«

»Bitte«, sagt sie zu Kawert und öffnet die Tür ein Stück weiter. »Gehst du schon mal hoch, Markus?«, sagt sie zu ihrem Enkel, der Kawert noch einen Blick zuwirft. Seine Großmutter schiebt ihn mit leichtem Druck zurück ins Haus. Markus beugt sich und geht.

Kawert schaut dem Jungen hinterher, er will sicher sein, dass er nicht heimlich lauscht. Susanne Wellmann schließt die Haustür und bittet Kawert ins Wohnzimmer. Ein letzter Blick nach oben, und Kawert sieht, wie Markus in einem Zimmer verschwindet und die Tür schließt.

»Worum geht es denn?«, fragt Susanne Wellmann.

33

Das Licht ein schlieriges Grün, alles erscheint schemenhaft, auch die dunklen Flächen im Hintergrund sind grünlich verschmiert. Oben links, klein und matt, die rote Entfernungsanzeige: dreiundsechzig Komma eins Meter. Der Bildausschnitt verschiebt sich leicht nach rechts, es wird heller, einen Moment fast blendend hell. Immer noch dreiundsechzig Komma eins, aber die Stelle hinter dem Komma beginnt zwischen eins und zwei hin und her zu blinzeln, bleibt bei der Eins stehen. Jetzt haben sich die Augen des Schützen an das Weiß gewöhnt, ein leichtes Nachjustieren der Schärfe, und das Visier holt die Gegenstände in Dahlmanns Arbeitszimmer so nahe, dass man sie berühren könnte, ohne den Arm ausstrecken zu müssen.

»Im Regal steht ein Foto.«

Ein zweiter Mann, ein Fernglas in der Hand, das leichter zu führen ist als das Scharfschützengewehr, dirigiert den Schützen, der sein Gewehr jetzt an der Halterung auf dem Stativ feinjustiert. Ein Stellring mit Übersetzung ist nötig, weil die kleinste Bewegung des Gewehrs bei dieser Entfernung bereits eine Abweichung von ein oder zwei Metern bedeuten kann. Der Schütze dreht vorsichtig an dem Ring, das Schussfeld gleitet an den Büchern entlang, weiter in die Mitte des Zimmers, und plötzlich hat er es: Im Regal steht ein silbergerahmtes Bild, die Bücher links und rechts werden von Buchstützen gehalten. Das Motiv auf dem Foto ist noch etwas unscharf, der Schütze muss nachjustieren, dann kann er alles scharf erkennen: Dahlmann, seine Frau, seine Tochter Julia, die ein Baby auf dem Arm trägt.

»Ja«, sagt der Scharfschütze.

»Bleib da. Ein Meter fünfzig davor ist der Schreibtisch. Und da drauf steht das Telefon.«

Der Scharfschütze stellt die Entfernungsanzeige aus, die rot leuchtende Diodenschrift verschwindet vom Display, er drückt auf einen Knopf, und im Visier erscheint das Fadenkreuz.

Eine Etage tiefer, die Esszimmerfenster gehen zum Garten raus und sind von außerhalb des Grundstücks nicht einsehbar, trotzdem und trotz des schusssicheren Fensterglases sind die Rollläden heruntergelassen. Erst nachdem Julia der Bitte ihrer Mutter, die sie für leicht paranoid hielt, nachgekommen ist und die Rollläden geschlossen hat, ist der letzte Rest von Anspannung von Hildegard Dahlmann abgefallen.

Den Nudeln fehlt Salz, und sie haben einen Tick zu lange gekocht, der Rotwein ist zu kalt und hätte länger atmen müssen, außerdem ist den zwei Flaschen die Reise von Berlin hierher nicht bekommen, der Wein hätte erst mal liegen müssen, zwei, vielleicht drei Wochen, ein Brunello liebt es gemütlich. Dahlmann nörgelt an sich und seiner Gastgeberrolle herum, bekommt ironische Komplimente für das perfekt gewachsene Basilikum und amüsiert sich über sich selbst. Prost, der Wein hat genug geatmet, und sie stoßen an, auf ihren Besuch, auf Sandra, und dann muss Dahlmann erzählen, wie er an den Ball gekommen ist und an die Autogramme, und es geht um Berti Vogts – nein, so steif ist der gar nicht, ist halt kein Medienmensch. Er war für eine Woche im selben Hotel wie Dahlmann, und Dahlmann hat ihn angesprochen – ich kam mir vor wie ein Schnorrer, doch der Mann hat einen gewissen Charme, und vor allem weiß er, was es heißt, unter Druck zu stehen. Und nochmal Prost, es ist ja auch nicht gut, wenn der Wein zu warm ist, und künstlich beatmen wollen wir ihn nun auch nicht.

Sandra kann dem Gespräch nicht folgen, hört nicht richtig zu. Ab und an ein Lächeln, wenn die anderen sie anschauen, eine Hand am Glas, es ist gut, etwas in der Hand zu haben, sie ist weit, weit weg von allen. Bei der Pistole in ihrer Manteltasche, bei der Szene eben im Flur, als sie den richtigen Moment verpasst hat. Sie hatte die Hand schon an der Waffe. Sie kann eine Pistole entsichern, ohne hinzuschauen, das hat sie in Schweden gelernt. Das leise Klicken, gedämpft durch den Stoff des Mantels, hätte Dahlmann nicht gehört. Er stand nicht mal drei Meter von ihr entfernt, die optimale Distanz, weit genug weg, um ihr nicht in die Arme zu fallen, nahe genug, um sicher zu treffen, sie hätte nicht mal groß zielen müssen; einfach die Waffe ziehen, den Arm durchdrücken, leicht nach oben richten und abdrücken, eine einzige fließende Bewegung, ungebremst und ohne groß nachzudenken. Bettina und Gelfert hatten das mit ihr geübt.

Doch da war Dahlmanns Blick, diese klaren, blauen Augen, die etwas Durchdringendes haben können, fast hat es so gewirkt, als wüsste er, was geschehen würde. Und dann kam der Junge in den Flur gelaufen.

Ich bin zu schwach, denkt sie, was ist los mit mir, Lars hat meine Konsequenz geliebt, die Welt war für mich immer das, was ich gewinnen kann, und nicht, was ich verliere. Aber jetzt? Übermorgen, vielleicht schon morgen würde der Wachschutz verstärkt werden. Und dieser Typ vom BKA, Kawert, irgendwas an ihm war nicht koscher. Er hat sie in Sicherheit gewiegt, als würde er ihr trauen, aber irgendwas stimmte nicht. Der Mann ist Profi, sonst wäre er nicht da, wo er ist, ein hohes Tier, das hat man an den Reaktionen des Wachschutzes gemerkt. Der hat mich verarscht, denkt sie. Meine Fassade war nicht gut genug, wahrscheinlich überprüfen sie mich längst, in diesem Moment. Bin ich schon aufgeflogen? Aber wenn ich Dahlmann am Leben lasse, bekomme ich keinen Support. Und ich brauche Support, ich will zu Lars, ich muss weg aus Deutschland, hier gibt es keine Zukunft für mich, dafür bin ich schon zu lange zu weit gegangen. Ich brauche ein neues Leben, und ohne Bettina werde ich kein neues Leben bekommen.

Sandra ist aus dem Gespräch völlig herausgefallen, hat nicht mehr gegessen, nicht getrunken, und die ganze Zeit nur Benjamin beobachtet. Und als er zu ihr schaut und sie mustert, entsteht plötzlich ein Moment völliger Ruhe.

»Sandra?«

Sandra schaut Julia an. Dann Dahlmann und seine Frau. Besorgte, etwas irritierte, aber sehr wohlwollende Blicke. »Entschuldigung«, sagt sie und will noch etwas sagen, aber ihr fällt nichts ein. Sie ist nackt und blass, die Maske ist weg, und sie kann sie nicht wieder aufsetzen, es fehlt ihr die Kraft.

»Nachtisch?«, lächelt Hildegard Dahlmann sie an.

Sandra sieht, dass Benjamin sich an seinen Großvater kuschelt, eine Geste, für die er eigentlich zu alt ist, und in seinem Blick liegt etwas, das Sandra nicht versteht. Ahnt er etwas? Hat er mich durchschaut?

Sandra stellt das Glas ab, legt die Serviette vor sich auf den Tisch. Steht auf und verlässt das Zimmer. Sie muss raus hier.

34

»Ihre Tochter war in der Hamburger Hausbesetzerszene?«

»Warum fragen Sie, wenn Sie es schon wissen?«

»Ich frage Sie, weil ich es nicht weiß, sondern nur vermute. 1984 war Ihre Tochter in Hamburg immatrikuliert, war aber immer noch hier bei Ihnen gemeldet.«

»Das waren immer so Studentenbuden in Hamburg … Sie ist häufig umgezogen.«

»Sie ist zweimal bei Demonstrationen in der Hamburger Hafenstraße aufgegriffen worden.«

»Demonstrationen sind ein Grundrecht, ob Ihnen das nun passt oder nicht.«

»Sagt Ihnen der Name Lars Oehmke was?«

Susanne Wellmann weicht Kawerts Blick aus. Natürlich sagt ihr der Name was, sie ist eine miserable Lügnerin; zwei Generationen protestantisches Pfarrhaus haben die zehn Gebote mit einer Liste moralisierender Imperative erweitert. Du sollst nicht lügen. Du sollst kein Geld borgen. Du sollst nicht masturbieren. Und so weiter.

»Auf einer der Demonstrationen, bei denen Ihre Tochter aufgegriffen wurde, hat Oehmke sich eine Vorstrafe eingehandelt, weil er Polizisten mit Steinen beworfen hat.«

»Was wollen Sie wissen?«

Plötzlich steht Miriam in der Wohnzimmertür. Susanne Wellmann hat sie nicht kommen hören, weiß nicht, wie lange sie da schon steht und was sie von dem Gespräch mit Kawert mitgehört hat. »Hör auf!«, sagt sie. Seit Wochen drängt Miriam auf eine härtere Linie ihrer Mutter gegenüber Sandra. Aber Susanne Wellmann ist machtlos, paralysiert von einer tiefen Angst, ihre jüngere Tochter, die ihr eh schon fast entglitten ist, völlig zu verlieren. Und jetzt sitzt da dieser Mann und stellt die Fragen, die ins Herz des ganzen Problems zielen. Hamburg. Hausbesetzerszene. Lars.

»Er war noch nie gut für sie«, sagt Miriam. »Er hat sich einen Scheiß um seinen Sohn gekümmert. Alles war immer Ideologie, Ideologie, Ideologie! Ein absoluter Scheißkerl und Egoist. Seit sie ihn kennt, geht ihr Leben immer nur bergab!«

Kawert schaut Miriam an. »In der Geburtsurkunde Ihres Neffen ist der Vater als unbekannt eingetragen.«

»Wir wissen nicht, wer der Vater ist«, sagt Susanne Wellmann.

»Natürlich wissen wir, dass dieser Wichser sein Vater ist. Ein RAF-Terrorist! Sie hat ihn auf einer dieser Demos kennengelernt und sich sofort in ihn verknallt. Mit dem Bus in die Hafenstraße und ein bisschen Krach machen. Sie war sechzehn. Nach der Schule ist sie dann ganz nach Hamburg gezogen«, sagt Miriam.

Susanne Wellmann schaut an Miriam vorbei, und Miriam folgt ihrem Blick. Hinter ihr steht Markus, barfuß und im Schlafanzug. Sein Vater ist tabu in dieser Familie, allzu viel weiß er nicht über ihn. Und natürlich weiß er nicht so genau, was ein »RAF-Terrorist« ist. Aber er dürfte genug gehört und gesehen haben. Er dreht sich um und verschwindet sofort wieder. Miriam ruft ihm nach und eilt hinterher.

»Gehen Sie bitte«, sagt Susanne Wellmann zu Kawert, die Stimme ein einziger Vorwurf, als wäre er schuld an der ganzen Situation.

»Ich muss Ihr Telefon benutzen«, sagt Kawert und steht auf. »Wo ist es?«

Susanne Wellmann will widersprechen, ist verwirrt, muss sie ihm gehorchen? Alles geht ihr zu schnell, viel zu schnell.

»Wo ist das Telefon?«, herrscht Kawert sie an.

Sie deutet auf den Flur, und Kawert eilt aus dem Wohnzimmer, findet das Telefon auf der Kommode, reißt den Hörer von der Gabel, wählt eine Nummer, wartet, dass jemand abhebt, und brüllt dann fast in den Hörer: »Sandra Wellmann, Dahlmanns Assistentin, ihr müsst sie festnehmen, sofort! Sie ist bei der RAF!«

35

Das Auge des Schützen beginnt zu tränen, die Konzentration strengt an, kurz weg vom Visier, einmal abwischen, blinzeln, dann ist es besser. Der Puls ist gut, obwohl das Adrenalin ihm in die Venen knallt und ihn hochputscht, so ganz gewohnt ist er das nicht mehr, der letzte Einsatz liegt schon ein paar Jahre zurück. Um den Kopf hat er ein Tuch gebunden und über der Stirn auseinandergezogen, Baumwolle, schwarz wie seine übrige Kleidung auch, besonders saugfähig, denn das Letzte, was er braucht, ist ein Schweißtropfen, der ihn im entscheidenden Moment zum Blinzeln zwingt. Er drückt das Auge wieder ans Visier.

»Fertig?«, fragt der Mann neben ihm. Durch sein Fernglas hat er eben gesehen, wie Dahlmanns Assistentin das Haus verließ und eilig an den Polizisten vorbeiging. Sie kam aber nicht herüber zur Kleingartenkolonie, sondern lief die Straße hinunter. Irgendwas war mit ihr, sie sah angespannt aus.

»Ja.«

»Gut. Schussbereit?«

Ein leichtes Wackeln des Fadenkreuzes, als der Scharfschütze das Gewehr entsichert. »Ja.«

Sein letztes Wort, ab jetzt wird er schweigen und sich auf den Schuss konzentrieren, denn wenn er spricht, bringt das kleinste Bewegungen mit sich, die sich über diese Distanz sofort in Schwankungen zwischen zwanzig und dreißig Zentimetern auswirken. Also Schweigen. Der Zeigefinger seiner rechten Hand liegt auf dem Ring, der den Abzug vor ungewollter Berührung schützt.

Der Mann neben ihm lässt das Fernglas sinken, greift nach einem Funktelefon in seiner Tasche und wählt.

Der Scharfschütze legt den Finger auf den Abzug, eine leichte, fast zärtliche Berührung, das kleinste Zucken würde einen Schuss auslösen. Die normale Atemfrequenz halten, nicht auf das Rauschen im Kopf hören oder den eigenen Puls, der Fokus liegt jetzt allein auf dem Schuss.

Neben ihm, regelmäßig, leicht verzerrt, der leise Wählton aus dem Funktelefon. Einmal, zweimal.

»Vielleicht ist sie das«, sagt Dahlmann und steht auf. »Ich geh schon.«

So richtig konnte sich keiner von ihnen einen Reim auf

Sandras plötzlichen Aufbruch machen. Gestochere in den Nudeln, Schweigen. Vielleicht waren sie zu sehr in ihrem eigenen Film gewesen. Und jetzt das Telefon. Kann schon sein, dass sie das ist, drüben an der Hildburghauser ist eine Telefonzelle, würde ungefähr passen, so lange, wie sie jetzt weg ist.

»Sag ihr, ich komme ihr entgegen!«, ruft Julia ihrem Vater hinterher.

»Ja!«

Das Klingeln kommt vom Telefon in seinem Arbeitszimmer. Dahlmann ist schon auf der Treppe, etwas schwerfällig, irgendwie gedrückt. Vielleicht war es ein Fehler, sie mit herzubringen. Die Hand am Lauf, er wird Handwerker bestellen müssen, endlich, damit er geschliffen und neu gestrichen wird. Das Telefon klingelt zum fünften Mal. Dahlmann eilt ins Arbeitszimmer, das Licht ist noch an, er hat vergessen, es vorhin auszuschalten, als er mit Benjamin nach unten zum Essen gerufen wurde. Er beeilt sich, will nicht, dass sie wieder auflegt und denkt, er ließe sie hängen. Er nimmt ab.

»Dahlmann.«

Kurzes Warten. Keine Antwort, er richtet sich auf, genau hinter ihm, auf Brusthöhe, das silbern umrahmte Familienfoto.

»Sandra?«, fragt er in den Hörer. »Sind Sie das?«

Das Klirren von Glas, seltsam scharf und klar, als wäre es im Zimmer nebenan, dabei kommt das Geräusch aus der oberen Etage. Dann – dumpf und plump, als würden vier, fünf viel zu schwer gepackte Reisetaschen zugleich fallen gelassen – der Sturz seines Körpers auf den Boden, offenbar ungebremst. Dahlmann wiegt fast neunzig Kilo, das Arbeitszimmer liegt schräg über dem Esszimmer. In der Vitrine vibrieren die Kristallgläser. Hildegard Dahlmann springt sofort auf, ihr Stuhl fällt um, und sie rennt zur Tür, mit einer

Geschwindigkeit, die man einer Frau ihres Alters nicht zugetraut hätte.

Für einen Moment starrt Julia auf den umgefallenen Stuhl, die weiße Serviette daneben. Dann ruft sie ihr hinterher, aber ihre Mutter hört nicht, ist schon im Flur und gleich auf der Treppe. Julia zwängt sich aus der Bank, die zwischen Esstisch und Wand steht.

»Du bleibst hier!«, sagt sie zu Benjamin und rennt ihrer Mutter hinterher. Benjamin greift nach dem Ball, der auf seinem Schoß liegt, starrt auf die Autogramme. Seine Nase beginnt zu bluten, und das Blut tropft auf den Ball.

Wieder das Klirren von Glas. Julia rennt die Treppe hoch ins Arbeitszimmer ihres Vaters. Dahlmann liegt neben dem Schreibtisch, sein Gesicht zur Zimmertür gedreht, die Augen starr und eigenartig matt, der Schuss hat ihn in der Brust getroffen, Blut breitet sich unter ihm aus, erstaunlich wenig, als hätte das Herz sofort aufgehört zu pumpen. Neben ihm hängt an dem geringelten grauen Kabel der Telefonhörer, schwingt immer noch leicht hin und her.

Julia hört das Wimmern ihrer Mutter. Sie liegt am Boden neben der Tür, blutet am linken Oberarm. Der zweite Schuss hat sie getroffen und zu Boden geworfen. Tränen, Schmerzen und Panik. Sie drückt die rechte Hand auf die Wunde. Julia sieht das Blut durch ihre Finger rinnen.

Plötzlich kracht ein dritter Schuss in das Regal, zwei, fast drei Meter neben Julia, die immer noch an der Tür des hell erleuchteten Zimmers steht. Sie zuckt zusammen, ihr ist, als würde ihr sämtliches Blut mit einem Schlag aus dem Kopf gezogen. Kurz ist alles weiß, dann Schwindel, dann tragen die Knie sie nicht mehr, und sie fällt auf den Boden neben ihre Mutter.

Sie braucht einen Moment, bis sie wieder voll bei Bewusstsein ist. Dann schaut sie sich um: Glassplitter auf den Holzdielen vor dem Fenster, neben ihr rieselt Staub aus dem Regal, die Kugel hat ein Buch zerfetzt und ist im Putz dahinter eingeschlagen. Sie sieht ihre Mutter schreien, hört sie aber nicht. Kriecht ein Stück näher zu ihr und nimmt ihr Gesicht in die Hände – ganz ruhig, Mama, ich bin hier, ganz ruhig.

Julia schaut zu ihrem Vater. Seine Augen haben jedes Licht verloren, ein weißer Schleier liegt über seinem Blick, der an Julia vorbeigeht. Der Telefonhörer hat aufgehört, hin und her zu schwingen, und hängt auf halber Höhe zwischen Schreibtischplatte und Fußboden. Julia hört leise das Freizeichen – konstant und aufdringlich.

Sandra hört das Splittern von Glas – oder eher ein Knirschen – und gleich darauf einen Schrei aus dem tiefen Inneren des Hauses. Sie dreht sich um und schaut am Haus hinauf: Ein Einschussloch im Fenster zu Dahlmanns Arbeitszimmer, schwarze Risse im Glas, die vom Loch aus zu den Rändern laufen, eine bizarre Sonne.

Sie hört, dass die Wagentür des Polizeiwagens in der Einfahrt auffliegt. Schaut hin. Einer der Polizisten klettert panisch aus dem Wagen und starrt zu dem Fenster hinauf. Dann ein zweiter Schuss durch die Scheibe. Und schließlich ein dritter. Alles innerhalb kürzester Zeit. Der andere Polizist steigt aus dem Wagen, schaut zufällig zur Straße und sieht Sandra, sagt etwas zu seinem Kollegen. Die beiden sind zu weit weg, als dass Sandra sie hören könnte. Und dann – all das wiederum in nur einer zerbrochenen Sekunde – rennt einer der beiden auf Sandra zu, während der andere ins Haus eilt, das Funkgerät am Mund.

Sie läuft los. Weg vom Haus. Der Polizist mit seiner schusssicheren Weste ist zu schwer, hat keine Chance, sie einzuholen. Er ruft ihr hinterher, mehrfach, mit sich fast überschlagender Stimme, sie solle stehen bleiben. Aber Sandra hört nicht auf ihn, sie muss um die Ecke, in die Seitenstraße hinein, dann kann sie entkommen. »Stehen bleiben!« Die

Stimme des Polizisten klingt schon weiter entfernt, doch er hat seine Waffe gezogen und zielt auf Sandra.

Plötzlich hält ein Wagen neben ihr, die Beifahrertür fliegt auf. Bettina sitzt am Steuer und ruft ihr zu, sie soll einsteigen. Sandra wirft einen Blick zurück auf den Polizisten, steigt in den Wagen und zieht die Tür hinter sich zu. Der Wagen rast los. Der Polizist bleibt stehen und legt an. Aber Bettina biegt um die nächste Ecke, in eine Seitenstraße hinein, schlechtes Pflaster, der Wagen rattert, als würde er über einen Feldweg fahren. Wieder schaut Sandra zurück. Die Straße hinter ihr ist bis auf ein paar parkende Autos leer, dürres, gelbliches Licht von Gaslaternen, vom Polizisten ist nichts zu sehen.

Bettina biegt in die nächste Seitenstraße und muss runter vom Gas, denn der Wagen schliddert über das feuchte Kopfsteinpflaster gefährlich nahe an die parkenden Autos heran. Die erleuchteten Fenster der Villen links und rechts des engen Sträßchens blicken schwerlidrig durch die Vorgärten.

Noch drei, vier Ecken, einmal entgegen der Fahrtrichtung durch eine Einbahnstraße, dann biegt der Wagen endlich wieder auf die Hauptstraße, kann beschleunigen. Endlich kein Scheppern des Auspuffs auf dem Kopfsteinpflaster mehr.

»Habt ihr geschossen?«, fragt Sandra.

»Nein.«

»Aber wer dann? Wer soll sonst geschossen haben?«

»Ich weiß es nicht«, sagt Bettina und schaut zu Sandra, kurz nur, sie muss die Straße im Blick behalten.

Ich weiß es nicht.

36

»Ich komme.« Kawert legt auf. Er erträgt es nicht, dass Susanne Wellmann ihn anschaut, wendet sich ab und eilt durch den Flur nach draußen zum wartenden Polizeiwagen, der ihn zurück nach Lichtenrade bringen wird, wo sein Hubschrauber wartet, mit dem er von Düsseldorf hierhergekommen ist und der ihn in ungefähr fünfzehn Minuten dorthin zurückbringen wird.

Berliner Nieselregen. Schwarzbraunes Geschmiere im Garten, unter den Hecken und in den Beeten, wo irgendwann in diesem Jahr mal was blühen soll, der Rasen braungrün vermoost. Dreißig Meter vom Haus zum Wagen, mehr nicht. Kawert weiß genau, was jetzt kommen wird, und er hat keine Kraft mehr, um sich dagegen zu wehren. Er ist ausgelaugt, den Auseinandersetzungen mit Jacobi nicht gewachsen, dem Druck, der ins Unermessliche steigen wird – im BKA, vom Staatssekretär aus, vom Minister, vom Kanzleramt. Erst Wegner, jetzt Dahlmann. Das war's. Ein Kopf wird rollen, und das wird meiner sein.

Ich hätte meiner Ahnung trauen, mich auf mein Gefühl verlassen und diese Frau festsetzen lassen müssen. Ich habe alle Mittel, die ich brauche. Ich habe einen Chef, der mich machen lässt und mich trotz seiner Skepsis unterstützt. Und was ist das Resultat? Gereon ist tot. Wegner ist tot. Dahlmann ist tot. Die RAF lebt, gefährlich wie nie zuvor, eine Auferstehung aus Ruinen. Ich habe sie unterschätzt, trotz allem.

»Was ist mit meiner Tochter?«

Kawert bleibt stehen und dreht sich um. Susanne Wellmann steht in der Haustür. Kawert will ihr irgendeine Gehässigkeit an den Kopf werfen. Was ist schiefgelaufen? Was hast du verbockt, dass deine Tochter zu diesem scheißintriganten Luder geworden ist? Hast du nichts gemerkt? Doch er bremst sich. Wendet sich ab und geht weiter. Er hört ihre Schritte im Kies hinter sich.

Die Frau holt ihn ein, greift nach seinem Arm und hält ihn am Gartentor, der Grenze ihrer kleinen Welt, zurück. »Was ist passiert?«

»Dahlmann ist erschossen worden«, sagt Kawert und macht sich los.

»Was ist mit meiner Tochter?« Die Frau eilt ihm hinterher.

»Ich weiß es nicht«, sagt Kawert, öffnet die Wagentür, will noch etwas sagen und hält sich wieder zurück. Er verbietet sich, diese Frau zur Schuldigen zu machen und seinen tiefen Zorn an ihr abzulassen. Er steigt ein, zieht die Tür zu, und der Wagen fährt los.

Susanne Wellmann schaut dem Taxi hinterher. Ihre Bluse ist feucht vom Nieselregen, Kälte kriecht in sie hinein. Als sie zurück zum Haus schlurft, plötzlich eine uralte Frau, fällt ihr Blick auf die Schaukel im Garten und schneidet durch die Zeit. Plötzlich verlässt sie jeder Grund zu leben, sie hat gegeben, was sie kann und was in ihr war, aber es war nicht genug, und jetzt ist sie leer. Es war nie genug. Der Sitz der Schaukel, grüne Schlieren, wie von Algen, glitschig und nass, ein Fehler, sie im Herbst nicht abzuhängen, den Winter über am Baum zu lassen. Aber das hat sie im letzten Herbst schon gewusst und die Schaukel trotzdem hängen lassen. Wie eine Kerze, die man ins Fenster stellt, damit die Verlorenen ihren Weg zurück finden oder die Toten. Doch Sandra hat nicht den Weg zurück gefunden zu dem Mädchen, das sie mal gewesen ist. Ihr Mädchen. Ihre Sandra. Beschwörung und Abschied. Nostalgie, Pathos und Depression in einem. Ich werde dich nicht wiedersehen, mein Mädchen. Meine Sandra. Nie wieder! Und ihre Bluse ist jetzt nass, unter ihrem Parfüm stinkt das Alter, und sie weint, den Rest des Abends, nach vier Grappa, bis in den Morgen hinein und für den Rest ihres Lebens.

37

Blaulicht. Mindestens fünf Polizeiwagen. Vielleicht hundert Meter vor ihnen. Die Straßensperre ist noch lückenhaft, aber schon so weit, dass Bettina nicht daran vorbeikäme, links nicht, rechts nicht, und ein Durchbruch in der Mitte ist erst recht nicht möglich, denn hinter den Polizeiwagen rücken bereits vier große Mannschaftswagen an, massive, gepanzerte Wannen mit engmaschigen Gittern vor den Fenstern.

Bettina tritt voll auf die Bremse. Der Wagen hat ABS, er rattert zehn, zwölf Meter weiter und zieht die Blicke dieser Armee dort auf sich. Vorne in der ersten Reihe dürfte die letzte Nachtschicht stehen, die Verstärkung aus den Wannen dahinter ist offenbar gerade erst hier angekommen, die Polizisten sind noch damit beschäftigt, Schutzwesten anzulegen und ihre Gewehre zu laden und noch nicht ganz bereit für einen Schusswechsel mit zwei Terroristinnen. Auf halbem Weg zwischen ihrem Wagen und der Sperre rollen zwei Polizisten ein Nagelband quer über die Straße aus.

Rückwärtsgang rein und zurück, zurück, zurück. Rückwärts die Kurve nehmen, durch die sie eben, vor einem Moment gerast sind, wegen der sie die Polizeisperre nicht haben kommen sehen. Während Bettina nach hinten guckt, behält Sandra die scheiß Söldnertruppe da vorne im Blick. Die beiden Polizisten ziehen eilig das Nagelband wieder von der Straße, machen den Weg frei für das Verfolgerfahrzeug, das ihnen gleich auf die Pelle rücken wird. Doch jetzt sind sie schon um die Kurve rum. Bettina tritt wieder auf die Bremse, reißt gleichzeitig das Steuer herum, der Wagen macht fast eine halbe Drehung, rutscht und flattert quer zur Straße. Sandra klammert sich mit einer Hand an der Konsole fest, mit der anderen am Griff über der Tür und schaut zurück. Das Verfolgerfahrzeug scheint noch nicht losgekommen zu sein. Bettina schaltet und rast los, jetzt wieder vorwärts. Stößt in die nächste Seitenstraße hinein. Sie ist völlig leer, vielleicht weil um diese Zeit niemand mehr unterwegs ist, vielleicht auch, weil die Gegend schon weiträumig abgesperrt ist, wahrscheinlich Letzteres.

Und wieder das gleiche Spiel wie vorhin: Ein Wirrwarr kleiner Straßen, links und rechts vorwiegend Villen, hier hat man mit einem Gehalt unter zwölftausend D-Mark nichts zu suchen. Bettina hat den Stadtplan für ihre Flucht ziemlich genau studiert, sie weiß, was sie da tut. Sie muss durch dieses Straßengewirr hindurch, rüber zum Krefelder Damm, wahrscheinlich ist der noch nicht abgesperrt, das wäre zu weiträumig, so viele Wagen kriegen die Wichser so schnell nicht zusammen.

Bettina will besser hören, was draußen los ist, und kurbelt das Fenster ein Stück runter. Der Fahrtwind zuppelt an ihren Haaren herum und trägt den Sound der Polizeisirene herein. Noch ist der dazugehörige Wagen nicht zu sehen, doch wenn es so weit ist, wird ihr Citroën, der über dieses beschissene Pflaster hoppelt wie ein Bobbycar durch eine Kastanienallee im Spätherbst, schlechte Karten haben. Schlaglöcher vom vorigen und vorvorigen Winter und von all den Wintern bis zurück in die goldenen Zeiten des Wirtschaftswunderlands – seit mindestens zwanzig Jahren müsste das Pflaster ausgebessert werden. Die Sirene wird lauter. Der verdammte Krefelder Damm wird zu einer Illusion, denn in spätestens neunzig Sekunden ist Schluss, dann hat die Polizei sie am Arsch. Bettina muss was tun. Irgendwas. Und zwar jetzt.

Sie schaltet das Licht aus. Halbdunkel. Irgendwann wird auch diese Gegend elektrische Straßenlaternen bekommen, bis dahin aber glimmt das Licht der Gaslaternen, das Gelb ungeputzter Zähne, in die Nacht. Bettina fährt langsamer und sucht die Einfahrten, Garagen, Zufahrtswege zu den Häusern und Villen ab.

»Was machst du?«, fragt Sandra. Ihr ist schlecht, von der Raserei und von der Sirene hinter ihnen. Die Panik hat sie fest im Griff, seit sie eben die Maschinenpistolen gesehen hat. Sie schaut sich um, immer noch ist der Polizeiwagen nicht zu sehen, aber sein flatterndes Blaulicht huscht ihm voraus und tastet die parkenden Autos ab, die Bäume und Zäune neben der Straße, ein grelles, fast weißes Blau.

Dann hat Bettina gefunden, wonach sie sucht. Sie bremst ab, von siebzig, achtzig Stundenkilometern runter auf null, wieder rattert das ABS. Rückwärts setzt sie in die Einfahrt eines zweistöckigen Hauses und stellt den Citroën neben das vor der Garage parkende Auto. Zwanzig Meter von der Straße entfernt vielleicht und von dort aus nicht gleich einsehbar.

»Raus hier«, sagt sie. Die beiden drücken die Türen auf, steigen aus und schließen die Türen leise hinter sich. Das Letzte, was sie jetzt brauchen, sind Zeugen.

Bettina schaut sich kurz um und zieht Sandra mit. Ein Gartentor, verschlossen, aber niedrig. Die beiden klettern rüber, springen fast, denn die Polizeisirene hetzt näher, weit dahinter folgen eine zweite und eine dritte. Geschützt von der Garagenwand auf der einen und einer Koniferenhecke auf der anderen Seite laufen sie in den zum Haus gehörigen Garten. Das grell-weißliche Polizeilichtblau sticht in jede noch so klitzekleine Lücke und wirft skurrile Schatten in diese halb dösende, halb schon schlafende Welt, aber nur einen kurzen Moment, dann rast der Polizeiwagen vorbei. Hat den Citroën anscheinend nicht gesehen.

Ein Moment Entlastung.

Die erste Sirene entfernt sich, zwei, drei weitere, schwer zu unterscheiden, rasen der ersten hinterher. Die kleine Straße liegt jetzt gut hundert Meter hinter ihnen. Bettina und Sandra haben den Garten erreicht und müssen über die vor ihnen liegende, weite Rasenfläche, ungeschützt und von allen Seiten zu sehen. Aber es gibt keinen anderen Weg, und wer starrt um diese Zeit schon in den Garten? Weit und breit ist kein Mensch zu sehen. Irgendwo bellt lediglich ein Hund, von der Hetze angesteckt.

Als Bettina und Sandra zwei Gärten weiter sind, ist plötzlich Ruhe. Die Sirenen sind aus, wahrscheinlich wurde der Fluchtwagen gefunden. Noch haben sie einen Vorsprung, aber wird er reichen? Wann werden die Hubschrauber hier sein? Die kalte Luft sticht in Sandras Raucherlunge, jeder Atemzug brennt, lange wird sie das hier nicht mehr durchhalten. Bettina zieht sie weiter, raus aus dem Garten, über eine kleine Straße und hinein in den nächsten Garten dieser grünen Spießeridylle. Weiter, weiter, weiter. Sandra hat völlig die Orientierung verloren, Gärten, Zäune, Grün, Garagen, Carports, teure Häuser, dazwischen ein Teich oder was auch immer. Sie kämpft nur noch darum, Bettina, die viel älter, aber wesentlich fitter ist als sie, hinterherzukommen.

Dann verändert sich die Kulisse ein wenig, die Häuser sind nicht mehr ganz so upscaled wie die Villen um Dahlmanns Haus herum, drei Stockwerke, dafür schmaler und in Reihe gebaut. Bettina bleibt vor einem Wagen stehen. Ein Golf für Mama zum Einkaufen, rostrot, und so wie das hier aussieht, kontrolliert Papa bestimmt einmal im Monat den Ölstand, dann Besuch in der Waschanlage, waschen, schneiden, föhnen, wär schon gut, wenn der Wagen in Schuss bleibt, damit Sohnemann ihn später zum Abi geschenkt bekommen kann. Bettina schaut sich um. Ein Moment Luft holen für Sandra, sie geht in die Hocke, ihr Puls rast, die Rippen stechen, gleich wird es besser werden.

Bettina zieht ihre Jacke aus, schnappt sich einen Stein vom Rand eines Beetes, wickelt ihn in die Jacke und schlägt auf das Fenster des Wagens ein, zweimal, dreimal, bis die Scheibe platzt, erstaunlich leise und eher dumpf. Das Glas zerkrümelt, dann ist das Fenster frei. Bettina zieht die Türverriegelung auf, wischt die Glaskrümel mit ihrer Lederjacke vom

Fahrersitz, setzt sich und öffnet die Konsole, um den Wagen kurzzuschließen.

Sandra steht wieder auf, es geht ihr jetzt besser. Sie schaut sich um, ob sie doch jemand aus den umliegenden Häusern beobachtet. Aber die Straße ist leer, kein Mensch zu sehen, das ganze Tralala der Polizei ist hier womöglich nicht angekommen, oder die Leute hängen vor den Fernsehern, in denen vielleicht schon von Dahlmanns Tod berichtet wird.

Plötzlich erschrickt sie. Aus einem Fenster im zweiten Stock des Hauses, vor dem sie stehen, schaut sie ein Junge in Markus' Alter an. Das Fenster ist dunkel, der Junge ist schon im Schlafanzug, wahrscheinlich haben die drei Schläge auf die Autoscheibe ihn geweckt, vielleicht hat er auch noch gar nicht geschlafen. Er steht da oben zwischen den letzten, noch hängen gebliebenen Osterdekorationen an seinem Fenster, schaut herunter auf Sandra und macht keine Anstalten, seine Eltern zu holen; ein stiller Beobachter, irritiert, vielleicht neugierig, befremdet, und eine einzige Frage an Sandra: Willst du das, was du da machst, wirklich? Willst du nicht lieber zurückkommen zu mir, zu Oma, zu Miri, in das Haus in Lichterfelde-West? Kehr um, erklär denen alles, du kannst nicht für etwas bestraft werden, was du nicht getan hast, es ist ein Unterschied zwischen dem, was du vielleicht wolltest, und dem, was du tatsächlich getan hast. Was auch immer dich erwartet, es ist besser als das, was dir jetzt bevorsteht. Kehr um, hör auf, geh zurück.

Der Motor des Wagens springt an, Bettina öffnet die Beifahrertür, drückt die Konsole wieder an ihren Platz und legt den Gang ein. »Jetzt komm.«

Einen Moment lang herrscht kein Hochdruck mehr, Sandra beginnt zu flattern.

»Steig ein!«

Sandra reißt sich vom Anblick des Jungen los. Die kitschige Osterscheiße an seinem Fenster, Markus würde mich zum

Teufel jagen. Und sie steigt ein und zieht die Wagentür zu, leise. Sie fahren los, langsam, nur keine Aufmerksamkeit auf sich ziehen, erreichen die Hauptstraße. Hier ist mehr los, der Uhrzeit entsprechend wimmelt es nicht von Verkehr, aber ihr Wagen ist nicht der einzige.

Plötzlich Blaulicht auf der Gegenspur, zwei Polizeiwagen, noch weit weg.

»Runter mit dir«, sagt Bettina.

Sandra reagiert nicht gleich, und Bettina drückt mit der freien Hand ihren Oberkörper nach vorn, so tief, dass man sie von außen nicht sehen kann. Den Kopf auf die Knie gelegt, kauert Sandra da, als würde sie Prügel erwarten, und schaut Bettina an: Die lächelt seelenruhig, überlegen und cool. Sie hört die Polizeisirenen näherkommen, ein gegenläufiges An- und Abschwellen, das zu einem einzigen hohen Ton wird, immer lauter und penetranter. Das Blaulicht dreht seine Runden und huscht über Bettinas Gesicht, nochmal und nochmal und verschwindet mit allmählich verstummender Sirene hinter ihnen.

Schließlich Ruhe. Nachtkalte Luft. Zerbröselnde Markierungen auf der Straße vor ihnen, die längst kein Licht mehr reflektieren.

Autobahnauffahrt. Radio an. *I'm every woman. It's all in me.* Die Chaka-Khan-Sammlung, Rufus, Average-White-Band, alles auf Vinyl, elfte Klasse, das Fest bei Matze, Wodka, Martini gerührt oder geschüttelt, *anything you want done, baby, I'll do it naturally, whoa whoa whoa whoa …* Vier Kilometer zum nächsten Autobahnkreuz, spätestens dort haben wir gewonnen, spätestens.

Unterbrechung, Sondermeldung.

»… wurde auf den Vorsitzenden der Treuhand, Hans-Georg Dahlmann, und seine Frau geschossen. Nach bisher noch nicht bestätigten Meldungen kam Dahlmann dabei ums Leben. Dass es sich bei den Tätern um Mitglieder der

Roten Armee Fraktion handelt, wurde ebenfalls weder bestätigt noch dementiert.«

Bettina schaut zu Sandra, irritiert: »Hast du doch geschossen?«

»Nein!«

Das Radio plempert weiter.

»Ist Gelfert noch hier?«, fragt Sandra. »War er das?«

»Der ist längst in Ungarn.«

»Sonst jemand von euch? Eine zweite Gruppe?«

Bettina schüttelt den Kopf.

»Vielleicht haben sie dir nicht alles gesagt?«

»Auf keinen Fall!«

»Wer hat dann geschossen?«

»Ich weiß es nicht.«

38

Der Junge hat nicht allzu oft in seinem Leben Nasenbluten gehabt, einmal beim Fußball und einmal auf einer Klassenfahrt in die Eifel vor drei Jahren. Beide Male hat es schnell aufgehört. Jetzt aber läuft und läuft das Blut aus seiner Nase und tropft auf die Autogramme auf den Fußball, an dem er sich festklammert. Das Blut schmeckt, als würde er an einem verrosteten Eisenrohr herumlutschen, wie er es in der Vorschule einmal getan hat. Dazu das immer lauter werdende Rauschen in seinem Kopf, eine heranrollende Welle, die sich nicht mehr zurückzieht, bis Benjamin nichts mehr hört als dieses Rauschen. Er starrt auf das Blut, das am Ball herunterläuft und die Farbe der Autogramme mit sich nimmt und zur Unkenntlichkeit verwischt. Links und rechts sieht er nichts mehr. Es ist, als würde er durch ein viel zu enges Fenster schauen, an dessen Seiten zerfledderte Gardinen hängen, rechts daneben ist Schwarz, links daneben ist Schwarz. Und nur ganz am Rand sieht er, wie einer der beiden Polizisten, die vor dem Haus Wache geschoben hatten, durch den Flur huscht und mit gezogener Pistole die Treppe hinaufrennt. Der Mann ruft etwas, aber Benjamin hört nichts als das Rauschen, ihm wird schlechter und schlechter, er lehnt sich nach vorne auf den vollgebluteten Ball. Dann entfernte Polizeisirenen. Greller und lauter werdend, dabei gleichzeitig wie gedämpft, vier verschiedene Sirenen, vielleicht fünf, von weit her, Vorboten der Armada von Polizei, die hier in einer halben Stunde aufschlagen wird.

Früher Morgen. Gaffer, Journalisten, Nachbarn. Die Hitze des Skandals zieht Kameras an, produziert Gerüchte und Erregung. Ein Mann im verdreckten T-Shirt und kurzer Hose schwenkt ein Plakat mit religiösen Parolen, ruft zur Umkehr auf und schwadroniert lautstark über den strafenden Gott des Alten Testaments.

Kawerts Wagen kommt nicht zu Dahlmanns Villa durch. Die Polizei hat um das Haus herum zwei Reihen Gitter aufgestellt, um die Unmengen von Schaulustigen fernzuhalten. Kawert steigt aus und drängelt sich durch das Gewühl. Ein Journalist muss gesehen haben, dass er einem Polizisten seinen Ausweis gezeigt hat, und jetzt schiebt sich ein Kamerateam hinter ihm her durch die Menge. Fotografen schießen Fotos von ihm, Journalisten rufen ihm Fragen zu – provokant und mit aggressivem Unterton. Man will ihn festnageln und zu irgendeiner Aussage bewegen, denn sie alle brauchen etwas, das die allgemeine Nachrichtensperre durchdringt. Kawert ignoriert die Hysterie so gut es geht und drängelt sich zum zweiten Gitterzaun durch. Ein Polizist öffnet die Absperrung und lässt ihn durch.

In der Einfahrt von Dahlmanns Villa stehen drei Wagen der Kriminaltechnik, ein Leichenwagen auf der Straße davor, die Bestatter haben sich vor den Zudringlichkeiten der Journalisten ins Innere des Wagens zurückgezogen. Kawert geht durch das Gartentor und schaut zum Fenster im ersten Stock hinauf. Dort oben steht Iris im weißen Synthetikanzug der Spurensicherung und fotografiert die drei Einschusslöcher in der Fensterscheibe. Als sie ihn sieht, nickt sie ihm zu, Mitleid im Blick; natürlich weiß sie, was auf Kawert zukommt. Vor der Eingangstür der Villa stehen zwei Polizisten mit schusssicheren Westen und Maschinenpistolen. Kawert muss erneut seinen Ausweis zeigen, und die beiden lassen ihn hinein.

Im Hausflur ist niemand. Kawert schaut die Treppe hinauf, oben vor Dahlmanns Arbeitszimmer steht Marion Burckhardt, im Gespräch mit dem Gerichtsmediziner. Als sie Kawert sieht, eilt sie die Treppe zu ihm herunter.

»Wollen Sie Dahlmanns Leiche sehen?«

»Später. Wie geht es seiner Frau?«

»Die OP ist ganz gut gelaufen, aber sie ist noch nicht aus der Narkose aufgewacht.«

»Und seiner Tochter?«

»Beschissen.« Marion Burckhardt führt Kawert zum Wohnzimmer. »Sie ist bei ihrem Sohn.«

Neben der Tür zum Wohnzimmer hat die Spurensicherung einen Klapptisch aufgebaut. Marion Burckhardt deutet auf eine in einer Plastiktüte asservierte Pistole.

»Die gehört Sandra Wellmann. Hat sie in der Garderobe gelassen – in ihrer Jacke.«

Kawert nimmt die Pistole und schaut sie an.

»Ich hab die Seriennummer überprüft«, sagt Marion Burckhardt. »Das ist eine der Waffen, die die RAF bei der Airbase erbeutet hat.«

»Wie hat sie die hier reingekriegt? Hat der Personenschutz sie nicht kontrolliert?«

»Sie war einmal für zehn Minuten draußen, angeblich um

eine zu rauchen. Dahlmann hat sie selbst zum Essen geholt, alles super eilig, Kontrolle war nicht.«

»Haben die Kollegen gesehen, mit wem sie sich getroffen hat?«

»Nein.« Marion Burckhardt verzieht das Gesicht. »Das LKA hier ist eine Katastrophe. Der Personenschutz, die Haussicherung – alles so was von dilettantisch und nicht abgestimmt.«

Kawert legt die Pistole zurück auf den Klapptisch. »Sie hat ziemlich viel riskiert. Schmuggelt die Waffe hier rein – und dann lässt sie alles stehen und liegen und haut plötzlich ab?«

»Ja. Geld ist auch noch da. Der Pass, ihre EC-Karte.«

Kawert schaut ins Wohnzimmer. Julia Dahlmann sitzt mit ihrem Sohn neben einer Frau, wahrscheinlich der Psychologin, die Marion Burckhardt zur Betreuung angefordert hat.

»Haben Sie mit Dahlmanns Tochter schon gesprochen?«, fragt Kawert.

»Da kam nicht viel. Vielleicht ist es jetzt besser. Der Arzt hat ihr eine Beruhigungsspritze gegeben.«

Benjamin hat Kawert und Marion Burckhardt bemerkt und schaut zu ihnen. Er sieht übermüdet und ziemlich fertig aus.

»War der Junge die ganze Nacht wach?«, fragt Kawert.

Marion Burckhardt nickt. »Er will seine Mutter nicht mal zur Oma ins Krankenhaus lassen.«

Die beiden gehen ins Wohnzimmer. Die Fensterläden sind heruntergelassen, eine Stehlampe beleuchtet den Raum. Halbdunkel. Kawert bemerkt, dass Benjamin einen Fußball in der Hand hat. Die verwischten Autogramme. Blutspuren. Auch auf Benjamins T-Shirt sind Bluttropfen.

»Ich weiß, das klingt für Sie unaufrichtig«, sagt Kawert zu Julia Dahlmann. »Aber ich möchte Ihnen mein Beileid aussprechen.«

Julia nickt. Verbittert und vorwurfsvoll. »Wie konnten Sie

Sandra nur so nahe an meinen Vater heranlassen? Haben Sie sie nicht überprüft?«

Kawert wirft einen kurzen demonstrativen Blick auf den Jungen. »Lassen Sie uns draußen reden.«

Julia Dahlmann schaut ihren Sohn an, streicht ihm über die Haare. »Ich bin gleich wieder da. Okay?«

Benjamin schweigt. Nicht okay. Die Psychologin wirft Kawert einen Blick zu.

»Dauert nicht lange«, sagt Kawert.

Julia steht auf und deutet ins Esszimmer nebenan. »Wir sind gleich da drüben«, sagt sie zu ihrem Sohn.

Im Esszimmer ist es heller, in der Ecke brennt eine Stehlampe. Kawert und Julia Dahlmann setzen sich an den Tisch, auf dem immer noch das Geschirr und Reste vom Abendessen stehen.

»Sie wissen, dass wir eine Waffe bei Frau Wellmann gefunden haben?«

Julia Dahlmann nickt.

»Aber sie hat nicht geschossen?«, sagt Kawert.

»Jedenfalls nicht von hier drin«, sagt Julia, unruhig, gereizt. Sie steht auf, geht zum Fenster und lässt die Rollläden herunter. Einen Moment lang ist es fast dunkel, nur das Licht der Stehlampe fällt aus dem angrenzenden Wohnzimmer herein. Von drüben schaut Benjamin zu Kawert, er kann sich anscheinend nicht auf das Gespräch mit der Psychologin konzentrieren.

Julia Dahlmann schaltet das Licht an und setzt sich wieder. »Ich habe einen Knall, ich weiß«, sagt sie.

»Sie haben keinen Knall, Sie …«

»Ich will nicht drüber reden. Jedenfalls nicht mit Ihnen«, unterbricht sie ihn brüsk.

»Die Kollegen vom LKA haben Frau Wellmann natürlich überprüft. Die RAF hat sie sorgfältig ausgewählt – sie ist für die Polizei ein völlig unbeschriebenes Blatt, es gab keinerlei Bedenken.«

»Wenn Sie nicht mal jemanden wie meinen Vater schützen können, wofür sind Sie dann eigentlich da?«

»Ich bin vom BKA, nicht vom LKA. Wir waren nicht für den Schutz Ihres Vaters zuständig.«

»Wollen Sie sich jetzt hinter Zuständigkeiten verstecken?«

Kawert schweigt einen Moment. Alles an ihr ist auf Provokation aus. Natürlich. »Was hier passiert ist, gehört zum Infamsten, was ich von der RAF kenne«, sagt er. »Lassen Sie sich davon nicht kaputtmachen.«

Julia Dahlmann weicht seinem Blick aus und schaut hinüber zu ihrem Sohn. Er hängt mehr in seinem Sessel, als dass er sitzt. Leise redet die Psychologin auf ihn ein. Nicken, Kopfschütteln, mehr ist aus ihm nicht herauszubekommen.

»Was wollen Sie von mir wissen?«, fragt sie Kawert. »Ich würde gerne zurück zu meinem Sohn.«

»Welchen Eindruck hat Frau Wellmann an dem Abend auf Sie gemacht?«

»Sie war die ganze Zeit über irgendwie angespannt. Jetzt ist mir auch klar, warum.«

»Sie war einmal draußen?«

»Ja. Eine rauchen.«

»Und als sie zurückkam?«

»Da hat sie sich völlig aus dem Gespräch ausgeklinkt. Ich hab gedacht, das ist vielleicht alles ein bisschen viel Familie Dahlmann für sie. Irgendwann ist sie aufgestanden und aus dem Haus gerannt.«

»Was genau war denn der Auslöser?«

»Nichts Besonderes. Mein Sohn hat sich an mich gekuschelt.«

Julia Dahlmann schaut wieder hinüber ins Wohnzimmer, als würde sie es nicht ertragen, ihren Sohn da drüben alleine zu lassen. Blutflecken auf seinem T-Shirt, den Fußball fest umklammert.

»Was hat sie sich denn eigentlich gedacht, was mit ihrem Sohn wird?«, fragt sie.

»Dass ihre Mutter sich um ihn kümmert.«

»Und sie ihn nie wiedersieht?«

Sand auf dem Treppenläufer, trocken und hell. Wahrscheinlich hat einer der Polizisten ihn gestern Abend hereingetragen. Von oben schaut Arlinghaus, der Gerichtsmediziner, Kawert an und mustert ihn einen Moment. Er kennt Kawert lange genug, um zu sehen, was mit ihm los ist. Bei allen Einsätzen, in denen sie sich begegnet sind, führte Kawerts erster Weg zur Leiche. Eigentlich ein Standardprocedere, denn die Leiche muss so schnell wie möglich in die Gerichtsmedizin. Doch Kawert drückt sich.

»Danke, dass Sie gewartet haben.« Kawert ist klar, dass Arlinghaus unter Zeitdruck steht. Er kennt Jacobis Angewohnheit, sein gesamtes Team auf eine penetrante Art, gegen die man nicht ankommt, unter Strom zu setzen, erst recht in Fällen dieser Größenordnung.

Arlinghaus nickt. »Der Schuss hat Dahlmann mitten ins Herz getroffen. Es hat sofort aufgehört zu schlagen, sonst hätten wir einen größeren Blutverlust.« Er räumt die letzten Instrumente in seinen Koffer, klappt ihn zu und verschließt ihn. »So einen präzisen Schuss habe ich noch nie gesehen.«

Kawert wirft einen Blick durch die Tür auf Dahlmanns halb verdeckte Leiche. Zu Wegner hatte er keinen wirklichen Bezug. Dahlmann aber hatte ein Charisma, dem er sich nicht entziehen konnte, und zwar schon lange bevor er ihm persönlich begegnet war. Eine Mischung aus großer Energie, noch größerer Intelligenz und Bodenständigkeit, gewürzt mit einem Schuss kaum hörbaren, patriotischen Pathos', das Kawert völlig abging. Er hat Dahlmann häufiger in Talkshows gesehen, die er nur seinetwegen eingeschaltet hatte, und er hat seine Rede im Bundestag gesehen. Kawert mochte es, dass Dahlmann nicht zur Generation von Managern und Politikern gehörte, die mit gerade sitzender Krawatte und in den immer gleichen blauen, der Studiobeleuchtung entgegenkommenden Hemden geschliffene Sätze in die Kameras diktierten. Und die nach ihrem Eingangsstatement wieder und wieder wortreiche Varianten ihrer ersten Aussage ablieferten. Unbeirrt trug Dahlmann im Fernsehen seine fein gestreiften oder karierten Hemden, ein Pixel-GAU für den Zuschauer, flirrend und irritierend, so wie der Mann selbst. Dahlmann hatte Kanten, wich keinem Streit aus, nur weil eine Kamera lief, setzte sich ins Unrecht, ließ sich provozieren und sagte aus dem Moment heraus mit manchmal beleidigt nach unten hängenden Mundwinkeln Dinge, die er später sicher bereute. Fast immer aber hatte er recht. Kawert begriff den Hauch von Arroganz, der Dahlmann umwehte, als Schutz vor Verletzungen. Dahlmann hatte es nicht nötig, um Sympathien zu betteln. Er wollte Resultate, die ihn stolz machten, und keine Liebesbekundungen, die übermorgen in ihr Gegenteil umschlagen konnten.

Erst jetzt bemerkt Kawert, dass Iris neben Dahlmanns Leiche steht und ihn anschaut.

Arlinghaus fängt den Blickwechsel der beiden auf. »Jacobi hat Ihnen von meinem Haus erzählt?«, fragt er Kawert.

»Ja, aber …«

»Ab dem fünfzehnten April ist das Haus bei einem Makler. Wenn Sie Interesse haben, melden Sie sich vorher bei mir.« Arlinghaus vermeidet es, zu Iris zu schauen. Ganz unparteiisch ist er in dieser Angelegenheit nicht, denn es gefällt ihm nicht, wie sie mit ihrem Mann in den letzten Monaten umgegangen ist. Und Jonas kann er nicht leiden.

Arlinghaus steht auf und hängt sich seinen Koffer um. Dahlmanns Leiche wird er sich nach Wiesbaden bringen lassen, obwohl das LKA ihm die Pathologie des gerichtsmedizinischen Instituts in Düsseldorf hat bereitstellen lassen. Aber die Obduktion muss schnell gehen, und er darf sich keinen Fehler erlauben. Er will in sein eigenes Institut mit seinen Mitarbeitern und Instrumenten, und er hat genügend Einfluss, um sogar gegen Jacobi durchzusetzen, was er will. Unterm Strich wird er dort eh schneller sein als in Düsseldorf oder im Bundeswehrkrankenhaus in Koblenz, das als Alternative zur Verfügung gestanden hätte.

»Die Obduktion habe ich heute Abend fertig, das Gutachten kommt morgen.«

Kawert verabschiedet sich von ihm und betritt Dahlmanns Arbeitszimmer. Unter dem Mief der Chemikalien der Spurensicherung liegt der Geruch von Blut. Er hockt sich neben Iris vor Dahlmanns Leiche. Es stimmt, tatsächlich ist erstaunlich wenig Blut aus Dahlmanns Körper geflossen. Der Blutfleck, der von Hildegard Dahlmanns Wunde stammt, ist deutlich größer. Und wahrscheinlich stammt der Blutgeruch auch eher von dort.

»Drei Schüsse. Der erste trifft Dahlmann, der zweite seine Frau und der dritte das Regal hier hinten.« Iris deutet auf das Regal, vor dem Marion Burckhardt steht.

»Das ist eigenartig, oder?«, fragt Kawert.

»Warum?«

»Ein Präzisionsschuss ... dann die Frau ... Wahrscheinlich wollte der Schütze sie vertreiben, um das Schussfeld für einen weiteren Schuss auf Dahlmann frei zu haben, falls er den ersten überlebt haben sollte.« Kawert steht auf, geht zum Bücherregal und deutet auf das Einschussloch. »Aber der Schuss hier? Völlig ins Abseits.«

»Wirkt so, als wollte er die Professionalität des ersten Schusses vertuschen«, sagt Marion Burckhardt.

Kawert nickt. Und schaut auf die durchschossene Fensterscheibe. »Ich dachte, das ganze Haus hat schusssichere Fenster?«

»Dachte ich auch. Stand auch so im Sicherheitsgutachten des LKA.«

Kawert geht zum Fenster und sieht sich die Einschusslöcher genauer an. Iris und Marion Burckhardt folgen ihm.

»Überprüf alle Fenster im Haus. Alle!«, sagt er zu Iris. Und zu Marion Burckhardt: »Und Sie schauen mal, wer für den Einbau verantwortlich war.«

Marion nickt und geht zur Tür.

»Wo ist Jacobi?«, ruft Kawert ihr hinterher.

»Beim Innenminister. Die sind auf dem Weg hierher.«

Also hat er noch etwas Zeit. Er schaut hinaus. Da drüben liegt eine Kleingartenkolonie, jetzt weiträumig abgesperrt. In den Gärten arbeiten Spurensicherer, die meisten vom BKA. Stentner ist bei ihnen. Aber da sind auch viele Gesichter, die Kawert noch nie gesehen hat, denn Stentner hat Unterstützung durch eine Einheit des LKA angefordert.

»Jonas hat die Position des Schützen gefunden«, sagt Iris zu Kawert.

»Wo?«

»Ich zeig's dir.«

Die Menschenmenge vor Dahlmanns Haus hat sich inzwischen verdoppelt, die ersten Radiomeldungen von Dahlmanns Tod und die ersten Fernsehbilder locken die Leute an. Noch mehr Polizisten mit Maschinenpistole stehen herum, unnötig, aber ein Beweis der Präsenz des Staates. Symbolpolitik. Wahrscheinlich hat Jacobi das noch aus seinem Hubschrauber heraus angeordnet.

Iris führt Kawert über die weiträumig abgesperrte Straße zur Kleingartenkolonie, für einen Moment ist sie allein mit ihm, seiner Unruhe und der Anspannung, die von ihm ausgeht. Ein Mann unter ständigem Druck, seit Wochen schläft er nicht mehr richtig, sie kennt ihn genau, die Durchhalteparolen, mit denen er sich über Wasser hält. Alles grenzwertig, eigentlich weit drüber hinaus. »Ich finde, Jacobi lässt dich ein bisschen im Stich«, sagt sie.

Aus irgendwelchen ihm nicht ganz klaren Gründen kann Kawert es nicht leiden, wenn sie Jacobi kritisiert. Wahrscheinlich, weil sie meistens, wenn sie »Jacobi« sagt, ihn meint. Ein altes Thema zwischen ihnen, rauf und runter diskutiert, ein Boxkampf über vierundzwanzig Runden, ergebnislos, zermürbend, und die ganz großen Treffer landet auch niemand mehr, schon lange nicht mehr.

»Seit Wegner schläft er keine Nacht mehr durch, alle gehen auf Sicherheitsabstand. Sein Leben möchtest du nicht haben.«

»Aber deins?«

»Krisen kommen vor im Leben, muss man akzeptieren.«

In einem der Gärten stehen Stentner und Jonas Warberg. Als Stentner Iris und Kawert sieht, ruft er die beiden. Kawert öffnet die Gartentür und lässt Iris den Vortritt.

»Ich würde das Haus von Arlinghaus nehmen«, sagt sie, weit genug von Stentner und Jonas entfernt, so dass die beiden sie nicht hören können. »Ich kenne es, es ist sehr schön.«

»Und wovon soll ich es bezahlen?«

»Wir verkaufen unseres, auszahlen kannst du mich später. Jonas und ich werden schon nicht verhungern.«

Kawert bleibt stehen und schaut sie irritiert an.

»Wir ziehen zusammen«, sagt sie.

Schon immer besaß sie ein großes Talent darin, den richtigen Moment für einen entscheidenden Satz zu finden. Und Kawert weiß, dass sie denkt: Wann ist bei dir schon ein richtiger Moment? Dann der nachdrückliche Blick, irgendwo zwischen Bambi und Frosch, wunderbar, ein perfekter Brandbeschleuniger. Vielleicht doch keine Boxer, eher zwei Schachspieler, die die nächsten zehn Züge ihres Gegenübers kennen und reglos vor einem Brett hocken, immer regloser in eine überraschungslose Zukunft starren.

Bevor Kawert auf Iris reagieren kann, tritt Stentner zu ihnen. »Den Fußspuren zufolge müssen es zwei Täter gewesen sein«, sagt er zu Kawert. »Der Schütze und ein Assistent.«

»Zeugen? Hat jemand die beiden gesehen?«, fragt Kawert.

»Nein. Nachts ist hier niemand. Es ist noch zu kalt.«

Stentner führt Kawert durch den Garten zu einer Holzlaube, während Iris zu Jonas geht und nach seiner Hand greift. Eine flüchtige, aber intime Geste – nicht ganz klar, an wessen Adresse sie eigentlich gerichtet ist.

Stentner zeigt auf einen Gartenstuhl. »Die Täter haben das Gartenhaus aufgebrochen. Der Stuhl stammt von da drin.«

Jonas tritt zu den beiden. »Mit ein bisschen Glück können wir die Fingerabdrücke rekonstruieren«, sagt er.

»Ist der Stuhl nicht abgewischt worden?«, fragt Kawert und schaut Iris an.

»Doch«, sagt Jonas, »aber nur notdürftig.« Er zeigt Kawert eine Asservatentüte mit einem Badehandtuch – groß und blau. »Das Handtuch lag neben dem Stuhl. Die Laboruntersuchung wird aber ein paar Tage dauern.«

»Sieht so aus«, sagt Stentner, »dass der Stuhl als Ablage für das Gewehr gedient hat. Das Handtuch lag wahrscheinlich auf der Lehne, damit das Gewehr nicht verrutscht.«

Kawert schaut sich um. Wegen der umstehenden Bäume hat man eine schlechte Sicht auf Dahlmanns Villa. Die Schussbahn zum Arbeitszimmer ist ein enger Korridor. »Was sind das? Fünfzig Meter?«, fragt er und zieht sich Gummihandschuhe über.

»Dreiundsechzig«, sagt Iris.

»Dreiundsechzig Meter und direkt ins Herz. Zu solch einem Präzisionsschuss war die RAF bisher nicht in der Lage.«

»Das ist die dritte Generation«, sagt Stentner. »Perfekt ausgebildet.«

Kawert deutet auf den Stuhl und das Handtuch. »Und dann lassen die das hier zurück?«

»Vielleicht wurden sie gestört?«

Kawert nickt. Könnte sein, aber überzeugt ist er nicht.

»Der Stuhl stand genau hier?« Er deutet auf die Stelle, wo der Stuhl jetzt steht.

»Ja.«

Kawert ruckelt an dem Stuhl, er steht alles andere als fest, eine miserable Auflage für ein Präzisionsgewehr. Außerdem hätte der Schütze sich halb hinknien müssen. Keine Position, die ein geschulter Scharfschütze wählen würde.

»Habt ihr Spuren von einem Gewehrstativ gefunden?«, fragt er.

»Nein«, sagt Stentner.

Vom Gartentor ruft Marion Burckhardt nach Kawert.

Er wendet sich zu ihr um.

»Jacobi und der Innenminister sind da. Jacobi will ein Briefing, gleich ist eine PK.«

»Danke, Jonas«, sagt Kawert. Er nickt Stentner zu und geht zu Marion Burckhardt.

»Jacobi springt im Karree«, sagt sie. »Er spricht die ganze Zeit nur noch von ›Szenarien‹.«

Kawert muss lächeln. »Lassen Sie sich nicht anstecken«, sagt er. Was natürlich Blödsinn ist, denn Jacobis Stress kann man sich nicht entziehen.

Die beiden eilen zum Ausgang der Kleingartenkolonie.

»Wo ist das Bekennerschreiben?«

»Das lag im Garten, neben dem Stuhl«, sagt Marion Burckhardt. »Ich hab's gleich ins Labor geschickt.«

»Glauben Sie, es ist echt?«

»Das RAF-Emblem, der Duktus – Jacobi glaubt, ja. Ich auch.« Sie schaut Kawert an. Nach acht Jahren Zusammenarbeit kennt auch sie ihn inzwischen ganz gut und hat den Zweifel in seiner Stimme herausgehört. »Sie glauben nicht an die RAF als Täter?«, fragt sie.

»Ich glaube erst mal gar nichts. Ich sammle nur.«

Die beiden treten aus der Kleingartenkolonie hinaus und eilen über die Straße zu Dahlmanns Villa.

»Was ist mit der Fahndung nach dem Wagen? Wo stehen wir da?«

»Die Tankfüllung reicht für sechzig Kilometer. Wir haben alle Tankstellen in diesem Radius verständigt.«

»Hubschrauber?«, fragt Kawert.

»Haben wir momentan vierzehn in der Luft. Sogar der Bundesgrenzschutz hilft aus.«

Die Menschenmenge vor Dahlmanns Villa hat sich in den zwanzig Minuten, in denen Kawert in der Kleingartenkolonie gewesen ist, gefühlt nochmal verdoppelt. Die Polizisten mit Maschinenpistolen und schusssicheren Westen patrouillieren inzwischen auch im größeren Abstand zur Villa. Eine Hundestaffel sichert einen neuen, dritten Absperrring. Und jetzt sieht Kawert auch den Grund: Die Pressekonferenz in der Einfahrt vor Dahlmanns Villa läuft bereits. Jacobi steht neben dem Innenminister, der in die Kameras redet, in Trauer und trotz seiner Professionalität sichtlich mitgenommen.

Als Jacobi Kawert kommen sieht, wirft er ihm einen reichlich ungemütlichen Blick zu – er hätte vor der Pressekonferenz Kawerts Briefing gebraucht und nicht die paar dürren Sätze von Marion Burckhardt. Jacobi hasst Improvisation und Zufall, umso mehr, je älter er wird. Sein Verständnis von Kriminalistik besteht darin, mit Hilfe von Algorithmen Datenflüsse zu kanalisieren, Vorhersehbarkeit und Prognostizierbarkeit von Wahrscheinlichkeiten zu schaffen (O-Ton Jacobi). Das ganze BKA kennt sein Mantra. Dieser Tag aber ist eine einzige Improvisiererei, viel zu viel Chaos für Jacobis Geschmack, zu viel »Faktor Mensch«, der in seiner Vorstellung von Kriminalistik nichts zu suchen hat.

Kawert und Marion Burckhardt bleiben stehen, um die Rede des Innenministers zu hören. Und mit ihnen hört die gesamte Bundesrepublik zu, eine Liveübertragung von ARD und ZDF, in den Radioprogrammen, regional und national.

Die nicht mehr geteilte Republik hält den Atem an, bei der Arbeit und zu Hause, einer der seltenen Momente von Zeitzeugenschaft. Die Spekulationen schießen ins Kraut: Erst Wegner, jetzt Dahlmann, die RAF fährt eine neue Offensive, steht uns ein neues 1977 bevor? Der deutsche Spätherbst? Wird es Jubel im Osten über den Tod des verhassten Treuhandchefs geben? Wird die RAF sich zur Kampftruppe der Wendeverlierer aufschwingen können? Die erste große Bewährungsprobe nach der Wende, und niemand weiß, ob sie aus der Kurve fliegt.

Eigentlich hätte der Kanzler selbst kommen sollen, aber er wollte sein Pfälzer Saumagen-Gesicht nicht mit der Leiche von Dahlmann in Verbindung bringen, wollte abwarten, ob man in Leipzig und Dresden, Erfurt und Gera jubeln würde über den Tod des Klassenfeindes Hans-Georg Dahlmann. Also hat er seinen Innenminister vorgeschickt, der nun mit seinem immer leicht beleidigten Nörgel-Schwäbisch und seinem »Ich habe den falschen Bausparvertrag für mein Eigenheim«-Tonfall für rhetorischen Glanz zu sorgen hat.

39

Hans-Georg Dahlmann stand vor einer fast übermenschlichen Aufgabe. Die Wende wurde uns nicht geschenkt …

Sagt der Innenminister in einem Büro der Berliner Treuhand. Thomas Rautenbach und einige Mitarbeiter stehen um den Fernseher herum, schockiert und mitgenommen von Dahlmanns Tod, denn natürlich kannten ihn alle hier bis hinunter zum Archivar im Kellergeschoss persönlich. Dahlmann wird in einem Zinksarg in einen Wagen der Gerichtsmedizin gebracht, während der Innenminister die rhetorische Last des Staates trägt.

... sie wurde in einer der seltenen unblutigen Revolutionen, die die Geschichte kennt, von den Bürgerinnen und Bürgern Ostdeutschlands herbeigeführt. Die Wende jetzt zu gestalten, ist uns allen als Aufgabe gegeben.

Sagt der Innenminister in der Raucherlounge von Dr. Andreas Niedecks Bürotrakt in der obersten Etage eines Hochhauses im Bankenviertel in einem vernebelten Frankfurt am Main. Vor dem Fernseher: Andreas Niedeck mit Zigarillo in der Hand, ein Mitbringsel aus Genf, er inhaliert das Glück, die Mundwinkel lächeln leise, am liebsten würde er laut jubeln, fast platzend vor Triumph.

Dr. Hans-Georg Dahlmann war, wie seine Behörde, die Treuhand, nicht unumstritten. Aber ich kann Ihnen versichern, dass er Immenses geleistet hat, wenn es darum ging, die Freiheit zu gestalten, die Gleichheit und die Brüderlichkeit.

Sagt der Innenminister im Wohnzimmer eines Reihenhauses in Düsseldorf. Damisch steht zwischen Umzugskisten, seine siebenjährige Tochter kommt zu ihm und schaut mit auf den kleinen Fernseher – irritiert, dass er um diese Zeit läuft. Aber der Fernseher ist schon den ganzen Morgen über an, und Damisch kann nicht genug bekommen von der Sondersendung über das Attentat auf Dahlmann.

Mit Hans-Georg Dahlmann verliert dieses Land seinen fähigsten Manager und einen der größten Verteidiger unserer Grundwerte. Der feige Anschlag der RAF galt nicht nur ihm allein, er galt uns allen, den Bürgerinnen und Bürgern der Bundesrepublik Deutschland.

Sagt der Innenminister im Radio des gestohlenen Golf. Bettina sitzt am Steuer, ihre Haare flattern im Fahrtwind, der sich durch die eingeschlagene Fensterscheibe in den Wagen drückt, kalt und feucht. Sandra neben ihr hat sich in ihre Jacke gewickelt und ihre Hände in die Achselhöhlen geschoben, der Adrenalinschub lässt nach, die Welt ist keine mehr, die einen jagt, sondern eine, in der man sich erkältet.

Ich verspreche Ihnen, dass wir alle nicht eher ruhen werden, bis diese Tat aufgeklärt ist und die Mörder zur Rechenschaft gezogen wurden.

Sagt der Innenminister im Wohnzimmer von Susanne Wellmann. Und Ende der Live-Übertragung.

Ein Nachrichtensprecher im schwarzen Anzug, mit schwarzer Krawatte, grauen Haaren und grauem Gesicht – auf Dauer wird das Verkünden der unfrohen politischen Botschaften mit Leiden und unschönem Altern bezahlt – übernimmt die Bürde des Staates beim Stichwort »Rechenschaft«: »Am Ort des Attentats wurde ein Bekennerschreiben der Roten Armee Fraktion gefunden.«

Wehrlos und steif sitzt Susanne Wellmann vor dem Fernseher, der auf sie einprügelt, Miriam neben ihr, und in der Tür hinter ihnen steht – ohne dass die beiden es bemerken – Markus. Miriam hat ihn nach oben in sein Zimmer gebracht, jetzt sind sie und ihre Mutter dermaßen davon in Bann geschlagen, wie ihr Leben in den Abgrund rauscht, dass sie nicht bemerken, dass er heruntergekommen ist.

»Das BKA fahndet in diesem Zusammenhang nach zwei ihrer Mitglieder. Gesucht werden die 37-jährige Bettina Polheim sowie die 27-jährige Sandra Wellmann. Die beiden werden dringend verdächtigt, maßgeblich an dem Attentat beteiligt zu sein.«

Markus starrt auf das Fahndungsbild seiner Mutter. Es ist das Foto, das Sandra bei der Treuhand abgeben musste, um einen Ausweis zu bekommen, ein Automatenfoto vor weißem, kahlen Hintergrund, Lächeln verboten, Seriosität muss ernst aussehen, spartanisch und mit einem Schuss durchlittenen Lebens garniert. Miriam und Markus haben sie begleitet, als sie das Foto gemacht hat, ein Fotoautomat im Untergeschoss bei Karstadt in der Schlossstraße, gleich neben dem Stand des Schuhmachers – Absätze, Schlüssel, Fotos, eine Geschäftsidee, bei sehr viel Schnaps geboren.

Für Susanne Wellmann wird das hier zu viel. Sie hat die Nacht über nicht geschlafen, sich erst über Kawerts Impertinenz aufgeregt, dann kamen der Kummer, Tränen, Taschentücher, und schließlich war die Zeit zerbrochen, gestern, heute, morgen, alles eins; ständige Kurzschlüsse zwischen ganz, ganz früher und nicht ganz so weit in der Zukunft. Meine Tochter mit den blonden Zöpfen im Sommer, ihr ständig verfilzendes Haar, das nach Sommer und Kind roch, das Ziepen beim Bürsten. Bitte, keine Zöpfe, sie sieht ja aus wie ein BDM-Mädel, mach ihr einen Pferdeschwanz – aber ihr Mann war ja auch nicht derjenige, der Sandra die Kletten aus dem Haar bürsten musste. Dann eine Flut von Bildern: Sandra erschossen auf einem regennassen Bürgersteig, Sandra auf der Flucht, erhängt in einem Wald, PLO, ETA, Palästinensertücher, Sandra irgendwo im Nahen oder Fernen Osten, Libanon, Gaza, Beirut, eine Hieronymus-Bosch-Welt zwischen Wüstensand und Weltenbrand, in vier Jahren oder sieben, Militäreinsatz, Schusswechsel, ihre blonden Haare im Dreck. Sandra, mein Mädchen, tot, ein weggeworfenes Leben, aber wofür? Wofür?

Susanne Wellmann steht auf, schaltet den Fernseher aus und geht an Markus vorbei die Treppe hinauf. Miriam schaut ihrer Mutter nach und bemerkt Markus in der Tür. Er weicht ihrem Blick aus, schaut auf den Boden. Sie geht zu ihm, doch bevor sie etwas sagen kann, hören die beiden Susanne Wellmann wütend vor sich hin brabbeln. Ein Poltern aus Sandras Zimmer.

»Ich komme gleich wieder«, sagt Miriam und eilt die Treppe hinauf.

Die Schranktür ist aufgerissen, ihre Mutter zerrt Sandras Sachen heraus und wirft sie auf einen großen Haufen in die Mitte des Raums. Wäsche, Bettwäsche, eine Decke. Das Bett ist abgezogen, das Bücherregal leergeräumt, die Aktenordner – Unterlagen aus dem Studium und aus der Schulzeit –

liegen auf dem Haufen zwischen der Wäsche und dem Laken.

»Mama!«

Aber ihre Mutter lässt sich nicht bremsen, sie ist außer sich, drückt ihre Tochter zur Seite und geht zum Schreibtisch, auf dem ein Foto steht: Sie selbst und Sandra als 13-Jährige – fast noch ein Mädchen, die Pubertät kam spät und ging noch später. Und nach vier Jahren war sie selbst Mutter. Susanne Wellmann schnappt sich das Foto, feuert es als Letztes auf den Haufen, und es tut ihr den Gefallen, theatralisch zu zerspringen.

»Mama, komm!«

Schließlich lässt sich ihre Mutter umarmen, ihre Wut kippt in Erschöpfung, die schlaflose Nacht lässt grüßen.

»Was habe ich falsch gemacht?«, sagt sie. Die Frage stochert seit einem Jahrzehnt in ihrem Leben herum und sperrt sich gegen jede Antwort.

Glas splittert, ein Scheppern und Klirren, das in den Ohren wehtut. Miriam ist geistesgegenwärtiger als ihre Mutter, merkt, dass das Geräusch aus dem Wohnzimmer kam, und rennt hinunter.

Die Scheibe wurde eingeworfen. Der Fensterkitt ist schon alt und hält die letzten schweren Glasreste nicht mehr, die nächste Scherbe und noch eine rutschen aus dem Rahmen und fallen zu Boden. Am Rand des Glashaufens hockt Markus. Er hebt einen Pflasterstein auf, um den mit Gummiband fixiert ein Zettel gewickelt ist. Miriam eilt zu ihm und zieht ihn ein Stück zurück. Dem Jungen ist nichts passiert. Hinter den beiden eilt ihre Mutter ins Wohnzimmer, immer noch durcheinander, aber der Schreck hat sie zurückgeholt aus ihrem Zorn.

»Zeig mal her«, sagt Miriam zu Markus und deutet auf den Stein. Er gibt ihn ihr, sie zieht den Zettel unter dem Gummiband hervor und faltet ihn auseinander. MÖRDERBANDE.

Rote Schrift, pathetisch und aggressiv, ein Wort, ein Vorwurf, Sippenhaft und Ausschluss. Das Ende des Lebens, wie sie es kennen.

»Warum hat Mama das gemacht?«

40

Eine Landstraße, lichter Wald und weite, sanft wogende Felder wechseln sich in schöner Regelmäßigkeit ab. Der Himmel gibt sein schönstes Blau dazu, ein paar Wölkchen tüpfeln den kühlen Frühling ins Bild, alles gewaschen, alles neu. Das helle Grün um sie herum ruft nach Anfang. Ein paar Stunden sind sie jetzt gefahren, stumm und in sich versunken. Übermüdet, überreizt, an ihrer Angst und Panik kauend.

Sandra zerreißt sich in Verzweiflung. Natürlich hat sie gewusst, dass es keine Rückkehr geben würde. Sie wollte auch nicht zurück, der Horizont war offen und die Zukunft warm und hell. Lars, Markus, sie. Ihr kleines Spießerglück, Papa, Mama, Kind. Sie würde Berlin nicht vermissen, Deutschland nicht vermissen, ihre Mutter nicht, ihre Schwester. Sie hätte ihren Beitrag geleistet, nicht nur gequatscht, dann aber wäre es gut gewesen, andere hätten weitergemacht, Gelfert, wer auch immer. Die Revolution war nicht Sandra Wellmann. Die Revolution war nicht mal die Revolution. Ein kleines Fünkchen würden sie vielleicht schlagen können, dann mal sehen, was draus wird. Wo sind die Erben des Sozialismus, die uns beistehen und den Anschluss rückgängig machen? Die wir geweckt haben? Denen wir gezeigt haben, dass wir bereit sind, alles aufzugeben? Eine satte, selbstzufriedene Landschaft verweigert den Ausnahmezustand. Eine Partisanin sticht den Leviathan mit einer Tannennadel in den Fuß, der Leviathan spürt ein Kitzeln, lacht ein frühlingsblaues

Lachen und holt die Fliegenklatsche. Zehn Minuten noch oder zehn Wochen, dann klebe ich als zermatschtes Insekt an der Windschutzscheibe von DaimlerAudiBMWOpelVW-Porscheland. Die Freibäder machen auf, Miriam geht mit Markus schwimmen, und die Leute fressen Pommes mit Vanilleeis. Wer will schon Ausnahmezustand? Der Souverän bleibt souverän und bietet zuckerreduzierten Ketchup feil, schließlich will Deutschland sein Taillenproblem in den Griff kriegen. Eine satte Gesellschaft kümmert sich ums Abspecken. Was ist dagegen schon ein brennendes Asylantenheim? Früher war Rot die Farbe der Revolution, jetzt haben wir Grün fürs Evolutiönchen, Vollkorn ist unser Kernproblem und Jute die Antwort auf eine in den Orkus kippende Welt. Sandra spürt schon den Windzug der auf sie herabrauschenden Fliegenklatsche.

»Ich kann nicht mehr«, sagt sie.

Bettina biegt in den nächsten Waldweg ab, fährt ein Stück hinein. Bremsen. Halten. Aussteigen. Geht rüber zur Beifahrerseite und reißt die Tür auf.

»Ich will leben, die Gruppe will leben. Überleg dir, ob du dich im Griff hast oder nicht. Und zwar jetzt!« Sie zieht die Pistole aus ihrer Jackentasche, entsichert und reicht sie Sandra. »Deine Wahl.«

Sandra nimmt die Pistole.

»Aber wenn du schießt, dann bitte draußen, ich brauch den Wagen noch.« Sie dreht sich um, geht ein Stück vom Wagen weg und zündet sich eine Zigarette an.

Sandra, die Pistole in der Hand, steigt aus. Waldeinsamkeit und ab und an ein Hauch von Gauloises. Die Szene einer deutschen Revolution. Hier sind wir also, haben erreicht, was wir wollten, der Sack ist tot. Aber der Sack war vielleicht kein Sack, und was wir wollten, war vielleicht falsch. Oder vielleicht ganz sicher falsch. Und vielleicht gibt es nichts Schlimmeres, als unsere Ziele zu erreichen.

War's das jetzt, mein Leben? Sie steckt sich die Pistole in den Mund und sieht sich schießen und ihr Gesicht in den Matsch aus fauligem Laub fallen, ein ungebremster Aufschlag. Es wird mir die Zähne ausschlagen, Bettina wird mir die Pistole aus der Hand ziehen, wahrscheinlich Laub über mich streuen, Äste vielleicht, damit man mich nicht gleich findet, Wildschweinfraß oder Wurmfutter. Ja, am Ende heulen wir um unsere Zähne, lächerlich, übersentimental und selbstmitleidig.

Und dann kommt von den Gauloises ein Hauch von Jetzt herübergeweht. Bettina steht vor ihr. Vorsichtig greift sie nach der Pistole. Zieht sie Sandra aus dem Mund. Sichert. Wischt sie ab. Steckt sie ein und schaut Sandra an. Es ist das erste Mal, dass Sandra ihr Gesicht als weich empfindet.

»Ich kann das alles nicht«, sagt Sandra. »Geh allein.«

»Nicht weit von hier ist ein Versteck. Wir holen Geld und Pässe. Und dann bring ich dich hier weg. So lange musst du durchhalten.«

Sandra schüttelt den Kopf, fängt wieder an zu plärren. Sie will sich ja zusammenreißen, aber keine Chance, immer wieder drücken sich Selbstmitleid und Weltschmerz an die Oberfläche. Ich bin für so was nicht geschaffen. Es tut mir leid. Lass mich hier zurück.

Bettina streicht ihr mit der Hand übers Gesicht. »Ich bring dich zu Lars. Okay?« Sie lächelt die Zuversicht in Sandras Leben zurück.

»Kann ich mit ihm sprechen?«, fragt Sandra.

»Im Versteck ist ein Telefon. Aber du musst dich jetzt zusammenreißen, sonst schaffen wir das nicht.«

Sandra nickt.

Plötzlich schaut Bettina hinauf in den Himmel. Und dann hört auch Sandra das leise Summen, das schnell lauter wird.

»Was ist das?«

Je näher es kommt, desto mehr zerfällt das Geräusch in

seine Bestandteile, wird aggressiver und bedrohlicher und beginnt, auf die Trommelfelle zu drücken wie ein Stroboskop auf die Augen.

»Komm weg hier!«, ruft Bettina und zieht Sandra mit zwischen die Bäume, die hier dicht stehen.

»Wie haben die uns gefunden?«, fragt Sandra.

»Die haben uns nicht gefunden, die suchen nur.«

Bettina hofft, dass der Hubschrauber zu hoch fliegt, um den Wagen zu entdecken. Wenn sie aber Pech haben, wird der Wagen entdeckt, eine Hundestaffel und mehr Hubschrauber rücken an. Keine Ahnung, wie lange sie dann noch Zeit haben werden. Eine Stunde? Vielleicht zwei?

Und sie scheinen Pech zu haben – der Hubschrauber ist herangerast und kreist über der Stelle, an der sie den Wagen zurückgelassen haben. Bettina zerrt Sandra durch das Unterholz, dann auf einen Weg, solange der Hubschrauber am Wagen hängt, müssen sie das riskieren, denn so kommen sie schneller voran.

Plötzlich mischt sich der Sound eines zweiten Hubschraubers in den des ersten.

Fuck. Weg jetzt, weg, weg.

41

»Die Villa gehört seinem früheren Arbeitgeber, der Chemiefirma Neumann. Die haben ihn da wohnen lassen, obwohl er sich als Treuhandvorsitzender hat freistellen lassen müssen«, sagt Stentner.

Große Lagebesprechung des BKA in Wiesbaden, im sogenannten »Situationsraum«. Vor Beginn seiner Amtszeit, aber als bereits designierter Nachfolger des BKA-Chefs, hat Jacobi drei Monate in Langley verbracht und durfte sich das

CIA-Hauptquartier anschauen. Schützenhilfe unter Alliierten, denn natürlich war dort das Erstarken der RAF beobachtet worden und vor allem die Versuche der Stasi, die Bundesrepublik zu unterwandern. In allen größeren Wirtschaftsunternehmen, bei der Bundeswehr, in den Ministerien, selbst im Kanzleramt hatten IMs der DDR ihre Finger drin, und so war den Westalliierten daran gelegen, das BKA zu einer wirklich effektiven Behörde werden zu lassen. Die Agenda war zu großen Teilen eine gemeinsame, und bald waren es auch die Methoden. Jacobi hatte aus seinen drei Monaten in Langley nicht nur sein Faible für elektronische Datenverarbeitung mitgebracht, sondern auch das für Neologismen. Also hieß der Besprechungsraum jetzt »Situationsraum«.

»Ist die Chemiefirma für die Sicherheitsvorkehrungen zuständig?«, fragt Jacobi.

»Nein. Das LKA ist verantwortlich. Die haben der Firma als Eigentümer der Villa eine Liste übergeben, was zu tun ist«, sagt Stentner.

»Aber die haben das nicht umgesetzt?«, fragt Kawert.

»Teils, teils«, sagt Iris. »In sämtlichen Fenstern der Villa wurde eine schusssichere Verglasung eingebaut. Die einzige Ausnahme ist Dahlmanns Arbeitszimmer.«

Kurzes Gemurmel im Situationsraum.

»Gibt es dafür eine Begründung?«, fragt Jacobi.

»Laut LKA Lieferschwierigkeiten der Installationsfirma. Die Sicherheitsverglasung im Arbeitszimmer sollte in drei Wochen eingebaut werden«, sagt Stentner.

»Überprüfen Sie sämtliche Mitarbeiter der Installationsfirma auf Kontakte zur RAF oder zum erweiterten Umkreis der RAF«, sagt Jacobi und wendet sich an Iris Kawert. »Was ist mit dem Handtuch und dem Stuhl? Haben Sie inzwischen Laborergebnisse?«

»Ja. Die Fingerabdrücke auf dem Stuhl stammen von Gelfert. Und auf dem Handtuch haben wir Haare gefunden, die ziemlich wahrscheinlich auch von ihm sind«, sagt sie.

»Was heißt ›ziemlich wahrscheinlich‹?«, fragt Jacobi.

»Die Laboruntersuchung läuft noch. Wir müssen die Haare mit zwei Gegenproben vergleichen: Eine vom Überfall auf Wegner und eine zweite aus Briesen.«

»Briesen sagt Ihnen allen was?«, fragt Jacobi in die Runde. Was seinen eigenen Stab angeht, eine rhetorische Frage. Aber nach dem Attentat auf Dahlmann hat der Innenminister kurzerhand mit seinem Amtskollegen in NRW gesprochen, und gemeinsam haben sie das LKA der Amtsführung des BKA unterstellt. Mit am Tisch sitzen jetzt die Mitarbeiter des LKA, die bisher für Dahlmanns Schutz in Düsseldorf zuständig gewesen sind. Jacobis Stab hat sich also seit gestern verdoppelt, worüber er nicht unbedingt froh ist, denn erstens zweifelt er an der Kompetenz des LKA, und zweitens wird nun viel zu viel Zeit damit verplempert, Informationen intern umzuwälzen. Wie zum Beispiel über Briesen. Jacobi schaut in ratlose Gesichter. Nein, Briesen sagt ihnen natürlich nichts.

»Ein Ausbildungslager der Stasi in Brandenburg. Da wurden die RAF-Terroristen trainiert, die in der DDR untergetaucht sind«, sagt Jacobi und wendet sich an Iris Kawert: »Was ist mit den Projektilen? Haben Sie die zuordnen können?«

»Sie stammen aus derselben Waffe, die die RAF beim Attentat auf die Airbase in Frankfurt verwendet hat.«

Jacobi schaut wieder in die Runde. »Aber das sagt Ihnen was?«

Marion Burckhardt hat von Jacobi die ausdrückliche Anweisung bekommen, der Sitzung fernzubleiben. Er braucht Gewissheit, ob das Bekennerschreiben, das in der Kleingartenkolonie gefunden wurde, tatsächlich von der RAF stammt.

Und so sitzt sie nur wenige Büros entfernt vor ihrem Monitor und vergleicht extreme Vergrößerungen von Buchstaben des Bekennerschreibens mit den Typen anderer ihr vorliegender Bekennerschreiben.

Weil die Waffe, die in Sandra Wellmanns Handtasche gefunden wurde, aus dem Überfall auf die Airbase stammt, und weil das BKA vermutet, dass der Überfall von derselben Gruppe zu verantworten ist, die auch das Attentat auf Wegner verübt hat, hat sich Marion Burckhardt als Erstes das Wegner-Bekennerschreiben vorgenommen, genauer, die Ts darin. Und während alle Ts im Wegner-Schreiben nach wie vor einen kaputten linken Galgen haben, sind die Ts des neuen Bekennerschreibens vollkommen intakt. Überhaupt stimmen die hier verwendeten Typen mit keinem der RAF-Schreiben der letzten Monate überein. Schwer zu sagen, was das heißt. Vielleicht war man einfach nur eine neue Schreibmaschine kaufen.

»Gut, dann folgendes Szenario: Sandra Wellmann scheitert mit ihrem Attentatsversuch, sie ist nervös, zweifelt, kriegt das nicht hin, was auch immer. Ich bin mir nicht mal sicher, ob die jemals gedacht haben, dass Sandra Wellmann wirklich schießt. Vielleicht hat die RAF sie von Anfang an nur als Bauernopfer eingeplant. Wie auch immer. Gelfert und ein Unbekannter locken Dahlmann mit einem Telefonat in sein Arbeitszimmer und erschießen ihn von der Kleingartenkolonie aus.« Jacobi schaut in die Runde. »Was spricht gegen dieses Szenario?«

»Warum lässt Gelfert seine Fingerabdrücke und das Handtuch zurück?«, fragt Kawert. »Das ist wie ein Visitenkarte.«

»Ja«, sagt Jacobi. »Aber da folge ich Stentner. Mit dem Handtuch hat er versucht, die Fingerabdrücke vom Stuhl abzuwischen, aber zu schlampig, weil er gestört wurde und fliehen musste.«

»Ja«, sagt Kawert. »Aber ein wackliger Gartenstuhl? In Briesen hat die RAF mit NATO-Scharfschützengewehren auf Stativen trainiert.«

»Hinterlässt ein Stativ nicht Spuren, Frau Kawert?«, fragt Jacobi.

»Natürlich«, sagt Iris Kawert. »Aber wir haben keine gefunden. Entweder sie haben kein Stativ verwendet, oder sie haben die Spuren extrem geschickt vertuscht.«

»Entschuldigung«, sagt Kawert, der bemerkt, dass Marion Burckhardt an der Tür steht und ihm Zeichen gibt, und steht auf.

Jacobi steht ebenfalls auf, hält Kawert zurück und zieht ihn für einen Moment zur Seite. »Sagen Sie mir, was Sie denken.«

Kawert sieht, dass Marion Burckhardt drängelt, bleibt aber bei Jacobi stehen. »Das Handtuch war fast steril«, sagt er. »Keinerlei Hautpartikel von Gelfert. Außer seiner Haare.«

Obwohl sie auf völlig unterschiedlichen Wellen surfen, gibt es niemanden hier, auf dessen Urteil Jacobi mehr gibt als auf Kawerts. Wenn Kawert zweifelt, nimmt Jacobi die Zweifel ernst. »Wer kann der RAF dieses Attentat unterschieben wollen?«

»Frage zwei: Wer ist überhaupt imstande, dieses Attentat zu verüben, ohne selbst Spuren zu hinterlassen?«, sagt Kawert. »Frage drei: Wer kommt an ein NATO-Präzisionsgewehr? Und Frage vier: Wer kommt an Haare von Gelfert?«

»Seine Ausbilder in Briesen. Die Stasi.«

Kawert nickt.

»Aber warum?«, fragt Jacobi.

»Ich weiß es nicht. Noch nicht.«

»Verrennen Sie sich nicht in Ihre Stasi-These. Alles, was wir haben, deutet auf die RAF als Täter. Behalten Sie Ihren klaren Kopf.«

Jacobis zweites Mantra. Optionen freihalten. Zu frühe

Festlegungen schaden, wenn sie in die falsche Richtung führen, helfen dem Gegner und verschaffen ihm Zeit.

»Entschuldigen Sie mich«, sagt Kawert, der Marion Burckhardt drängeln sieht. Er eilt zu ihr und folgt ihr in den Gang.

»Wir haben den gestohlenen Wagen gefunden«, sagt sie. »Er war leer. Die beiden sind zu Fuß geflohen.«

»Spuren?«

»Sieht schlecht aus – die Hunde haben ihre Spur verloren. Und die Hubschrauber haben die Suche aufgegeben.«

»Wo steht der Wagen?«

»Auf einem Waldweg neben einer Landstraße, achtzig Kilometer vor Düsseldorf. Ein Hubschrauber hat ihn entdeckt.« Sie eilt mit ihm zu ihrem Büro. An der Wand hängt eine Landkarte, sie deutet auf eine Stelle, die sie mit einer roten Pinnnadel markiert hat. »Hier«, sagt sie.

»Wo wollen die hin?«, fragt Kawert.

Im Umfeld der roten Pinnnadel stecken drei gelbe Nadeln in der Karte. »Das sind die drei großen Depots, die wir durch Gereon kennen. Geld, Waffen und nicht nur Lebensmittel.« Marion Burckhardt deutet auf eine der Nadeln. »Das hier ist am nächsten dran. Das Umspannwerk.«

»Gut«, sagt Kawert. »Wir brauchen ein SEK. Versuchen Sie, Thümler zu kriegen.«

Marion Burckhardt greift zum Telefonhörer und wählt. Währenddessen schaut Kawert auf die Landkarte.

»Von dort aus sind es immer noch fünfzig Kilometer bis zum Depot. Sie brauchen einen neuen Fluchtwagen!«

42

Eine Aneinanderreihung von Garagen, zum größten Teil als Abstellräume genutzt, die Farbe blättert von den Metalltoren ab, und überhaupt könnte alles hier einen neuen Anstrich gebrauchen – die mit Graffiti beschmierten Wände, die Häuser hinter den Mülltonnen, vier, fünf Stockwerke hoch, billig, die Prollabteilung am Rande einer Kleinstadt.

Ein Stück vor ihnen wäscht ein Mann im Jogginganzug seinen Wagen, eine Rostkarre, die jetzt schon sauberer wirkt als ihr Fahrer. Der Mann beunruhigt Bettina. Als er mit seinem Rückspiegel beschäftigt ist, zieht sie an einem Faden, der links unten am Garagentor befestigt war, einen Schlüssel hervor. Während sie die Garage aufschließt, behält sie den Mann, der an einer Kippe rumnuckelt, im Blick.

Dunkel. Das Licht funktioniert nicht, der Strom ist abgestellt, der Schalter kaputt, was auch immer. Bettina muss das Tor ein Stück weit offen lassen, damit sie was sehen kann. Es ist eng hier drin. An den Wänden Schimmel und Feuchtigkeit, Rattenscheiße auf dem Boden, und so wie es riecht, verwest wahrscheinlich irgend so ein Viech in irgendeiner Ecke. Bettina zieht eine Plane von einem Wagen, ein Mexiko-Golf, zehn, zwölf Jahre alt, aber von außen erstaunlich gut in Schuss, besser jedenfalls als der Wagen, den der Mann in Jogginklamotten da draußen putzt.

Bettina legt die Plane zur Seite, nimmt einen Autoschlüssel von einem Haken an der Wand und reicht ihn Sandra. »Probier mal, ob die Batterie noch geht!«

Sandra drückt sich an der Wand vorbei zur Fahrertür. Im Wagen riecht es nach altem Zigarettenrauch, und wahrscheinlich ist hinten auch mal ein Bier ausgekippt. Eine dünne Staubschicht auf der Konsole, deutlich weniger, als sie befürchtet hat. So wie es aussieht, wurde der Wagen vor gar nicht allzu langer Zeit gefahren. Sandra dreht den Schlüssel, und nach dreimal Stottern springt der Motor an. Sie schaltet ihn sofort wieder aus, will die enge Garage nicht mit Benzingasen verseuchen.

»Sandra!« Vorne im Halbdunkel steht Bettina vor einer Werkbank. Sie hat einen Telefonhörer in der Hand und hält ihn Sandra hin.

Sandra braucht einen Moment, um zu verstehen, dann steigt sie aus, geht zu Bettina und nimmt den Hörer.

»Mach nicht so lange«, sagt Bettina, lässt sich von Sandra den Wagenschlüssel geben und geht in den vorderen Teil der Garage, wo zwei Benzinkanister stehen.

»Sanny?«

Ein Wort und sie erkennt ihn. Es ist das erste Mal seit zwei Jahren, dass sie seine Stimme hört. Und sechs Jahre her, dass sie bei ihm einem ziemlich riskanten Treffen in Málaga gesehen hat.

»Bist du dran?«

Bettina füllt Benzin aus einem der Kanister in den Golf. Sandra hört das leise Gluckern, es riecht nach Benzin und Schimmel und Schlimmerem, und sie verliert ihre Fassung nach vier Worten von ihm.

»Ja«, sagt sie.

»Gelfert ist hier bei mir«, sagt er. »Scheißreise, aber er hat's gepackt. Ich soll dich von ihm grüßen. Ihr schafft das auch.«

»Wo bist du?«

»Im Libanon. In Beirut. Hier unten im Café ist ein Telefon. Bettina bringt dich her. Du kannst dich auf sie verlassen. Ja?«

Sandra sieht, wie Bettina zwei, drei Meter von ihr entfernt den Deckel auf den Kanister schraubt. So geht das nicht, sie muss allein mit Lars sprechen, wirklich alleine.

Bettina bemerkt ihren Blick, geht zum Garagentor, stellt den leeren Benzinkanister ab, zieht eine Packung Zigaretten aus ihrer Lederjacke und geht hinaus.

»Die letzten Meter sind scheiße«, sagt Lars im Telefon. »Aber die schaffst du, okay? Bettina hat's im Griff.«

Sandra nickt und beginnt zu weinen.

»Ihr besorgt euch jetzt einen Pass und Cash«, sagt Lars. »Bettina weiß, wo. Der Rest ist dann viel Kaffee und einfach Kilometer fressen. Zwei Tage, und du bist hier.«

Sandra schaut sich zum halb geöffneten Garagentor um. Draußen versucht der Mann in Joggingklamotten hereinzuglotzen, Bettina versperrt ihm die Sicht.

»Was ist mit Markus?«, fragt Sandra. Leise. Das Thema will sie nicht unbedingt mit Bettina teilen.

»Wir finden einen Weg. Aber erst, wenn du hier bist.«

»Ich kann nicht ohne ihn hier weg.«

»Bleib mal klar im Kopf. Wenn du nur in seine Nähe kommst, haben die dich. Es ist ein Scheißspiel, aber so ist es.«

»Vermisst du ihn nicht?«

»Ich sag dir was: Dein Sohn will keine zwei toten Eltern.«

Bettina schaut sich zu Sandra um und gibt ihr Zeichen, dass sie mal aufhören sollte zu telefonieren. Der Typ in Joggingklamotten scheint sie allmählich nervös zu machen.

»Sanny?«

»Ja.«

»Ich hab schon eine Idee, wie wir ihn herkriegen.«

»Ich weiß nicht, ob ich das kann.«

»Aber ich weiß es. Du hast genug für uns getan. Jetzt denkst du an dich und lässt dich hierherschippern und gut ist.«

Der Typ draußen schnappt sich seinen Eimer und sein Putzzeug und geht zur gegenüberliegenden Garage, von wo er noch besser reinsehen kann.

»Komm, wir müssen hier weg«, sagt Bettina zu Sandra, leise genug, damit der Typ sie nicht hören kann.

»Wie willst du Markus aus Deutschland rausholen?«, fragt Sandra ins Telefon.

»Nächste Osterferien in Málaga. Deine Mutter und deine Schwester fahren da wieder mit ihm hin, dasselbe Ding wie jedes Jahr. Ich hab da immer noch Kontakte. Ein dreiviertel Jahr, und du hast ihn wieder.«

Bettina kommt zu Sandra und greift nach dem Hörer. Sandra hält ihn fest. Bettina deutet auf den Typen gegenüber. Der sitzt den ganzen Tag vor der Glotze, der kennt dein Gesicht genauso gut wie die Nutella-Werbung. Wir müssen hier weg, denkt sie sehr laut und murmelt sie sehr leise. Unklar, was sie mehr beunruhigt: Der Typ da drüben oder allzu große Gefühlsduselei hier drin.

»Die Alternative ist Stammheim oder ein kühler Grabstein«, sagt Lars.

Sandra wischt sich die Tränen ab, es ist eh vorbei, jetzt, wo Bettina neben ihr steht und den Hörer verlangt.

»Ich muss aufhören«, sagt Sandra.

»Ich freu mich auf dich«, sagt Lars.

Er legt auf und wirft einen Blick aus der Telefonzelle auf den Parkplatz. Dreißig Meter von ihm entfernt sitzt Gelfert hinter dem Steuer eines Golf und schaut ihn an. Das Restgeld, fünfzig Pfennig in Zehn-Pfennig-Münzen, fällt in den Rückgabeschacht des Telefons. Lars nimmt es, steckt es in die Hosentasche und geht hinaus.

Um diese Zeit ist der Parkplatz fast leer. Ein Plakat wirbt für den »Aufbau Ost«, dahinter stehen drei Reihen Plattenbauten, ein DDR-Prestigeprojekt aus den frühen 70ern in Berlin-Marzahn, das jetzt zum Prestigeobjekt des Soli-Zuschlags geworden ist: Man tue ein bisschen was Gutes in Form von Asbestsanierung und rede sehr viel und sehr laut drüber.

Er öffnet die Tür des Golf und setzt sich rein.

»Und?«, fragt Gelfert. Er trägt jetzt einen Bart, und seine Haare sind schwarz gefärbt. Mit der hellbraunen Cordjacke, dem Strickpullunder, unter dem er dicklich wirkt, und der Hornbrille mit breitem, altmodischem Rahmen sieht er aus wie ein Versicherungsangestellter. Ähnlichkeiten mit dem Foto auf den omnipräsenten Fahndungsplakaten sind kaum zu erkennen.

»Sie wackelt«, sagt Lars. »Ich weiß nicht, ob sie tough genug ist.«

»Aber sie hat dir geglaubt?«

Lars nickt. Ja, Sandra hat ihm geglaubt. Lars konnte sie schon immer um den kleinen Finger wickeln. Irgendwie wollte sie ihm glauben, seit sie ihn kannte, dass es einen Weg nach vorne geben kann, der zugleich ein Weg zurück sein würde. Ein Leben mit Ehemann und Sohn, Sonne und Badeurlaub, als wäre der Libanon Mallorca. Der kleine Traum vom Spießerleben mit Festgehalt und Rentenkasse, gefüllt aus Banküberfällen in der wilden Jugendzeit oder gefüllt von Augstein oder der Stasi oder wem auch immer. Und in einer Kaffeedose im Bücherregal versteckt, das Dankschreiben von Fidel Castro für ihren Beitrag zur Weltrevolution. Das Kinder- und Jugendzimmer aus Lichterfelde-West ein paar Jahre in die Zukunft und nach Beirut versetzt. Platanen und Zypressen statt Blick auf eine Rotbuche. Eisdielenbesuche und gemeinsam alt werden mit Shisha und Falafel.

Sandra Wellmann, ein süßes Ding, doch irgendwann war ihm die Liebe abhandengekommen. Nicht aber der Tonfall, mit dem er sie nach außen hin beschwören konnte. Ein Hauch Verletzlichkeit unter der Lederjacke, ein Blick, der nach Erlösung schmachtete. Lars Oehmke, der Callboy der deutschen Revolution, berechnend, egozentrisch. Ein Überlebenskünstler.

»Du musst sie vergessen«, sagt Gelfert, startet den Wagen und fährt los.

Nicht mal er hat begriffen, dass Lars Sandra bereits seit Jahren vergessen hat. Ab und an zwickt ihn eine stetig verblassende Erinnerung und ein letzter Rest an Skrupeln darüber, dass er sie – seine ehemalige Geliebte und die Mutter seines Sohnes – mit einem Anruf tanzen lassen kann, wenn er will, eine Puppe, die er auf Knopfdruck zum Weinen bringen kann oder zum Lachen. Die er da hinschicken kann, wo er sie gerade braucht.

»Ja«, sagt er.

43

»Heute Vormittag traf sich das Kabinett unter Vorsitz des Bundeskanzlers zu einer weiteren Krisensitzung wegen der Ermordung des Treuhandvorsitzenden Hans-Georg Dahlmann.«

Das Autoradio läuft. Rautenbach sitzt auf der Rückbank der Limousine und blättert in Akten. Man hat ihm Dahlmanns Fahrer angeboten, aber er lehnte ab. Nun lässt er sich von dem neuen Fahrer durch die Stadt kutschieren und merkt, dass er sich an diese Situation wird noch gewöhnen müssen.

»Am Rande der Sitzung wurde bekannt, dass Dahlmanns bisheriger Dezernatsleiter Thomas Rautenbach die Leitung der Treuhand übernehmen wird, bis eine endgültige Lösung gefunden ist.«

Heute früh um sechs hat ihn der Fahrer von seiner Wohnung in der Fasanenstraße abgeholt und zum Flughafen Tegel gebracht. Rautenbach war gestern Abend kurzfristig vom Kanzleramt zu einem Termin nach Bonn gebeten worden. Als er heute Morgen aus dem Haus trat, überraschte ihn sofort ein Fotograf mit der immer selben Frage. Ob er der neue Treuhandvorsitzende werde? Rautenbach hat gelächelt und keinen Kommentar abgegeben. Knapp drei Stunden später saß er am Kabinettstisch, hielt sich an seinem Kaffee fest und bemühte sich um eine souveräne Ausstrahlung. Der Kanzler hatte ihm zuvor in einem Vier-Augen-Gespräch das Amt des Treuhandvorsitzenden angetragen. Ein Amt, das Rautenbach nicht ablehnen konnte und wollte – mit Ende fünfzig war der Höhepunkt seiner Karriere überfällig. Die Fragen des Kabinetts waren artig und uninformiert. Ein reiner Kennenlerntermin.

Währenddessen kursierten draußen bereits Gerüchte, dass Rautenbach der neue Treuhandvorsitzende würde, es gab Bestätigungsanfragen der dpa und von Reuters. Der Kanzler, der es nicht liebte, wenn man ihm die Initiative aus der Hand nahm und zu sehr bedrängte, wurde ungeduldig, kürzte Rautenbachs Befragung durch das Kabinett vehement ab und eilte mit ihm zu einem gemeinsamen Pressetermin. Fotos. Händeschütteln. Der Kanzler redete von Neuanfang und überließ dann Rautenbach das Mikrofon.

»Wir alle, die wir Herrn Doktor Dahlmann in der Treuhand kennenlernen durften, sind zutiefst schockiert von seinem Tod.«

Rautenbach bittet den Fahrer, das Radio auszuschalten. Er hat sich seine kurze Rede noch in Bonn von einem Reporter vorspielen lassen. Er hatte sie auswendig gelernt und einigermaßen unfallfrei vorgetragen. Rautenbach ist kein großer Redner und den Umgang mit der Presse würde er lernen müssen. Aber das wird er hinkriegen.

Der Fahrer findet seinen Weg durch die Absperrungen vor dem Treuhandgebäude. Seit dem Attentat auf Dahlmann wurden die Sicherheitsvorkehrungen nochmals verstärkt.

Im Innenhof tritt Rautenbachs Assistentin zusammen mit einem Polizisten zu ihm, und sie begleiten ihn durch das Gebäude zu seinem neuen Büro. Ein Lächeln hier und da, einmal applaudiert ein wohlwollender Kollege. Man weiß noch nicht, was man von ihm halten soll. Rautenbach ist ein fleißiger und eifriger Arbeiter, nicht der Charismatiker, der Dahlmann war, eher ein Mann, der unauffällig durch die Reihen schlüpft, ohne anzuecken oder mit großen Ideen Impulse zu geben. Er ist Pragmatiker, loyal der Partei des Kanzlers gegenüber und ohne jede Ambition, das Amt als ein politisches zu begreifen. Für Rautenbach ist die Treuhand primär eine Verwaltungsaufgabe.

Das Büro hat Rautenbach samt der Einrichtung von Dahlmann übernommen. Doch er ließ alles etwas anders platzieren und Dahlmanns persönliche Dinge – darunter zwei gerahmte Fotografien, eine, auf der er mit seiner Frau zu sehen war, und eine mit seiner Tochter und seinem Enkel – in einen kleinen Karton räumen. Irgendwann würde er die Ruhe finden, einen Kondolenzbrief an Hildegard Dahlmann zu schreiben und den kleinen Karton mit der nötigen Dezenz nach Düsseldorf schicken zu lassen.

Das Telefon klingelt. Rautenbachs Assistentin will abnehmen, aber Rautenbach schickt sie hinaus. Er setzt sich an seinen neuen Schreibtisch, auf dem ein üppiger Blumenstrauß mit einer Glückwunschkarte steht, daneben ein schottischer Whisky, fünfzig Jahre alt.

»Berufen Sie ein Dezernententreffen für sechzehn Uhr ein«, ruft Rautenbach seiner Assistentin hinterher. »Und morgen möchte ich Herrn Dr. Friedrich sehen. Wenn es für ihn zeitlich eng wird, schicken Sie ihm einen Fahrer nach Bitterfeld. Es ist dringend.«

Die Assistentin nickt, verlässt den Raum und schließt die Tür.

Rautenbach nimmt den Hörer ab. »Rautenbach.«

»Herr Rautenbach! Sie übernehmen das Steuer in schwierigster Zeit.«

Rautenbach erkennt die Stimme sofort. Er wirft einen Blick auf den Absender der Glückwunschkarte, die an dem Blumenstrauß hängt. Dr. Andreas Niedeck.

»Ich danke Ihnen, Herr Niedeck«, sagt Rautenbach. »Und

ich hoffe, ich und alle Mitarbeiter, die diesen Raum betreten, müssen den Blumenstrauß und die Flasche nicht als Bestechungsversuch ansehen?«

Lachen am anderen Ende der Leitung. »Ich bin gut in meinem Büro in Frankfurt für Sie zu erreichen. Sollten Sie Zeit für ein Gespräch haben, zum Beispiel über Bitterfeld, oder einfach Lust auf ein Bier, sind Sie jederzeit herzlich eingeladen.«

III

1

Johann-Wolfgang-von-Goethe-Gymnasium, Drakestraße, Berlin-Lichterfelde. Außen kippt die vor Jahren eigentlich gelb gemeinte Fassade ins Ockerfarbene: Die Farbe des von den Feinden Brandenburgs leicht blutfeuchten, märkischen Sandes, der grundierende Farbton Lichterfeldes, das immer noch mehr Feld als Licht ist. Hier wurden die Kartoffeln angebaut, die die Aufklärung in Potsdam dann in der eher nicht allerbesten Küche der Zeit mit Blick auf nackte Jungs frittierte, während die Bauern auf dem lichten Feld weiterhin Kartoffelstaudenblätter als Grünkohl fraßen, weil sie Mühe mit den französischen Edikten des kleinen Großen im Palast ohne Sorgen zwanzig Kilometer weiter südwestlich hatten.

Zehn Uhr vormittags, kurz vor Ende der ersten großen Pause. Miriam Wellmann eilt zum Klassenraum. Miriam war hier schon Schülerin, Schülersprecherin, Matheolympiaden-Teilnehmerin und gehörte zur ersten Generation von Mädchen, die ab der neunten Klasse Zugang zum Ruderclub der Schule am kleinen Wannsee hatte. Miriams Vater wollte erst nicht einwilligen, dass seine Tochter ihre Wochenenden zwischen schnell überpinselten Nazi-Runen verbrachte. Eine BDM-Veranstaltung sei das, hat er vor sich hin geschimpft, die Auseinandersetzung mit seiner Frau allerdings schnell verloren. Und sich anhören müssen, dass die töchterliche Teilnahme an den ein tausendjähriges Reich hindurch nur Jungs vorbehaltenen Veranstaltungen nichts mit BDM und Runen zu tun habe, sondern die emanzipatorische Kartoffelernte sei, die Lichterfelde als verspäteten Rest Potsdamer Aufklärung endlich einfuhr.

Nach ihrem Studium in Marburg – Mathematik und Latein – kam Miriam zurück nach Berlin, das Johann-Wolfgang-von-Goethe-Gymnasium hat sie angesichts ihrer Noten und der Treue zu ihrer alten Schule als Referendarin begrüßt und sie schließlich mit Kusshand als Lehrerin eingestellt. Eine einstimmige Entscheidung des Schulrats, denn Miriam war die viertbeste ihres Jahrgangs in Berlin gewesen. In dieser Schule kennt Miriam jeden Winkel, es gibt keine Ecke, in der sie nicht schon selbst rauchend und – größte Schulsünde, die sie je beging – kiffend und knutschend gestanden hat. Bis vor Kurzem hätte jeder im Kollegium Miriam in zehn Jahren, wenn Sembach, der Rektor der Schule, pensioniert wird, als dessen Nachfolgerin gesehen.

Es klingelt, die Pause ist zu Ende. Die Gänge sind schon fast leer, gleich beginnt die dritte Stunde. Spiegelblanke Kunststofffliesen auf dem Boden, nachmittags mit polnischer Gründlichkeit geputzt. Die Wände, zwischen denen einst preußische Kadettengesänge dem frühen Heldentod entgegenfrohlockten, sind jetzt mit Bildern des Kunstkurses behängt: Äpfel, Blumen und Tonkrüge in der Bel Etage, Nackedeis in Badehose und Bikinis hinten im Gang in der zweiten, anatomisch verrutscht aber anhand der primären Geschlechtsmerkmale dennoch gut unterscheidbar.

Miriam ist etwas spät dran, sie hat noch die Noten der Klassenarbeiten aus ihrem Kalender in das Klassenbuch übertragen. Achte Klasse, Schnitt drei Komma vier, mäßig also. Sehr mäßig. Aber erwartbar. Denn kurz nach der letzten Arbeit hatte die Klasse plötzlich dichtgemacht, Augen zu, Ohren zu. Und das, obwohl Miriam eigentlich ein gutes Verhältnis zu den Schülerinnen und Schülern hat. Gleich in der sechsten Klasse hat sie sich auf der Klassenfahrt im Harz Respekt und lang anhaltenden Ruhm erspielt, weil sie beim Kickern alleine gegen zwei Jungs gewann und in keinem Satz mehr als zwei Gegentore bekam, obwohl die beiden immer ehrgeiziger und verbissener spielten. Eigentlich war alles gut gewesen zwischen ihr und der Klasse. Bis Sandra ihr Leben gründlich durcheinanderbrachte.

Vor Miriam zieht eine Schülerin die Tür zu einem Klassenzimmer zu, dahinter brodeln die Stimmen der von der Pause noch aufgeheizten Klasse. Miriams Kollege setzt seine üblichen Ermahnungen ab, auf die niemand hört. Dann Ruhe. Etwas weiter den Flur entlang eilen ihr vier Schüler mit verschwitzen Gesichtern entgegen. Miriam lächelt die vier an, aber sie gehen mit starren Mienen an ihr vorbei und meiden jeden Blickkontakt. Als Miriam sich umdreht, sieht sie, dass die vier sie anstarren. Ertappt rennen sie davon wie Grundschüler.

Die Tür zu ihrem Klassenzimmer ist zu. Stille. Miriam wundert sich für einen Moment, ihre Klasse ist groß, zweiunddreißig Schüler, und eigentlich ist da drin immer Lärm. Sie öffnet die Tür und geht hinein. Das Klassenzimmer ist leer. Miriam legt ihre Tasche auf den Lehrertisch und zieht ihren Kalender heraus, vielleicht hat sie ja was durcheinandergebracht. Erst jetzt, als sie ihren Kalender aufschlagen will, sieht sie zur Tafel. Das RAF-Emblem, eine unbeholfene Kreidezeichnung: im Hintergrund ein Stern, im Vordergrund ein Sturmgewehr. Anders als sonst kommen aus der Maschinenpistole Geschosse geflogen. Und zwar in Richtung des Lehrertischs. Auf Miriam zu.

Ein Klopfen an der Tür, ungewöhnlich, das macht hier eigentlich niemand, denn meist geht ein Klopfen eh in der allgemeinen Klassenlautstärke unter.

»Ja«, ruft Miriam.

Sembach kommt herein. Bei ihm ist Markus, der seine Verzweiflung unter einer Null-Bock-Fassade zu verbergen versucht. Aber Miriam kennt ihn nur allzu gut und spürt sofort, dass etwas nicht in Ordnung ist.

»Was ist los?«, fragt sie. »Was ist passiert?«

Aber Markus weicht ihrem Blick aus.

»Wartest du kurz draußen?«, bittet Sembach den Jungen. Der Rektor ist nett und verbindlich, die Schüler mögen ihn, er hat etwas Junggebliebenes, und seine selbstgemalten *Bellum-Gallicum*-Comics sind legendär. Markus nickt und geht hinaus. Sembach schließt die Tür.

»Wo ist deine Klasse?«, fragt er. Miriam deutet auf die Kreidezeichnung an der Tafel.

Schon vor einer Woche hatte Miriam ein Vier-Augen-Gespräch mit Sembach. Seit das Fahndungsfoto von Miriams Schwester im Fernsehen aufgetaucht ist, meiden die Schüler jeden Kontakt zu ihr, die Mitarbeit in ihren Stunden ist miserabel geworden, in den Klassen herrscht Unruhe, ungewohnt für Miriam, sie hatte noch nie ein Disziplinproblem. Innerhalb kürzester Zeit ist sie von einer der beliebtesten Lehrerinnen der Schule zu einer Persona non grata geworden. In ihrer Handball-AG waren die Schüler einfach nicht mehr erschienen. Nachdem sie dreimal hintereinander in einer leeren Halle gestanden hatte und die von ihr zur Rede gestellten Schüler sehr ausweichend und vage geantwortet hatten, sagte Miriam die Handball-AG ab. In all ihren Lehrerjahren, ein manchmal schwieriges Referendariat mit einbezogen, hat sie sich noch nie so einsam gefühlt.

Sembach lehnt sich an einen der Tische. Miriam kennt ihn gut, seine Haltung, sein Blick verheißen nichts Gutes. Vorgestern noch hat er in seinem Büro Durchhalteparolen von sich gegeben. Wir stehen das gemeinsam durch. Aber jetzt?

»Du solltest Markus für zwei, drei Wochen krankmelden. Er kriegt von den anderen ständig eins auf die Mütze – das würden wir nicht aushalten«, sagt er.

»Was kann er für seine Mutter?«, fragt Miriam.

»Ich kann seine Mitschüler nicht von der Schule werfen. Und die Eltern auch nicht.«

»Bitte?«

Unnötige Frage.

»Findest du, das ist das richtige Signal?«, fragt Miriam.

»Ich werde mir nicht irgendeinen Grund aus den Fingern saugen, um dich zu suspendieren. Ich kann dich nur bitten. Ein Monat bezahlter Urlaub – das ist für dich besser und für ihn auch«, sagt Sembach.

In Miriam beginnt die Wut zu kochen. Sie deutet auf das RAF-Symbol an der Tafel. »Ich hab mit der RAF nichts zu tun! Und zwar so was von gar nichts!«

»Ich weiß. Aber ich kann die Elternvertretung nicht ignorieren.«

Miriam schüttelt den Kopf. Sie kann es nicht fassen.

»Wenn ich das hier nicht mache, macht es Sandner, und der haut voll rein, wie er eben so ist.«

Sandner, der Elternratsvorsitzende. Bauunternehmer. Sehr, sehr große Brieftasche, sehr große Klappe, großes Haus im Weddigenweg neben der Schule, ebenso große Freundschaft mit dem Bausenator, Berliner Zement-Filz, und sehr, sehr kleines Bücherregal hauptsächlich für die vom Vater geerbte Karl-May-Ausgabe.

Sembach tut all das hier weh. Das Emblem auf der Tafel, die Reaktionen der Schüler, die Reaktionen der Eltern und die abweisenden Reaktionen eines Großteils des Kollegiums. Sembach mag und schätzt Miriam. Aber was hätte er einem apatschengestählten Tomahawk-Angriff der Elternschaft, des Elternratsvorsitzenden, des Schulrats und am Ende gar des Schulsenators entgegenzusetzen?

Nein, er findet nicht, dass es das richtige Signal ist, wenn Miriam und Markus die Schule verlassen, wenn auch nur für ein paar Wochen. Und nein, er wird nichts daran ändern können.

»Ich bin nicht meine Schwester«, sagt sie. »Ich bin ich!«

2

Ein schmaler Streifen Wald, einen halben Kilometer breit, mehr nicht, aber sehr dicht bewachsen. Ein halb überwucherter Weg führt von der Landstraße aus, neben der Bettina und Sandra ihren Wagen haben stehen lassen, durch dieses Gestrüpp aus Brombeerranken und verharzten Ästen – ein fünfhundert Meter breiter natürlicher Grenzwall, der sich abrupt öffnet.

Bettina bleibt stehen. Sie streckt ihre Hand nach Sandra aus, um sie davon abzuhalten, den Schutz der Bäume und des Unterholzes zu früh zu verlassen. Vor den beiden liegt ein Umspannwerk, eine surreale Anlage gigantischen Ausmaßes: ewige Reihen von Hochspannungsmasten, jeder davon an die fünfundzwanzig Meter hoch, auf einer riesigen, abgemähten Wiese, die der dichte, sie umrahmende Waldstreifen vor ungebetenen Blicken abschirmen soll, denn von hier führen Überlandleitungen in alle Richtungen und verteilen den Strom über ein Drittel des Bundeslands. Die gesamte Anlage wird von einem kleinen Gebäude in der Mitte aus kontrolliert, das von einem zwei Meter fünfzig hohen Drahtzaun umgeben ist, Schilder warnen vor »High Voltage!« und verbieten das Betreten.

»Wo ist das Depot?«, fragt Sandra, unwillkürlich leise, fast flüsternd, obwohl auf dem weiten, nicht zu überblickenden Gelände kein Mensch zu sehen ist.

Bettina deutet auf einen der riesigen Strommasten ungefähr zwei-, dreihundert Meter von ihnen entfernt. »Am linken Pfeiler. Wir müssen ungefähr einen Meter tief graben.«

Sie ist ungewöhnlich unruhig. Eigentlich behält sie selbst in den schwierigsten Situationen die Nerven. Doch hier spricht auch sie leise, schaut immer wieder zu dem Kontrollgebäude hinüber, sucht die Hochspannungsmasten nach

Scharfschützen ab. Irgendwas ist eigenartig, aber sie findet nicht raus, was. Die Fenster des Kontrollgebäudes sind dunkel, auf der glattgemähten Wiese würde sie jeden getarnten Schützen sofort entdecken, und der Waldstreifen hinter ihnen bietet zwar Unterschlupf, aber nichts ist zu sehen, was Gefahr bedeuten würde.

»Was ist?«, fragt Sandra, von Bettinas Unruhe angesteckt.

»Ich weiß es nicht.«

Zwei-, dreihundert Meter über freies Gelände laufen, bevor sie zum ersten Strommast kommen, völlig schutzlos, ist riskant. Was ist, wenn das BKA sie entgegen allen Anzeichen vom Kontrollgebäude aus beobachtet?

Bettina hat damals, vor ungefähr fünf Jahren, als sie das Depot angelegt haben, lange Diskussionen mit Lars und Gelfert geführt. Das offene Gelände vor den Masten hat sie immer schon als zu riskant empfunden. Aber Lars hat sich damals durchgesetzt, denn die Hochspannungsleitungen erschweren Hubschraubereinsätze und machen eine Landung völlig unmöglich. Außerdem führt nicht weit von hier eine Straße durch den Wald direkt auf die Autobahn. Falls sie fliehen müssten, würden sich ihre Verfolger zwischen vier möglichen Fluchtrouten entscheiden müssen.

»Sollen wir bis heute Abend warten?«, fragt Sandra. »Bis es dunkel ist?«

»Im Dunkeln haben sie einen Vorteil«, sagt Bettina. »Mit Wärmebildkameras und Infrarotzielfernrohren können sie uns sehen. Wir aber sie nicht.«

»Was machen wir jetzt?«

»Bleib dicht hinter mir«, sagt Bettina, verlässt den Schutz des Waldes und geht auf den ersten Hochspannungsmast zu.

»Sie kommen!«

Marion Burckhardt steht an einem der Fenster im Kontrollgebäude des Umspannwerks und beobachtet das Gelände durch das Fernglas. Hinter ihr liegt der von außen nicht einsehbare, zentrale Raum – Technik, Messgeräte, Monitore, Schalter. Kawert, Stentner und der Einsatzleiter eines SEK stehen vor einem Tisch, vor sich eine Landkarte der Umgebung, die in Planquadrate aufgeteilt ist und von einer Schreibtischlampe angestrahlt wird.

»Welche Position?«, fragt Kawert.

»Nord, Nord-Ost. In E 7«, sagt Marion Burckhardt.

»Geben Sie Thümler Bescheid«, sagt Kawert zum Einsatzleiter, schnappt sich ein Fernglas und eilt zu Marion Burckhardt.

Der Einsatzleiter spricht in sein Funkgerät: »Wir haben Sichtkontakt. Zielpersonen sind in E 7.«

Kawert hört die leise Antwort aus dem Funkgerät. Thümler ist mit acht Mann da draußen, um vom die Wiese umfassenden Wald her zugreifen zu können.

»Wir sind in D 3. Entfernung zirka zwei Minuten.«

Sie haben lange besprochen, wo sie Thümler mit seinen Leuten am besten platzieren sollten. Das gesamte Gelände ist mehrere Quadratkilometer groß. Von Gereon weiß Kawert nur, dass das Depot unter einem der Strommasten liegt, nicht aber, an welchem. Wegen der Größe der Anlage sind mehrere Fluchtwege denkbar, und es war unmöglich, alle potentiellen Routen durch ein SEK abzuschneiden. Kawert musste sich entscheiden und platzierte Thümler und seine Leute etwa mittig zwischen zwei Zugängen zur Wiese.

»Ihr rückt nach E 6 vor, aber bleibt im Wald – bis dorthin habt ihr Sichtschutz«, sagt der Einsatzleiter in sein Funkgerät.

»Okay«, hört Kawert Thümler antworten.

Kawert steht am Fenster, schaut durch das Fernglas in die Richtung, in die Marion Burckhardt deutet. Er sieht die beiden, plötzlich so nah, als könnte er sie berühren: Bettina Polheim, und Sandra Wellmann kurz hinter ihr. Die Gesichter müde und angespannt, Sandra Wellmann trägt noch die gleichen Sachen wie bei Dahlmann, die Hose ist zerknittert, eine nicht dazu passende Jacke über der weißen Bluse und dem Kaschmirpullover. Vorsichtig, langsam und offenbar misstrauisch sind die beiden bereits ein gutes Stück aus dem Wald heraus. Noch ist unklar, zu welchem der Hochspannungsmasten sie wollen.

Der Einsatzleiter stellt sich neben Kawert, in der einen Hand sein Fernglas, in der anderen die Karte.

»Zugriffsentfernung?«, fragt Kawert.

Der Einsatzleiter zeigt Kawert die Position der beiden auf der Karte.

»Hier sind die zwei. Da ist Thümler. Ungefähr siebenhundert Meter.«

Schwer zu sagen, ob Thümler und seine Leute schnell genug sein werden, um Bettina und Sandra zu stellen. Denn der Wald ist zu dicht für schnelle Bewegungen. Und bei einem Zugriff über das offene Gelände, wäre es fast unvermeidlich, dass sie sofort gesehen würden.

Aber es gibt einen Plan B: Eine Etage höher, direkt über Kawert und seinen Leuten und nur durch ein Metallgitter von ihnen getrennt, sind zwei Scharfschützen positioniert. Der Blick auf das Feld ist frei, sie haben die beiden Frauen bereits im Visier. Ruhe und Schweigen. Dann gibt der Einsatzleiter einen Befehl, und Kawert hört, wie die beiden Scharfschützen über ihm ihre Waffen entsichern.

»Warte!« Bettina hält Sandra zurück.

»Was ist?«, fragt Sandra.

»Der Parkplatz!«

»Und?«

Die beiden haben sich ungefähr fünfzig Meter vom Waldrand entfernt und können nun den Parkplatz neben dem Haupteingang des Umspannwerks sehen. Er ist leer.

»Wo sind die Leute, die hier arbeiten?«, fragt Bettina.
»Vielleicht ist hinten noch ein Parkplatz?«, fragt Sandra.
»Nein.«
»Das ist ein Kontrollgebäude. Ich glaube nicht, dass dort immer jemand sein muss!«
»Behalt den Waldrand im Blick.«

Ein Adrenalinschub. Plötzlich knallt der Blutdruck durch die Decke. Der Einsatzleiter beginnt zu schwitzen. Eben noch im Vorteil – der Jäger im Verborgenen –, kippt die gesamte Situation. Er sieht, dass die Zielpersonen mitten auf der Wiese stehengeblieben sind. Warum? Haben die beiden etwas bemerkt? Haben sie gesehen, dass sie hier erwartet werden? Wenn sie jetzt umdrehen und in den Wald zurückfliehen, wird es eng für uns. Er kann sich nicht erklären, was die beiden stutzig macht. Er hat die Aktion sorgfältig vorbereitet: Das Innere des Gebäudes ist abgedunkelt, die Ferngläser, die sie verwenden, sind aus entspiegeltem Glas, damit keine Lichtreflexe entstehen, die Zufahrtsstraße zum Werk ist durch als Bauarbeiter getarnte Polizisten gesperrt. Nichts hat er dem Zufall überlassen. Sogar die Kieswege hat er neu harken lassen, weil sie durch die Einsatzfahrzeuge des SEK auffällig zerwühlt worden waren. Und trotzdem: Irgendwas hat die beiden da vorne misstrauisch gemacht. Thümler und sein Team sind zu weit weg für eine Festnahme, und die Scharfschützen will Kawert nicht einsetzen. Noch nicht.
»Wo seid ihr?«, fragt er Thümler.
»E 3«. Thümlers Stimme aus dem Funkgerät ist kurzatmig, denn er rennt mit seinen Leuten so schnell er kann durch den dichten Wald, die wichtigsten Schneisen und Pfade hat er sich eingeprägt.
Kawert lässt für einen Moment sein Fernglas sinken und wirft einen Blick auf die Umgebungskarte.
Der Einsatzleiter deutet auf eines der Planquadrate. E 3.

»Eine Minute«, sagt er zu Kawert. Und wendet sich an die Scharfschützen über ihnen. »Schussentfernung?«

»Zweihundert Meter.«

»Schussfeld frei?«

»Ja.«

Kawert hat ausdrücklich darauf bestanden, dass die Gefangennahme von Bettina Polheim und Sandra Wellmann absolute Priorität vor einer Tötung hat. Zum einen will er sie über die Struktur der RAF befragen. Und wissen, wo Gelfert ist. Zum anderen würde es dem Staatsanwalt gegenüber extrem schwer werden, eine Tötung ohne Notwendigkeit der Eigensicherung zu rechtfertigen. Zwar besteht dringender Tatverdacht, dass Bettina den V-Mann Gereon ermordet hat und Mittäterin beim Attentat auf Wegner war. Ein Tatverdacht ist aber kein Tatnachweis. Und jeder Anwalt würde zig Gründe auf den Tisch legen, wie Bettinas Fingerabdrücke auf den Gürtel von Gereon gekommen sein könnten. Und einen Tatnachweis beim Attentat auf Wegner kann Kawert erst recht nicht führen. Und das Attentat auf Hans-Georg Dahlmann? Ja, eine Absicht ist klar. Nein, Sandra hat gewiss nicht geschossen. Nein, die drei Schüsse auf Dahlmann kann Kawert Bettina nicht nachweisen. Zumal er nicht an ihre Schuld glaubt. Aber wenn Gelfert geschossen hat, dann soll sie ihm sagen, wo der steckt. Fazit: Da vorne, zweihundert Meter vor ihnen, stehen zwei Frauen, gegen die es einen begründeten Terrorverdacht gibt, aber noch keine Beweise, die eine Tötung rechtfertigen. Wenn Kawert die Scharfschützen übernehmen ließe, würde das im Desaster enden.

Also?

Warten und hoffen, dass Thümler schnell genug ist. Und wenn alle Stricke reißen: dass eine der beiden eine Pistole zieht und zu schießen beginnt.

»Einhundertneunzig Meter«, sagt der Einsatzleiter mit Blick auf den Entfernungsmesser in seinem Fernglas.

Kawert reguliert die Schärfe seines Fernglases nach. Inzwischen ist ihm klar, zu welchem der Strommasten die beiden wollen. Kawert kann von hier aus kein Team rausschicken. Das würde unweigerlich in einem offenen Schusswechsel enden. Denn so wie er Bettina Polheim einschätzt, würde sie sich sicher nicht stellen.

»Sie geben den Schießbefehl«, sagt der Einsatzleiter zu Kawert.

»Nicht schießen, warten Sie.«

Er hofft, dass Thümler und seine Leute schnell genug durch den Wald hinter die beiden Frauen kommen, um sie mit Gas oder zur Not mit einem nicht letalen Schuss außer Gefecht zu setzen.

»Wo ist Thümler jetzt?«, fragt Kawert den Einsatzleiter. »Er soll sich beeilen!«

Sandra hält sich eng neben Bettina. Sie schaut immer wieder zurück zum Waldrand, so wie Bettina es von ihr verlangt hat.

Bettina wird immer unruhiger und angespannter. Irgendwas ist hier eigenartig, sie weiß nur nicht, was. Ein paar Meter weiter bleibt sie wieder stehen und lauscht.

»Hörst du das?«, fragt sie.

Ein kühler, grauer Tag. Sandra friert in ihrer viel zu leichten Jacke und ihrem noch leichteren Pulli. Ein lauer Wind schlängelt sich durch die hohen Masten, irgendwo, wahrscheinlich im eingezäunten Kontrollbereich vor ihnen, schlägt ein lockeres Kabel an Metall. Ansonsten ist es ruhig, kein Vogel ist zu hören, nichts.

»Nein«, sagt Sandra.

Und plötzlich weiß Bettina, was hier nicht stimmt. Kein Surren der Kabel, keine flirrende Elektrizität wie damals, als sie das Depot eingerichtet haben.

»Die Stille …«, sagt Bettina. »Sie haben das Werk abgestellt.« Und sie wirft einen letzten Blick auf den Hochspannungsmast, unter dem sich das Depot befindet, Geld und Pässe, alles, was sie jetzt brauchen. Der Mast ist noch ungefähr dreißig Meter entfernt. Zu weit. Viel zu weit!

»Weg hier«, sagt sie zu Sandra. Und schiebt sie zurück zum Wald, hektisch und energisch. »Weg!«

»Scheiße«, murmelt Marion Burckhardt und wirft einen Blick neben sich: Der Einsatzleiter und Kawert starren durch ihre Ferngläser den beiden Frauen hinterher, die zum Waldrand rennen. Kawert mahlt auf seinem Kaugummi herum.

»Zweihundert Meter«, sagt einer der beiden Scharfschützen über ihnen. Ruhige Stimme, professionell.

Kawert bemerkt, dass Bettina Polheim darauf achtet, dass einer der Hochspannungsmasten immer zwischen ihnen und den Scharfschützen steht. Das Gebäude ist nicht besonders groß, vier Fenster nebeneinander und nur ungefähr anderthalb mal so breit wie der Fuß des riesigen Masts. Die Frau ist unglaublich geschickt darin, jede noch so kleine Deckung auszunutzen, denkt Kawert.

»Eure Position?«, fragt der Einsatzleiter in sein Funkgerät.

»E 4.«

»Dreißig Sekunden bis zum Zugriff«, sagt der Einsatzleiter zu Kawert, der jetzt eine Entscheidung treffen muss.

Marion Burckhardt versteht nicht, warum Kawert immer noch schweigt, aber sie will nichts sagen, darf nichts sagen. Die Hierarchien in Situationen wie diesen sind passgenau abgestimmt, Fokussierung ist angesagt und keine überflüssige Kommunikation.

»Zweihundertzwanzig Meter«, sagt der Scharfschütze über ihnen.

»Konzentration auf den Schuss«, sagt der Einsatzleiter und sieht Kawert an, der immer noch durch sein Fernglas schaut. »Noch zwanzig Meter, dann sind sie *safe.*«

Der Einsatzleiter und Marion Burckhardt werfen sich an

Kawert vorbei einen kurzen irritierten Blick zu. Da vorne rennen die meistgesuchten Terroristen Deutschlands, Thümler und sein Team werden zu spät sein, die Frauen haben die halbe Minute Vorsprung, die sie für ihre Flucht brauchen. Alle Szenarien wurden im Vorfeld mit Jacobi abgesprochen, natürlich auch dieses hier. Falls es nicht gelingen sollte, die beiden lebend zu bekommen, sollte Kawert den Schießbefehl erteilen. Er muss reagieren. Und zwar jetzt!

»Herr Kawert?«, sagt der Einsatzleiter. Die ultimative Aufforderung.

»Schießen Sie«, sagt Kawert. Fast ein resignierter Tonfall.

Der Einsatzleiter gibt den Befehl nach oben weiter. Eine letzte Verständigung der beiden, wer wen übernimmt. Die beiden Frauen trennen nur noch wenige Meter vom Schutz der Bäume.

Der erste Schuss trifft einen Baum dreißig Zentimeter neben Sandra Wellmann. Sie bleibt stehen und starrt für einen Moment auf das zersplitterte Holz.

Der Einsatzleiter hat in der Einsatzbesprechung mit Kawert darauf gedrängt, die Schalldämpfer wegzulassen, denn ein ungedämpfter Schuss überrascht und irritiert die Zielperson, lässt sie innehalten und bremst so ihre Flucht. Ein kurzer Moment nur, der aber entscheidend sein kann.

Bettina Polheim aber lässt sich davon nicht beeindrucken und reißt Sandra Wellmann mit aller Kraft zu Boden. Fast im selben Moment schlägt ein weiteres Projektil in den Baumstamm und ein anderes in eine Erdwölbung neben Bettina Polheim.

Auch Thümler, etwas mehr als hundert Meter von Sandra und Bettina entfernt, hat die Schüsse gehört. »Wir sind in E 5. Sichtkontakt negativ.«

»Weiter vorrücken bis E 6, geht raus auf die Wiese. Vorsicht, Schusswechsel in E 7, Richtung E 8«, sagt der Einsatzleiter.

Kawert bearbeitet weiter seinen Kaugummi, das alles hier liegt nicht mehr in seiner Hand. Der Einsatzbefehl ist gegeben, jetzt findet das Ganze eine brachiale, militärische Lösung. Aber welche? Durch sein Fernglas hat er Mühe, die Frauen im Unterholz des Waldes überhaupt noch zu erkennen.

Die beiden Scharfschützen haben – noch – einen besseren Blick auf die Fliehenden. Aber Bettina Polheim und Sandra Wellmann suchen Schutz im dichten Unterholz, und die Sicht der beiden Scharfschützen wird schlechter und schlechter. Ein Präzisionsschuss ist jetzt nicht mehr möglich, dazu ist es zu spät, und sie eröffnen das Trommelfeuer in der Hoffnung, dass einer der Schüsse trifft.

Thümler und sein Team haben inzwischen den Waldrand erreicht, werfen ihre Schutzschilde weg und rennen so schnell sie können zu der Stelle, wo Bettina und Sandra in den Wald hineingelaufen sind. Die Männer sind durchtrainiert, aber die schusssicheren Westen und die Ausrüstung sind schwer und halten auf.

»Feuer einstellen!«, befiehlt der Einsatzleiter. Zwanzig Meter noch, dann würden Thümler und sein Team ins Schussfeld geraten, und zwanzig Meter sind schon eine grenzwertige Entfernung. Die Scharfschützen sichern ihre Gewehre, legen sie zurück in die Cases und schließen sie. Für die beiden ist die Aktion abgeschlossen.

In den letzten Sekunden haben sie keinerlei Blickkontakt zu ihren Zielobjekten mehr gehabt. Das Feuer sollte nur dazu dienen, die beiden Frauen zu beschäftigen, bis Thümler und seine Leute näher an ihnen dran sind. Wenn die schnell genug sind, haben sie vielleicht noch eine Chance, die beiden im Wald zu erwischen, bevor sie ihren Wagen erreichen.

Kawert ist nicht mehr so optimistisch, er wendet sich vom Fenster ab, legt sein Fernglas zur Seite und reibt sich mit der Hand die Augen, angespannt, enttäuscht und genervt von sich selber. Er weiß, dass er es verbockt hat, sein Versagen, er hat den Schießbefehl zu spät gegeben, viel zu spät.

Marion Burckhardt kommt zu ihm. »Vielleicht kriegt Thümler sie noch.«

Kawert nickt. »Fragen Sie Thümler, wo er ist«, sagt er zum Einsatzleiter.

»Nein«, sagt der Einsatzleiter. »Das hält ihn nur auf.«

Kawert nickt. Natürlich. Er zieht die Landkarte zu sich und schaut sie an. Völlig unnütz, aber er muss irgendwas machen. So in etwa ist klar, an welcher Stelle die Frauen aus dem Wald kommen werden. Aber es hat keinen Sinn, ein Verfolgerauto dorthin zu schicken, seine Einsatzfahrzeuge sind zu weit weg von der Stelle, wo voraussichtlich der Wagen der beiden steht. Dann sind da noch der Autohof und das Autobahnkreuz. Doch das Gelände des Umspannwerks ist viel zu groß, um Straßen und Wege drum herum wirklich abschirmen zu können. Wenn Thümler die beiden nicht kriegt, dann sind sie weg.

»Scheiße«, murmelt Kawert in sich hinein.

Marion Burckhardt und der Einsatzleiter blicken sich erneut an. Ja, Scheiße.

Thümler hört noch, wie sich die Räder eines Wagens in den Boden fräsen und Splitt ans Chassis schleudern, dann haben er und seine Leute die kleine Straße erreicht, oder vielmehr einen landwirtschaftlichen Weg, der sich kurvenreich am Waldrand entlangschlängelt. Sie knien sich hin und eröffnen das Feuer auf den Wagen, einen Tick zu spät, denn der Wagen rast gerade um eine Kurve und verschwindet aus dem Sichtfeld. Zwei, drei Verzweiflungsschüsse, dann lässt Thümler das Feuer einstellen und spricht in sein Funkgerät: »Wir haben sie verloren.«

»Brechen Sie ab«, sagt Kawert zum Einsatzleiter.

Er muss hier raus, braucht einen Moment für sich. Er lässt sich von Stentner eine Zigarette geben und drängelt sich an den beiden Scharfschützen vorbei, die mit ihren Gewehrkoffern zur Tür gehen.

Draußen lassen seine Leute ihn in Ruhe. Ein ungnädiger Himmel schickt Nieselregen, Kawert friert, ohne darauf zu achten, und zieht an seiner vom Regen durchfeuchteten Zigarette. Hinter ihm das Knirschen von vier Einsatzwagen im Kies, die das Personal des Umspannwerks zurückbringen. Kawert vermeidet jeden Blickkontakt, er will jetzt seine Ruhe, fünf Minuten Auszeit. Hinter ihm ein Moment Geschäftigkeit. Die Scharfschützen legen ihre Gewehrkoffer in die Einsatzwagen, der Leiter des Umspannwerks verschwindet mit seinen Mitarbeitern im Kontrollgebäude. Gebabbel aus Funkgeräten, dann wieder das Knirschen im Kies, denn zwei der Einsatzwagen fahren los, um Thümler und seine Leute abzuholen.

Stille. Endlich. Nur das leise Knistern der Glut, als Kawert an der Zigarette zieht.

Sie schmeckt nicht.

Und dann nimmt der Leiter des Umspannwerks die Anlage wieder in Betrieb. Die Überlandleitungen beginnen über Kawert zu surren und zu schwirren, ein Chor aus Elektrizität, ein Kriegs- und Triumphgesang, nicht laut, aber penetrant in seinem Hohn.

3

Der schmale Vorgarten ist von der Spurensicherung und unzähligen Polizisten völlig zertrampelt, der Rasen stellenweise ein einziger Matsch. Die Einschusslöcher im Arbeitszimmerfenster sind nur notdürftig abgeklebt.

Eine schlaflose, durchgrübelte Nacht, dann stieg Susanne Wellmann in den ersten ICE, der sie vom Bahnhof Zoo nach

Frankfurt brachte, trank dort am Hauptbahnhof einen Kaffee, den ersten an diesem eh schon flattrigen Vormittag. Noch nervöser und unruhiger fuhr sie mit einem Regionalexpress durch ein wolkenverhangenes Rheinland nach Bonn, setzte sich dort – etwas ruhiger – in ein Taxi und steht jetzt, am frühen Nachmittag, auf der gegenüberliegenden Straßenseite von Dahlmanns Villa. Sie hat sich das Haus nach den Erzählungen ihrer Tochter größer vorgestellt, spektakulärer, reicher und moderner. Das Dach müsste gemacht werden, und ein neuer Anstrich wäre auch nicht schlecht, grünliche Streifen fallen von undichten Stellen der Dachrinne die Fassade herab, Moos oder Flechten nach einem viel zu warmen Winter.

Susanne Wellmann geht über die Straße, die für den Autoverkehr immer noch abgesperrt ist. Zwei Polizisten mit schusssicheren Westen und Maschinenpistolen stehen vor dem Haus.

»Entschuldigen Sie, ich würde gerne zu Frau Dahlmann.«

Einer der beiden Polizisten mustert sie skeptisch, der andere schaut sich um – die beiden sind ein eingespieltes Team, in der Ausbildung wurde ihnen unzählige Male eingebläut, niemals auf die »Muttchen-Nummer« oder eine ihrer Varianten hereinzufallen: Muttchen (gebrechlich), Kind (gebrechlich) oder sonstiges X (gebrechlich) erbittet Hilfe und bindet die Aufmerksamkeit des Wachschutzes, während ein Y (weniger gebrechlich) die Ablenkung ausnutzt, um das Wachobjekt zu betreten. Natürlich rechnet niemand hier mehr mit der RAF, als weniger gebrechliches Y kommt aber zum Beispiel einer der Pressefotografen infrage, die ums Haus schleichen, um irgendein Foto der sorgfältig abgeschirmten Familie zu bekommen.

»Es ist privat«, sagt Sandras Mutter zum Polizisten mit dem Maschinengewehr.

»Ihr Name?«

»Wellmann.«

Ein Name, der dieser Tage fast so bekannt ist wie Dahlmann. Die beiden Polizisten werfen sich einen Blick zu.

»Sind Sie mit Sandra Wellmann verwandt?«

Es dauert einen Moment, bis Susanne Wellmann sich zu einer Antwort durchringen kann. »Ich bin die Mutter.«

Eine Frage und eine Antwort, die künftig und für immer ihr Leben bestimmen werden. Es gibt Töchter, neben denen die Mütter ihre Identität verlieren, so wie es Schwestern gibt, deren Existenz die eigene zerstören kann.

»Bitte gehen Sie«, sagt der Polizist, Verachtung, fast Hass in der Stimme und im Blick, mühsam unter der Attitüde des professionellen Wachschutzes verborgen. Das von nun an für alle Zukunft feststehende Reaktionsmuster nach dem Wechsel von Frage und Antwort.

»Ich …«, versucht Susanne Wellmann zu insistieren, bitten, flehen, schließlich ist sie extra aus Berlin hierhergekommen. Aber auch dieses Insistieren auf der eigenen Unabhängigkeit von der Tochter ruft nur den fünften Standardzug dieses Sprachspiels hervor: »Gehen Sie bitte.«

Ein Tonfall wie geschossen. Definitiv und unumgänglich. Die Reise war umsonst, natürlich ist es naiv gewesen, sich ein Kopftuch umzubinden, den Mantel und die Tasche zu schnappen und aus Berlin hierherzufahren. Ein kleines Wunder eigentlich, dass sie überhaupt so nah an das Haus gelangen konnte. In schwachen Momenten ihrer wackligen Herfahrt hat Susanne Wellmann selbst das nicht geglaubt. Der Innenminister hat hier gestanden. Hinter der flachen Mauer und den zugezogenen Vorhängen steckt eine zutiefst verunsicherte und verletzte Familie, die es zu schützen gilt. Ein irgendwie sakraler, fast ikonischer Ort. Opfer und Opferung, eine Zäsur der neuen, wiedervereinigten Republik. Wer sollte sie hier vorlassen wollen? Und warum?

»Lassen Sie sie bitte durch!«

Die Polizisten wenden sich zum Haus um. Julia Dahlmann steht da mit einem leeren Mülleimer.

»Es ist okay«, sagt sie zu den beiden Polizisten.

Und während sie zurück ins Haus geht, schnell, weil sie nicht doch noch von irgendeinem Fotografen erwischt werden will, und die Haustür angelehnt lässt, sucht einer der beiden Polizisten Sandras Mutter mit einem Metalldetektor ab. Ständiges Piepen. Sie muss ihre Ohrringe ablegen, ihre Ringe, ihren Gürtel, muss ihre Schuhe untersuchen und sich abtasten lassen.

Schließlich deutet der Polizist auf den Zugang zum Haus. »Bitte.«

Susanne Wellmann geht an ihm vorbei, die Einfahrt zum Haus entlang und die paar Stufen hinauf. Zögerlich drückt sie die angelehnte Tür ein Stück auf.

»Kommen Sie rein«, ruft Julia aus dem Inneren des Hauses.

Susanne Wellmann öffnet die Tür und geht hinein.

Hier drin ist es noch dunkler, als sie gedacht hat. Im Teil des Hauses, der zum Garten führt, sind die Rollläden heruntergelassen, irgendwo brennt das spärliche Licht einer Stehlampe. Alles in diesem Haus wirkt ruhig und gedämpft. Eine Totenklage. Der leichte Geruch eines angebrannten Toastbrotes hängt in der Luft.

»Hallo?«, ruft Susanne Wellmann.

»Wir sind hier hinten. Kommen Sie bitte.« Julia Dahlmanns Stimme, von ihr selbst ist nichts zu sehen.

Susanne Wellmann schließt die Haustür hinter sich und folgt Julias Stimme durch den Flur. In der Küche steht der Toaster auf dem Tisch, daneben ein Messer, Krümel und ein offener Käse, der zurück in den Kühlschrank sollte. Sie ist fast versucht, hier aufzuräumen. Und während sie sich weiter beschämt durch den Flur drückt, fühlt sie sich immer mehr wie ein Eindringling, eine indiskrete Zeugin des spärlichen Versuchs, ein Leben irgendwie fortzuführen.

Hinter der Küche mündet der Flur im Wohnzimmer. Und plötzlich sieht sie Hildegard Dahlmann. Ihr rechter Arm ist geschient und verbunden, ihr Gesicht von Tränen verquollen und um Jahre älter, als sie ist. Sie trägt ein schwarzes Kleid, um den Hals eine Kette mit blauem Stein, wahrscheinlich ein Familienerbstück, ein himmelblauer Halt in ihrer rapide zerfallenden, schwarzen Welt.

»Bitte«, sagt sie und deutet auf einen leeren Sessel ihr gegenüber. Susanne Wellmann setzt sich auf die vorderste Kante des Sessels, den Oberkörper Hildegard Dahlmann zugewandt, ihre Knie, eng aneinandergepresst, zeigen zur Seite. Ihr ganzer Körper ist in sich verdreht und verkrampft, eine Skulptur der ganzen verkorksten Situation.

Schweigen und Leere. Irgendwo das Ticken einer Standuhr aus Glashütte, ein Erbstück von Dahlmanns Eltern, das diese wiederum von ihren Eltern geerbt hatten.

Susanne Wellmann sucht nach Worten, findet nichts außer voreinander fliehenden Gedankenfetzen. Von irgendwo tauchen Bilder der Beerdigung ihres Mannes auf, dazu ein völlig unpassendes Lachen aus dem Bad ihres Hauses in Lichterfelde-West zwischen ihm und Sandra, als sie vier war. Überhaupt fluten seit Tagen nur noch unverfängliche Erinnerungen an Sandras Kindheit ihren Kopf. Die Zeit, als ihre Tochter ein noch nicht von Ideologie vernagelter Teenager war, im kalt-feuchten Herbst draußen schaukelte, ständig erkältet, ständig musste man ihr die Jacke hinterhertragen, sie beide am Küchentisch, wie sie Kastanienmännchen bauen.

Natürlich durchschaut sie sich, misstraut der Idylle aus Blümchenkleidern von H&M, von denen Sandra gar nicht lassen konnte, Sandras Kindheitsvorlieben für Lakritze und Teewurst, kleinen, bescheidenen, spießigen, anschlussfähigen Sentimentalitäten aus einer Zeit, in der die Welt noch am Gartenzaun endete und der Horizont offen war und in eine sonnendurchflutete blaue Zukunft hineinführte. Susanne

Wellmann zwingt sich, andere Erinnerungen zuzulassen. Denn irgendwann wurde die Gartentür geöffnet, irgendwann kamen andere Bücher als *Hanni und Nanni*, irgendwann kam das *Konkret*-Abo, brachte eine andere Sprache mit, andere Freunde und einen immer bewölkteren Himmel über dem Leben von Susanne Wellmann, der sich mehr und mehr zu einer dichten, grauen Wolkendecke zuzog, Depressionen mit sich brachte und Miriam dazu zwang, wieder zu Hause einzuziehen und sich um ihre Mutter zu kümmern, während Sandra mit von Wasserwerfern durchweichten Kleidern und tränengasroten Augen durch die Hamburger Hafenstraße tobte.

Susanne Wellmann schaut Hildegard Dahlmann zum ersten Mal direkt in die Augen. »Ich frag mich, was mein Fehler war.«

Hildegard Dahlmann nickt. Und wartet.

»Und was ist die Antwort?«, sagt sie schließlich.

Susanne Wellmann weicht ihrem Blick aus. Sieht im angrenzenden Esszimmer einen Jungen sitzen. Vor ihm ausgebreitet liegen Schulhefte, Schulbücher und ein paar Stifte auf dem Tisch. Markus, denkt sie.

»Das ist mein Sohn, Benjamin«, sagt Julia. »Er kann zur Zeit nicht zur Schule.«

Susanne Wellmann nickt. Sie schaut Benjamin an und bemüht sich um ein Lächeln. Aber sie hat keins mehr. Ihr Gesicht fühlt sich taub an, voller ausgelaugter Muskeln. Sie starrt auf den Fußball, der vor Benjamin auf dem Tisch liegt, lässt den Kopf sinken und beginnt zu weinen. Alles ist starr und schwer und zerquetscht von einer plötzlich einschießenden Depression.

Als sie ein Rascheln hört, schaut sie auf. Hildegard Dahlmann versucht, ein Taschentuch aus der Verpackung zu ziehen, die vor ihr auf dem Couchtisch liegt, mühsam und ungeübt, weil sie nur ihre linke Hand zur Verfügung hat. Als sie das Tuch endlich herausgezogen hat, versucht sie, es zu entfalten, vergeblich, schüttelt es schließlich auseinander und reicht es Susanne Wellmann über den Couchtisch.

»Danke«, sagt Susanne Wellmann. Sie weint immer noch und will aufhören und kann es nicht und schämt sich dafür, schließlich ist es nicht an ihr zu weinen. »Entschuldigen Sie«, sagt sie, steht auf, das Taschentuch in der Hand, ohne es zu verwenden, und geht zurück in den Flur.

Als sie fast an der Haustür ist, ruft Julia ihr hinterher: »Frau Wellmann!«

Sie bleibt stehen, wendet sich um, fast froh, dass sie zurückgehalten wird, und zugleich unsicher.

Julia ist ihr aus dem Wohnzimmer in den Flur gefolgt und bleibt in großem Abstand zu ihr stehen. »Bitte kommen Sie nicht wieder. Wir haben nicht die Kraft, Sie zu trösten.«

Susanne Wellmann nickt. Sie geht zur Haustür, öffnet sie und schaut sich noch einmal zu Julia um. Im hellen, nahezu gleißenden Licht, das von draußen in die Dunkelheit hereinfällt, wirken Julias braune Haare fast blond, nur einen Tick dunkler als Sandras. Sie ist versucht, zu ihr zu gehen und sie zu umarmen, um sie nach Hause zurückzuholen. Für einen Moment spürt sie die Kraft zurückkehren, Kraft, um ihr wenigstens mit einem Lächeln zu danken, dass sie hier empfangen wurde. Aber Julia wendet sich ab und geht zurück zu ihrer Mutter ins Wohnzimmer.

Im Takt der seit Jahrzehnten gleich tickenden Standuhr geht Sandras Mutter zur Tür hinaus, geblendet. Sie schließt die Tür, und während sie zur Treppe geht, faltet sie das Papiertaschentuch, das sie von Hildegard Dahlmann bekommen hat, sorgfältig zusammen und steckt es ein.

4

Die Tür zum Situationsraum steht offen, Gemurmel, Zigarettenrauch – Vollversammlung sämtlicher am Fall beteiligter Mitarbeiterinnen und Mitarbeiter des BKA. Der Gang davor ist leer und ungewohnt ruhig. Jacobis Laune ist im Keller, denn er hat sich vor einer halben Stunde vom Innenminister dafür anblaffen lassen müssen, dass es dem SEK nicht gelungen ist, die beiden Terroristinnen festzunehmen. Die Nervosität ist groß, denn erste Agenturmeldungen über die misslungene Festnahme im Umspannwerk flirren bereits durch die Gegend, auch wenn sie bislang noch nicht verifiziert werden konnten. Der Pressesprecher des BKA hat alle Hände voll zu tun, die Presse still zu halten. Der Anschlag auf Dahlmann erweise sich, so die Einschätzung des Innenministers, mehr und mehr als eine Wegscheide der noch jungen Berliner Republik. Noch sei unklar, wie sich der Osten innerhalb des Kabinetts positionieren werde, Dahlmann und die Treuhand seien dort zutiefst unbeliebt. Und wenn die Strategie der RAF aufgehen sollte, mit ihrem Attentat auf Dahlmann in der ehemaligen DDR die Meinungsführung zu übernehmen, und Bettina Polheim und Sandra Wellmann statt als Terroristen als Revolutionäre dastünden, drohe eine Situation wie zuletzt in den 1960er Jahren.

Jacobi hat nach dem Gespräch sofort Kawert zu sich bestellt, aber erst fünf Minuten vor der Vollversammlung meldete die Pforte Jacobi dessen Ankunft. Jacobi ist gleich rausgestürzt, um ihn im Gang vor dem Situationsraum abzupassen. Die Vollversammlung muss kurz auf die beiden warten.

»Das SEK hat hervorragende Arbeit geleistet«, sagt Kawert. »Es ist meine Schuld. Ich hab den Schießbefehl zu spät gegeben.«

»Was haben Sie seitdem unternommen?«

»Ich habe den Wagen zur Fahndung ausgeschrieben und lasse alle Depots der RAF überwachen.«

»Sie haben den Schießbefehl nicht gegeben, weil Sie immer noch nicht glauben, dass es die RAF war, die Dahlmann erschossen hat?«

»Ja.«

»Warum nicht?«

»So einen Präzisionsschuss hat die RAF noch nie hinbekommen. Und die ganze Logistik ... Ein einziges Fenster in Dahlmanns Villa ist nicht schusssicher. Und die Täter wissen davon?«

»Hat Stentner die Installationsfirmen inzwischen überprüft?«, fragt Jacobi.

»Der Chef hat ein FDP-Parteibuch, die beiden Lehrlinge sind CDU-Sympathisanten. Deutscher Mittelstand – so weit weg von der RAF wie nur irgend möglich.«

»Hören Sie auf mit Ihren Intuitionen und Ihrer Psychologie. Das hat Ihnen schon in Ihrer eigenen Ehe nichts gebracht. Die Fakten sprechen für die RAF als Täter.«

»Die RAF ist der perfekte Sündenbock. Und die, die sie am besten kennen, sind ihre Ausbilder bei der Stasi.«

»Und wie soll ich mir das vorstellen?«, fragt Jacobi. »Die schnappen sich unter der Dusche in Briesen Gelferts Handtuch, reißen ihm ein Härchen aus, duplizieren seine Fingerabdrücke und platzieren alles schön am Tatort?«

»Ja«, sagt Kawert. »Streichen Sie die Ironie weg, aber genau so.«

»Aber warum? Was ist das Motiv?«

»Ich weiß es nicht. Vielleicht war Dahlmann kurz davor, irgendwelche Quellen trockenzulegen, aus denen sie sich finanziert haben. Vielleicht unwissentlich.«

»›Vielleicht‹.«

»Ich kann nicht sämtliche Akten, die die Treuhand produziert, durchkämmen. Das ist unmöglich.«

»Der Innenminister denkt, ich spinne, wenn ich ihm das sage.«

»Ich weiß.«

»Gehen Sie nach Hause und schlafen sich mal aus.«

»Sagen Sie mir die Wahrheit: Was droht mir wegen der verbockten Festnahme?«, fragt Kawert.

»Wir haben hier eine große Hitze im Haus, das ist Ihnen klar. Aber ich führe mein Amt nicht so, dass ich meinen eigenen Kopf rette, indem ich meine Generäle an die Wand stellen lassen.«

Jacobi eilt in den Situationsraum. In etwa zwanzig Minuten soll er in einer vom Leiter des Kanzleramts anberaumten Videokonferenz der Ministerrunde Rede und Antwort stehen. Er will die letzten Fakten, und er will eine arbeitende und keine vor sich hin murmelnde und qualmende Behörde. Kawert folgt ihm. Und plötzlich ist hier drin alles still, alle Blicke sind auf Kawert gerichtet. Der Weg von der Tür bis nach vorne zum Overheadprojektor ein persönlicher Walk of Shame.

Jacobi wendet sich kurz zu Kawert um, wartet auf ihn. Legt den Arm um seine Schulter und lächelt ihm zu. Kurz tauschen die beiden noch ein paar Worte aus, unhörbar. Eine Geste, wichtiger als jede Rede, und ein Zeichen an alle: Dieser Mann wird nicht geschlachtet, er hat mein Vertrauen und bleibt mein General. Er wird nur dann fallen, wenn ich falle.

In all den Jahren, in denen Kawert Jacobi kennt, hat er eine derartige Geste noch nie erlebt. Er weiß nicht recht, ob ihm das seine Situation leichter oder schwerer macht.

5

Bettina hält. Die Straße vor ihnen schlängelt sich zwischen grau überputzten Fachwerkhäusern hindurch, daneben Bauten aus den fünfziger Jahren, die mit Dachpappe verkleidet sind – ein Kaff mit dreiundzwanzigtausend Einwohnern im geschmacklosesten Teil Deutschlands, dem abgespeckten Gürtel um Kölns eh schon dünne Taille herum.

»Hier ist erst die zweiunddreißig«, sagt Sandra.

»Schau mal da vorne.«

Zwanzig Hausnummern weiter steht ein Umzugswagen. Zwei Männer schleppen ihre Wampen und einen Schrank in das Haus hinein, dirigiert von einer jungen Frau. Trotz langen Selbststudiums von Punkt acht der Anleitung des Färbemittels sind ihre Haare miserabel blondiert, ein flotter Dreier zwischen Orange, Goudagelb und – an den Haarwurzeln – resolut sich meldendem Rotbraun. Die Frau ist schwanger, erstaunlicherweise kein Resultat der bevölkerungstechnisch produktivsten Zeit hier, der närrischen, in der der Kölner und seine Kölnerin bei einem Wasserstand von konstant zwei Komma fünf Promille gerne Masturbation mit Geschlechtsverkehr und im Geifer des Geschlechts mit großem Alaaf und Helau schon mal einen Handschuh mit einem Kondom verwechseln, gefühlsecht und – Whoops! Du hast da was in mir vergessen, Schatzi! – die Resultate produzieren, die Köln so bunt machen.

»Ist das seine Frau?«, fragt Sandra.

»Nein«, sagt Bettina.

»Hat sie was mit ihm zu tun?«

»Ganz bestimmt nicht. Er hat sich abgesetzt.«

»Hast du noch einen anderen Kontakt zur Stasi?«

»Nein«, sagt Bettina. »Nur Damisch. Blöd sind die nicht.«

»Und was machen wir jetzt?«

Bettina lässt den Motor wieder an. »Das, was ich von ihm gelernt habe.«

»Nämlich?«

Bettina setzt rückwärts in die nächste Hauseinfahrt und wendet den Wagen. »Seine Achillesferse durchschneiden.«

»Und was ist seine Achillesferse?«

Bettina fährt zur Bundesstraße, von der sie in dieses Kaff hier abgefahren sind. Sie wirft Sandra einen Blick zu.

»Seine Tochter.«

6

Das Haus gefiel ihnen damals gleich. Ein völlig verkorkster Bau, ein Bungalow, nur halb unterkellert, aber allzu viel in Kellern zu verstauende Vergangenheit hatten sie eh nicht. Sie, Iris Rublack, vierundzwanzig, ein paar schmuddelige Erinnerungen an ihre Ausbildung an der RWTH Aachen, die sie gerne unter dem Altar Karls des Großen zurückließ. Er, Andreas Kawert, zwei Jahre älter, hatte einen sauberen *track record* als Kneipenkicker, die einzige Trophäe, die er damit gewonnen hat – eine zu fette Weihnachtsgans –, hatte ebenfalls keine kellerbedürftigen Spuren hinterlassen. Der Umzug im R 4 war mit zweimal Fahren erledigt, ein Nachmittag, davon eine gemeinsame halbe Stunde unter der tropfenden Dusche, und der Drops war gelutscht.

Kennengelernt hatten sie sich auf einer Fortbildung in Hannover, kriminologisches Institut, seinerzeit eine Koryphäenschmiede, es ging um Leichen, Fliegen und Maden, roch nach schlechtem Aftershave und sehr guten, authentischen Präparaten. Abends in der Lounge des Hostels war sie die Einzige aus der ganzen Meute der Fortzubildenden, die den Pin Shot konnte, auch in Aachen konnte man erstaunlicherweise was fürs Leben lernen. Er gewann im Einzel überraschend knapp gegen sie, weil er ihr immer in den Ausschnitt starren musste, auf ihr Lächeln und die Art, wie sie die Stangen hielt. Später in der Nacht fielen ihr in Zimmer zweihundertsiebzehn ein paar beeindruckende Schmuddeligkeiten ein, Kawerts schüchternes und trotz seines Alters etwas ungeübtes Karlchen erwachte zu beeindruckender konstanter Größe, und wenn man jung ist und verliebt, erträgt man sogar Hannover.

Kawert steigt aus dem Wagen, schließt ab und schlendert auf das Haus zu. Er hat das Erbe seiner Eltern dort hineingesteckt, Iris einen Zuschuss von ihrem Vater bekommen. Der Rest war ein schmaler Kredit einer beglückten Bank – solide Anfinanzierung, sympathisches junges Paar, BKA, verbeamtet, was soll schon schiefgehen. Acht Jahre zwischen Ikea und Antiquitäten der Gehaltsklasse sparsam, vier Jahre Matratze auf dem Boden. Dann vergilbten die Billys, der Keller füllte sich und wurde zu klein, schlafen ging man jetzt fünfzig Zentimeter höher, und warum sollte man einem quietschenden Bettgestell überflüssigen Anlass zum Quietschen geben?

Kurz nach acht, es ist dunkel, die Straßenlaterne spielt Edward Hopper, die Fenster sind hell erleuchtet, die Vorhänge noch dran. Kawert wartet kurz, lauscht an der Tür, hört nichts und klingelt.

Das Haus am Stadtrand von Wiesbaden hatte damals niemand haben wollen. Es war eine erstaunliche Melange aus späten Fünfzigern und frühen Siebzigern, mit Durchreiche und Holzdecken, knallbunten Mosaiksteinen und runden Dachstützen, die mitten im Raum standen, unmotiviert und ständig im Weg. Nierentisch und psychedelisches Gefuddel – ja, es führt ein direkter architektonischer Weg von Irish Coffee mit sehr viel Irish zu LSD.

Kurz bevor der Bewegungsmelder vor der Haustür nichts

mehr zu melden hat, weil Kawert starr vor sich hin grübelt, in Erinnerungen versackt, und das Licht ausgeht, öffnet sich die Tür. Iris. Die Haare zurückgebunden, weil sie am Packen ist. Hinten leise Musik aus dem Radio, Jonas pfeift mit, scheiß David Bowie, scheiß Major Tom. Kawert hasst ihn, Iris liebt ihn. Eine Idylle, nur ich bin draußen. Und dann ihr Lächeln.

»Hotel abgebrannt?«, fragt sie.

Hinter ihr sieht Kawert eine Levi's, die entschieden zu tief, und darunter eine Boxershorts, die sehr hoch sitzt. Jonas trägt eine Umzugskiste aus dem Gästezimmer neben der Küche in den Flur, bemerkt Kawert nicht, grüßt Ground Control irgendwo zwischen einer Quarte und einer Quinte höher als Bowie, sein Englisch ist schwer hessisch eingefärbt, eine Feier der Diversität.

»Ich glaube, ich ...«, sagt Kawert und weicht zurück, eine Scheißidee, hierherzukommen, geboren in einem Moment der Verwundbarkeit vorhin, als das BKA ihn in eine melancholisch sternenfunkelnde Nacht entlassen hat, die schon an der Pforte nach einer ungehörigen Promillezahl aussah.

Aber Iris unterbricht ihn: »Komm«, sagt sie und zieht ihn mit sich in den Flur.

Drinnen herrscht Chaos. Offene Umzugskartons stehen auf bereits geschlossenen Kisten, die Schränke und die Regale sind halb ausgeräumt, ein auseinanderdividiertes, in Kartons verschwindendes gemeinsames Leben, weit mehr, als in einen R 4 an einem halben Nachmittag passt.

»Ist gut, dass du kommst«, sagt Iris, zieht ihn ins Wohnzimmer und zeigt ihm einen Spießertraum von Glaskaraffe. »Schau mal hier, haben wir das von deiner Mutter oder von meiner?«

Zwei Mütter, zwei Kontinente. Margot Rublack, Iris' Mutter, Sekretärin der Friedrich-Engels-Realschule, glücklich verwitwet, schwebte ihr ganzes Singleleben lang durch die

Wuppertaler Kulturszene, bauschte sich vor ihrem Schwiegersohn in spe mit ihrer Pina auf, knabberte bei ihren Kantinenbesuchen mittags im Theater Salat mit extra viel lecker Essig, quatschte mit Choreographen und Zeugmeistern, investierte ihren Jahresurlaub und die Hälfte ihrer Witwenrente in ein Leben als Groupie des Ausdruckstanzes, Japantournee, USA, durfte Merce Cunningham Hallo sagen und schneiderte sich ihr Kleid für einen Empfang bei John Neumeier in Hamburg auf der Singer selbst. Iris liebte ihre Mutter, hasste Tanzen, liebte Fußball und Pommes rotweiß, hasste die Tänzerinnen, die ein Drittel von dem wogen, was Iris auf die Waage brachte und für die Kleidergröße zweiunddreißig fast ein noch größerer GAU war als die Waganowa-Schule. Margot Rublack wiederum liebte ihren Schwiegersohn sehr, vom ersten Moment an, als ihre Tochter mit ihm über die Wupper in ihre Drei-Zimmer-Wohnung hineinschwebte. Ruhig fand sie ihn, gelassen und geerdet. Ein bisschen wie den Rektor ihrer Schule, in den sie ein bisschen verknallt war, nur leider fand sie »eine verschossene Schabracke Ende fünfzig« (O-Ton Margot Rublack über Margot Rublack) irgendwie so ein bisschen lächerlich, und deshalb wurden bestimmte Fässer in Margots Leben lieber nicht mehr aufgemacht und blieben süße Erinnerungen einer liebenden Witwe. Andreas, fand sie, wäre der Mann, der sich von der doch sehr stacheligen und sorgfältig polierten Krone ihrer Aachener Prinzessin nicht allzu sehr pieksen lassen würde.

Erika Kawert dagegen war unglücklich verwitwet, seit Kawert denken kann, davor unglücklich verheiratet und davor wiederum unglücklich geschwängert in einem sehr kurzen, für Kawerts Vater sehr glücklichen Moment, der für den Rest des gemeinsamen Lebens reichen musste. Eine Frau, die den Fernseher mehr liebte als ihr eigenes Leben. Professoren im sehr grünen Glottertal und sehr weiße Traumschiffsreisen auf sehr blauen Meeren, die keine Wellen kannten: Fernsehen mit bescheidenen Turbulenzen, großen Gefühlen und gutaussehenden Männern mit freiem Oberkörper beim Deckputzen. Kawerts Mutter trug seit ihrem fünfunddreißigsten Geburtstag eine Brille aus Messing, weil Messing in ihren Augen wie Gold aussah. In späteren Jahren, die bei ihr Ende dreißig begannen, versteckte sie sich unter Erika-Pluhar-Perücken, Spiegel wurden gemieden.

Drei Monate vor der Hochzeit brachte Kawert seine Mutter nach Wuppertal, damit sie seine künftige Schwiegermutter kennenlernen konnte. Die beiden Frauen, in etwa gleich alt, versuchten ein Gespräch von Kontinent zu Kontinent, zwei Sprachen ohne semantischen Minimalkonsens, zwei Leben ohne Berührungspunkte. Als Kawerts Mutter die Fotos der Tänzerinnen und Tänzer mit den Autogrammen sah, die an den Wänden der Wohnung von Iris' Mutter hingen, schwärmte sie vom NDR-Fernsehballett und wie die Tänzerinnen es hinbekamen, dass sie nie mit Cellulite zu kämpfen hatten und dass ihre Brüste bei den bunten Sendungen von Dieter Thomas Heck nicht allzu sehr hüpften. Sechs Wochen später war Erika Kawert – die ihre Diabetes ihr Leben lang nicht richtig in den Griff bekommen hatte – tot. Kawert hatte keine weitere Familie, seine beiden Eltern waren wie er selbst Einzelkinder.

Die Hochzeit von Andreas und Iris wurde zu einer Rublack-Veranstaltung mit großer Familie und Freunden, die sich alle Mühe gaben, dass Kawert sich nicht fremd auf der eigenen Feier fühlte. Als er zwei Wochen später die Wohnung seiner Mutter auflöste, fand er eine Karaffe aus Kristallglas, teuer und geschmacklos. Sie hätte sein Hochzeitsgeschenk sein sollen, seine Mutter hatte die Karaffe unmittelbar nach ihrem Besuch in Wuppertal gekauft, weil sie in ihren Augen wertvoll und nach besseren Kreisen aussah.

Neben der Karaffe stehen vier Kristallgläser, passend zur Karaffe.

»Die sind von meiner Mutter«, sagt Kawert.

»Deshalb hab ich das verdrängt«, sagt Iris und lächelt. »Ich möchte das nicht behalten. Willst du sie mitnehmen, dann pack ich sie dir ein?«

Kawert nimmt eines der Gläser und schaut es an. Das Glas ist schlecht geschliffen, und er sieht seine Mutter, die immer ein Taschentuch parat hatte, wenn sie aus derartigen Gläsern nippte, um ihren Lippenstift gleich abzuwischen. Und die alle Viertelstunde im Bad verschwand, um den Lippenstift nachzuziehen. Kawert wirft das Glas in einen Müllsack, die anderen drei Gläser hinterher. Ein letzter Blick auf die Karaffe, die eingestaubt und matt ist, ein etwas trüb gewordenes, neun Jahre altes Glas, sehr wahrscheinlich doch nicht Kristall, seine Mutter hat sich bescheißen lassen. Und er wirft die Karaffe in den Müllsack zu den Gläsern. Klirren und Scherben und das war es dann mit dem Symbol der Ewigkeit.

Iris schaut Kawert an. Es gibt niemanden auf der Welt, der oder die ihn jemals annähernd so gut gekannt hätte wie sie.

»Ich komme gleich«, sagt Iris und geht in den Flur, wo Kawert sie mit Jonas tuscheln hört.

Er will nicht hören, was die beiden sich zu sagen haben, und schaut sich bei den Umzugskartons um. Das Meiste ist bereits eingepackt, der Raum ist schon halb ausgeräumt. Bereits verschlossene Kartons stehen neben einem Haufen von offenen Bananenkisten. In einer von ihnen liegt eine kleine Schneekugel mit Eiffelturm, ein Mitbringsel aus Paris. Kawert schüttelt die Kugel, und es dauert lange, bis der Schnee sich um den Eiffelturm herum wieder gesetzt hat. Ja, eine Geschmacklosigkeit, schlimmer noch als das Pressglas seiner Mutter. Aber Kawert erinnert sich gut: Sie waren damals im April auf Hochzeitsreise nach Paris gefahren, ein April, der eigentlich schon den Sommer ankündigte. Dann hat es zu schneien begonnen, eine halbe Stunde wie ein Wirbel von Kirschblütenblättern im Wind, deplatziert und sehr, sehr schön. Iris hatte die Schneekugel mit dem Eiffelturm in einem Souvenirladen entdeckt und ihm geschenkt. Ein paar Jahre später dann der Song von Prince. »Sometimes It Snows In April«. Der Song ihrer Ehe, ein paar Jahre zu spät, aber immer noch das einzige Lied, bei dem Kawert hemmungslos zu heulen anfangen konnte. Schönheit und Melancholie, warum genau ist gerade dieses Lied der Soundtrack meiner Ehe?, hat er sich oft gefragt.

Er hört die Tür, Jonas geht. Kawert schüttelt nochmals die Schneekugel.

Iris kommt zu ihm, schaut dem Schnee zu und lächelt. »Diese blöde Mona Lisa im Louvre«, sagt sie, »weißt du noch?«

Oh ja …

»Sieht scheiße aus und ist so was von überbewertet!«

Iris nimmt die Schneekugel und wirft sie zu den Gläsern in die Mülltüte.

»Das war meine«, sagt Kawert.

»Da täuscht dich deine Erinnerung«, sagt Iris. »Das war unsere.«

Irgendwo hinten im Haus, wahrscheinlich in der Küche, surft das Radio weiter auf der Nostalgiewelle. Abba. Immer schon peinlich. »Knowing Me Knowing You«. Schmalz aus der Vergangenheit. Iris' Glitzertop in der Diskoära. Ironie und tiefere Bedeutung, du und ich, und wir schmalzen uns an. Aha. Heute kennt die Welt »Clubs«, kein Mensch spricht mehr von »Diskos«. Ich werde alt, denkt Kawert. Und wieder: »Knowing me, knowing you. Aha.«

Kawert zieht Iris zu sich und küsst sie. Kurz will sie ihn von sich wegdrücken, dann lässt sie den Kuss geschehen, legt ihre Arme um ihn, und die Welt glitzert wieder in den Farben einer Diskokugel in Hannover, der Eiffelturm wird eingeschneit, eine Zeit, die nur die Gegenwart kannte, und wir konnten uns nicht verlieren, unmöglich.

7

Bettina parkt den Wagen etwas abseits der Schule. Um diese Zeit sind die Parkplätze und die Straßen hier leer. Vor einer Stunde ist der Volkshochschulkurs, der im Erdgeschoss abgehalten wird, gegangen, und auch der Volleyballverein hat die Schule verlassen, denn um zehn Uhr nachts macht der Hausmeister endgültig alles dicht.

Das Gebäude am einfamilienhausbesiedelten Stadtrand von Köln ist für die Gegend unverhältnismäßig groß. Aber die Ganztagsschule für eintausendvierhundert Schülerinnen und Schüler liegt unweit der Endhaltestelle der S-Bahn – eine Erziehungsanstalt für Pendler aus den umliegenden Dörfern und kleinen Städten.

Bettina und Sandra gehen zum Haupteingang. In drei Fenstern der ersten Etage brennt Licht, das Flackern von Fernsehbildern, aber es ist nichts zu hören.

»Das ist die Hausmeisterwohnung«, sagt Bettina. »Behalt sie im Blick.«

Während Sandra aus der Dunkelheit hinauf in die drei erleuchteten Fenster schaut, schnappt Bettina sich einen Stein, wickelt ihn in ihre Jacke und schlägt eine Tür ein. Das Splittern des Glases, herabfallende Scherben, aber da oben tut sich nichts.

»Komm«, flüstert Bettina aus dem Inneren der Schule, und Sandra folgt ihr.

»Was ist, wenn der uns gehört hat?«, fragt Sandra.

»Hat er nicht«, sagt Bettina. »Das Gebäude ist riesig.«

Die beiden gehen in die Haupthalle. Abgesehen vom spärlichen Notlicht oberhalb der Feuertüren sind die Gänge völlig dunkel. Vor dem Lehrerzimmer bleibt sie stehen, zieht ihre Pistole aus der Jacke und reicht sie Sandra.

»Du wartest hier und passt auf, falls der Hausmeister einen Rundgang macht.«

Sie bricht die Tür des Lehrerzimmers auf und geht hinein. Lehrerschreibtische, Schränke, ein Regal, eine Kaffeemaschine. Sie öffnet einen Aktenschrank an der Seite des Raums. Alphabetisch geordnet werden hier die Akten von eintausendvierhundert Schülerinnen und Schülern aufbewahrt. Bettina wühlt sich durch die Hängeordner unter »D«. Schließlich findet sie, was sie sucht: »Damisch, Jana«. Damischs Tochter. Sie setzt sich mit der Akte an einen der Schreibtische, schaltet die Schreibtischlampe an und sucht nach der neuen Adresse von Jana und ihrem Vater.

Zwei aufgebrochene und angelehnte Türen weiter wartet Sandra, Bettinas Pistole in der Hand. Plötzlich hört sie Schritte und schaut sich um. In einem der Gänge sieht sie den schwachen Lichtkegel einer Taschenlampe. So schnell und so leise sie kann, eilt sie dem Licht entgegen. Wer auch immer da rumläuft, er wird gleich um die Ecke kommen und sie entdecken. Sandra versteckt sich hinter einer Reihe von Metallspinden und wartet. Ein schwerfälliges Schlurfen über den Boden, der Mann wird übergewichtig und nicht mehr ganz jung sein. Wahrscheinlich hat der Hausmeister doch was gehört.

Sandra entsichert ihre Waffe, hebt sie auf Kopfhöhe. Das Licht wird heller, offenbar eine starke Stablampe, sie muss aufpassen, dass er ihr nicht ins Gesicht leuchtet, wenn sie ihn sich schnappt. Der Hausmeister ist jetzt direkt neben ihr, bemerkt sie aber nicht und folgt dem Schein seiner Lampe in Richtung des Lehrerzimmers. Sandra lässt ihm noch einen Schritt, dann tritt sie hinter dem Metallspind hervor und drückt ihm die Pistole von hinten an den Nacken.

»Bleiben Sie stehen.«

Der Hausmeister will sich intuitiv zu ihr umdrehen.

»Nehmen Sie die Lampe runter und sagen Sie nichts, oder Sie sind tot. Wenn Sie weglaufen, schieße ich auch. Ist das klar? Wenn Sie mich verstanden haben, nicken Sie.«

Er nickt.

»Machen Sie Ihre Lampe aus und drehen Sie sich um.«

Der Hausmeister gehorcht ihr und dreht sich um. Sandra lässt ihn ihr Gesicht sehen. Er scheint sie zu erkennen, die Fahndungsaufrufe zeigen ihre Wirkung.

»Gehen Sie langsam zurück.«

Und wieder gehorcht er ihr. Die Waffe auf seinen Kopf gerichtet, geht Sandra neben ihm zu einer Tür am Ende des Gangs.

»Früher oder später wird das BKA hier auftauchen«, sagt Sandra. »Ich möchte, dass Sie sich einen Namen merken: Kawert. Haben Sie mich verstanden? Kawert.«

Der Hausmeister nickt.

»Sagen Sie ihm, dass Dahlmann nicht von der RAF erschossen wurde. Die RAF wollte es tun, aber sie hat es nicht getan. Ich weiß nicht, wer es war, aber ich glaube, dass die Stasi dahintersteckt. Verstanden?«

Und wieder nickt der Hausmeister. Sandra lässt ihn wiederholen, was sie gesagt hat. Sie muss ihn zweimal verbessern, bis sie sicher ist, dass er es richtig wiedergeben wird.

»Geben Sie mir Ihren Schlüssel.«

Der Hausmeister greift in seine Jacke, zieht den Generalschlüssel heraus und reicht ihn Sandra. Sie schließt die Tür auf, die zu einem Putzraum führt.

»Gehen Sie da rein!«

Der Hausmeister gehorcht ihr.

»Wenn Sie das Licht anmachen oder rufen, sind wir beide tot.«

Der Hausmeister nickt.

»Haben Sie eine Uhr?«

»Ja.«

»Warten Sie bis morgen früh. Die Putzfrauen werden Sie finden. Und dann können Sie hier raus und die Polizei holen. Vorher nicht. Ist das klar?«

»Ja.«

Sandra macht die Tür zum Putzraum zu, schließt ab und legt den Schlüssel an die Scheuerleiste neben der Tür. Sie sichert die Pistole und eilt den Gang zurück, wieder so schnell und so leise sie kann. Als sie um die Ecke kommt, steht plötzlich Bettina vor ihr.

»Wo warst du?«, fragt sie.

»Ich dachte, ich hätte was gehört. Aber da war nichts.«

Bettina schaut Sandra misstrauisch an. Irgendwas ist komisch, aber sie kennt Sandra nicht gut genug, um zu verstehen, was es ist.

»Hast du die Adresse?«, fragt Sandra.

Bettina lässt sich ihre Waffe zurückgeben. »Komm, raus hier«, sagt sie.

8

Das Schlafzimmer liegt nach hinten raus, auf der der Straße abgewandten Seite des Hauses. Immer, wenn sie morgens aufwachte, schaute sie in die Bäume der umliegenden Gärten; von Nachbarhäusern war nichts zu sehen, von Autos nichts zu hören. Iris Kawert hat diese Idylle aus Garten, Menschenleere und Vogelgezwitscher immer geliebt. Wenn sie am frühen Abend nach Hause kam und sich in ihren Garten setzte, waren ihre Leichen und Einschüsse und Bomben vergessen. Ein Springbrunnen aus dem Baumarkt. Ein Grill. Später ein Hochdruckreiniger für die immer stärker vermoosenden Terrassenplatten. Iris hat sich selbst über ihre zutiefst ironische Neigung zur Vorstadtnormalität mit Glottertal und Dallas im Fernsehen, die sie mit ihrer Schwiegermutter teilte, amüsiert. Eine Neigung, die sie mit den zehn Arbeitsstunden täglich rechtfertigte, in denen permanent behauptet wurde, der Mensch sei des Menschen Wolf.

Wie immer im Frühjahr wurde sie vom Vogel-Terror kurz nach Sonnenaufgang geweckt, das Fenster stand offen, sie fror nackt unter ihrer Decke. Andreas Kawert neben ihr war noch im Tiefschlaf. Eine Viertelstunde grübelte sie darüber, ob es ihr schwerer fiel, dieses Haus zu verlassen, als ihren Noch-Ehemann. Ob sie ihn möglicherweise früher verlassen hätte, wenn es dieses Haus und den Geruch nach Rasen nicht gäbe. Nach dieser Viertelstunde war die Frage gründlich behandelt und zu ihrem Leidwesen mit »Nein« beantwortet. Dann fiel ihr auf, dass sie nicht ein Mal an Jonas gedacht hatte, und das Schuldgefühl rieselte in sie ein. Zum Glück begann Andreas neben ihr zu schnarchen, und es fiel ihr wieder etwas leichter, all das in sich wachzurufen, was sie an ihm scheiße fand.

Sie stand auf, überlegte kurz, sich anzuziehen und zu Jonas zu fahren. Dann verharrte sie im Wohnzimmer zwischen den Umzugskisten, ihre Kleidung in der Hand. Draußen das Licht des frühen Morgens und der Klang jahrelanger Vertrautheit. Die Kaffeemaschine hatte sie für ihn dagelassen, Kaffee in den Filter und dann das viel zu lange Gluckern. Monatelang hatte sie sich geärgert, dass Andreas diese scheiß Kaffeemaschine nicht wenigstens ein Mal entkalken konnte. Nein, sie selbst hat es aber auch nicht getan.

Dann setzte sie sich mit dem Kaffee und einer Zigarette auf die Terrasse, eingewickelt in ein Hemd von Andreas. Endlich schien der Frühling durchzubrechen, das Ende eines ewig grauen Winters. Ein herrliches Symbol für einen Neuanfang. Dummerweise war sie in einem Bett aufgewacht, in dem sie nicht mehr hatte aufwachen wollen. Ein kleiner Abschiedsfick ein paar Stunden zuvor, und schon war sie sentimental und hatte nicht mal mehr eine Zahnbürste hier.

Ein zweiter Kaffee, eine dritte Zigarette, die Decke aus der Umzugskiste im Wohnzimmer wieder rausgezogen, die Decke aus Schottland. Das Hemd riecht nach Andreas, die Decke riecht nach Andreas, mein Leben riecht nach Andreas. Und alles fühlt sich kompliziert und nach Schuld an. Drüben bei Henslers im Garten jagen sich zwei Eichhörnchen den Baum hoch. Die erste Sonne beginnt, Wärme zu suggerieren.

Im Wohnzimmer klingelt das Telefon, eher ein Surren als ein Klingeln, Iris hat es leiser gestellt und sich vorgenommen, es wieder laut zu stellen, bevor sie das Haus endgültig verlässt; Andreas würde so etwas nicht bemerken und zig Anrufe verpassen.

Sie eilt hin. Wahrscheinlich ist es Jonas. Ein scheiß Gespräch vor dem Frühstück, aber ich bin erwachsen, einfach klingeln lassen geht auch nicht mehr.

»Ja?«

»Hier ist Marion. Weißt du, wo Andreas ist? Ich erreiche ihn nicht im Hotel.«

Iris kennt Marion Burckhardt seit Ewigkeiten. Vor ein paar Jahren waren sie abends manchmal zusammen aus. Als Iris' Ehe schwieriger wurde und sie eine Affäre mit Jonas begann, zog Marion sich zurück, denn sie war überfordert damit, sich zu entscheiden, auf wessen Seite sie in diesem Konflikt stehen sollte.

»Bist du eine Frau, die ein Geheimnis für sich behalten kann?«, fragt Iris.

»Eher nicht«, sagt Marion.

»Gut. Dann leg ich jetzt auf, telefonier ein bisschen rum, und wenn ich ihn finde, sag ich ihm, dass er dich sofort anrufen soll. Okay?«

»Wie geht es ihm?«, fragt Marion.

»Besser. Aber irgendwie hab ich heute Morgen den Blues«, sagt Iris. »Er schläft noch. Gib ihm fünf Minuten.«

»Gut. Sag ihm, ich bin in einer Schule in der Nähe von Köln. Sandra Wellmann und Bettina Polheim sind gestern Nacht hier eingebrochen.«

»In eine Schule?«

»Ja. Sandra Wellmann hat mit dem Hausmeister gesprochen und eine Nachricht für deinen Mann hinterlassen. Sag ihm, er soll sich beeilen.«

9

Das neue Leben, zweite Auflage. Damisch fährt an endlosen Reihenhäusern entlang, dann in die dritte Stichstraße, dann links in den Gimpelweg, zur 67 A. Buxbaumhecken, Klinker, Ton in Ton mit den Cordjacketts und den Lederschuhimitaten, das Verschwinden im Normalen als Lebensprogramm. Wie schön lebt es sich als Sandkorn unter Sandkörnern.

Er parkt den Wagen – gebraucht gekauft, bar bezahlt und mit dem ästhetischen Charme von Raumparfüm – vor dem Haus, steigt aus und geht zur Hintertür. Er hilft seiner Tochter mit dem Sicherheitsgurt, in dem sie sich mit ihrem Schulranzen verfangen hat, und reicht ihr den Hausschlüssel.

Er hat Jana von ihrer neuen Schule abgeholt, einhundertvierunddreißig Kilometer westlich von ihrer alten. Sie kennt dort niemanden, soll auch niemanden kennen. Einmal mehr musste ihr Vater ihre Wurzeln kappen, tatsächlich schon zum fünften Mal in ihrem sechsjährigen Leben. Die Hälfte davon hat sie in Dresden mit Blick auf Körners Gartenhäuschen und das Blaue Wunder verbracht, eine weltwunderliche Stahlbrückenkonstruktion über eine träge vor sich hin dösende Elbe.

Janas Mutter, Damischs zweite Frau – zweiundzwanzig Jahre jünger als er und Sekretärin im MfS oben am Waldschlösschen mit dem provozierenden Canaletto-Blick –, war eine labile Frau mit Sehnsucht nach stabilen Antagonismen gewesen. Als die Wende die D-Mark brachte und die Aktenschredder und die Invasion kaufkräftiger Wessis, begann eine tief dunkelrote Depression Janas Mutter zu erfassen. Und als die abziehenden Russen ihre Kalaschnikows und Fellmützen mit den roten Sternen im Großen Garten verscherbelten, begrub Janas Mutter ihr zweiunddreißigjähriges Herz an der Biegung des Flusses. Den Hals legte sie vorher in eine Seilschlinge mit dilettantischem Doppelknoten, sprang vom Blauen Wunder in Richtung des zweitdeutschesten aller Flüsse und röchelte kurz um Luft und Erlösung.

Jana, an der Hand ihres Papas, drei Jahre alt, verlor in diesem Moment ihre Naivität und bekam einen ersten Begriff von »Notwendigkeit« als Kompositum aus »Not« und »Wende«. Dann Wohnungsauflösung, dann Berlin, dann Köln und schließlich Bonn, Gimpelweg 67 A.

Damisch nimmt den Einkaufskorb und zwei Plastiktüten aus dem Kofferraum und folgt Jana ins Haus. Im Flur, gleich neben dem Eingang, hat seine Tochter ihren Schulranzen fallen gelassen.

»Mensch Jana, hier ist genug Chaos!«, ruft er ins Haus hinein.

Es stimmt: Der Umzug liegt noch nicht lange zurück, der Flur ist vollgestellt mit Kartons, Koffern und zwei Ikea-Paketen. In der Küche stellt Damisch die Tüten auf den Boden neben den Kühlschrank und den Korb auf den Tisch. Er zieht eine Flasche Orangensaft heraus, öffnet sie und trinkt. Sein Blick fällt auf Janas Schulranzen. Irgendwas ist eigenartig. Damisch stellt die Flasche ab und geht zurück in den Flur.

»Jana?«

Keine Antwort, wieder nicht. Er bemerkt, dass die Terrassentür offen ist, und dann sieht er sie: Jana sitzt wie versteinert im Sessel. Ihr gegenüber auf dem Sofa sitzen Bettina Polheim und Sandra Wellmann.

Bettina lächelt, als sie Damisch sieht. »Harald!« Sie deutet auf die Terrassentür. »Wollen wir eine rauchen?«

Damisch schaut seine Tochter an. »Kannst du den Einkauf

einräumen?« Er geht zu ihr und beugt sich zu ihr runter, denn vor Angst rührt sich das Mädchen kein bisschen. »Das Eis ist ganz unten.«

Aber trotz seines Lächelns keine Reaktion.

Damisch legt seine Hand zwischen ihre Schulterblätter und drückt sie fast aus dem Sessel. »Lass uns bitte allein!«

Sein Ton ist eindringlich, fast flehend. Er ist der Einzige, den das Mädchen hat. Seine Eltern leben schon lange nicht mehr, seine Schwiegereltern ebenfalls nicht, und seine Schwägerin will mit ihm seit Jahren nichts zu tun haben, weil sie Damisch die Schuld am Selbstmord ihrer Schwester gibt.

Das Mädchen steht auf und geht in die Küche, staksig, leer und weit weg von sich selbst.

»Bitte«, sagt Damisch zu Sandra und Bettina und deutet auf die offene Terrassentür.

Alles ist ihm recht, um die beiden aus dem Haus zu bekommen, weg von seiner Tochter, jeder Meter mehr ist ein Geschenk für ihn. Es ist ihm ein Rätsel, wie sie ihn gefunden haben. Er hat sämtliche Spuren verwischt, so gut er konnte. Dass die neue Adresse seiner Tochter in ihrer alten Schule vermerkt wurde, weil ihre Lehrerin sie unbedingt zum nächsten Klassenfest einladen wollte, hat Damisch nicht wissen können.

Die Terrasse ist leer, die Gartenmöbel stecken noch in den Ikea-Kartons im Flur. Bettina lehnt sich an eine Steinmauer, die die Terrasse zu den Nachbarn hin abgrenzt. Die umliegenden Gärten sind leer, die Gartenmöbel der Nachbarn abgedeckt. Der Garten ist klein und schmal und läuft auf eine Hecke zu, die bereits zu blühen beginnt. Dahinter stehen ineinander verschachtelt vier sechsstöckige Häuser, die Balkons blicken alle in den Garten, Intimität geht anders.

»Wir brauchen Pässe und Geld«, sagt Bettina zu Damisch.

»Ich hab dir gesagt: Gelfert ist das letzte Mal. Mehr geht nicht.«

»Das BKA kennt unsere Depots«, sagt Bettina. »Ich komme an nichts mehr ran. Ich habe noch genau dreihundertundsechsundsiebzig Mark. Ich kann mich von einem rumänischen Zöllner über die grüne Grenze ficken lassen. Und dann?«

»Wo wollt ihr hin?«

»Egal. Bring uns hier raus.«

»Ich hab keine Kontakte mehr. Alle gehen in Deckung. Ich kann mein Konto abräumen – viertausend mit Dispo. Du kannst mir die Knarre an die Schläfe halten oder meiner Tochter. Aber was soll ich machen? Ihr Sparschwein knacken? Vielleicht sind da zufällig noch zwei Pässe drin.«

»Warum sind Sie aus ihrem alten Haus abgehauen?«, fragt Sandra. Sie steht etwas abseits, nicht zu nahe an Bettina und Damisch. Bettina hat ihr eingeschärft, ihm fern zu bleiben, sich nicht einlullen zu lassen und sich auch nicht zu nahe neben sie zu stellen. Damisch steht mit dem Rücken zur Wand und würde alles tun, um seine Tochter zu schützen. Dieser Mann im Cordjackett ist gefährlich, unauffällig und normal auszusehen ist seine Masche.

»Warum?«, sagt Damisch. »Um genau diesem Scheiß hier aus dem Weg zu gehen.« Er nimmt einen Zug von der Zigarette. »Wir hatten mal was miteinander. In Briesen«, sagt er zu Sandra und blickt dabei auf Bettina. »Du warst immer schon ein Kämpfer. Glaub mir, ich würde dir helfen.«

»Hat die Stasi Dahlmann erschossen?«, fragt Sandra.

»Was?«, sagt Damisch. »Quatsch. Wir waren das nicht.«

»Wir auch nicht«, sagt Bettina.

»Vielleicht hat Lars dich verarscht? Vielleicht war es eine andere Gruppe von euch? Du kennst auch nicht jeden, der da draußen rumhirscht.«

»Wir wollten ihn erschießen«, sagt Bettina. »Wir haben es aber nicht hingekriegt. Die Stasi erschießt ihn, alle denken, wir waren es, und ihr seid aus dem Schneider. Ist doch perfekt.«

»Wäre es«, sagt Damisch und lächelt. »Aber nur, wenn ihr tot wärt. Weiß ja niemand, ob ihr nicht noch ein paar Lieder aus Briesen kennt.«

»Wer hat Dahlmann erschossen?«, fragt Bettina. »Und warum?«

»Und wenn du es weißt? Meinst du, von dem kriegst du Pässe und Geld?«

»Ich sag dir mal was über dich«, unterbricht Bettina ihn. »Wenn du Angst hast, fängst du an zu babbeln.«

Stimmt.

»Deine Kollegen haben sich einen Idioten gesucht, der uns sein Gesicht zeigt. Mehr warst du nicht.«

Auch das stimmt.

»Und was hast du dafür gekriegt? Am FKK-Strand in Travemünde deinen Schwanz auspacken und bisschen mit mir fummeln. Und mit Sabine. Und mit Eva. Und jetzt? Sitzt du da und quatschst und quatschst und quatschst.«

Damisch nimmt den letzten Zug von seiner Zigarette, lässt die Kippe auf den Boden fallen und tritt sie aus. Er weiß, er muss was tun, aber seine Karten geben nichts mehr her. Er ist müde vom Weglaufen und Verstecken. Vielleicht wäre doch Chile die bessere Wahl gewesen, damals vor drei Jahren, als die Alarmmeldungen eintrudelten, die Berichte über die Spinner in der Nicolaikirche – Kerzen, Löckchen, Singsang und weichgespülte, provozierend sanfte Stimmen zum Reinschlagen. Um Damisch herum wuchsen die Stapel mit Versetzungsanträgen ins sozialistische Ausland. Vielleicht hätte es auch Afrika getan. Doch Damisch fuhr von Briesen zurück nach Dresden.

Seine Frau wurde immer depressiver, schrillere Töne, aggressiv, überspitzt und hysterisch, ein Leben fuhr gegen die Wand wie der ganze Staat. Obwohl sie noch jung war, glaubte sie an keinen Neubeginn. Man wird uns jagen. Drei, vier Jahre haben wir unsere Ruhe, dann haben die die Archive durchgepflügt und finden uns alle. Exekutieren werden die uns, vielleicht nicht an die Wand stellen, aber uns aufschlitzen und langsam ausbluten lassen. Wir waren diejenigen, die diesen Staat geschützt haben, Guck und Horch, haha, es wird kein neues Leben geben für uns.

Damisch konnte sie nicht mehr erreichen, beerdigte sie auf dem Weißen Hirschen, wo ihre Familie herkam. Er nahm Janas Hand, drei Koffer und ging im Vertrauen, keine Spuren zu hinterlassen. Seine Personalakte hat er selbst geschreddert und verbrannt. Chile? Im Tross der Ausgewanderten, die sich irgendwo im Urwald an Marx' Geburtstag trafen, um die Internationale zu trällern? Nicht Damischs Weg. Er hatte eine Tochter und wollte einen Neuanfang. Für sie. Ihr Leben durfte nicht den Bach runtergehen, sie hielt ihn am Leben, möglicherweise wäre er sonst seiner Frau gefolgt – müde, desillusioniert, ziellos, zahnlos, am Ende.

Damisch tritt nochmal auf die Zigarettenkippe. Er kann das Handtuch nicht werfen. Nicht jetzt. Da drin, drei Zimmer weiter, packt Jana den Einkauf in den Kühlschrank. Milch. Butter. Käse. Es ist alles so einfach. Ein Brot. Ein Wasser. Ich brauche nicht viel. Ich will meine Tochter aufwachsen sehen. Ich will ihr sagen, wer ihre Mutter war, wer ich war, was wir wollten, was der Staat war, für den wir gelebt haben. In zwanzig Jahren oder so. Sie wird ihre Ausbildung beendet und ihren eigenen Weg begonnen haben. Sie wird stark genug sein, um ihr Leben ohne ihre Eltern zu leben. Aber jetzt? Ich brauche Zeit. Ich brauche nichts mehr als Zeit. Das ist alles.

»Wer und warum?«, fragt Bettina.

Damisch schaut von der Zigarettenkippe zu ihr auf.

»Sag mir die Wahrheit. Sonst geh ich da rein und hol mir auch ein Eis.« Bettina zieht ihre Waffe und entsichert sie.

»Wenn ich was sage, bin ich tot«, sagt Damisch.

»Wenn du nichts sagst, bist du tot«, sagt Bettina.

Damisch steht auf. »Mein Vater wurde in Stalingrad von seinen eigenen Kameraden aufgefressen«, sagt er. »Alles, was ich in meinem Leben wollte, war ein Staat, der mit dem Faschismus endgültig Schluss macht. Und jetzt? Soll ich mich von meinen eigenen Kameraden auffressen lassen?«

»Mein Vater hat sich von seiner Kirchentagsideologie auffressen lassen. Schwerter zu Pflugscharen. Und Müsli fressen, bis dieses ganze Land so was von braun zugekackt wurde. Wer hier unter Beschuss steht, sind wir und nicht du! Unser Leben ist im Arsch und nicht deins!«, bricht es aus Sandra raus.

»Wer und warum, dann sind wir weg«, sagt Bettina. »Niemand erfährt, dass wir es von dir wissen, und du gehst da rein und isst dein Eis.«

Damisch kennt Bettina. Auch sie steht mit dem Rücken zur Wand. Aber sie hat eine Pistole. Und er ist nackt und verwundbar, unbewaffnet. Seine Tochter kann jeden Moment herauskommen. Es gibt niemanden, der ihm hier raushilft. Dead end.

»Der Auftrag kam von Andreas Niedeck. Ein Wirtschaftsanwalt. Ziemlich große Nummer, der vertritt die ganz großen Elefanten.«

»Niedeck in Genf?« Sandra schaut Damisch überrascht an.

»Ja. Manchmal ist er in Genf, meistens in seiner Kanzlei in Frankfurt.«

»Kennst du den?«, fragt Bettina.

»Ich war mal mit Dahlmann bei ihm«, sagt Sandra und wendet sich an Damisch: »Warum hat Niedeck Dahlmann erschießen lassen?«

Plötzlich – unhörbar und wie aus dem Nichts – zerfetzt ein Schuss Damischs Gesicht.

Später wird Iris Kawert feststellen, dass das Projektil im hinteren rechten Scheitelbein eingetreten und durch den Oberkiefer leicht links neben der Nase ausgetreten ist. Dem

Einschusswinkel nach muss der Schütze in einer der oberen Etagen des Hauses gegenüber gestanden haben. Das verwendete Geschoss ist an der Spitze abgeflacht und hohl, wodurch das Projektil beim Aufprall zusammengedrückt wird und seinen Querschnitt um etwa zwei Drittel vergrößert. Iris Kawert wird überrascht feststellen, dass das Geschoss eine solche Wucht hatte, dass es aus Damischs Kiefer wieder ausgetreten und in die Fassade des Hauses gehämmert ist. Ein Präzisionsschuss, ja, aber fast ein Overkill, der Schütze wollte offenbar auf Nummer sicher gehen.

Sandra, die unmittelbar vor Damisch steht, sprüht graue Gehirnmasse ins Gesicht. Etwas davon landet in ihrem halb offenen Mund, den Geschmack wird sie ihr Leben lang nicht mehr vergessen, nach unreifer Walnuss, rau und wie scharfer Käse auf der Zunge, metallisch im Nachgeschmack, ähnlich wie Blut, nur intensiver.

Der Schuss war völlig lautlos, der Einschlag des Projektils in der Hausfassade wie der Schlag mit einem leichten Hammer auf eine dünne Terrassenplatte aus Granit, leichtes Rieseln des Putzes auf den Boden. Damischs blaue Augen bleiben unberührt von der Zerstörung seines Gesichts. Nase und Mund sind untertassengroß zerfetzt. Bevor das Blut in die Wunde schießt, sieht Sandra noch ein paar von der Wucht des Schusses ausgeschlagene und zerbrochene gelblich weiße Zähne. Damischs Körper sackt in sich zusammen, fällt wie zu einem letzten Gebet auf die Knie und von der Nachwucht des Schusses schließlich nach vorne. Schutzlos und ungebremst treibt der Aufprall das stachelförmig zersplitternde Nasenbein in das schon seit mehreren Millisekunden tote Hirn.

Überlebensinstinkte stammen aus einer Zeit, in der es keine Geschosse gab, die mit einer Geschwindigkeit von achthundert oder tausend Metern pro Sekunde auf ihr Ziel zurasen. In Briesen und vor allem im Libanon bestand ein

Großteil von Bettinas militärischem Training darin, diese Überlebensinstinkte auszuschalten. Während Sandra instinktiv in die Richtung schaut, aus der der Schuss gekommen sein muss, packt Bettina sie, ohne sich umzuschauen, am Arm und reißt sie mit, weg von der ungeschützten Terrasse, hinein ins Haus, durchs Wohnzimmer und durch den Flur.

Erst an der Haustür bleibt Bettina stehen. Sie drückt Sandra an die Wand und schaut vorsichtig durch das Fenster neben der Tür nach draußen. Die Zufahrt, in der Damischs Wagen steht, ist von den umliegenden Häusern aus schlecht einsehbar – Damischs Haus ist das letzte in einer langen Reihe einstöckiger, durch Mauern, Hecken und Büsche voneinander getrennter Häuser. Anders als auf der Gartenseite gibt es hier kein Hochhaus, auf dessen Balkon sich ein Schütze platzieren könnte und freies Schussfeld hätte. Und trotzdem: Das Gelände ist in all seiner Übersichtlichkeit unübersichtlich genug, als dass sie einen Schützen sofort sehen könnte.

Sandras Blick fällt zurück ins Haus: Keine drei Meter von den beiden entfernt steht Damischs Tochter am Küchentisch und schaut sie wie ertappt an, in der einen Hand hat sie einen Becher mit Schokoladeneis, in der anderen einen Löffel. Das Mädchen hat keine Ahnung, was passiert ist.

»Komm«, sagt Bettina zu Sandra.

Aber Sandra reagiert nicht, keine Bewegung, nichts. Bettina wendet sich zu ihr um und will sie mit sich ziehen, raus aus diesem Haus, weg hier, schnell. Sie bemerkt Sandras Blick, folgt ihm und sieht Damischs Tochter mit dem Eis und dem Löffel in der Hand. Für einen Augenblick sticht dieser Anblick auch Bettina ins Herz. Dann packt sie der Überlebenswille wieder, sie greift nach Sandras Handgelenk, reißt die Tür auf und zerrt sie mit sich hinaus.

Jana aber geht vorbei an Umzugskartons und Ikea-Gartenmöbeln durch den Flur, durchs Wohnzimmer, auf die Terrasse und sieht ihren Vater und lässt das Eis fallen. Das Schokoladeneis, das sie ihrem Vater nach der Schule abgetrotzt hat, obwohl das Jahr fast noch nach Raclette und Kerzenlicht schmeckt, und das eine halbe Stunde später, wenn Kawert, Marion Burckhardt und zwei Polizisten das Haus stürmen, geschmolzen sein wird, ein brauner Brei auf den Terrassenfliesen. Kawert wird sie neben ihrem Vater liegen sehen, reglos und tränenlos, an ihn geklammert, nachdem sie ihn zur Seite gedreht hat, in seine trübe gewordenen Augen starrend.

In ihrem Kopf die Erinnerung an jenen verhangenen, windigen Tag, als ihr Vater ihr immer wieder die Mütze über die Ohren gezogen hat, weil sie empfindlich war und häufig mit Ohrentzündung zu tun hatte. Die Elbe grau, ein verdreckter, von einer Menschenmenge zertrampelter Strand, ab und an kleine Schaumkronen. Sie war durchgefroren, auf dem langen Spaziergang bis in die Dresdner Neustadt hatte sie auf den Schultern ihres Vaters gesessen, ein dreijähriges Leichtgewicht, den Rücken krumm und müde, ihre Hände in seinen, weil sie die Handschuhe vergessen hatten. Das ferne Heulen eines Polizeiwagens, der sich durch eine stockende und gaffende Menschenmenge zur Mitte des Blauen Wunders kämpfte. Dann Stille, der Polizeiwagen hatte die Sirene ausgeschaltet, fächerte aber weiterhin sein weißblaues Licht in die Menge der Gaffer. Ein Polizeiboot eilte flussaufwärts, von Loschwitz herauf, Polizisten warfen ein Netz in den Fluss, und Damisch nahm seine Tochter von den Schultern, drückte ihr Gesicht an seinen Körper, die Hand über ihren Augen, eine schwitzige Wärme, und begann zu weinen. Zwischen seinen Fingern hindurch sah sie die rotblonden Haare ihrer Mutter, den Polizisten oben am Brückenrand, der das Seil durchschnitt, und dann den Aufprall des toten Körpers auf dem Wasser, ein Klatschen wie ein missratener Sprung von einem Zehnmeterbrett.

10

Der Frankfurter Dependance von Niedecks Kanzlei fehlt das Genfer Understatement völlig. Ein Glaspalast über zwanzig Etagen, in den obersten fünf residiert Niedeck, wenn er in Deutschland ist. Seine Kanzlei gehört zu den drei wichtigsten der Republik, ein Schattenkabinett des Kapitalismus.

In der Eingangshalle gibt sich die Macht ästhetisch und schönheitsbewusst. Licht und Leere, ein zehn Meter hoher Raum, der ein Museum sein könnte. Der Boden aus angerautem Marmor, für Lederslipper und High Heels geeignet. Am Ende der Halle befinden sich die Türen zum Aufzug, der ausschließlich in die obersten fünf Etagen fährt, geschmückt mit dem dezenten Logo der Kanzlei, das Sandra schon in Genf gesehen hat.

Das Lächeln einer Empfangsdame, kosmetikaffin aber nicht billig. Zwei sorgsam gestutzte Bärte der Security, Fitnessstudio und Kampfsport. Bettina hat Sandra eingeschärft, schnell und bestimmt hier durchzugehen, keinesfalls zu schlendern und – noch wichtiger – nicht zu schnell und hektisch zu wirken.

An die Kostüme und die Schuhe zu kommen, ist nicht ganz einfach gewesen, sie haben sie gestern Abend in der Rush Hour in einem Kaufhaus in Darmstadt gestohlen, das Geld war alle, sie hatten keine andere Wahl, denn in Jeans und Lederjacke oder Pullover wären sie nicht mal bis zur Mitte der Eingangshalle gekommen.

Warten, bis der Aufzug kommt, lächeln, die Empfangsdame und die Security ignorieren. Die Tür öffnet sich, Bettina lässt Sandra den Vortritt.

Zwanzigster Stock. Der Aufzug war bis hier oben leer, zum Glück. In der Enge des Fahrstuhls hätte man ihre Gesichter, die von Fahndungsplakaten aus rotzig in die Gegend schauen und ständig in den Nachrichtensendungen eingeblendet werden, womöglich schnell erkannt.

Bettina führt Sandra aus dem Aufzug hinaus in den Flur, vorbei an einer Empfangsdame mit Lippenstiftlächeln und der Ausstrahlung eines Models aus dem Quelle-Katalog hinter einem Tischchen mit Sprechanlage. Weiter hinten die üblichen Verdächtigen der Inneneinrichtung im Vorzimmer der Macht: Bauhauschic aus schwarzem Leder und glänzenden Metallrahmen, davor ein Glastisch mit ungelesenen Zeitungen in vier Sprachen. Und weit dahinter die diskret leise Plauscherei zweier Männer der Security, bartlose Kopien ihrer Pendants zwanzig Stockwerke tiefer.

»Entschuldigen Sie.«

Die Empfangsdame steht hinter ihrem Tisch auf und stöckelt Sandra und Bettina hinterher. Vom Ende des Flurs schauen die beiden Securityleute herüber, noch sehen sie keinen Grund einzugreifen, der Ton ist okay, und die beiden Frauen sehen in ihren Business-Kostümchen nicht nach Ärger aus.

»Wo möchten Sie denn hin?«, fragt die Empfangsdame und bemüht sich, Sandra und Bettina zu überholen.

»Zu Herrn Niedeck«, sagt Bettina.

»Sind Sie angemeldet?«

»Das brauchen wir nicht«, sagt Sandra.

Die Empfangsdame wirft den beiden Sicherheitsleuten einen beunruhigten Blick zu. »Tut mir leid – aber ohne Termin muss ich Sie bitten zu gehen«, sagt sie.

Sandra zieht eine Akte aus ihrer Tasche, eine Kopie, die sie gestern in einem Copyshop in Uni-Nähe gemacht und in einen gestohlenen Pappdeckel geheftet haben. Sie reicht sie der Empfangsdame. »Zeigen Sie das hier Herrn Niedeck.«

»Wir haben hier Bürozeiten.«

Die beiden Securityleute neben der Bauhaus-Ausstellung machen sich auf den Weg, offensichtlich beginnt hier doch was zu kochen.

»Machen Sie, was sie sagt, oder Herr Niedeck wird dafür sorgen, dass Sie noch heute Nachmittag gefeuert werden«, sagt Bettina zur Empfangsdame. »Darauf können Sie sich verlassen.« Bettinas Ton verleiht dem Gesagten Nachdruck.

Irgendwie kommen die Frauen der Empfangsdame bekannt vor, aber sie weiß nicht, woher. Sie nimmt die Akte, nickt den beiden Securityleuten beschwichtigend zu und führt Sandra und Bettina weiter den Gang entlang. Dann bittet sie sie, kurz zu warten, während sie an Niedecks Bürotür klopft und hineingeht.

Für einen Moment sieht Sandra Niedeck, und die Erinnerung an Genf ist wieder da. Das kleine Wartezimmer, das Streichquartett irgendwo in der Nachbarschaft. Dahlmanns Offenheit, mit der er von der Angst seiner Frau gesprochen hat. Die Art, wie er seine eigenen Sorgen versteckt hielt. Sein Geständnis, dass er aufhören wollte. Dass der Kanzler und der Innenminister ihn zurückgeholt haben. Fast jede Nacht träumt Sandra von den Gesprächen mit ihm, häufig Alpträume. Fast nie schläft sie durch in diesen unbewohnten Dreckslöchern, zu denen Bettina sie führt und an denen sie sich entlanghangeln. Verstecke, denen sie nicht recht trauen, eine Nacht in einem Zelt, eine im Auto. Und jede Nacht kommt Dahlmann zu Besuch und lächelt und spricht über Marx und Angst, und Sandra fühlt sich wie in einer Prüfung, weil sie *Die Lage der arbeitenden Klasse in England* nicht gelesen hat, im Gegensatz zu ihm. Und den Grund vergessen hat, warum sie ihn töten sollte. Oder den Grund nie gekannt hat.

»Bitte.« Die Empfangsdame steht in der Tür zu Niedecks Büro.

An Niedecks Schreibtisch wird nicht geschrieben, sondern regiert. Niedeck bleibt sitzen, begrüßt die beiden nicht, die Akte, die die Empfangsdame ihm gegeben hat, liegt vor ihm auf dem Tisch. Er mustert Sandra, ein Blick, der Rocklängen misst und der Macht nur bei Männern akzeptiert. Er deutet auf das Papier.

»Was soll das?«, fragt er.

»Das hab ich bei Herrn Rautenbach im Büro gefunden. Drei Reisen nach Genf alleine in diesem Jahr«, sagt Sandra.

»Genf ist eine schöne Stadt. Ich glaube, sie hat Ihnen auch gefallen.«

»Rautenbach ist in der Treuhand für Bitterfeld zuständig.«

»Ich gehe davon aus, dass Sie die Zuständigkeiten in der Treuhand kennen«, sagt Niedeck zu Sandra und wendet sich an Bettina »Herr Dahlmann hat uns mal vorgestellt.«

»Dahlmann wusste, dass Sie zig Scheinfirmen gegründet haben, um Bitterfeld aufzukaufen. Sie haben Rautenbach bestochen, und Sie haben die Manager aus Bitterfeld bestochen, damit die da mitmachen«, sagt Sandra.

»Aha. Und das belegen Sie mit drei Flugreisen nach Genf?« Niedeck deutet auf die Akte. »Sie können damit gerne zur nächsten Polizeidienststelle gehen und um ein Gespräch beim Staatsanwalt bitten. Ich nehme an, in Ihrem Fall gibt es eine Vorzugsbehandlung.«

Niedeck nimmt die Akte und reicht sie Sandra zurück.

»Ich freue mich auf eine juristische Auseinandersetzung«, sagt er.

»Das glaube ich nicht. Und vor allem glaube ich nicht, dass Ihre Auftraggeber sich darauf freuen.« Sandra deutet auf die Akte. »Das hier wird ausreichen, um eine Untersuchung einzuleiten und Rautenbach zu entlassen. Mal sehen, ob er in diesem Fall dichthält.«

»Und mal sehen, ob sein Nachfolger auch so kooperiert wie er«, sagt Bettina.

»Was wollen Sie eigentlich?«, fragt Niedeck.

»Zwei Pässe und fünfhunderttausend D-Mark«, sagt Bettina.

»Das ist nicht mein Weg, mit Erpressungen umzugehen.

Wer sagt mir, ob Sie in ein, zwei Jahren nicht wieder an meiner Bürotür stehen?«

»Was ist dann Ihr Weg?«, fragt Sandra. »Wollen Sie uns auch erschießen lassen?«

»Wieso ›auch‹?«, fragt Niedeck.

»Sie haben den Auftrag gegeben, Dahlmann zu ermorden.«

»Weil?«

»Weil er sich dagegen gewehrt hat, dass Sie Bitterfeld aufkaufen. Jetzt ist er tot, und Sie machen Ihr Geschäft mit Rautenbach.«

»Sehr viele Hypothesen und sehr wenige Beweise«, sagt Niedeck.

»Gut.« Bettina steht auf. »Dann gehen wir jetzt zu Rautenbach. Ich denke, ihm reichen die Hypothesen, damit er uns hilft.«

»Sie meinen, er besorgt Ihnen einen Pass?«

»Nein. Aber er besorgt uns das Geld. Für uns ist er nur die zweitbeste Lösung. Für Sie ist er das größere Risiko als wir.«

»Sie sind schwierige Geschäftspartner«, sagt Niedeck.

»Das hängt damit zusammen, dass wir schon bessere Zeiten gesehen haben.«

»Ich helfe Ihnen. Aber ich rate Ihnen, das als einmaliges Angebot aufzufassen. Nicht, dass es Ihnen so ergeht wie Ihrem ehemaligen Ausbilder.«

»Hier sind unsere Fotos für die Pässe.«

Bettina zieht zwei Automatenfotos aus der Tasche und legt sie vor Niedeck auf den Schreibtisch.

»Wie lange werden Sie brauchen?«, fragt sie.

»Geben Sie mir eine Woche.«

»Und wo werden wir die Pässe und das Geld bekommen?«

11

BKA, Hauptgebäude, erster Stock. Mitarbeiterbesprechung im großen Sitzungsraum, Gipfeltreffen von Nervosität und Hitze. Kawert schaut hinüber zur gegenüberliegenden Seite des Tischs. Iris sitzt neben Jonas und weicht Kawerts Blick aus, froh über den Zigarettenrauch, der sich zwischen sie, ihren Ex und die Nacht vor vier Tagen drängelt.

Kawert kippt den nächsten Espresso in sich hinein und zündet sich eine Zigarette an, das hilft gegen die Müdigkeit. Seit Wochen wächst der Druck auf ihn beständig, ein Ende ist nicht absehbar. Die Erinnerung an Damischs Tochter lässt ihn immer weniger schlafen, und der ganze Scheiß mit Iris – er weiß nicht mehr, wo er steht, wo sie steht, wo sie hinwill, wo er hinwill, alles ist in Aufruhr, und es gibt keinen Platz und keine Ruhe, um hier irgendwie Ordnung reinzubekommen, in seinen Kopf, in diese chaotischen Tage, in sein Leben. Nachts um drei wacht er durchgeschwitzt auf und findet nicht mehr zurück in den Schlaf. Von Tag zu Tag müder, kämpft er mit einer beginnenden Erkältung.

Es wird Zeit, dass das BKA endlich irgendeine seiner Schlachten gewinnt. Kawert braucht einen Sieg. Jacobi braucht einen Sieg. Seit Jahren herrscht hier permanenter Hochdruck. Der immer noch nicht aufgeklärte Anschlag auf die Airbase in Frankfurt, ein toter amerikanischer Soldat. Dann der Anschlag auf Wegner, drei Tote. Schließlich der Anschlag auf Dahlmann. Niederlage folgt auf Niederlage. Das BKA verschlingt Unsummen von Geld und hinkt der RAF trotzdem hinterher und erfüllt die Erwartungen nicht, die das Land in seine Gesetzeshüter setzt. Ein paar Terroristen, perfekt ausgebildet und mit guter Logistik im Hintergrund, spielen mit einem ganzen Staat Katz und Maus, zum ersten Mal seit 1977 wieder. Und die Bundesrepublik sieht bei diesem Kampf schlecht aus, alt, langsam und träge.

Jacobi betritt den Besprechungsraum, geht zur Leinwand, wo Stentner auf ihn wartet, und bittet darum, die Fenster zu öffnen. Er ist sechsundsechzig Jahre alt und wollte seine Behörde schon vor einem Jahr an Kawert übergeben. Aber wer die Leitung des BKA übernimmt, ist eine politische Entscheidung. Jacobis Stimme wird im Kabinett zwar gehört, er hat Einfluss, aber er braucht Erfolge, und spätestens nach der misslungenen Festnahme von Bettina Polheim und Sandra Wellmann ist die Atmosphäre zwischen dem Innenminister und Jacobi vergiftet, und der politische Druck wächst täglich. Natürlich hat der Innenminister Kawerts Absetzung verlangt. Jacobi hat sich hinter Kawert gestellt und nur mit größter Mühe seine Degradierung verhindern können. Er hat damit argumentiert, dass bei der Einarbeitung eines Nachfolgers zu viel Zeit verloren ginge – ein Scheinargument, das ihm nur sehr kurz Luft verschaffen konnte. Der Innenminister hat seinen Staatssekretär vorgeschickt, der das BKA überprüfte und zwei Tage später dem Minister empfahl, Kawert durch Stentner zu ersetzen. Er sei mit den Abläufen sehr gut vertraut, eine lange Einarbeitungszeit sei entgegen Jacobis Einschätzung nicht erforderlich. Im Vier-Augen-Gespräch mit dem Innenminister hat Jacobi sich schließlich ein weiteres Mal hinter Kawert gestellt und mit dem Letzten gedroht, was er hatte: seinem Rücktritt. Und weil Jacobi – noch – das Vertrauen des Kanzlers besaß, hat der Innenminister es nicht gewagt zu insistieren.

All dies hat Jacobi vor Kawert verheimlicht. Er will eine stabil arbeitende Behörde und keine nervöse Flatterei einer nur um sich selbst kreisenden Institution. Die Inhalte seiner Besprechungen mit dem Innenminister wurden dem BKA allerdings durch einen Referenten des Staatssekretärs durchgesteckt. Wohl in der infamen Hoffnung, Kawert würde sein Rücktrittsgesuch einreichen.

Im BKA hatte das Spielchen allerdings eine seiner Intention genau entgegensetzte Wirkung. Jacobi war ein Mann, der von seinen Mitarbeitern eher geachtet als geliebt wurde, er galt als streng, unnahbar, technokratisch und stur. Nicht wirklich unbeliebt, aber auch nicht der Chef, für den die Untergebenen sich ins Feuer werfen. Nachdem sich aber herumgesprochen hatte, dass Jacobi seine Generäle wirklich nicht an die Wand stellen lässt, um seinen Kopf zu retten, gewann er seine Mitarbeiter nochmals neu und tiefer, als er es für möglich gehalten hat.

Stentner suchte in der Kantine das Gespräch mit Kawert und Jacobi, versicherte ihnen, dass er das Spiel des Staatssekretärs nicht mitspielen werde und dass er in dieser Situation keine Ambitionen habe, Kawert zu beerben. Zum ersten Mal seit Monaten hatte Jacobi das Gefühl, dass die nächste Schlacht gewonnen werden könnte, wenn der Kanzler ihm noch Zeit ließ.

Dann kam der Anruf bei Marion Burckhardt. Der Hausmeister einer Schule hatte eine Nachricht von Sandra Wellmann für sie. Sofort flogen Kawert, Burckhardt und Stentner mit einem Helikopter zur Schule. Und während Kawert mit dem Hausmeister sprach und der ihm erzählte, was Sandra ihm aufgetragen hatte, fanden Marion Burckhardt und Stentner heraus, dass die Schulakte von Jana Damisch fehlte. Damisch war schnell überprüft. Unmittelbar nach der Wende war er als möglicher Mitarbeiter des Staatssicherheitsdienstes eingestuft worden. Die Ermittlungen gegen ihn waren nicht dringlich geführt worden, weil in den Archiven der Stasi keine Personalakte über ihn gefunden worden war und er möglicherweise lediglich das Opfer einer Denunziation war. Und jetzt hatten Bettina Polheim und Sandra Wellmann versucht, die Adresse von Damisch herauszufinden. Kawert reagierte sofort, schickte ein SEK in die Reihenhaussiedlung, flog mit dem Helikopter hinterher – und kam wieder zu spät.

Kawert bemerkt, dass Jacobi ihn mustert. Was hat dieser Mann nicht alles für ihn getan. Auf eine fast absurde Weise schafft Jacobis Loyalität fast noch mehr Erfolgsdruck als die Nörgelei der Medien und der Politik von außen. Er drückt den Rest seiner Zigarette aus, diese Qualmerei wird ihm auch nicht weiterhelfen, und er darf sich jetzt nicht so hängen lassen.

Stentner hat inzwischen sein erstes Dia an die Wand geworfen: Damischs zu einem guten Drittel zerfetzter Schädel.

»Die Kollegen haben das Projektil gefunden«, sagt Stentner in die Runde und zeigt ein neues Dia. Die Vergrößerung eines Hohlspitzgeschosses, aufgeblasen wie ein Pilz.

»Das ist Munition, die nur von einer Dragunow verwendet wird«, sagt Stentner.

»Schussentfernung?«, fragt Jacobi.

Stentner schaut Iris Kawert an – das ist ihr Ressort.

»Das Projektil hat Damischs Kopf durchschlagen und ist anschließend einen halben Zentimeter tief in die Verschalung des Hauses eingedrungen.«

Kawert kennt die Ergebnisse schon, er schaut Jonas an und schweift ab. Das ist der Mann, mit dem Iris zusammenleben will. Er versteht gar nichts mehr, findet nicht, was Iris in Jonas sucht. Kann einfach die Hoffnung nicht aufgeben, sie zurückzugewinnen. Eigentlich ist das alles, was er will. Zurück. Einfach alles vergessen und zurück.

»Schussentfernung zirka achtzig Meter. Der Schütze hat vermutlich von einem der Balkone des gegenüberliegenden Hochhauses aus geschossen«, sagt Iris.

»Dort wurde aber kein Schütze gesehen, wir haben alle Bewohner des Hauses befragt«, sagt Stentner. »Sehr wahrscheinlich ist er in eine der Wohnungen im vierten Stock eingedrungen. Zur Tatzeit waren drei von ihnen leer. Die Mieter waren nicht zu Hause.«

»Keine Spuren?«, fragt Jacobi Iris Kawert.

»Nichts«, sagt sie. »Keinerlei Einbruchsspuren und keine Spuren eines Schützen auf einem der Balkone.«

»Wir sind wegen des Einschusswinkels sicher, dass der Schütze da oben gewesen sein muss«, sagt Kawert.

»Haben Sie die drei Mieter überprüft?«, fragt Jacobi.

»Natürlich. Eine ältere Dame, war einkaufen. Ein älterer Herr, war zu Besuch bei seinem Sohn in Stuttgart. Und eine jüngere Frau, war arbeiten. Alle drei aus der alten Bundesrepublik, wir haben keinerlei Kontakte zur Stasi oder RAF feststellen können. Wahrscheinlich ist der Schütze eingebrochen und hat keinerlei Spuren hinterlassen. Ein Profi.«

Kawert sieht Marion Burckhardt hereinkommen. Sie gibt ihm ein Zeichen, dass sie ihn dringend sprechen muss. Er steht auf, nickt Jacobi eine kurze Entschuldigung zu.

Während er durch den langen Raum zu Marion Burckhardt geht, wendet sich Jacobi an Stentner. »Also gut. Dragunows werden von Scharfschützen des gesamten ehemaligen Ostblocks verwendet.«

»Inklusive der DDR«, sagt Stentner.

»Ja«, sagt Jacobi. »Die meisten Dragunows waren im Stasi-Besitz.«

Natürlich weiß Jacobi selbst, dass ein Argumentieren mit Wahrscheinlichkeiten in diesem Fall nicht wirklich sinnvoll ist. Er hätte sich diese Bemerkung vor dem erweiterten Kreis des Ermittlungsteams vielleicht lieber sparen sollen.

»Damisch wurde von seinen eigenen Leuten erschossen?«, fragt Stentner.

Jacobi wirft einen letzten Blick auf Kawert, der sich zu ihm umwendet, denn er hat Stentners Frage noch gehört.

»Vermutlich, ja«, sagt Jacobi.

Kawert schließt die Tür hinter sich.

»Lutz hat angerufen«, sagt Marion Burckhardt.

Lutz ist einer der V-Männer, die Kawert vor fünf Jahren in den militanten Zirkel um den harten Kern der RAF einzuschleusen versucht hat.

»Aus Berlin. In der Unterstützerszene wird behauptet, dass Bettina Polheim und Sandra Wellmann aufgetaucht sind.«

»Wo?«, fragt Kawert.

»In Kreuzberg. Wo genau, wusste er nicht. Sie wollten Geld und Pässe«, sagt Marion Burckhardt.

»Sie trauen sich nicht an die Depots heran, weil wir die alle überwachen.«

»Angeblich werden die Pässe in Hamburg bereits hergestellt.«

»Haben wir eine zweite Quelle?«, fragt Kawert.

»Ja. In Ottensen.«

»Jörg?«

Marion Burckhardt nickt, ja. »Die beiden nennen denselben Ort für die Übergabe der Pässe.«

»Wo?«

»Bad Gronau.«

12

Der Bahnhofsvorplatz ist menschenleer. Graffiti, ein paar zerrissene Werbeplakate an der Mauer, die die Gleise von der Straße trennt. An der Bushaltestelle vor dem Haupteingang des kleinen Bahnhofs wartet der Ersatzverkehr für den regulären Bus, der von Bad Gronau aus über die umliegenden halb kränkelnden, halb verwaisten Dörfer in Richtung Schwerin zuckelt. Ein Straßenfeger schiebt langsam einen Kehrwagen an der Bahnhofsmauer entlang, der Scherben zerbrochener Bierflaschen und Zigarettenkippen frisst.

Bettina und Sandra sitzen in ihrem Wagen ungefähr siebzig Meter vom Bahnhofseingang entfernt. Der Motor ist aus, Sandra hört Bettinas Atem, sonst nichts, ab und an noch das

Knistern der Lederjacke, wenn sie sich bewegt. Seit Minuten schweigt Bettina, mustert die Umgebung, schaut immer wieder vom Busfahrer zum Straßenkehrer, der Kopfhörer und einen Walkman am Gürtel trägt und dem die Umgebung völlig gleichgültig zu sein scheint. Zum ersten Mal, seit Sandra sie kennt, ist Bettina wirklich unruhig, und unter der bröckelnden Fassade aus Entschlossenheit liegt Angst, echte Angst.

Eine dicke Frau mit schmutziger Schürze und übergeworfenem Mantel kommt aus dem Bahnhof heraus, geht am Bus und den zerfetzten Werbeplakaten vorbei in Richtung Innenstadt. Wahrscheinlich das Ende ihrer Frühschicht im Imbiss, für den ein Schild mit Würsten und Pommes neben dem Haupteingang wirbt. Die Frau kommt an ihrem Wagen vorbei, beachtet die beiden aber mit keinem Blick. Bettina schaut ihr für einen Moment hinterher und wird etwas ruhiger – nichts deutet darauf hin, dass sie von der Polizei oder einem SEK nach Hause geschickt wurde, so viel Normalität würde diese Frau nicht vorspielen können.

Bettina zieht die Pistole aus ihrer Tasche und reicht sie Sandra.

»Wenn wir jetzt rausgehen, entsicherst du die Waffe. Halt sie in deiner Manteltasche, aber nimm den Finger vom Abzug.«

»Traust du Niedeck nicht?«, fragt Sandra.

»Konzentrier dich jetzt, und hör mir zu.«

Sandra hasst diesen belehrenden Tonfall und schaut genervt aus dem Fenster.

»Wir brauchen das Geld und die Pässe. Okay?«, sagt Bettina. »Wenn wir das hier nicht schaffen, ist es vorbei.«

Sandra nickt und schaut Bettina wieder an.

»Mach dir keine Illusionen«, sagt Bettina. »Du siehst deinen Sohn nicht wieder, wenn du dich stellst. Die lassen dich im Knast verschimmeln, und niemand wird ihn zu dir lassen.«

»Ja.«

Und nochmal scannt Bettina die Gegend. Der Busfahrer – der Bus ist nicht einzusehen, die Fenster liegen zu hoch. Der Straßenkehrer. Nachmittags um drei, Bad Gronau am Ende der Welt. Eine Stadt, hängengeblieben irgendwo zwanzig, dreißig Jahre vor der Wende, das Zentrum dieses verblühten Landstrichs, wer sucht, findet bestimmt noch ein Plakat von Frank Schöbels letztem Konzert in der Stadthalle.

»Keine Ahnung, was uns da erwartet«, sagt Bettina. »Aber wenn was schiefgeht: Die werden keine schusssicheren Westen tragen, die würden sie verraten. Wenn irgendwas komisch ist: Schieß auf den Oberkörper, nicht auf den Kopf. Aber nicht, bevor ich es dir sage.«

Bettina entsichert ihre eigene Pistole, steckt sie in die Tasche ihrer Lederjacke und öffnet die Wagentür. »Die Tür nur anlehnen«, sagt sie, und die beiden steigen aus.

Ein leichter Wind hier draußen, ein Hauch von Frühling liegt unter der unangenehmen Kälte. Wenn das der Tag ist, an dem wir sterben, wird das ein Tag nicht ohne Hoffnung sein.

»Bleib neben mir«, sagt Bettina. Und während die beiden zum Eingang gehen, schaut sie sich weiter um. In einer Seitenstraße steht ein Krankenwagen. Sandra wirft ihr einen Blick zu, aber sie lässt sich nichts anmerken und geht weiter. Der Busfahrer liest Zeitung. Der Straßenfeger ist auf dem Bahnhofsvorplatz fertig und schiebt seinen Kehrwagen zum Eingang, ein lauter werdender, penetrant auf der immer gleichen Frequenz surrender Motor, aber er ist noch weit von Bettina und Sandra entfernt.

Der Mief einer Fritteuse, das Fenster des Imbisses neben dem Bahnhofseingang ist angelehnt, der Koch pfeift eine sehr eigene Version von Michael Jacksons »Black Or White«. Geschirrklappern und ein in eine Spüle sich entleerender Wasserhahn, der Soundtrack zu einer Einöde aus Pommes und dem Gestank nach der Pisse der Besoffenen von gestern Nacht.

Die Bahnhofshalle ist leer, der Hall ihrer Schritte, der plumpe Flügelschlag einer Taube – sonst ist nichts zu hören. Der Bahnhofskiosk weiter hinten ist geschlossen, im Inneren brennt aber Licht. Drei junge Männer in Malerkleidung streichen die Wände. Die Schaufensterauslagen und die Zeitungsständer sind mit einer Plastikplane abgedeckt.

Vor dem Imbiss warten zwei Männer, jeder eine Afri-Cola vor sich auf dem Stehtisch, offensichtlich auf ihre Würste und Pommes. Niemand würdigt Bettina und Sandra auch nur eines Blickes; die Maler nicht, die Männer am Stehtisch nicht und der Koch im Imbiss, der gerade die Pommes auf zwei Tellern verteilt, auch nicht. Hinter ihnen hallt das näherkommende Geräusch des Kehrwagens von den Wänden wider.

Nachmittags um drei auf einem Provinzbahnhof, der vom nächsten Tag an berühmt sein wird, ein Label eher als ein Name, fest eingebrannt in die politische Ikonographie der Bundesrepublik.

Der Bahnsteig ist ebenfalls fast leer. Unter einer Anzeigetafel in der Mitte steht ein Mann und liest Zeitung. Auf dem Bahnsteig gegenüber sitzt ein Mann auf einer Bank, neben ihm eine Sporttasche, die nicht recht zu seinem Kleidungsstil passt. Der Mann schaut Bettina und Sandra an und weicht ihrem Blick nicht aus.

»Wahrscheinlich ist das Niedecks Bote«, sagt Sandra.

Bettina nickt und bleibt stehen. Der Straßenkehrer schiebt seinen Kehrwagen auf den Bahnsteig. Das quälende Surren des Motors ein Tinnitus, der sich nach einer viel zu kurzen Nacht durch den Schädel bohrt. Am Ende des Bahnsteigs führt eine Treppe zur Unterführung, durch die man zu den anderen Gleisen gelangt. Der Wind spielt mit einer zerrissenen Zeitung. Zigarettenkippen. Zwei Bierflaschen, halb voll, wahrscheinlich mit Pisse, stehen auf dem mit großen Stacheln gespickten Fensterbrett, rote Signallichter, noch eins und noch eins. Zerrissene, zerfasernde Details, grell und überlaut, die sich wegen Bettinas stetig wachsender Unruhe nicht zu einem Gesamtbild ergänzen. Zufall, dass hier alles auf rot steht? Dass hier nur junge Männer mit Turnschuhen sind? Absicht? Bedrohung? Oder Lappalien?

Eine Ansage aus dem Lautsprecher. Die Regionalbahn nach Schwerin hat heute zirka dreißig Minuten Verspätung.

Sandra schaut zu dem Mann mit der Zeitung; keine Regung, kein Hinhören, nichts. Und sie flüstert Bettina zu: »Dreißig Minuten Verspätung, und dem ist das scheißegal?«

»Weitergehen und nicht umschauen«, sagt Bettina.

Die beiden sind gleich bei der von Tauben vollgeschissenen Treppe zur Unterführung. Der Mann, der Niedecks Bote sein könnte, sieht sie durchdringend an. Bettina schaut sich um, dort, wo die Trennmauer zwischen Bahnhofsvorplatz und Gleisen in einen Maschendrahtzaun übergeht, sieht sie, dass der Krankenwagen sich dem Bahnhof nähert. Hinter ihnen kommt der Straßenfeger näher. Zwei Männer, Aktentasche in der Hand, Blödsinn redend, trödeln auf den Bahnsteig. Wieder der Geruch von Frittenöl und Männerpisse, massiv und jeden Hauch von Frühling vergiftend.

Bettina bleibt stehen, zieht eine Schachtel Zigaretten aus der Tasche. »Hast du Feuer?«, fragt sie.

Sandra schaut sie irritiert an, aber Bettina nickt ihr kurz zu, und Sandra zieht ihr Feuerzeug heraus. Als sie Bettina Feuer gibt und sich ihre Gesichter nahe kommen, flüstert Bettina ihr zu: »Ich geh da runter. Du bleibst hier und wartest, bis ich dich rufe. Behalt die Typen im Blick. Behalt deine Waffe in der Hand, aber zieh sie erst aus der Tasche, wenn ich rufe.« Dann dankt sie ihr laut für das Feuer und will zur Unterführung gehen.

»Hast du für mich auch eine?«, fragt Sandra.

Bettina dreht sich um und sieht in Sandras Augen die nackte Angst. Sie geht die zwei, drei Schritte zu ihr zurück, zieht dabei eine Zigarette aus der Schachtel und reicht sie Sandra.

»Danke.« Sandra steckt sich die Zigarette in den Mund und versucht vergeblich, sie anzuzünden. Sie ist zu hektisch, und aus dem Feuerzeug kommt keine Flamme.

Bettina schirmt die Zigarette mit ihren Händen ab, und für einen Moment berührt sie Sandras Wange. Die beiden Frauen schauen sich an. Bettina lächelt, und Sandra wird dieses Lächeln für immer in Erinnerung behalten, ein Lächeln, das den Tod schon gesehen und mit dem Leben abgeschlossen hat. Sandras Feuerzeug will nicht, wahrscheinlich ist das Gas alle. Sie nimmt die Zigarette aus dem Mund, wirft sie auf den Boden und zertritt sie.

Bettina gibt Sandra ihre Zigarette. Dann geht sie, die Hand an der Pistole in ihrer Jackentasche, die Treppe zur Unterführung hinunter, ohne sich noch einmal umzuschauen. Eine schmale Frau, schlank und stark, als würde sie trainieren. Ein Körper, den man sich nicht alt vorstellen kann. Sandra schaut ihr hinterher. Es ist das letzte Mal, dass sie Bettina sehen wird.

Die beiden Männer mit ihren Aktentaschen hinter Sandra lachen über irgendeinen Witz. Auf dem Bahnsteig gegenüber steht der Mann mit der Sporttasche auf und entfernt sich von der Unterführung. Von Bettina ist nichts zu sehen. Sandra zögert, will ihr in die Unterführung folgen. Plötzlich das penetrante Motorengeräusch des Kehrwagens neben ihr. Sie umklammert die Pistole in ihrer Tasche fester. Als sie zur Seite schaut, sieht sie den Kehrwagen ein paar Meter neben sich stehen, der Straßenkehrer bückt sich und hebt etwas vom Boden auf. Eine Puppe. Sandra schaut genauer hin – es ist das Maskottchen aus dem Wagen ihrer Schwester, der Glücksbringer, den Sandra mit Markus gebastelt hat. Der Straßenfeger blickt sie plötzlich an, Sandra will entgegen Bettinas Anweisung ihre Pistole aus der Jacke ziehen, doch im selben Moment spricht sie jemand von hinten an, und Sandra dreht sich um und verhaspelt sich mit der Pistole in ihrer Tasche. Jemand sprüht ihr eine beißende Flüssigkeit in die Augen, ihr Arm wird ihr auf den Rücken gedreht und die Pistole aus der Hand gerissen, sie fällt auf den Boden, und jemand tritt sie weg, dann sieht Sandra gar nichts mehr. Die Flüssigkeit in ihren Augen brennt, ihr wird schlecht, und sie will rufen, aber sie kriegt keinen Ton heraus, sackt auf den Boden, zwei Männer packen sie, sie spürt den Griff der beiden und dann Metall um ihre Handgelenke, glatt und kalt, und Sandra glaubt, sie muss sich übergeben, und dann ist alles nur noch schwarz.

Die Unterführung ist lang – erstaunlich lang für diesen kleinen Bahnhof mit sechs Gleisen, aber jenseits der Gleise für den Personenverkehr liegen vier weitere für den Güterverkehr, unter denen die Unterführung weiter zum Ausgang Richtung Südstadt verläuft. Graffiti an den Wänden, endlose, immer gleiche Tags in Schwarz und Silber, Fingerübungen, einen Banksy wird Bad Gronau wohl eher nicht hervorbringen, und ja, Killroy war auch hier. Vereinzelte Pfützen auf dem Boden, feuchte Risse in den Wänden, es ist dunkel, das Licht, das durch die Treppenaufgänge herunter fällt, muss reichen, eine halbdunkle Welt.

Hinter Bettina liegt der Aufgang zu dem Bahnsteig, auf dem sie Sandra zurückgelassen hat, vor ihr, etwa gleich weit entfernt, geht es zu dem Bahnsteig, auf dem Niedecks vermeintlicher Bote sitzt. Von dort hört sie plötzlich ein Geräusch, als würde eine volle Bierdose die Treppe herunterrollen. Bettina drückt sich eng an die Wand, reißt ihre Waffe hoch und richtet sie auf den Aufgang vor ihr.

Sie weiß, wie derartige Angriffe verlaufen, sie hat das zig Mal in Briesen trainiert. Und sie weiß, dass sie jetzt nicht mehr viel Zeit hat. Vorne die Ablenkung, und gleichzeitig werden sie von hinten kommen. Sie darf nicht zögern, es gibt nur einen Weg. Dann rollt die Granate die letzten Stufen herab. Blendgranate oder Rauchgranate, das sind die Alternativen. Bettina reißt den freien Arm hoch, um ihre Augen vor dem Blitz zu schützen, aber dann sprüht rasend schnell Rauch aus der Granate und beginnt zu beißen. Bettina muss sich abwenden und sieht am Treppenaufgang hinter ihr zwei Männer der GSG 9, schwarze Kleidung, schusssichere Westen und Helme. Sie schießt. Einer der Männer schreit vor Schmerz auf und lässt seine Waffe fallen. Und Bettina schießt nochmal und nochmal und weicht zurück, hinein in den beißenden Nebel der Rauchgranate. Sie duckt sich tief und hat jetzt einen Moment Ruhe. Eine ihrer Kugeln hat den GSG-9-Mann am Hals getroffen, das Kommando ist kurz damit beschäftigt, ihn zu sichern und nach oben zu schaffen. Dann rückt eine Gruppe von sechs Männern weiter in den Rauch vor. Weil sie keine Schutz- oder Atemmasken tragen, weiß Bettina, dass der Rauch nur beißt, aber nicht betäubt. Und weil die sechs Männer nicht feuern, geht sie davon aus, dass ein zweites Kommando zur Unterstützung den Treppenaufgang herunterkommt, durch den die Rauchgranate in die Unterführung geworfen wurde.

Bettina lädt ihre Waffe durch und eilt weiter in den Rauch hinein, ihre freie Hand an der Wand, damit sie die Orientierung nicht verliert. Sie weiß nicht, wie lange sie noch durch den Rauch laufen muss, vielleicht haben sie eine weitere Granate geworfen. Doch sie eilt weiter und weiter, ihre Waffe nach vorne gerichtet, und schießt, damit der Weg frei bleibt. Wenn sie eine Chance haben will, muss sie über den nächsten Bahnsteig nach draußen, denn den Ausgang Richtung Südstadt werden sie sicher abgesperrt haben. Doch noch ist nur Rauch um sie herum, dichter werdend, grau und trocken und nach Chemie stinkend.

Und Bettina ist wieder in jener Nacht vor sechs Jahren, als im diffusen Kunstnebel eines Clubs das Ende der RAF eingeläutet wurde. Die Lichtanlage färbte den Nebel blau, weiß und rot, ließ die Farben ineinander verschwimmen, so wie die Zeit zu verschwimmen begann im Pulsschlag der Musik. Soul und Disco, damals eigentlich schon Retro, denn Detroit hämmerte bereits Techno in die Welt, Berlin donnerte Tekkno hinterher. Aber hier wurde Soul gespielt. Die Hälfte des Publikums waren Soldaten einer amerikanischen Kaserne in Frankfurt, die Ausgang hatten und feiern wollten. Die andere Hälfte teils Wiesbadener Oberschüler, mit Fanta in der Hand und Clearasil im Gesicht, teils Studenten aus Frankfurt, denn DJ Rea Source aus Baton Rouge war ein Name in der Szene, für den man sich schon mal vierzig Minuten in die Regionalbahn setzte.

Geruchstechnisch wurden hier drin schon lange keine Gefangenen mehr gemacht, und der Hormonspiegel lag auf der Richterskala in etwa kurz vor dem Ausbruch des Vesuvs. Das Leben also war gut, verzichtete auf überflüssige Romantik und bereitete sich auf die robusteren Momente der Sexualität vor.

Die Soldaten waren schon seit acht da, hatten draußen auf dem Parkplatz sachte vorgeglüht, die Wodkaflasche demokratisch von den Nord- zu den Südstaaten und zurück wandern lassen. Eine halbe Stunde später im Club kümmerte sich dann keiner mehr einen Scheißdreck um Clearasil und Babyspeck, wenn »Celebration« in die Hüften donnerte und Kool and the Gang den Arsch schwingen ließen und alles andere gleich mit. *The night out!* Die große Fraternisierung der Besatzungsmacht mit den Krauts, vor allem mit deren deutlich unterrepräsentierten weiblichen Exemplaren.

Allzu groß war der Club nicht, die Bar, zwei Tanzflächen, daneben Separees mit Sesseln und Sofas aus schwarzem Kunstleder. An der Bar fand Bettina ihn nicht, in den Separees auch nicht. Dann sah sie ihn zwischen seinen Kumpels auf der Tanzfläche. Mit Bierflasche in der Hand trampelte er herum, als würde er Manitu um Regen bitten oder um die Ankunft einer Büffelherde. Zwanzig Jahre alt, Westernhemd, Sneakers und eine ständig nach unten rutschende silberne Pilotenbrille auf der Nase. Der sabbernde Blick dahinter, für den Alkoholpegel erstaunlich potenzoptimistisch, suchte verzweifelt nach einem Landeplatz für später. Und Manitu war gnädig und schickte aus dem Nichts ein Nichts von Kleid.

Bettina hatte so ein Teil noch nie getragen. Der Nuttenfummel aus Polyester verhungerte auf der Hälfte des halben Wegs zwischen Taille und Knie, und auch obenrum bekam sie nicht gerade einen Hitzestau. Alterstechnisch hätte sie, in seiner Familie durchaus denkbar, seine Mutter sein können, aber wann hätte je ein Zwanzigjähriger angesichts solcher Kleiderlängen Altersberechnungen angestellt? Erst recht, wenn er aus Cincinnati kam und seinen calvinistischen Hintergrund zwei Stunden vorher unter sternendümpelndem Himmel in den Orkus gekifft hatte – als kleinen Nachtisch zu schwedisch-blondem Wodka.

Bettina hatte ihn selbst ausgesucht. Er war erst vor knapp einem halben Jahr nach Deutschland gekommen und war ihr sofort aufgefallen, als sie die Airbase observiert hatten. Von dem dort stationierten Wachpersonal war er einer der Jüngsten, so ganz hatte sie seinen Rang nicht begriffen, aber er wich nicht von der Seite des Kommandanten, wahrscheinlich war er so etwas wie dessen Adjutant. Jedenfalls hatte er nach sechs Wochen eine Chipkarte, mit der er überall hineinkam.

Sie planten einen Anschlag auf die Airbase, kein Feuerchen am Stacheldrahtzaun, sondern einen Terrorakt in ihrem Herzen. Also brauchten sie, um da reinzukommen, eine Chipkarte, und die Chipkarte trug jetzt Westernhemd, Sneakers und Pilotenbrille.

Dann der Kunstnebel in den amerikanischen Nationalfarben. »Nightshift«, sentimentale Scheiße der Commodores, und dann Blau um sie herum und eine Sicht von unter dreißig Zentimetern. Inmitten des größten Gedrängels war Bettina plötzlich allein auf der Tanzfläche und von Zweifeln gepackt, die sie von sich nicht kannte – als würde sie Bad Gronau sechs Jahre später vorausahnen.

Sie war in Wiesbaden aufgewachsen, ihre Schule war nicht weit von hier, ein halbes Leben voller Umwege, die alle hier begonnen hatten. Das Abi. Bob Dylan. Malcolm X. Die rote Mao-Bibel. Doch Bettina neigte nicht zum Nostalgischen, und Brücken, die zurück hierherführten, gab es schon lange nicht mehr. Seit Jahren hatte sie keinen Kontakt zu früheren Freunden, sie wusste nicht einmal, ob ihre Eltern noch lebten. Sie träumte nie von zu Hause, erinnerte sich nicht an früher, es gab keine Fotos mehr, keine Briefe, keine Anrufe, sogar den Klang der Stimme ihrer Mutter hatte sie vergessen. Jetzt aber erwischte sie diese sentimentale Welle, einen Moment nur, eine Versuchung, zum Telefonhörer zu greifen – Mama wie geht's dir? Ein nostalgischer Anfall mitten im Leben, vor mir ist eine Weiche, und ich fahre nach links, und irgendwas geht vorzeitig zu Ende, und ich mache den Fehler, den ich nicht mehr werde korrigieren können. Draußen stand ihr Wagen, ein Stück weit dahinter der Wagen von Lars und Gelfert, der Stadtwald war um diese Zeit leer und nicht allzu weit weg. Der Club, der Wald – Bettinas Vorschläge waren ideal, weil sie hier alles kannte. Vier Stunden später, und die Weiche wird hinter ihr liegen, und es gibt kein Zurück mehr.

Dann der Wechsel zu Rot. Bettina öffnete die Augen, und der Kunstnebel hatte sich etwas gelichtet. Vor ihr stand der Soldat, ein Junge aus einer Prollfamilie aus Cincinnati. Und sie sah ihn zum ersten Mal näher als durchs Fernglas. Er war noch nicht mal zwanzig, das Gestell der Pilotenbrille leicht verbogen, Flaum auf der Oberlippe, die Haare am Nacken ausrasiert, ein Kasernenschnitt, das karierte Hemd das Gegenteil von cool. Immer noch döste »Nightshift« durch den Club, eine kurze Sanftheit, das Kaugummienglisch des Sängers. Eigentlich liebte Bettina Amerika, das mehr war als Vietnam, es war auch Nina Simone und Zorn und Black Panthers. Und wieder war da das Malcolm-X-Plakat in ihrem Zimmer: Sie lag in ihrem Bett, noch weit von ihrem Abi entfernt, las, ließ das Buch sinken und sah in die Augen des Mannes auf dem Poster an der gegenüberliegenden Wand. Sie war sechzehn Jahre alt, die Zukunft war noch offen, damals.

Und dann Weiß. Eine Turbine saugte den Kunstnebel nach oben ab, von unten kam weiterer nach, ein Schweben wie über Wolken. Und der Soldat kam näher, ein halber Meter zwischen ihnen. Er lächelte, seine Augen flirrten besoffen, sein Blick verrutschte. Auch Bettina lächelte. Sie hatte ihn ausgesucht, in spätestens zwei Stunden würde er tot sein. Er bot ihr seine Flasche Bier an, sie nahm einen Schluck, er lächelte, erstaunt über seinen Erfolg, sie gab ihm die Flasche zurück, lächelte noch einmal, er nahm einen Schluck. Nebel und Nähe und die Commodores und der Zweifel, der all diesen Schlamm der Vergangenheit in ihr aufwirbelte. Wie sie mal hier war, in diesem Club, jünger als der Soldat vor ihr. Wie sie damals zum ersten Mal die amerikanischen Soldaten gesehen hatte, wie sie keine Verbindung fand zwischen Vietnam und den Jungs hier. Und Bettina verhedderte sich in ihren plötzlichen Zweifeln: Was genau hatte ein notgeiles Bübchen aus Cincinnati, das sich wahrscheinlich wegen der Armut seiner Familie verpflichtet hatte, weil es bei der Army eine Ausbildung machen konnte und eine Zukunft sah, mit der Revolution in Deutschland zu tun? Außer dass es zufällig eine Chipkarte um den Hals trug, die sie brauchten, um in diese scheiß Airbase einzudringen, damit ihr Anschlag nach Anschlag aussah und nicht nach selbstgebasteltem Molotowcocktail eines Chemie-Leistungskurslers? Der Soldat lächelte, und Bettina lächelte, und sie taten so, als würden sie tanzen.

Draußen warteten Lars und Gelfert. Erst später sollten sie begreifen, dass sie in dieser Nacht den größten Fehler machten, der der RAF jemals unterlaufen war. Alles, was die RAF zwei Jahrzehnte lang getan hatte, hatte aus der immer schmaler werdenden Kluft zwischen Terror und Mord heraus gelebt. Eine Unterscheidung, die das Land in diejenigen spaltete, die diese Unterscheidung akzeptierten, und diejenigen, die sie von Anfang an bekämpften. Eine Kluft, die das Land zerreißen sollte, das war der Plan, eine für die historische Dialektik notwendige Negation, aus der heraus Geschichte gemacht werden sollte. In dieser Nacht aber fiel die Unterscheidung von Terror und Mord mit einem Schlag in sich zusammen. Die Kinder der dritten Generation fraßen ihre eigene Revolution und mussten fortan Depots unter Strommasten anlegen und in die DDR fliehen, weil die Türen der WGs und der besetzten Häuser und der Studentenbuden und der Ferienhäuser linker Redaktionen und der Pfarrhäuser plötzlich neue Schlösser trugen, zu denen die alten Schlüssel nicht mehr passten.

Die RAF wollte weiterleben wie die Mao-Partisanen: Fische in einem Meer von Unterstützern. Dummerweise zogen sie an diesem Abend im Wiesbadener August selbst den Stöpsel, das Meer versickerte in einem vertrocknenden Planeten, wurde zum salzigen Teich, bis schließlich nur noch eine matschige Brühe zurückblieb, in der die Fische zappelten und entweder verreckten oder sich in Mielkes Aquarium retten konnten und mit dem Lauf der Geschichte haderten.

Und dann war »Nightshift« zu Ende und damit Bettinas kurzes sentimentales Schwanken. Vor ihr stand nicht mehr der Junge aus einer Arbeiterfamilie aus Cincinnati, sondern ein Soldat, der die Wahl gehabt hatte, in eine Besatzerarmee einzutreten oder nicht. Der eine Entscheidung getroffen hatte, und Entscheidungen haben Konsequenzen, die man tragen muss. Und kennen wir nicht alle die Bilder aus Vietnam und Kambodscha und Agent Orange? Natürlich sind Soldaten Mörder im Auftrag eines Faschismus, der sich unter den Konsumfluten des Kapitalismus versteckt und Zuckerguss über diese Welt gießt, um die Gegensätze zuzukleistern, eine von Coca-Cola verklebte Dialektik, Geschichtsverhinderung. Es war wichtig, die Maske dieses Systems herunterzureißen, um seine Fratze zu sehen, und dabei nicht weich zu werden und, ja, Opfer zu bringen, und, ja, Bettina wollte noch ein Bier, und eine dreiviertel Stunde später saßen sie in ihrem Wagen und fuhren zum Stadtwald.

Der Soldat war zu besoffen, um zu bemerken, dass ihnen jemand folgte. Sie wolle vögeln, hatte sie gesagt, er solle in ihren Wagen steigen, sie kenne da einen Platz etwas außerhalb, sie habe keinen Bock, hier auf dem Parkplatz einen Porno zu veranstalten. Und der Soldat war eingestiegen. Die Fahrt dauerte etwas länger als nötig, zwanzig Minuten, weil sie einen Umweg gefahren war, um sicherzugehen, dass ihr niemand folgte außer Lars und Gelfert. Als sie auf den Waldparkplatz fuhr, kamen die beiden mit ausgeschalteten Scheinwerfern hinter ihr her. Und als der Soldat seinen Sicherheitsgurt löste, rissen sie die Tür auf, packten ihn und zerrten ihn aus dem Wagen. Er schrie, wollte sich wehren, war aber viel zu besoffen und zu unkoordiniert. Gelfert zog ihm die Hände hinter den Rücken, legte ihm Handschellen an und hielt ihn fest, während Lars ihm die Chipkarte, die an einer dünnen Metallkette um seinen Hals hing, herunterriss. Dann trat Gelfert dem Soldaten in die Kniekehlen. Er sank zu Boden und begann zu winseln, während Lars neben Gelfert trat, den Kopf des Soldaten nach vorne auf die Brust drückte und seine Pistole dort platzierte, wo Schädel und Wirbelsäule aufeinandertreffen. Lars drückte ab, ein Knall, dann plötzliche Ruhe. Der Soldat kippte nach vorne.

Bettinas Wagen roch noch nach dem billigen Deo, das der Soldat sich auf der Toilette des Clubs unter die Achseln gesprüht hatte. Und Bettina wusste nicht, warum sie weinen musste. Gelfert nahm dem Soldaten die Handschellen ab, stieg zu ihr ins Auto, legte ihre Jacke um sie, und sie tauschten die Plätze. Lars fuhr in seinem Wagen vorweg, Gelfert folgte ihm, und erst zehn Minuten später, als sie auf die Bundesstraße fuhren, bekam Bettina sich wieder in den Griff.

Am nächsten Tag schrieb die *TAZ*, es sei eine Hinrichtung im SS-Stil gewesen, und das ganze politische Spektrum begann zu brüllen, je weiter links, umso lauter. Sie tippten einen Bekennerbrief und zwei Wochen später – was in der Geschichte der RAF noch nie vorgekommen war – ein Rechtfertigungsschreiben, um irgendwie wieder Oberwasser zu bekommen. Als einen Monat später die Kritik sämtlicher Unterstützer nicht abriss, sondern heftiger wurde und polemischer, und sie als »Mörder« beschimpft wurden und »Henker«, begriff Bettina, dass sie von ihren eigenen Unterstützern zum Abschuss freigegeben worden waren, dass es vorbei war. Der Rest war Sterben, es war nur noch eine Frage der Zeit, wann sie tot wären. Das Sterben dauerte noch sechs Jahre.

Seit damals tastet sich Bettina durch ihr Leben, zunehmend orientierungslos, gehetzt, erstarrt zu einer Maske, die sich von ihrem Gesicht nicht mehr trennen lässt, und immer mehr im Stich gelassen von der eigenen Unterstützerszene. Wiesbaden, vor sechs Jahren, war der Fehler, den sie sich nicht verzeihen kann und für den sie tief in ihrem Inneren ihr eigenes Todesurteil akzeptiert.

Sie spürt den rauen Putz unter ihren Fingern, kann aber keinen halben Meter weit sehen, eilt weiter durch den dichten Rauch, gleich wird sie den Treppenaufgang zum nächsten Bahnsteig erreicht haben, weit kann es nicht mehr sein. Dann kriegt sie einen Handlauf zu fassen. Sie kann immer noch nichts sehen, der Rauch ist zu dicht und schluckt auch alle Geräusche, sie weiß nicht, wie weit sie hinter ihr sind, sie geht nach oben, ihre Waffe nach vorne gerichtet. Wenn sie klug sind, warten sie oben auf sie. Und noch eine Stufe und noch eine, und der Rauch wird dünner. Bettina kauert sich an die Wand, und weiter, dann sieht sie das Treppengeländer auf der gegenüberliegenden Seite, und es sind nur noch wenige Stufen, vier, fünf, sie erreicht den Bahnsteig. Ein Getränkeautomat, ansonsten Leere. Auf dem Bahnsteig gegenüber, wo sie eben noch stand, ist niemand zu sehen, Sandra nicht und keine Polizei. Hinter Bettina quillt der graue Rauch aus der Unterführung hoch, sie weiß, dass sie sich bewegen muss, sie darf nicht stehen bleiben, und sie springt hinunter auf die Gleise und rennt über das Schotterbett Richtung Süden. Natürlich weiß sie, dass sie chancenlos ist, und trotzdem blüht die Hoffnung für einen Moment. Sie schaut zurück und sieht oben auf dem Bahnsteig acht, zehn Männer der GSG 9, die ihr folgen, die Gewehre auf sie gerichtet und geschützt von drei Schilden, die sie vor sich hertragen. Und als sie wieder nach vorne schaut, sieht sie genau das gleiche Bild auf dem gegenüberliegenden Bahnsteig, und weit vor ihr auf dem Gleis haben sich zwei Scharfschützen hinter einem Schild postiert. Bettina bleibt stehen und hebt ihre Waffe.

13

Sandras Augen tränen vom Reizgas, ihr ist schlecht und sie ist kurz davor, sich zu übergeben. Zwei Männer mit schwarzen Masken über dem Gesicht ziehen sie mit zum Hauptgebäude des Bahnhofs.

Aus der Unterführung quillt immer noch Rauch in grauen

Schwaden. Auf dem gegenüberliegenden Bahnsteig ist jetzt plötzlich alles voll mit GSG 9 in Kampfanzügen, eine eingeübte Kampfformation, schwarz und in Tarnfarben. Sie tragen große Schutzschilde vor sich her und eilen den Bahnsteig entlang, ihre Gewehre auf ein Ziel gerichtet, das Sandra nicht sehen kann.

Sie versucht, sich umzuwenden, taumelt, wird von den beiden Männern mehr getragen, als dass sie geht. Sie ist wie unter Drogen, die Sicht schwammig. Plötzlich hört sie einen Schuss. Die beiden Männer zerren sie weiter, ohne auf den Schuss zu reagieren. Mit dem letzten Blick, den Sandra zurück auf den gegenüberliegenden Bahnsteig wirft, sieht sie Bettina tot im Gleisbett ein Stück außerhalb des Bahnhofs liegen. Ein Mann im Kampfanzug zieht eine Plastikplane über ihre Leiche.

Das Ende. Sandra beginnt zu schreien, alles ist ihr egal, ein plötzlicher Zusammenbruch der Welt, wie sie sie kannte.

Schutzwesten, Turnschuhe, Pistolenhalfter, Blicke voller Hass und Verachtung – die Bahnhofshalle zerrinnt und zerfasert, Einzelheiten, die nicht mehr zusammenfinden. Sandra kann nicht mehr, ihre Beine tragen sie nicht mehr, sie lässt sich fallen, die beiden Männer schleifen sie einfach weiter durch die Bahnhofshalle.

Dann Licht.

Die Seitentür eines Transporters wird aufgezogen. Sandra hört das Geräusch wie durch einen Filter.

Wieder Dunkel. Sie liegt auf einer Trage im Inneren des fensterlosen Transporters. Ein Arzt spricht mit ihr, aber sie hört ihn nicht und sieht nur seine sich bewegenden Lippen. Er sticht mit einer Nadel in eine Vene am Unterarm, Sandra spürt nichts. Jemand wischt ihr den Mund ab, sie riecht, dass sie sich vollgekotzt hat. Der Arzt zieht die Spritze wieder aus ihrem Arm und schaut sie an. Verachtung auch in seinem Blick.

Nein, es wird keine Gnade geben, sieht sie in diesem Blick. Nicht für mich. Es gibt keine Hoffnung.

Irgendwann später ist die Übelkeit vorbei. Sandras Augen sind immer noch gerötet, aber das Brennen ist weg. Sie sitzt auf der Rückbank eines anderen Wagens, immer noch in ihrer verschmutzten Kleidung, die nach Erbrochenem riecht. Sie weiß nicht, wie sie aus dem ersten Wagen in diesen hier gekommen ist. Ihr Oberkörper ist mit einem Gurt am Sitz fixiert, ihre Hände und Füße gefesselt. Obwohl sie sich kaum bewegen kann, sitzen zwei Polizisten mit schusssicheren Westen und Maschinenpistolen neben ihr, eine Polizistin und ein weiterer Schwerbewaffneter ihr gegenüber.

Auch dieser Transporter hat keinerlei Fenster. Eine kleine Lampe an der Decke, durch ein Gitter geschützt, taucht das Innere des Wagens in ein bläuliches Weiß. Sandra weiß nicht, wie lange sie schon in diesem Wagen sitzt, sie hat ihr Zeitgefühl verloren und jede Orientierung. Niemand sagt ein Wort, und sie hat keine Vorstellung davon, wo man sie hinbringt. Je länger sie hier sitzt, desto unangenehmer ist ihr der Geruch, der von ihren Kleidern ausgeht. Sie denkt nichts, sie fühlt nichts. Das Bild der sich über die tote Bettina senkenden Plastikplane schwirrt ihr durch den Kopf und verhindert alles andere.

Der Wagen fährt langsamer. Eine kurze Ruckelei, dann hält er. Die Tür wird von außen geöffnet, Sandra kann nicht erkennen, wo sie ist. Die Polizistin ihr gegenüber löst den Gurt, mit dem sie am Sitz fixiert war. Die Polizisten halten sie an den Knöcheln fest, während die Polizistin die Fußfessel öffnet.

Vor dem Wagen warten zwei Männer in dunkelblauen Hosen, ihre hellblauen Hemden tragen die Aufschrift »Justiz«. Im Hintergrund halten sich fünf Polizisten bereit. Die beiden Justizbeamten übernehmen Sandra und führen sie durch die große Halle, in der der Transporter steht. Es gibt keine Fenster, Neonröhren an der Decke, der Boden betongrau und voller schwarzer Reifenspuren. Der leichte Geruch nach frischer Farbe.

Die beiden Justizbeamten führen Sandra in das an die Halle angrenzende Gebäude. Linoleumböden, wahrscheinlich noch recht neu, beim Laufen fühlt es sich so an, als würden die Sohlen für einen Moment kleben bleiben. Auch hier drin sind keine Fenster. Eine Gittertür. Ein weiterer Gang, enger, und eine weitere Gittertür. Kurz warten, dann ein Summton. Weiter. Sandra hört das schmatzende Geräusch der Schuhe auf dem Boden.

In einem kleinen Raum warten drei Beamtinnen in den gleichen dunkelblauen Hosen und hellblauen Hemden wie ihre männlichen Kollegen. Zwei von ihnen sind bewaffnet und halten Abstand von Sandra. Die dritte und älteste bekommt von einem der Kollegen, die Sandra hierhergebracht haben, einen Schlüssel. Sie begrüßt Sandra, und wartet, bis die Männer den Raum verlassen haben. Sie legt den Schlüssel zur Seite, durchsucht Sandras Hosentaschen, zieht ihr den Gürtel aus der Hose, nimmt ihr den Haargummi und die Ohrringe ab. Dann untersucht sie Sandras Mund. Sie legt die Plastikwanne, in die sie Gürtel, Haargummi und Ohrringe gelegt hat, zur Seite und öffnet mit dem Schlüssel die Handschellen.

»Ziehen Sie sich aus.«

Als Sandra in Unterwäsche vor ihr steht, greift sie ihr zwischen die Beine und tastet sie ab. Prüft den Gummizug des Slips. Greift ihr in die Vagina. Schließlich holt sie neue Unterwäsche, einen neuen BH und Gefängniskleidung aus einem Schrank.

»Ziehen Sie das bitte an.«

Die Wäsche ist labbrig und sitzt nicht. Als sie fertig ist, führt die Justizbeamtin sie durch den Hochsicherheitstrakt des Gefängnisses. Sämtliche Zellentüren sind verschlossen. Hinter einer davon hört sie leise Musik. Keine Fenster in den Wänden, Tageslicht fällt nur durch die schmutzigen Oberlichter herein, spärlich, weswegen auch tagsüber sorgsam abgeschirmte Neonlampen brennen, um jede Ecke auszuleuchten. Der Geruch nach billigem Essen liegt in der Luft, weit oben in der Halle hängt eine Uhr. Es ist früher Nachmittag, das Mittagessen liegt anderthalb Stunden zurück. Als Sandra die Justizbeamtin fragt, in welchem Gefängnis sie hier eigentlich ist, bekommt sie keine Antwort.

Die Justizbeamtin bleibt vor einer der Zellentüren stehen, schließt auf und bedeutet Sandra, dass sie hineingehen soll.

Die Zelle ist winzig, neun, vielleicht zehn Quadratmeter. Gleich neben der Tür ist die Toilette, daneben ein Waschbecken, vom übrigen Raum nur durch eine halbhohe Wand etwas abgeschirmt. Das Bett ist unter das Fenster geschoben und gegenüber steht ein kleiner Schreibtisch mit einem Stuhl. Die Justizbeamtin schließt die Tür hinter Sandra ab.

Sandra legt die beiden Handtücher, die sie bekommen hat, neben das Waschbecken und setzt sich, die mitgebrachte Bettwäsche im Arm, auf das Bett neben eine noch unbezogene Decke und ein Kopfkissen. Das vergitterte Fenster liegt hoch, als würde es zu einer Souterrainwohnung gehören, dabei befindet sich Sandras Zelle im dritten Stock. Der Trakt auf der gegenüberliegenden Seite ist noch zwei Stockwerke höher, Sandra schaut auf eine vielleicht hundert Meter entfernte Wand aus überdimensionierten, leicht schräg gestellten Lamellen aus weißem Beton. Oben auf dem Flachdach unzählige Antennen, Stacheldraht und Videokameras, darüber ein wolkenloser Himmel, durchzogen von Kondensstreifen. Jetzt erkennt Sandra das Gefängnis, dessen Fassade sie auf unzähligen Fotos gesehen hat. Stuttgart-Stammheim.

Sie schließt die Augen. Aber von einer tiefen Unruhe getrieben, hält sie es nicht lange aus, hier zu sitzen. Sie legt die

Bettwäsche auf die Decke und das Kopfkissen und steht auf. Plötzlich sieht sie etwas, was ihr bisher entgangen ist: An der Wand über dem kleinen Schreibtisch hängt eine Fotografie, halb so groß wie eine Postkarte. Trotz der kurzen Distanz ist nicht zu erkennen, wer auf dem Foto zu sehen ist.

Sie geht die wenigen Schritte zum Schreibtisch hinüber, reißt das mit Tesafilm an die Wand geheftete Foto ab und schaut es an. Es muss vor ein paar Tagen aufgenommen worden sein. Im Hintergrund ist zu sehen, wie die Kirschbäume im Garten von Sandras Mutter blühen. Der Großteil des Fotos wird aber von einem Gesicht ausgefüllt. Markus, hinter dem Haus seiner Großmutter fotografiert, wahrscheinlich durch ein Teleobjektiv, denn offensichtlich fühlt er sich unbeobachtet. Er macht einen ernsten und unglücklichen Eindruck – ein Gesichtsausdruck, den er niemandem zeigen würde.

Sandra beginnt zu weinen und streicht mit den Fingern über das Foto. Markus' Augen sind mit einem Messer zerschnitten worden.

14

»Kennen Sie diesen Mann?«

Kawert schiebt Sandra ein Foto von Damisch zu.

»Bettina kannte ihn. Wir waren bei ihm, weil wir Geld von ihm wollten.«

Stuttgart-Stammheim, ein Verhörraum im Hochsicherheitstrakt des Gefängnisses. Sandra, in Gefängniskleidung und Fußfesseln, sitzt an einem Tisch. Ihr gegenüber sitzen Kawert und Jacobi. Ein Kassettenrekorder nimmt das Gespräch auf, ein Mikrofon ist auf Sandra gerichtet.

»Sie wissen, dass er ein Mitarbeiter des Staatssicherheitsdienstes war?«, fragt Jacobi.

»Nein.«

»Er hat die RAF-Terroristen betreut, die sich in der DDR versteckt hatten. In dieser Eigenschaft hatte er häufigen Kontakt mit ihm hier.«

Jacobi zieht ein weiteres Foto aus dem Aktendeckel, der vor ihm auf dem Tisch liegt, und legt es neben das Foto von Damisch. Dr. Andreas Niedeck.

»Kennen Sie ihn?«, fragt Jacobi.

»Ein Wirtschaftsanwalt in Frankfurt. Ich hab ihn einmal gesehen. Ich war mit Dahlmann bei ihm in Genf«, sagt Sandra.

»Damisch ist in den letzten Jahren mehrfach nach Genf gereist. Vermutlich zu ihm.«

»Dann fragen Sie ihn, was Damisch bei ihm gemacht hat, und nicht mich.«

»Wir haben keinen Beweis, dass die beiden sich wirklich getroffen haben.«

»Warum erzählen Sie mir das alles?«

Kawert sieht in Sandras Blick, dass sie ihm keinen Zentimeter entgegenkommen will.

»Sie haben dem Hausmeister der Schule gesagt, dass Dahlmann von der Stasi erschossen worden sei.«

»Ich habe gelogen. Ich wollte uns entlasten.«

Kawert wirft Jacobi einen Blick zu. Dann schaltet er den Kassettenrekorder aus, zieht die Kassette heraus und legt sie auf den Tisch.

»Es gibt im Augenblick vier oder fünf Gruppen der RAF, die völlig unabhängig voneinander handeln«, sagt Jacobi. »Wenn eine von denen Dahlmann erschossen hat, dann sind das diejenigen, die Sie mit Ihrer Stasi-These entlasten, und nicht sich selbst.«

»Ich sag doch: Ich hab gelogen. Außerdem weiß ich nichts von anderen Gruppen der RAF.«

Sandras Blick hat etwas Provokatives. Kawert gibt Jacobi

ein Zeichen. Jacobi steht auf, geht zur Tür und bittet die beiden Polizisten, die hinten im Raum sitzen, mitzukommen. Kawert wartet einen Moment, bis die drei die Tür hinter sich geschlossen haben und er mit Sandra allein ist. Sie sitzen jetzt schon mehr als anderthalb Stunden hier, es ist bereits das fünfte, völlig ergebnislose Verhör in zwei Tagen. Er ist erschöpft, Sandra ist erschöpft.

»Warum wollen Sie einen Mord auf sich nehmen, den Sie nicht begangen haben?«

»Ich habe Ihnen das schon gesagt: Gelfert hat Dahlmann erschossen und ist geflohen. Ich weiß nicht, wohin.«

»Und ich glaube, was Sie dem Hausmeister gesagt haben, ist die Wahrheit: Die Stasi hat Dahlmann erschossen und Gelfert den Mord in die Schuhe geschoben. Und der Einzige, der darüber Auskunft geben könnte, ist tot.« Kawert deutet auf das Foto von Damisch.»Was hat Damisch Ihnen gesagt?«

»Nichts. Er hat uns Geld gegeben, und Bettina hat ihn erschossen.«

»Warum?«

»Sie dachte, dass er uns verrät.«

»Wie hat sie ihn denn erschossen?«

»Sie hat eine Pistole gezogen und auf seinen Kopf geschossen. Das ging so schnell, er konnte gar nicht reagieren.«

»Erstens wurde Damisch mit einem Scharfschützengewehr erschossen, zweitens von hinten und nicht von vorne, und drittens kam der Schuss von sehr weit oben. Es ist unmöglich, direkt vor jemandem zu stehen und so zu schießen, dass die Kugel den Schädel ganz oben trifft und unten am Kiefer wieder austritt.«

»Das sagen Sie nur, um mich zu verunsichern. Ich habe gesehen, was ich gesehen habe.«

»Werden Sie bedroht?«, fragt Kawert.

»Nein.«

»Ihre Familie? Ihr Sohn?«

Für einen Moment kann Sandra sich nicht kontrollieren, und Kawert sieht, dass er mit seiner Vermutung Recht hat.

»Frau Wellmann?«

»Nein«, sagt Sandra. »Ich werde nicht bedroht.«

»Sie lügen, weil Sie Angst haben.«

Und in ihren Augen steht wieder all der Trotz und der Widerstand und ihre Widerspenstigkeit in sämtlichen neunzehn bisherigen Verhörstunden.

»Sie wollten auf Dahlmann schießen«, sagt Kawert, »aber Sie haben es nicht getan. Wenn Sie mir helfen, helfe ich Ihnen. Sagen Sie mir, was Sie über diesen Mann wissen.« Kawert deutet auf das Foto von Damisch. »Und vor allem über ihn.« Kawert schiebt das Foto von Andreas Niedeck näher zu ihr. »Kam der Auftrag, Dahlmann zu ermorden, von Niedeck? Hat die Stasi den Mord ausgeführt und ihn der RAF untergeschoben?«

Kawert lässt eine Pause.

»Helfen Sie mir, das zu beweisen, und ich werde Sie und Ihre Familie schützen«, sagt er schließlich.

Seit einer Woche ist Sandra jetzt in Isolationshaft. Weil sie als selbstmordgefährdet eingestuft wurde, schaut alle halbe Stunde ein Aufseher durch ein Fenster in der Tür ihrer Zelle hinein. Zwei- bis dreimal am Tag wird die Zelle durchsucht. Sandra wirkt völlig übermüdet und verbittert.

»Sie haben nicht einmal den meistgefährdeten Mann der Bundesrepublik schützen können«, sagt sie und schiebt die beiden Fotografien von Niedeck und Damisch zur Seite. Sie zieht den Kassettenrekorder zu sich, steckt die Kassette wieder hinein, schaltet den Rekorder an und spricht in das Mikrofon: »Ich möchte meine letzte Aussage zum Mord an Hans-Georg Dahlmann machen. Ich hatte den Auftrag, einen Ort auszumachen, wo ein Attentat auf Dahlmann erfolgreich sein würde. Ich hab meine alten Kontakte zu seiner Tochter wieder aufgewärmt und dazu benutzt, um als seine

Referentin bei ihm angestellt zu werden. Der beste Ort für ein Attentat war sein Haus in Düsseldorf. Bettina Polheim und ich hatten den Auftrag, dort das Sicherheitspersonal abzulenken, damit Matthias Gelfert Dahlmann erschießen konnte und genügend Zeit zur Flucht hatte. Dahlmann wurde von unserer Gruppe der RAF ermordet. Alles andere ist Spekulation und nicht wahr.«

15

Rautenbach hat sich coachen lassen, denn ohne das Medientraining wäre er verloren gewesen. Jetzt aber sitzt alles – das hellblaue Hemd, das im Fernsehen besser wirken wird als ein weißes. Die Krawatte in rot und ohne Streifen, damit bei der Übertragung kein Flackern entsteht, ein Anfängerfehler, den er ohne Coaching natürlich gemacht hätte. Seine Beraterin hat ihn ein paarmal ins Sonnenstudio geschickt und sorgfältig darauf geachtet, dass er nicht zu lange auf der Sonnenbank blieb. Gesund sollte er aussehen, nicht nach Mallorca-Urlaub. Seinen Text wird er nicht mehr ablesen müssen wie noch vor kurzem bei der Pressekonferenz mit dem Kanzler, er hat seine Bullet Points drauf und kann frei sprechen. Durch ein Stimmtraining hat er es geschafft, seine Stimme – die unter Stress zum Kieksen neigt – ruhig zu bekommen und fast eine kleine Terz tiefer, als er es von sich kennt. Und sogar mit der Rasur hatte er bis kurz vor der Pressekonferenz gewartet, damit man ihn im Fernsehen nicht mit Bartschatten sah.

Rautenbach fühlt sich gewappnet. Er steht in einem kleinen Nebenraum der Pförtnerloge im Inneren des Treuhandgebäudes, von hier aus kann er nach draußen sehen, aber selbst nicht gesehen werden. Er schaut auf die Uhr. Seine Beraterin hatte ihm eingeschärft, alle etwas warten zu lassen. Drei Minuten, vielleicht etwas länger, auf keinen Fall kürzer.

Das Wetter ist hervorragend, der erste wirklich wärmende Sonnenschein des Jahres. Die Republik ist glücklich, einen allzu langen, grauen Winter hinter sich lassen zu können, die Stadt lächelt in sämtlichen Schattierungen frischen Grüns. Der beste Zeitpunkt für eine frohe Botschaft.

Rautenbachs Beraterin hatte eine kleine Bühne vor dem Treuhandgebäude aufbauen lassen, nicht hoch, aber doch so, dass er bei der Pressekonferenz etwas erhöht vor den Journalisten und den Kamerateams stehen wird, auf Distanz, aber nicht distanziert, war die Devise. Die kleine Holzbühne hat ein leichtes Gefälle nach hinten, die Plätze der anderen Teilnehmer der Pressekonferenz sind auf dem Boden markiert. Sie alle, zehn Topmanager der alten Bundesrepublik, stehen fünfzehn Zentimeter tiefer als Rautenbach und etwa zwei Meter hinter ihm. Unter den Managern befindet sich auch Dr. Andreas Niedeck, den Rautenbach vom Nebenraum der Pförtnerloge aus mit einem Manager sprechen sieht. Die Bühne ist gegen die Sonne gerichtet, die so steht, dass die etwas tiefer stehende Riege hinter ihm leicht blinzeln muss. Er selbst solle, hat seine Beraterin ihm eingetrichtert, keinesfalls nach oben schauen, dann werde er nicht blinzeln müssen und im Fernsehen souveräner wirken als die anderen.

Rautenbach wirft noch einen Blick auf die Uhr. Drei Minuten und siebzehn Sekunden, seit die Riege der Topmanager um Niedeck sich da vorne eingerichtet hat. Er geht los. Auch das Gehen hat er geübt. Die Geschwindigkeit und vor allem, dass er auf keinen Fall vorgebeugt wirken dürfe, die Schultern immer nach hinten. Und wenn er auf der Bühne sei, solle er einem – und nur einem – der Manager die Hand reichen. Und dies so, dass er dabei nicht zu nahe an sein Gegenüber tritt. Und seinen eigenen Arm solle er niemals ausgestreckt, sondern immer angewinkelt halten.

Rautenbach schreitet aus dem Treuhandgebäude hinaus. Er spürt die Frühlingssonne. Auf der Bühne reicht er Niedeck die Hand. Niedeck muss seinen Arm ausstrecken und sich leicht nach vorne beugen, um sie zu ergreifen.

Dann tritt Rautenbach nach vorne. Er schaut auf die Kameras. Blickkontakt mit drei, vier Journalisten. Lächeln, aber nicht zu viel.

»Wie Sie wissen, haben wir lange diskutiert, wie wir als Treuhand am besten mit dem großartigen Erbe der Chemieindustrie der ehemaligen DDR umzugehen haben«, sagt Rautenbach. »Wir halten es für keine gute Idee, die Chemieindustrie in Bitterfeld zu zerstückeln, im Gegenteil, wir wollen sie in ihrer Ganzheit erhalten, zum Besten des Unternehmens und vor allem zum Besten der in diesen Unternehmen angestellten Mitarbeiter.«

Rautenbach lässt eine Pause.

»Ich freue mich sehr«, sagt Rautenbach weiter, »dass Herr Dr. Niedeck im Auftrag eines internationalen Firmenkonsortiums die Verantwortung für den Industriekomplex Bitterfeld-Leuna übernehmen wird.«

Rautenbach wendet sich um und deutet auf Niedeck, der sich mit einem leichten Lächeln verbeugt.

»Wir wissen uns in diesem Vorgehen mit Herrn Dahlmann sehr einig, der es noch kurz vor seinem Lebensende vorbereitet hat. Auch dafür sind wir ihm zu großem Dank verpflichtet. Hans-Ulrich Dahlmann hat uns den Weg gewiesen, auf dem wir nur weitergehen müssen.«

Sogar einige Journalisten beginnen zu klatschen.

16

Der Justiztransporter fährt in den von jedem Publikumsverkehr abgeschirmten Innenhof des Gerichts und hält vor dem Hintereingang. Zwei Polizeiwagen haben ihn bei seiner Fahrt durch die Stadt abgeschirmt und warten jetzt draußen.

Sandra ist gestern nach Berlin gebracht worden, wo die Vorverhandlung zu ihrem eigentlichen Prozess, mit dem nicht vor einem Jahr zu rechnen ist, stattfindet. Die Nacht verbrachte sie in einer Einzelzelle in der JVA Moabit, und zum ersten Mal, seit sie mit Dahlmann nach Genf gereist ist, ist sie wieder in Berlin. Die Nacht über konnte sie nicht schlafen, ist übermüdet und der Befragung durch das Gericht, die sie hier erwartet, nicht gewachsen. Ihr Aussehen hat sich völlig verändert. Die Siebenundzwanzigjährige steckt in einem zehn Jahre älteren Körper. Immer schon eine schlanke Frau, ist sie jetzt abgemagert und hager. Ihre Haltung ist kraftlos, und alles an ihr wirkt gebrochen, nach einem vorzeitig verendenden Leben. Eine Psychologin in Stammheim hat ihr Antidepressiva verordnet, aber Sandra warf die Tabletten in die Toilette. Gespräche mit Aufseherinnen vermied sie. Versuchen, die Isolationshaft zu lockern, verweigerte sie sich und reagierte fast panisch. Sie wollte alleine sein. Die Psychologin fand an ihr paranoide Züge – weil Sandra aus Angst vor Vergiftung nur das Nötigste und nur nach dreimaliger Überprüfung aß und mit derselben Begründung jedes Medikament verweigerte. Das Gefängnis sei nicht sicher, hatte sie der Psychologin gesagt und alle weiteren Gespräche abgelehnt, weil sie nicht wisse, ob die Psychologin das mit ihr Besprochene weitergeben werde. An wen weitergeben, wollte sie nicht beantworten. Bei einer der Durchsuchungen ihrer Zelle, die immer noch zwei bis dreimal am Tag stattfanden, weil Sandras Suizidrisiko als außerordentlich hoch eingeschätzt wurde, bemerkte der Leiter des Traktes, dass Sandra etwas an ihrem Körper versteckte. Weil sie es nicht selbst herausgeben wollte, musste er sie durch drei Mitarbeiterinnen festhalten lassen. Sandra tobte und schlug um sich. Eine vierte Mitarbeiterin fand schließlich in Sandras Hose eine Fotografie ihres Sohnes. Die Augen waren zerschnitten und mit Tesafilm wieder zusammengeklebt. Erst als man ihr die Fotografie wieder überließ, gab sie ihren Widerstand auf, verweigerte aber jede Erklärung, wie sie an das Foto gekommen war.

Als das Tor zum Innenhof des Gerichts wieder geschlossen ist, öffnet ein Mitarbeiter der Justiz die Tür des Transporters. Neben ihm stehen zwei Polizisten in schusssicheren Westen und mit Maschinengewehren. Sandra steigt aus, ihre Hände sind mit Handschellen vor ihrem Körper gefesselt. Sie trägt einen Hosenanzug, den ihr Verteidiger ihr besorgt hat. Weil sie inzwischen nochmal fast sechs Kilogramm abgenommen hat, schlabbert der Anzug an ihr herum, als würde er nicht zu ihr gehören. Der Justizbeamte, ein fast zwei Meter großes Muskelpaket mit schwarzen Lederhandschuhen, greift ihr unter den Arm und führt sie, gefolgt von den Polizisten mit Maschinenpistolen, ins Gericht. Eher eine Machtdemonstration vor den Kameras der Journalisten, die sie gleich erwarten werden, als eine wirkliche Hilfe.

Blitzlichter im Flur vor dem Gerichtssaal 1.207. Die Zahl der hier versammelten Journalisten und Polizisten hält sich in etwa die Waage. Seit Jahren gab es hier keinen Prozess, bei dem eine vergleichbare Sicherheitsstufe angeordnet worden war. Der Richter lehnte es – entgegen einem Antrag von Sandras Verteidiger – ab, die Verhandlung für Publikum zu schließen. Weil die heutige Vorverhandlung nur Verfahrensfragen betrifft und keine sicherheitssensiblen Fragen behandelt, hat der Richter die Öffentlichkeit zugelassen.

Der Justizbeamte führt Sandra zu dem Platz, an dem sie

sich setzen soll, und nimmt ihr die Handschellen ab. Hinter ihr stehen drei Polizisten, bereit, sofort einzugreifen, wenn hier irgendetwas entgleiten sollte.

Sandras Verteidiger tritt zu ihr, begrüßt sie und setzt sich neben sie. Im Gerichtssaal ist es laut, der Richter ist noch nicht anwesend, es dauert einen Moment, bis die Verhandlung beginnt. Als die Türen zum Gerichtssaal geschlossen werden, schaut Sandra zum ersten Mal ins Publikum, hat bisher jeden Blickkontakt vermieden. Gesichter, die sie nicht kennt und die sie in einer Mischung aus Verachtung, Neugier und Skandalsucht anstarren.

In der ersten Reihe, nicht weit von Sandra entfernt, höchstens fünf Meter, sitzen Hildegard und Julia Dahlmann. Beide schwarz gekleidet. Hildegard Dahlmanns Arm ist verbunden und liegt in einer Schlaufe. Sandra erschrickt, als sie die beiden sieht, sie hat nicht mit ihnen gerechnet. Im ersten Moment spürt sie ein Gefühl von Vertrautheit und tiefer Verbundenheit – die gemeinsame Vergangenheit überlagert für den Bruchteil einer Sekunde alles Spätere. Dann aber senkt sich eine tiefe Scham und Pein über alles. Sandra weicht dem Blick der beiden aus und schaut zu Boden.

Sandras Anwalt beugt sich zu ihr und flüstert ihr zu, dass sie aufstehen müsse. Der Richter komme.

Ihr Kreislauf ist wegen der kurzen Nacht und der Aufregung schon den ganzen Tag über instabil. Der Verteidiger hilft ihr beim Aufstehen. Sie meidet jeden Blick zurück zu Hildegard und Julia Dahlmann. Als sie zum Seiteneingang schaut, durch den der Richter den Gerichtssaal betritt, sieht sie plötzlich ihre Mutter, ihre Schwester Miriam und zwischen ihnen Markus. Die drei sitzen weiter hinten, am Rand einer Bank in der vorletzten Reihe. Susanne Wellmann sieht verquollen und verheult aus, sie klammert sich an ein jetzt schon völlig durchnässtes Taschentuch. Miriams Gesicht wirkt verschlossen und fremd, sie ist so weit weg von ihrer

Schwester wie noch nie in ihrem Leben. Zwischen ihnen ist alles zerbrochen, jede Gemeinsamkeit, es gibt nichts mehr, wodurch sie jemals wieder zusammenfinden werden. Miriam hat ihren Arm um Markus gelegt. Der Junge sitzt aufrecht, angespannt, steif und bewegungslos und starrt Sandra an. Alles an ihm wirkt wie erfroren.

Weil das Publikum sich wegen der Ankunft des Richters erhebt, reagieren die drei Polizisten, die hinter Sandra stehen, etwas zu spät. Sandra schreit und will zu ihrem Sohn und ist schon halb über den vor ihr stehenden Tisch geklettert, als ihr Anwalt sie zu fassen kriegt. Einer der Polizisten drückt ihn beiseite, packt Sandra, reißt ihren Arm auf den Rücken. Sie schreit noch lauter, außer sich, und tritt um sich. Der Polizist drückt ihren Kopf runter auf den Tisch, sein Kollege greift sich ihre Beine. Sandra sieht nichts mehr um sich herum.

Sie sieht nicht mehr, dass Markus aus dem Gerichtssaal flieht, weg von seiner Mutter, die er sein Leben lang nicht mehr wiedersehen wird. Als sie aus dem Gefängnis entlassen wird, vorzeitig, wird Markus so alt sein wie sie jetzt. Er wird seinen Namen gewechselt haben, und nach einer erfolglosen Therapie wegen Depressionen, die er nicht mit Medikamenten behandeln lassen will, wird er als drittklassiger Journalist in Hamburg leben und im Grunde nur versuchen, das Leben seiner Eltern zu verstehen. Er wird an einem Buch schreiben, aus dem nichts wird, wird sich durchs Kneipenleben treiben lassen, und als seine Tante Miriam ihm eine E-Mail schreiben wird, dass seine Mutter aus dem Gefängnis entlassen wurde und nach ihm sucht, wird er seine Wohnung kündigen und jeden Kontakt zu seiner Tante einstellen und die Stadt verlassen. Miriam wird nicht wissen, wohin, und auch sie wird ihn nie wiedersehen.

Miriam und Susanne Wellmann eilen Markus hinterher. Sie finden ihn weinend vor dem Gerichtssaal und bringen ihn mit Hilfe von vier Polizisten vor dem Blitzlichtgewitter in Sicherheit und nach Hause.

Im August 2011, ein paar Wochen nachdem Sandra aus dem Gefängnis entlassen sein wird, wird sie nach Lichterfelde-West fahren. Das Haus ihrer Kindheit wird aufwändig renoviert worden sein und einem Steuerberater gehören, die Rotbuche vor dem Fenster ihres Kinderzimmers wird gefällt worden sein. Auf dem Friedhof nicht weit von hier wird sie den Namen ihrer Mutter neben dem ihres Vaters eingemeißelt finden, über dem Sterbedatum, ein knappes Jahr nach dem Attentat auf Dahlmann. Ihre Schwester Miriam wird Sandra im Gefängnis eine E-Mail-Adresse hinterlegt haben, unter der Sandra mit ihr Kontakt aufnehmen kann. Aber nur drei E-Mails werden die Schwestern wechseln. In der ersten wird Sandra nach dem Aufenthaltsort von Markus fragen. Und sechs Wochen später eine zweite E-Mail schicken, in der sie nach Miriam fragt. Miriam, verheiratet und unter dem Namen ihres Mannes in Lörrach lebend und dort an einer Schule unterrichtend, wird nur die erste beantworten. Mit einem Satz: »Ich weiß es nicht. M.«

Als Sandra immer weiter schreit und um sich schlägt, bringen die Polizisten sie in einen Nebenraum. Ein Arzt gibt ihr eine Beruhigungsspritze, und Sandra dämmert weg, das Bild ihres Sohnes aus dem Gerichtssaal vor Augen – sein wie erfroren wirkendes Gesicht, dem sie die Kindheit genommen hat und die Zukunft.

Vier Jahre nach ihrer Entlassung aus dem Gefängnis wird Sandra die Suche nach Markus aufgeben. Sie würde die Wahrheit über das Attentat sagen können, denn die RAF wird sich längst aufgelöst haben, die Welt wird die Treuhand vergessen haben und Dahlmann. Sogar der Sozialismus wird vergessen sein und die Stasi sich nur noch zum Bösewicht in B-Movies eignen. Aber niemand wird sie mehr fragen, die Welt wird andere Probleme haben, und Sandra wird unter einer Sonnenbrille versteckt vergeblich nach dem Mann suchen, den sie mit siebzehn vor einem Wasserwerfer in Hamburg geküsst hat. Und nach der Frau, die sie eigentlich sein wollte und die sie irgendwann und irgendwo verloren hat.

17

Die Fenster sind dunkel, vom Garten her der Geruch von Flieder. Kawert zieht den Hausschlüssel aus der Tasche, schließt auf und geht hinein.

Der Flur ist völlig ausgeräumt, die Umzugskartons sind weg.

Auch das Wohnzimmer ist – bis auf den Fernseher, die Couch und das Telefon in der Ecke – leer. In der Mitte des Raums, neben der Couch, steht eine Flasche Grappa auf dem Boden, Iris' Lieblingsgetränk, wenn es um Hochprozentiges geht. Daneben liegt ihr Hausschlüssel.

Kawert schnappt sich den Grappa, öffnet ihn und setzt sich auf die Couch.

Er nimmt einen Schluck aus der Flasche.

Und noch einen.

Er schaltet den Fernseher an.

Die Übertragung des Staatsbegräbnisses. Dahlmanns Sarg, getragen von vier Feldjägern im grauen Dienstanzug mit rotem Barett, ist mit einer Deutschlandfahne bedeckt. Eine Militärkapelle spielt die Nationalhymne. Hildegard Dahlmann, ihre Tochter Julia und ihr Enkel Benjamin folgen dem Sarg. Hinter ihnen gehen der Kanzler und der Innenminister, dann Dahlmanns Familie. Und anschließend folgen Rautenbach und – neben ihm – Andreas Niedeck. Schwarzer Anzug, schwarze Krawatte, wie alle hier, unscheinbar und unauffällig.

Ein Königsmacher und Sieger.

Kawert nimmt die Fernbedienung, die neben ihm auf der Couch liegt, richtet sie auf den Fernseher, schaltet ihn aus und beginnt, die Grappaflasche in der Hand, auf das Telefon zu starren, im Grunde für den Rest seines Lebens.